CONTABILIDAD DE COSTES
Y
CONTABILIDAD DE GESTION

Volumen 1

CONTABILIDAD DE COSTES
Y
CONTABILIDAD DE GESTION

Volumen 1

ANGEL SAEZ TORRECILLA
Catedrático de Economía Financiera y Contabilidad
Universidad Nacional de Educación a Distancia (UNED)
ANTONIO FERNANDEZ FERNANDEZ
Catedrático de Economía Financiera y Contabilidad
Universidad de Extremadura
GERARDO GUTIERREZ DIAZ
Profesor titular de Economía Financiera y Contabilidad
Universidad Nacional de Educación a Distancia (UNED)

McGraw-Hill

MADRID • BUENOS AIRES • CARACAS • GUATEMALA • LISBOA • MEXICO
NUEVA YORK • PANAMA • SAN JUAN • SANTAFE DE BOGOTA • SANTIAGO • SAO PAULO
AUCKLAND • HAMBURGO • LONDRES • MILAN • MONTREAL • NUEVA DELHI • PARIS
SAN FRANCISCO • SIDNEY • SINGAPUR • ST. LOUIS • TOKIO • TORONTO

CONTABILIDAD DE COSTES Y CONTABILIDAD DE GESTION. Volumen 1

McGRAW-HILL/INTERAMERICANA DE ESPAÑA, S. A. U.
Edificio Valrealty, 1.ª planta
Basauri, 17
28023 Aravaca (Madrid)

ISBN: 84-481-0165-0 (Tomo I)
ISBN: 84-481-0172-3 (Obra completa)
Depósito legal: M. 18.081-2000

Editor: Mariano J. Norte
Cubierta: F. Piñuela. Grafismo electrónico
Compuesto en: FER Fotocomposición, S. A.
Impreso por: Impresos y Revistas, S. A. (IMPRESA)

IMPRESO EN ESPAÑA - PRINTED IN SPAIN

Contenido

PARTE SEGUNDA: MODELO DE COSTES COMPLETOS

SECCION PRIMERA: VERSION EUROCONTINENTAL DEL MODELO DE COSTES COMPLETOS

SECCION SEGUNDA: VERSION ANGLOSAJONA DEL MODELO DE COSTES COMPLETOS

PARTE CUARTA: LA ASIGNACION EN LA CONTABILIDAD DE COSTES

Prólogo

Cuando ya estamos casi al comienzo del siglo XXI, el entorno en que se mueven las empresas se ha modificado, reflejando cambios radicales de todo orden: políticos, económicos, tecnológicos, culturales y de mercado.

Estas alteraciones han sido el argumento del impacto sustancial que ha tenido lugar en la Contabilidad de Gestión. Idealmente, muchos especialistas, sobre todo de los Estados Unidos de América, han afirmado que tales cambios requieren una revolución semejante en la Contabilidad de Gestión. En cualquier caso, los factores que están impactando para exigir transformaciones profundas en la Contabilidad de Gestión demandan que se tenga presente la información derivada de los nuevos sistemas de producción, de las técnicas sofisticadas de flujo de materiales y componentes, de los modelos de planificación, de los cambios importantes en los propios sistemas de información y de las nuevas oportunidades que se presentan a los responsables de la Contabilidad de Gestión, todo ello unido a unos mercados caracterizados por una competencia global.

Este libro mantiene un buen equilibrio entre las técnicas tradicionales, que se han ido sedimentando a lo largo del tiempo, y las nuevas técnicas aparecidas en los últimos años, que han propiciado que la Contabilidad de Gestión tenga más importancia en el nuevo entorno en que se mueven las empresas. De esta manera, el libro proporciona una detallada y amplia visión del estado en que se encuentra la Contabilidad de Gestión, desde una perspectiva general.

La globalización de la competencia ha sido uno de esos importantes cambios que se han puesto de manifiesto en el entorno de la empresa, sin que sea relevante el lugar donde ésta se encuentre localizada. Así, los estímulos más destacados para el cambio habido en la Contabilidad de Gestión tienen su punto de apoyo en la internacionalización. Este fenómeno se ha puesto de manifiesto en el aumento de las relaciones internacionales entre investigadores y expertos de distintos países. El hecho de que yo escriba este prólogo supone un buen ejemplo de las relaciones entre investigadores del Reino Unido y España: los profesores Sáez Torrecilla y Fernández Fernández han colaborado con investigadores ingleses, incluyendo frecuentes asistencias a las reuniones científicas regulares del «Management Accounting Research Group» (MARG), grupo patrocinado por la profesión de expertos contables del Reino Unido, habiendo invitado a estudiantes a sus universidades.

Por eso ha constituido para mí un motivo de gran satisfacción la invitación para escribir este prólogo a la obra *Contabilidad de Costes y Contabilidad de Gestión*, del que son coautores los profesores Sáez Torrecilla, Fernández Fernández y Gutiérrez Díaz, estrechando de esta forma esta cooperación entre investigadores de diferentes países.

Debemos felicitar a los autores por haber logrado una cuidadosa combinación entre la convencional y moderna Contabilidad de Gestión. De esta manera, y junto a los métodos tradicionales de asignación y presupuestación, se realiza una completa y crítica exposición del modelo de costes basado en las actividades (ABC) y de los aspectos estratégicos de la Contabilidad, especialmente en el área de los costes de calidad.

Aun cuando es poco frecuente, los autores se han centrado tanto en el sistema anglosajón como en el europeo-continental, reflejando también la influencia germana, con un enfoque que muestra las analogías y diferencias entre el modelo europeo-continental y el modelo ABC. Examinan y explican de esta forma las técnicas de Contabilidad de Gestión, en esta etapa crítica, de una manera cuidadosa y prudente, consiguiendo así un libro de texto con autoridad, que puede desempeñar un papel importante para adquirir una visión realista de los cambios habidos en la Contabilidad de Gestión.

Estos cambios van a proporcionar a los responsables de la Contabilidad de Gestión la oportunidad de realzar el papel que juegan en sus organizaciones, a la vez que siguen ejerciendo la función que durante tantos años ha permitido a las empresas mejorar su planificación y control, así como la adopción de sus decisiones.

MICHAEL BROMWICH
London School of Economics
31 de enero de 1994

Presentación

Esta obra se ha elaborado pensando en su utilidad para el estudio de la Contabilidad de Costes y de la Contabilidad de Gestión, que en un planteamiento moderno son ya inseparables. Pretendemos que su sistemática, su ritmo expositivo y su método se adapten a las exigencias de un material didáctico riguroso, operativo y actualizado, sin abandonar nuestra preocupación por la claridad y la eficacia.

La Contabilidad no ha renunciado en ningún momento a su papel de suministrar información para la adopción de decisiones en la empresa. Desde que surgió la Contabilidad de Gestión, este cometido ha sido el norte de su quehacer, procurando metas de perfeccionamiento en todos los planos posibles: en la mejora de la metodología aplicada, en la ampliación de su campo de estudio, en la adaptación a los nuevos esquemas de organización empresarial y en la puesta en línea con las modernas tecnologías. Y en todos estos frentes, la avanzadilla la ha ocupado casi siempre la Contabilidad de Costes.

La Contabilidad de Gestión y la Contabilidad de Costes han ido saliendo adelante conjuntamente de encrucijadas difíciles, la última de las cuales se dibujó claramente en el horizonte a finales de la década de los ochenta y se está superando a lo largo de la década de los noventa.

Hemos procurado que los nuevos planteamientos de la Contabilidad de Gestión y de la Contabilidad de Costes surgidos de la crisis ocupasen su sitio en las páginas de esta obra. Y no porque nos haya asaltado un afán vanguardista, sino porque las innovaciones que se han ido produciendo constituyen ya un bagaje suficientemente contrastado y generalizado, a pesar de constituir una de las líneas de investigación preferidas actualmente.

Esta obra se compone de dos volúmenes.

La Parte Primera del primer volumen está dedicada a los fundamentos de la Contabilidad de Costes. En ella presentamos brevemente su evolución hasta llegar a ofrecer las características que le son propias. Seguidamente hacemos un repaso de aquellos aspectos que pueden calificarse de fundamentales en esta disciplina. Esto justifica que en la segunda de las dos secciones en que dividimos la Parte Primera, desarrollamos un modelo básico que nos permitirá trabajar desde el principio con una visión de conjunto y utilizando casos prácticos suficientemente complejos.

La Parte Segunda, con dos secciones, se dedica al modelo de costes completos, que se estudia en dos versiones diferentes. La Sección Primera estudia la interpretación que denominamos europeo-continental; en ella los centros de actividad ocupan el eje del modelo. La Sección Segunda contempla el enfoque anglosajón, que se apoya en los departamentos.

Conviene advertir que en ambas versiones el proceso descansa en dos etapas. La interpretación continental europea distribuye en la primera etapa los costes indirectos entre los centros de actividad y en la segunda etapa se trasladan esos costes indirectos a los productos de acuerdo con las unidades de obra y los costes directos se asignan de acuerdo con el consumo de la materia prima.

La versión anglosajona, en la primera etapa, adscribe a los departamentos los diferentes elementos del coste: gastos generales de fabricación, mano de obra directa y materias primas; estos elementos del coste pasarán de unos departamentos a otros en los casos que proceda, v. gr. en procesos de producción en serie. En la segunda etapa traslada a los productos cada uno de los elementos del coste asignado, según los casos, a los diferentes departamentos: las materias primas y la mano de obra directa se trasladan por las cantidades consumidas o utilizadas y los gastos generales de fabricación de acuerdo con unas bases de reparto que son, normalmente, la cantidad empleada, en cada producto, de materias primas, mano de obra y, a veces, las horas-máquina.

La Parte Tercera constituye una novedad destacable, ya que estudia el modelo ABC (Activity-Based Costing). Representa una de las respuestas dadas por la Contabilidad de Gestión a la demanda de información para la adopción de sus decisiones en las organizaciones modernas. El modelo ABC se fundamenta en una serie de conceptos clave, entre los que está el de actividad.

Hemos dedicado una atención especial al modelo ABC, que ocupa cuatro capítulos. En ellos hemos desarrollado sucesivamente:

— Los fundamentos del modelo ABC.
— El proceso para su aplicación.
— El desarrollo del modelo siguiendo la versión europeo-continental del coste completo, con el que se compara.
— El desarrollo del modelo en línea con la interpretación anglosajona del coste completo, con el que también se va contrastando.

La Parte Cuarta de esta obra tiene por objeto la asignación de costes que, en definitiva, constituye la cuestión más generalizable de la Contabilidad de Costes.

Hacemos el tratamiento de la asignación de costes diferenciando los planteamientos más convencionales o tradicionales de los planteamientos más recientes.

La Parte Quinta y última viene exigida por la naturaleza eminentemente didáctica de esta obra, que nos ha llevado a presentar el estudio operativo de una serie de casos prácticos. Este estudio operativo no se reduce a su mera solución, sino que va más allá; es una solución comentada detalladamente, mediante la cual establecemos un puente entre las explicaciones teóricas y las meras soluciones de casos prácticos.

Antes de agotar la referencia al contenido de esta obra, queremos llamar la atención sobre la larga lista de cuestiones que aparecen después de cada capítulo. Consideramos que serán un instrumento muy útil para reflexionar sobre el aprendizaje realizado, y así evaluar los conocimientos que se han adquirido.

Además, estas cuestiones pueden familiarizarnos con la modalidad tan generalizada de los exámenes a través de tests, que requieren, sin duda, un cierto entrenamiento. También nos parece oportuno subrayar que esta obra: *Contabilidad de Costes y Contabilidad de Gestión*, se completa en dos volúmenes. El contenido que hemos decidido para cada uno sería siempre discutible y hasta cierto punto accidental, pero estamos convencidos que lo que importa más es la cobertura conjunta.

Hemos reservado para el segundo volumen aquellos modelos de costes y aquellas cuestiones que están más directamente relacionadas con una adopción de decisiones. A él hemos llevado el estudio de los temas que desde la óptica de la gestión puedan tener un tratamiento más justificado —como es el caso del modelo de costes variables o el modelo de costes estándar—, o más actualizado, como puede ser el estudio de los elementos del coste y su posible gestión, v. gr.: la explicación de las materias primas desde las técnicas *just-in-time* o la explicación de la mano de obra desde las curvas de aprendizaje.

No querríamos omitir una referencia a los nuevos planes de estudio que están implantados en muchos centros universitarios. En algunas de las licenciaturas, como la de Administración y Dirección de empresas, la Contabilidad de Gestión y de Costes obviamente han de ser el eje del bloque de asignaturas de Contabilidad.

Hemos de agradecer la colaboración de Javier Martín Garrido, que trabajó eficazmente en una parte del material que sirvió de base a esta obra; de Dolores Gallardo Vázquez, que ha repasado los originales con espíritu crítico, y de Jenaro Costas Rodríguez, que ha colaborado magistralmente en la revisión lingüística. Asimismo, deseamos dejar constancia de nuestro reconocimiento a Antonio García-Maroto, quien desde hace tiempo viene propiciando la aparición de esta obra, y a Mariano Norte, que ha empujado y facilitado la edición.

Por último, deseamos transmitir nuestra esperanza de que esta obra responda a las expectativas que se hayan concebido al emprender su lectura. Por nuestra parte nos cabe la satisfacción de haber puesto todo nuestro empeño en que así sea.

Madrid, septiembre de 1993

LOS AUTORES

PARTE PRIMERA

Fundamentos de la Contabilidad de Costes

Sección Primera

Los conceptos fundamentales de la Contabilidad de Costes

1 La Contabilidad de Costes

1.1. LA CONTABILIDAD DE COSTES Y LA CONTABILIDAD DE GESTION

Hoy nadie tiene duda del importante papel que juega la Contabilidad dentro del contexto informativo empresarial. Concebida como un **sistema de información para la gestión**, la Contabilidad está llamada a ayudar a encontrar la respuesta a un gran número de interrogantes que se le presentan al empresario en su tarea cotidiana de tomar decisiones.

Las limitaciones de la Contabilidad General o Financiera

Todos conocemos ya que la denominada **Contabilidad General o Financiera** se ocupa, sobre todo, de dar **información a las terceras personas interesadas**, por unas u otras razones, en la marcha de la empresa: accionistas, Administración Fiscal, personal, proveedores, entre otros. También sabemos que la Contabilidad General suministra información a través de los **Estados Financieros o Cuentas Anuales**: Balance de situación, cuenta de Pérdidas y ganancias y Memoria elaborados de acuerdo con unos **principios contables generalmente aceptados** y de conformidad con el objetivo de la imagen fiel.

La Contabilidad General tiene muchas limitaciones como sistema único de información **para la gestión**.

Hay magnitudes que no aparecen en la Contabilidad General

Así, si **nos fijamos en la cuenta de Pérdidas y ganancias**, ésta pretende ser representativa de la manera en la que la empresa ha conseguido generar el beneficio o las pérdidas. Dejando al margen las operaciones financieras y extraordinarias, hemos de convenir que el citado beneficio se obtiene por la diferencia entre lo que cuesta producir los artículos y los ingresos correspondientes. Pero este documento **no llega a dar respuesta a los múltiples interrogantes** que con respecto a la actividad productiva pueden demandársele.

Así, hay **magnitudes** tan **significativas a la hora de adoptar decisiones** como el coste de los distintos productos que la empresa fabrica, la rentabilidad de cada uno de ellos, la rentabilidad de las diferentes partes en que podemos dividir la empresa, el rendimiento de la mano de obra empleada, **que no aparecen en la cuenta de Pérdidas y ganancias** ni en otras de la Contabilidad General.

Algunos problemas derivados de los principios generales

Pero con ser importante, **la mayor o menor información** necesaria para la adopción de decisiones, **no es el único aspecto a tener presente**. Hemos dicho que las Cuentas Anuales se elaboran atendiendo a unos **principios contables** generalmente admitidos, que siempre estarán en función de la **imagen fiel**. Y aquí tenemos **otros puntos a considerar** de cara a la información para la adopción de decisiones.

Si nos fijamos, por ejemplo, en **el principio del precio de adquisición**, observaremos que puede haber una variación importante en el índice general de precios y, sin embargo, cabe considerar que no afecta a la imagen fiel hasta el punto de que ese principio no deba ser aplicado. Pero, evidentemente, a la hora de adoptar decisiones no se puede pasar por alto esa variación.

Por **ejemplo**, puede darse el caso de empresas que adquirieron una maquinaria hace dos años, y desde entonces el índice general de precios haya tenido un aumento acumulado de más del 10 %. A efectos de las Cuentas Anuales no se les permite aumentar el valor de la maquinaria. Sin embargo, a la hora de preparar la información para la adopción de decisiones no podemos pasar por alto ese hecho y, por tanto, hemos de tener presente el aumento del índice de precios para calcular correctamente las amortizaciones y, por consiguiente, el coste de los productos.

La Contabilidad de Gestión y su cometido

Nos encontramos, por tanto, con que la adopción de decisiones exige **una información diferente** de la ofrecida por la Contabilidad General y no necesariamente asentada en los principios contables generalmente admitidos. Esto justifica la existencia de la **Contabilidad de Gestión** como sistema informativo responsabilizado con la presentación de información contable relevante y oportuna para la adopción de decisiones.

Decimos que la **información** ha de ser **relevante** en el sentido de que sea útil a la hora de tomar decisiones. Por otra parte, indicamos que sea **oportuna** —significando con ello que ha de conocerse en el momento en que pueda servir a los responsables de la gestión—. La oportunidad de la información contable exige a veces que se den datos anticipándose a los hechos a través de **los presupuestos**.

La Contabilidad de Costes y sus nombres

Y **dentro de la Contabilidad de Gestión**, una de sus partes más desarrolladas la ha constituido, sin duda, la **Contabilidad Analítica de Explotación**, tradicionalmente denominada **Contabilidad de Costes o Contabilidad Interna**. Las magnitudes relacionadas con la actividad productiva a que antes aludíamos, señalando que no cabe encontrarlas en la cuenta de Pérdidas y ganancias de la Contabilidad General, constituyen, sin embargo, una tarea obligada de la Contabilidad de Costes.

1.2. LA ACTIVIDAD PRODUCTIVA DE LA EMPRESA

La actividad productiva de cualquier empresa lleva consigo la **aplicación de unos medios productivos** que permiten la **obtención de unos bienes y servicios** a través de un proceso adecuado. En ese proceso, tanto los medios productivos que se van aplicando como los bienes y servicios que se van obteniendo pueden ser contemplados de acuerdo con su naturaleza, y entonces **se intentarán medir en unidades físicas**, o de acuerdo con su valor, y **entonces se expresarán en unidades monetarias**.

Así pues, el proceso productivo entraña cambios cuantitativos y cualitativos de valor. **La empresa** puede ser considerada en este sentido como un **ámbito de transformación de valores**.

Como ejemplo, imaginemos una empresa fabril de ciertas dimensiones. Desde fuera podemos ver una serie de edificios, unos dedicados a oficinas, otros empleados como almacenes y otros destinados de una manera más concreta a la fabricación. En su conjunto permiten la realización de la actividad productiva encaminada a obtener y vender el producto. Hombres, máquinas, herramientas, materias primas, equipos de transporte, energía eléctrica, etc., forman un complicado entramado en que se van sacrificando horas de trabajo, en el que las máquinas se van destruyendo poco a poco, la energía se va empleando, las herramientas se van desgastando. Y todo ello incide normalmente en unas materias primas que se van transformando en unos entes terminados, que vienen a constituir la síntesis y la razón de ser económica de tanto sacrificio de valores.

La Contabilidad de Costes se va a ocupar precisamente de ese movimiento interno de valores ocasionado por la actividad productiva, sin perder de vista las características físicas de los medios productivos empleados y de los productos y servicios obtenidos.

1.3. EVOLUCION DE LA CONTABILIDAD DE COSTES

La Contabilidad de Costes es una disciplina relativamente reciente. No obstante, en su **corta historia** de dos siglos de duración ha experimentado una serie de transformaciones que han permitido consolidar un cuerpo doctrinal importante. Antes de proceder a presentarlas hemos de hacer **dos observaciones**:

La **primera** es que para explicar las vicisitudes que acompañan a la evolución de la Contabilidad de Costes se ha originado recientemente **un aluvión de aportaciones**. Se han cruzado y entrecruzado en libros, revistas y actas de congresos, discusiones, revisiones, síntesis, análisis y todo tipo de explicaciones. Cada una de ellas pretende, en definitiva, arrojar luz acerca de la evolución, situación actual y perspectivas de la Contabilidad de Gestión y, dentro de ella, de la Contabilidad de Costes.

La **segunda observación** es para destacar que la evolución de la Contabilidad de Costes **está íntimamente unida a la evolución de la Contabilidad de Gestión**. No se puede comprender una sin la otra desde el momento en que la Contabilidad de Costes constituye hoy por hoy la parte más desarrollada de la Contabilidad de Gestión. Esta idea palpita en el título de la obra contemporánea más influyente en la explicación de su evolución: *La Contabilidad de Costes: Auge y caída de la Contabilidad de Gestión*, de H. T. Johnson y R. S. Kaplan.

La exposición que vamos a realizar de la evolución de la Contabilidad de Costes arranca de la Revolución Industrial. Sin embargo hay vestigios del cálculo de costes en la Contabilidad de Costes como acaba de demostrar Donoso Anes en sus investigaciones en el Archivo de Indias de Sevilla.

1.3.1. La aparición de la Contabilidad de Costes

La situación anterior a la Revolución Industrial

Hay que tener presente que **antes de la Revolución Industrial el proceso productivo tenía unas características distintas**. El empresario adquiría la materia prima, encargaba la actividad a pequeños talleres artesanales que constituían de hecho una mano de obra a destajo y vendía los productos en el mercado. Podíamos decir que **prácticamente toda la actividad descansaba en operaciones externas**, ya que el empresario, que también era el propietario de la empresa, no realizaba por sí mismo la actividad productiva. Por tanto, toda la actividad se representaba suficientemente por la Contabilidad Financiera.

La **aparición de la Contabilidad de Costes**, al menos con carácter científico, cabe situarla a **comienzos del siglo XIX**, y vino originada por la necesidad de dar respuesta a los efectos provocados por la Revolución Industrial en el mundo de la empresa.

La Revolución Industrial y la Contabilidad Interna

La Revolución Industrial cambió ese esquema productivo. Las empresas invirtieron en sus propios talleres y contrataron su propia mano de obra estable, sustituyendo las múltiples transacciones externas con los talleres artesanales. La actividad productiva se llevaba así a cabo dentro de la propia empresa jerarquizada, y esto, junto con la existencia de unas fuertes inversiones y una mano de obra fija, **exigía nuevos planteamientos y nuevas soluciones a la Contabilidad**.

Al tener tanta entidad las operaciones internas de la empresa, la respuesta exigió **la aparición de una Contabilidad Interna o de Costes** que **inicialmente** se regía por unos planteamientos relativamente simples, encaminados a informar al empresario sobre el coste de los productos obtenidos y su composición básica. Era necesario **calcular el coste del producto**, ya que no resultaba ya tan fácil como cuando la empresa no realizaba por sí actividad productiva y todas eran compras a terceras personas por unos precios conocidos.

Los cambios del siglo XIX y comienzos del siglo XX

Como era de esperar, fueron operándose **cambios importantes en la realidad empresarial a lo largo de todo el siglo XIX y primer cuarto del siglo ac-**

tual. Refiriéndonos a ellos por orden cronológico tenemos:

— **La creación de empresas con actividades en áreas geográficas muy amplias**, propiciadas por los progresos en las comunicaciones. El ferrocarril y el telégrafo abrieron nuevos horizontes a la actividad productiva.

— **La implantación en las empresas de la «Administración Científica de la Producción»**, que consistió en la puesta en práctica y desarrollo de una gran variedad de técnicas y procedimientos, implantados por ingenieros, a fin de analizar sistemáticamente la productividad, eficiencia y rentabilidad que se venían obteniendo.

— **La tendencia a una diversificación de las actividades de la empresa**. Ya no se trata de una empresa que obtiene un solo producto, sino productos de las más diversas características. Aparece así una dinámica en la que se involucran los estilos de gestión, las clases de organización, estudiadas magistralmente por **A. D. Chandler** en su obra editada en 1962: *Estrategia y Estructura. Capítulos de la Historia industrial de la empresa.*

El **análisis histórico de Chandler**, que ha tenido **una gran influencia incluso en la propia obra de Kaplan**, se refiere a unas setenta grandes organizaciones empresariales americanas, estudiando de un modo muy especial cuatro de ellas: Du Pont, General Motors, Standard Oil Company y Sears, Readbuck Company.

Así se alcanzan los **finales del primer cuarto de siglo (1925)**. Las empresas americanas del sector industrial habían implantado los diferentes procedimientos contables de gestión. Por mencionar algunos, podemos citar:

— La Contabilidad de los distintos elementos del coste: materias primas, mano de obra y gastos generales de fabricación.

— Los presupuestos de caja y de inversión e incluso los presupuestos flexibles.

El nacimiento de la Contabilidad de Gestión como disciplina

Por ello no es extraño situar en estos años el **nacimiento de la Contabilidad de Gestión** como disciplina autónoma. Se consideran decisivos a este respecto varios trabajos de Donaldson Brown referidos a:

— Política de precios en relación con el control financiero y

— Gestión y responsabilidades descentralizadas;

a ellos siguió una ola de artículos y libros en los que se encuentran los fundamentos de la Contabilidad de Gestión.

1.3.2. La Contabilidad de Costes dentro de los dominios de la Contabilidad Financiera

La reafirmación de la Contabilidad Financiera y su influencia en la Contabilidad de Costes

Por otra parte, en los finales de esta década **(1929), la Contabilidad Financiera se reafirma,** como enseñanza de la Gran Depresión de 1929, asumiendo **ciertas características** que han llegado hasta ahora. **La verificación de los estados financieros**, realizada por los auditores y garantizada por su propia responsabilidad, significó un paso importante para la información contable preparada para las terceras personas. A la sombra de este planteamiento surgen organizaciones contables que dictan una serie de **normas sobre principios contables generalmente admitidos**.

La **Contabilidad de Costes no puede escapar a la influencia de la Contabilidad Financiera** en este período, influencia que se venía intentando desde hacía varios años. La necesidad de valorar las existencias con criterios admitidos por la Contabilidad Financiera fue un objetivo al que tuvo que atender la Contabilidad de Costes de una manera preferente.

El período del coste verdadero y la valoración de las existencias

Así se explica que se alcanzase la cumbre de lo que Horngren ha llamado el **período del coste verdadero**. La principal preocupación de la Contabilidad de Costes en esta etapa, predominante hasta la década de los sesenta, se centró en el cálculo y determinación del coste de los productos, insistiéndose en la necesidad de obtenerlo con la mayor precisión posible. Se trataba de calcular algo que se concebía como el coste único, y se basaba en el concepto de verdad absoluta, según el cual sólo puede existir una forma de calcular el coste de producir un bien.

La información suministrada por la Contabilidad de Costes pretendía, principalmente, dar a conocer de manera rigurosa, la **valoración de las existencias** que la empresa producía. Para conseguirlo, las investigaciones giraban en torno a la proposición de técnicas, cada vez más sutiles y elaboradas, con la finalidad de conseguir un gran perfeccionamiento en los cálculos.

Este estado de cosas, en que la Contabilidad de Costes estuvo sometida en gran medida a la Contabilidad Financiera, se prolonga, como se ha dicho, **hasta la década de los sesenta**.

1.3.3. Incorporación de la Contabilidad de Costes a la Contabilidad de Gestión

La Contabilidad de Costes que, salvo en casos aislados, fue poco a poco perdiendo su identidad como acabamos de ver, empieza a recobrarla en la **década de los sesenta**, ligando esa identidad en gran parte a su primitiva condición, cual era la de servir de ayuda para la gestión. El proceso fue largo y ocupó, de hecho, tres décadas.

A) La década de los sesenta

La **convergencia de diversos hechos** sociales, económicos y políticos crearon, en los años sesenta, una auténtica revolución cultural que afectó, sin lugar a dudas, a esta rama de la Contabilidad. Entre ellos **pueden destacarse**:

— La coyuntura económica óptima, sin precedentes en épocas anteriores, por la que atravesó el mundo occidental en esos años.

— El conocido como «consumo masivo» de ciertos productos que años anteriores sólo habían estado al alcance de unos pocos.

— El espectacular avance en los medios de comunicación con la puesta en órbita del primer satélite de comunicaciones.

— La integración vertical y horizontal de las empresas, que dio lugar a la potenciación de los grandes grupos de empresas multinacionales.

Estas condiciones provocaron **la necesidad de disponer de mecanismos de gestión** lo suficientemente perfeccionados como para poder hacer frente a la nueva y cada vez más compleja toma de decisiones que el cambio habido en el entorno demandaba. Así, la Contabilidad de Costes pasó a convertirse, de esa forma, en una fuente informativa imprescindible para poder llevarla a cabo.

Ante esta perspectiva, **el coste del producto ya no puede contemplarse como una cantidad monolítica** que sirva de inspiración para tomar todas las posibles y variadas decisiones con las que los directivos han de enfrentarse.

Se plantea la necesidad de contar con **diferentes costes para diferentes propósitos**, o en otras palabras, la información contable se ha de hacer depender de las necesidades concretas y particulares de los usuarios de esa información.

Así podemos adelantar que no será igual la información que sobre el coste del producto se necesite para tomar una decisión relacionada con la formación del precio de venta, que la que pueda servir de base para determinar si se va a ampliar la fábrica. **Por eso se habla de la etapa del coste como «verdad condicional»**.

Es por ello por lo que en el transcurso de esta etapa, la Contabilidad de Costes estuvo centrada en la determinación de **multitud de modelos y técnicas** que pudiesen proporcionar diferentes tipos de información, para poder tomar decisiones muy diferentes.

En este período, la Contabilidad de Costes se desmarca en gran medida del estrecho margen de maniobra que le permitía su sometimiento anterior a la Contabilidad Financiera, pasando de esta forma a **integrarse en los dominios de la Contabilidad de Gestión**.

B) La década de los setenta

En este proceso se estaba aún en la década de los años sesenta, que supone para esta disciplina una **etapa de consolidación** de los logros conseguidos en la etapa anterior enfocados hacia la gestión.

La implantación de la Contabilidad de Costes, integrada en la Contabilidad de Gestión, se ha de hacer en las empresas con **criterios económicos** canalizados especialmente hacia el **análisis coste-beneficio** de la misma. Los costes serán los originados por la elaboración y suministro de la información; los beneficios se medirán en función de la utilidad que tal información reporte a los usuarios.

El coste aparece ahora como una «verdad costosa». La **característica fundamental de este enfoque** estriba en el reconocimiento de que no sólo hay que tener presente la significación o valor de la información para quien la vaya a recibir, sino que es preciso valorar, a la vez, el coste en que se ha de incurrir para disponer de esa información, habida cuenta de la exactitud y rapidez con que se vaya a obtener.

C) La década de los ochenta

Esta década presenta como rasgo más característico el **enfoque positivo** que se le pretende dar a la Contabilidad de Costes. Se trata de **poner un poco de orden en experiencias muy dispares** de las empresas que fueron optando por la incorporación de su Contabilidad de Costes a la órbita de la gestión en la década anterior.

Se intenta, en definitiva, instrumentar **una teoría general** que sirva, por sí sola, para explicar lo que se hace y para predecir lo que se puede hacer en el futuro, todo ello, **a partir de la observación de las aplicaciones de los conocimientos y técnicas existentes** dentro de la Contabilidad de Costes. Por eso se habla del coste como **«verdad realizada»**.

Una de las muestras más importantes de lo que acabamos de decir lo constituye el modelo del ABC (Activity-Based Costing).

Además se produce en esta década un gran avance en los aspectos relacionados con la **organización y el comportamiento** en la empresa, en la **delegación de responsabilidades** y en el **carácter interdisciplinar** de esta rama de la ciencia contable.

1.4. LA SITUACION ACTUAL Y PERSPECTIVAS DE LA CONTABILIDAD DE COSTES

En nuestra opinión, nos encontramos inmersos en **los últimos años** en un **profundo y turbulento proceso** de cambio, que viene afectando a todas las estructuras (ideológicas, políticas, geográficas y sociales) en las que se ha ido cimentando el orden mundial desde hace ya muchas décadas.

Es una época que arranca con una gran crisis, que **desde el punto de vista de la toma de decisiones** ha provocado que los sistemas tradicionales de información utilizados por la Contabilidad de Costes se hayan quedado, si no obsoletos, sí insuficientes para proporcionar el amplio caudal informativo que ahora se necesita.

El proceso de cambio en el mundo de la empresa

Hemos asistido a un proceso de cambio de consecuencias políticas, económicas, geográficas y sociales insospechadas tan sólo unos años antes. El reflejo de ese **proceso de cambio en el mundo de la empresa** puede quedar caracterizado por los siguientes **rasgos**:

- Globalización e internacionalización de los mercados.
- Creciente incertidumbre y turbulencia del entorno.
- Aumento notable de la competencia.
- Demanda cada vez más exigente y selectiva.
- Aumento en el catálogo de productos ofertados por las empresas.
- Utilización de la calidad como estrategia competitiva diferenciadora.

Las nuevas técnicas de gestión

Por todos estos rasgos del cambio, las empresas piden hoy más que nunca que los sistemas contables sean capaces de suministrar **información adecuada para abordar cuestiones nuevas** y diversas. En esta línea se encuentran las nuevas técnicas de gestión que están empezando a destacar, con luz propia, como las referidas a:

- Gestión de los costes mediante sistemas basados en el seguimiento de las actividades que se ejecutan en las empresas.

- Sistemas de fabricación flexibles, del tipo del Just-in Time que, implica, entre otras cosas, la eliminación de las existencias.
- Gestión de la calidad total y de los costes que implica este planteamiento.
- Ampliación del campo de estudio de esta disciplina hacia la vertiente estratégica de la empresa.
- Gestión de los costes relacionados con el ciclo de vida de los productos.

Todo ello ha dado lugar, en muchos casos, a la **obsolescencia de los sistemas tradicionales de gestión**, y ha hecho necesario la aparición de las anteriores técnicas capaces de dar cumplida respuesta a las exigencias informativas actuales, diferentes a las anteriores.

1.5. OBJETIVOS DE LA CONTABILIDAD DE COSTES

Los objetivos de la Contabilidad de Costes han ido evolucionando con el tiempo, dentro de los avatares de su propia historia. Podríamos señalar que a través de una especie de proceso acumulativo se ha llegado a un momento en que se pueden asignar a la Contabilidad de Costes los siguientes objetivos:

- **Planificación y control.**
- **Valoración de los bienes y servicios.**

La planificación y control

La Contabilidad de Costes aparece involucrada en **el proceso de gestión** que siguen las empresas. Este proceso se ha interpretado de muchas maneras, si bien es preciso señalar que la más generalizada ha sido la propuesta por **Anthony**. A ella nos referimos a continuación.

La planificación estratégica es la parte del proceso de gestión en que se determinan las metas a largo plazo de la organización y las estrategias para alcanzarlas. Es una parte del proceso que se plantea desde una perspectiva de largo plazo.

El control de gestión es la parte del proceso más amplio de gestión que guía a los dirigentes para conseguir que la gestión corriente obedezca al planteamiento estratégico. Implica la sistematización de las decisiones que se han de adoptar en un plazo más corto, que normalmente será el año. El control de gestión se manifiesta de una manera concreta en el presupuesto.

El control de las tareas o control de ejecución es la parte del proceso de gestión que guía la puesta en práctica de las decisiones llevadas a cabo dentro del marco general de la gestión a que acabamos de aludir. Va apoyándose en la información sobre los hechos que afectan a la empresa, que se va comparando con la que aparece en los presupuestos; de esa comparación se deducirán unas desviaciones cuya interpretación pondrá de manifiesto las acciones correctoras a seguir.

En el **Cuadro 1.1** representamos estos diferentes niveles del proceso de gestión, poniendo de manifiesto cómo cada uno de ellos está inscrito en el anterior si se quiere conseguir una racionalidad global. La Contabilidad de Costes ha de tener en cuenta este proceso u otro que se diseñase en sustitución de él y ha de suministrar información para que la gestión se lleve a cabo con éxito.

Valoración de los bienes y servicios

La Contabilidad de Costes ha venido heredando otro **objetivo: la valoración de los bienes y servicios que se obtienen a lo largo del proceso productivo**. Al conseguirlo, la Contabilidad de Costes está logrando la valoración de los **activos que quedan al final del período en la empresa**, entre los que pueden estar:

— **Existencias de materias primas**. De ellas se conocerá su precio de factura sin mucha dificultad, pero hay una serie de costes provocados por su adquisición y traslado a la empresa, incluso su conservación o almacenamiento, que es preciso determinar.

— **Existencias de productos en curso de transformación**, que en el momento de su valoración pueden ser objeto de la actividad de la empresa.

— **Existencias de productos semiterminados**, que, habiéndose trabajado en algunos centros de actividad, están esperando ser objeto de otras actividades posteriores.

— **Existencias de productos terminados**, que están esperando el momento de ser vendidos.

Cuadro 1.1. El proceso de gestión

Aunque **los servicios** no tienen normalmente una manifestación corpórea, su coste necesita ser determinado por la Contabilidad de Costes. Incluso puede darse el caso de algún servicio que en un determinado momento esté en curso de realización. Por ejemplo, en una fecha determinada puede que una empresa dedicada a dar servicios de asesoramiento fiscal tenga algunos estudios en curso, pendientes de ciertas investigaciones.

La importancia de los diferentes objetivos

La importancia de uno u otro objetivo está **en función del ámbito en que se encuadre la Contabilidad de Costes**. En efecto:

— **Si la situamos dentro de la Contabilidad de Gestión**, que gira en torno a la adopción de decisiones de todo tipo, el objetivo principal es la planificación y el control. Por ello la determinación del valor de los bienes y servicios habrá de hacerse de acuerdo con las exigencias de la planificación y control.

— Si nos colocamos **en el ámbito de las exigencias de la Contabilidad General**, la determinación del valor de las existencias pasa a un primer plano, ya que es frecuente que en Contabilidad Financiera se valoren las existencias de acuerdo con la Contabilidad de Costes, respetando, eso sí, sus principios generales, entre los que está el principio del precio de adquisición.

¿Es suficiente una sola Contabilidad de Costes para alcanzar los distintos objetivos?

El problema que se plantea inmediatamente es si una sola Contabilidad de Costes es capaz de alcanzar simultáneamente los dos objetivos a que hemos aludido.

Kaplan publicaba hace no mucho un artículo con un título muy significativo a este respecto: *Un Sistema de Costes no es suficiente*, y apuntaba precisamente el problema de que muchas empresas se encuentran con sistemas de costes diseñados principalmente para la valoración de inventarios a efectos de la Contabilidad Financiera o para la determinación de los impuestos y, sin embargo, no disponen de información relevante y oportuna para la gestión.

Entendemos que cada vez es más frecuente el **planteamiento opuesto al que acabamos de ver**. Es decir, se da cada vez más el caso de empresas que desarrollan un **Sistema de Contabilidad de Costes** preparado para la planificación y control de la gestión y **que no sirve para la valoración de los bienes de acuerdo con las exigencias de la Contabilidad Financiera**, entre otras razones, porque no se ajustan a los principios generalmente admitidos.

1.6. DEFINICION DE LA CONTABILIDAD DE COSTES

Todo lo que hemos dicho hasta aquí, y, en particular, la cuestión que acabamos de plantear, nos pone en la pista de la dificultad que entraña una sola definición de Contabilidad de Costes. Si intentásemos **dos definiciones**, la tarea se nos facilitaría enormemente.

La **Contabilidad de Costes, inscrita en la Contabilidad de Gestión**, podría definirse como un sistema de información acerca de la actividad productiva de una empresa, que es relevante y oportuna para la planificación y control exigidas por la gestión de la empresa en sus distintos niveles.

La **Contabilidad de Costes, encuadrada en la Contabilidad Financiera,** debería ser definida, pues, de otra manera: como sistema de información, que permite la valoración de los bienes y servicios derivados de la actividad productiva de la empresa, cumpliendo para ello los principios contables generalmente admitidos.

1.7. RASGOS DIFERENCIADORES DE LA CONTABILIDAD DE COSTES Y LA CONTABILIDAD FINANCIERA

El estado de cosas actual nos incita a fijarnos, en buena lógica, en la separación a que se ha llegado entre la Contabilidad de Gestión y, por tanto, entre la Contabilidad de Costes inscrita en ella y la Contabilidad General o Financiera. A este respecto, pueden diferenciarse como **rasgos delimitadores** los siguientes:

1. Finalidad

El propósito de la Contabilidad Financiera va dirigido a confeccionar los estados financieros para informar a terceras personas. El principal propósito de la Contabilidad de Costes es el de servir de ayuda a la dirección en la toma de decisiones internas mediante una adecuada planificación, control de gestión y seguimiento de las operaciones.

2. Usuarios

Los usuarios de la información financiera son fundamentalmente externos, se encuentran fuera de la organización. Los usuarios de la información proporcionada por la Contabilidad de Costes son internos, es decir, se encuentran dentro de la empresa.

3. Orientación en el tiempo

La información proveniente de la Contabilidad Financiera está relacionada con el pasado; describe el resultado de ciertas actividades llevadas a cabo históricamente.

La Contabilidad de Costes, si bien necesita información sobre los hechos que se van realizando, está relacionada principalmente con el futuro. Trabaja con previsiones relativas a las actividades que se van a realizar y las magnitudes relacionadas con ellas, como pueden ser la producción que se va a obtener, el importe de los costes y de los ingresos.

4. Restricciones en la presentación de la información

La información que proporciona la Contabilidad de Costes para la toma de decisiones internas no puede ser utilizada por los usuarios externos. Entre otras razones, porque desconocen los criterios seguidos en su elaboración, como consecuencia de que aquélla no está sometida a las restricciones que significan los principios contables generales ni las normas de elaboración impuestas por la normalización contable para la confección de los estados financieros.

5. Formalismo contable

En relación con lo anterior, la protección de los intereses de los usuarios que no han participado en la confección de los estados financieros, queda en gran medida salvaguardada, con la obligatoriedad de aplicar en su elaboración las normas impuestas por los principios contables generalmente aceptados.

Los informes internos, dirigidos a los encargados de tomar decisiones en la empresa, sólo atenderán en su confección a las reglas impuestas por ellos, quienes, atendiendo a sus necesidades, tienen poder suficiente para modificarlas.

6. Visión analítica

La Contabilidad Financiera proporciona, mediante los estados financieros, una visión condensada de la **organización**, considerada como un todo. La Contabilidad de Costes suele proporcionar una visión detallada bajo la perspectiva de los distintos centros, niveles de responsabilidad, productos, etc. Esto ha determinado incluso que uno de los nombres atribuidos a la Contabilidad de Costes sea el de Contabilidad Analítica de explotación.

7. Unidad de medida

La información contenida en los estados financieros suele venir expresada en términos monetarios, principalmente. En contraposición, la Contabilidad de Costes aplica tanto unidades monetarias como unidades físicas e incluso otro tipo de unidades de medida basadas en conceptos cualitativos.

8. Economicidad

Este criterio es primordial en Contabilidad de Costes, debido a la posibilidad de elección entre modelos alternativos, lo que hace necesario el estudio previo del coste y del beneficio de la información a sumunistrar, aspecto éste prácticamente ignorado en Contabilidad General.

Rasgos que han dejado de ser diferenciadores

Queremos llamar la atención sobre el hecho de que la Contabilidad General y la Contabilidad de Costes no se diferencian en cambio por el tipo de empresas a las que sean de aplicación. Ya no podemos hablar de la Contabilidad de Costes como aplicable a las empresas fabriles, justificando así incluso el nombre de Contabilidad Industrial con que en algún momento llegó a conocérsela.

Probablemente, la descripción más correcta de lo que ocurre en la realidad en este campo nos la da Vázquez cuando señala que si bien los sistemas de costes más evolucionados se usan en empresas manufactureras, por ser éstas donde los procesos son más complejos, el campo de aplicación de la Contabilidad de Costes transciende ya esos límites y tiene su proyección concreta en establecimientos agrícolas y ganaderos, hospitales, bancos y supermercados, por poner algunos ejemplos.

CUESTIONES

1. *La Contabilidad, dentro del contexto informativo empresarial:*
   a) Apenas tiene importancia.
   b) Es un sistema de información para la gestión.
   c) Es sólo una técnica de registro.

2. *La Contabilidad General:*
   a) Informa a terceras personas interesadas.
   b) Informa sólo a los accionistas.
   c) Informa sólo a la alta dirección.

3. *La Contabilidad General informa mediante:*
   a) El Diario.
   b) El Diario y los Mayores.
   c) Los estados financieros.

4. *La información que transmite la Contabilidad General:*
- *a*) Puede ser utilizada para tomar todo tipo de decisiones.
- *b*) Sirve para tomar decisiones relacionadas con el proceso productivo.
- *c*) Presenta algunos problemas para tomar decisiones.

5. *La cuenta de Pérdidas y ganancias de la Contabilidad General:*
- *a*) Describe con detalle el proceso productivo.
- *b*) Describe la formación del coste de los productos.
- *c*) No da respuesta a múltiples interrogantes sobre la actividad productiva.

6. *La Contabilidad de Costes:*
- *a*) Es una parte de la Contabilidad de Gestión.
- *b*) Es una parte de la Contabilidad General.
- *c*) Es una parte de la Auditoría.

7. *La Contabilidad de Costes también es conocida como:*
- *a*) Contabilidad Interna.
- *b*) Contabilidad Superior.
- *c*) Contabilidad Analítica de Explotación.

8. *La Contabilidad de Costes se ocupa de:*
- *a*) El movimiento interno de valores provocado por la actividad productiva.
- *b*) El área comercial.
- *c*) El área financiera.

9. *La Contabilidad de Costes es una disciplina:*
- *a*) Tan antigua como la Contabilidad General.
- *b*) Más antigua que la Contabilidad General.
- *c*) Nació con la revolución industrial.

10. *Antes de la revolución industrial:*
- *a*) No existía proceso productivo.
- *b*) El proceso productivo ya se realizaba en las empresas.
- *c*) El proceso productivo se realizaba en talleres artesanales.

11. *La Contabilidad de Costes:*
- *a*) Ha actuado siempre de manera autónoma.
- *b*) Ha actuado siempre sometida a la Contabilidad General.
- *c*) Ha estado a veces sometida a la Contabilidad general.

12. *La etapa del «coste verdadero» se caracteriza por:*
- *a*) Calcular el coste del producto de una manera precisa.
- *b*) Calcular la rentabilidad de los productos.
- *c*) Calcular el coste y rentabilidad de los productos.

13. *El lema de la etapa de la «verdad condicional» es:*
- *a*) Diferentes costes para propósitos diferentes.
- *b*) Diferentes costes para el mismo propósito.
- *c*) Mismo coste para propósitos diferentes.

14. *La etapa de la «verdad costosa» implica que:*
- *a*) Conocer el coste del producto es muy costoso.
- *b*) Hay que tener en cuenta tanto el coste como el beneficio de la información.
- *c*) Obtener información es muy costoso.

15. *En el transcurso de los últimos años:*
- *a*) Apenas ha cambiado nada en la empresa.
- *b*) Se han producido cambios importantes.
- *c*) Ya no existen empresas.

16. *Las nuevas exigencias informativas:*
- *a*) Han provocado en muchos casos la obsolescencia de la Contabilidad de Costes.
- *b*) No han afectado en nada a esta disciplina.
- *c*) Demandan nuevas técnicas de gestión.

17. *Los objetivos de la Contabilidad de Costes son:*
- *a*) Planificación, control y valoración de bienes y servicios.
- *b*) Sólo planificación y control.
- *c*) Sólo valoración de bienes y servicios.

18. *La planificación estratégica consiste en:*
- *a*) Estudiar la estrategia de mercado.
- *b*) Controlar a nuestros competidores.
- *c*) Determinar objetivos a largo plazo y los medios para conseguirlos.

19. *Mediante el control de gestión:*
- *a*) Se intenta armonizar la gestión real con los planteamientos estratégicos.
- *b*) Se intenta subordinar la gestión a los acontecimientos diarios.
- *c*) Se intenta controlar a todo el personal.

20. *Las acciones correctoras a implantar en la empresa:*
- *a*) Se deducen de las desviaciones.
- *b*) Se deducen de la experiencia.
- *c*) Se deducen de la observación.

21. *El objetivo de valoración de bienes en la Contabilidad de Costes implica:*
- *a*) Valorar todos los bienes de la empresa.
- *b*) Valorar el activo fijo.
- *c*) Valorar las existencias que quedan al final del período.

22. *La valoración de servicios:*
- *a*) No compete a la Contabilidad de Costes.
- *b*) Sólo se pueden valorar cuando ya se han prestado.
- *c*) Se valoran con los mismos criterios que si fueran bienes.

23. *La importancia de los objetivos de la Contabilidad de Costes:*
a) Es siempre la misma.
b) Varía en función del ámbito de actuación.
c) El más importante es el de la planificación y control.

24. *La Contabilidad de Costes puede encuadrarse:*
a) En el ámbito de actuación de la Contabilidad General.
b) En el ámbito de actuación de la Contabilidad de Gestión.
c) En ninguno de los dos.

25. *Las diferencias entre Contabilidad General y Contabilidad de Costes:*
a) Pueden ser muchas e importantes.
b) Pueden ser pocas y sin importancia.
c) La elección de las anteriores alternativas depende del ámbito en el que actúe.

2 Aspectos fundamentales de la Contabilidad de Costes

2.1. PRESENTACION

Vamos a centrarnos en **algunos de los aspectos que consideramos fundamentales para la Contabilidad de Costes**. A este respecto conviene apuntar que:

— Parece básico apoyarse en el **ámbito de la Contabilidad General** que tiene que ver con los **ingresos, gastos y resultados**, que constituyen magnitudes interesantes para la Contabilidad de Costes.

— Es preciso **delimitar el alcance de** ciertos conceptos o magnitudes que resultan cruciales para la Contabilidad de Costes, y entre los que se encuentran, sin duda, **los ingresos, los costes y las actividades**.

— Es conveniente dar un repaso a la posible **clasificación de los costes**, anticipándonos incluso a conceptos sobre los que será preciso volver para completarlos.

— Es importante hacer una **referencia a la posible división de la empresa en centros** encuadrados en ella, en los que se desarrolla una parte de la actividad de la misma.

2.2. LOS GASTOS, LOS INGRESOS Y LOS RESULTADOS EN LA CONTABILIDAD GENERAL

Las magnitudes de la Contabilidad General más relacionadas con la Contabilidad de Costes son **los ingresos, los gastos y los resultados**. Todos ellos se muestran en la **cuenta anual de Pérdidas y ganancias**, cuya **estructura** obedece al esquema que mostramos en el **Cuadro 2.1.**

Si se observa el Cuadro 2.1 atentamente podemos hacer las siguientes **observaciones acerca de la estructura de la cuenta de Pérdidas y ganancias**:

— Aparecen tres tipos de resultados que se obtienen por diferencia entre los gastos y los ingresos pertinentes. Son los Resultados de explotación, los Resultados financieros y los Resultados extraordinarios.

— Después, aparecen algunos tipos de resultados que agrupan los resultados a que nos acabamos de referir. Es el caso de los Resultados de actividades corrientes y los Resultados antes de impuestos.

— Por último, los Resultados antes de impuestos menos el Impuesto sobre sociedades, que se considera como un gasto más, aunque sea el último que figura en la cuenta anual de Pérdidas y ganancias.

Todo esto puede verse en el modelo de cuenta

Cuadro 2.1. Estructura de la cuenta de Pérdidas y ganancias

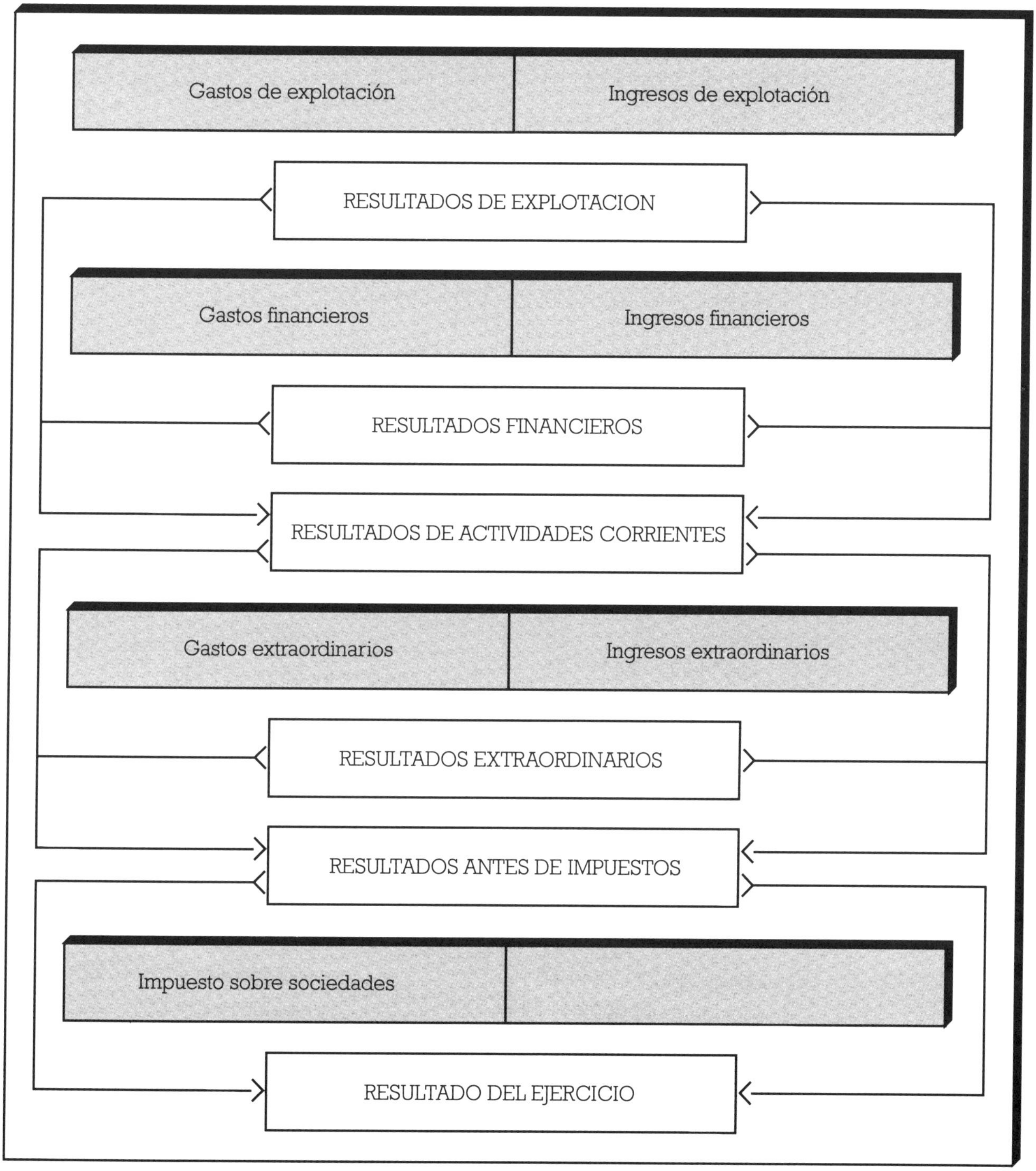

de Pérdidas y ganancias que se reproduce en el **Anexo 2.1** de este capítulo. Respecto este **modelo de la cuenta de Pérdidas y ganancias** hemos de hacer **algunas consideraciones**, aparte de las ya apuntadas sobre su estructura:

— En ella aparecen ya los gastos que se consideran del ejercicio y los ingresos del ejercicio, dentro de las diferentes categorías que hemos señalado. Es decir, se trata de los ingresos y los gastos después de la periodificación que la Contabilidad hace de acuerdo con sus principios generales.

— Esta cuenta realmente ofrece posibilidades diferentes según se lea desde fuera de la empresa o se pueda leer desde dentro de la empresa. Si la lectura la hace un usuario externo, solamente podrá conocer los importes de las partidas de la cuenta. Si la lectura se hace desde dentro de la empresa se podrá conocer además el saldo de cada una de las cuentas que se vierten en cada partida; incluso, esos saldos estarán desglosados en la mayor parte de las empresas.

Dentro de la Contabilidad General cabe elaborar una cuenta de Pérdidas y ganancias Analítica, cuya estructura es diferente. La mostramos en el **Anexo 2.2** de este capítulo. Allí vemos unas magnitudes tan interesantes como valor de producción o valor añadido.

2.3. LOS GASTOS Y SU INCIDENCIA EN LA CUENTA DE PERDIDAS Y GANANCIAS

Concepto de gastos

Empezemos por establecer el **concepto de gasto** como la adquisición de un bien o servicio, o incluso de un derecho, mediante la transmisión inmediata de otro bien, servicio o derecho, o mediante el compromiso de transmitirlos en el futuro.

Lo que caracteriza realmente el gasto es la existencia de una **adquisición**, cualquiera que sea la manera de financiarla. Por eso, detrás del concepto de gastos aparecen operaciones que son realmente muy diferentes y que siguen una trayectoria fiscal muy distinta.

Para plantear esas posibles diversidades vamos a poner **algunos ejemplos** que tienen como referencia la siguiente empresa y examinaremos, para cada uno de ellos, cómo trascienden a la cuenta de Pérdidas y ganancias, y a los diferentes tipos de resultados que en ella aparecen o a otras cuentas anuales.

Planteamiento de unos ejemplos

TRANSVISA, empresa dedicada al transporte de viajeros, presenta el día 1 de enero de 1991 este balance:

ACTIVO		PASIVO	
Elementos de transporte	40.000.000	Capital social	50.000.000
Existencias de combustibles *	4.000.000	Proveedores de inmovilizado a largo plazo	6.000.000
Bancos c/c	39.000.000	Amortización acumulada de elementos de transporte	32.000.000
Caja, pesetas	5.000.000		
Total Activo	88.000.000	Total Pasivo	88.000.000

* Está autorizada para mantener unas existencias de combustibles en depósitos especiales.

Entre las muchas operaciones que realiza la empresa en 1991 están las que vamos a ir reseñando después. Todas ellas se irán registrando en el esquema de Mayor representado en el **Cuadro 2.2**. En este esquema de Mayor diferenciamos una serie de ámbitos: Activo, Pasivo, Gastos de explotación, Ingresos de explotación, Gastos financieros, Ingresos financieros, Gastos extraordinarios e Ingresos extraordinarios y Resultados, que son los mismos conceptos que aparecen en el modelo de la cuenta de Pérdidas y ganancias. De esta manera, veremos más claro el alcance de cada hecho.

Cuadro 2.2. Esquema de Mayor

(en miles de pesetas)

ACTIVO

Elementos de transporte

(0)	40.000		
(8)	8.000		

Bancos c/c

(0)	39.000	2.000	(1)
		2.400	(2)
		600	(3)
		1.000	(4)
		15.000	(5)
		720	(6)

Existencias de combustibles

(0)	4.000		

Amortización acumulada de elementos de transporte

		32.000	(0)

Caja, ptas.

(0)	5.000	4.000	(7)

Participaciones en empresas del grupo

(5)	15.000		

PASIVO

Capital social

		50.000	(0)

Proveedores de inmovilizado a largo plazo

		6.000	(1)

GASTOS DE EXPLOTACION

Gastos de arrendamientos y cánones

(3)	600		

Sueldos y salarios

(2)	2.400		

Compras de carburantes

(4)	1.000		

INGRESOS DE EXPLOTACION

GASTOS FINANCIEROS

Intereses de deudas a corto plazo

(6)	720		

INGRESOS FINANCIEROS

GASTOS EXTRAORDINARIOS

Gastos extraordinarios

(7)	4.000		

INGRESOS EXTRAORDINARIOS

TRIBUTOS

Impuesto sobre sociedades

RESULTADOS

Pérdidas y ganancias

Ejemplo 1: Gastos de adquisición de un elemento del inmovilizado

TRANSVISA compró el 2 de enero de 1991 un autobús nuevo por 8.000.000 de ptas., con el que empieza su actividad. Paga una parte al contado, mediante la entrega de un cheque de 2.000.000 de pesetas y el resto se pagará por partes iguales el 1 de marzo y el 1 de julio de 1993.

En el ejemplo propuesto existe un gasto por cuanto se efectúa la **adquisición de un autobús** mediante una doble contrapartida: el pago de 2.000.000 de ptas. inmediatamente y el compromiso de entregar otros 6.000.000 de ptas. en las fechas estipuladas.

Contablemente este gasto se reflejará mediante un asiento que sería el que mostramos a continuación en un esquema de Diario:

		1		
8.000.000	Elementos de transporte			
		a	Bancos c/c	2.000.000
		a	Proveedores de inmovilizado a largo plazo	6.000.000

Este gasto **no incide directamente** en ninguno de los componentes que hemos presentado de **la cuenta de Pérdidas y ganancias. Posteriormente podrá repercutir** por varios caminos: uno normal y otros excepcionales:

— El camino normal será a través de la partida de Dotaciones para amortizaciones del inmovilizado que aparece en el Debe de la cuenta de Pérdidas y ganancias dentro de los Resultados de explotación.

— Los caminos excepcionales llevan al Debe o al Haber de la cuenta de Pérdidas y ganancias dentro de Resultados extraordinarios. Ahí aparecen diferentes partidas que tienen que ver con el inmovilizado material, entre ellas la de Variaciones de las provisiones de inmovilizado material.

Ejemplo 2: Gastos de personal correspondiente íntegramente al ejercicio

TRANSVISA hace efectiva el día 3 de diciembre de 1991 la nómina del mes de diciembre, que asciende a 2.400.000 ptas. En ella solamente aparece el pago de conceptos retributivos relacionados con trabajos efectuados en el año. Se paga íntegramente por banco.

También en este caso existe un gasto por retribución de los trabajos del personal empleado en la empresa. Su anotación, prescindiendo de retenciones de impuestos, seguros sociales y otras consideraciones, será:

		2		
2.400.000	Sueldos y salarios			
		a	Bancos c/c	2.400.000

Este concepto incidirá en el Debe de la cuenta de Pérdidas y ganancias dentro de Gastos de personal, para determinar los Resultados de explotación.

Ejemplo 3: Gastos de arrendamiento que en parte corresponden a otro ejercicio

TRANSVISA, empresa dedicada al transporte de viajeros, paga el día 11 de diciembre de 1991 el alquiler del garaje donde se guardan los autobuses. La factura cubre tres meses por anticipado y asciende a 600.000 ptas., que se pagan por banco.

En este ejemplo existe un gasto que se recoge por la cuenta correspondiente de Arrendamientos y cánones por el importe total pagado. Sin tomar en consideración impuestos, el asiento será:

		3		
600.000	Arrendamientos y cánones			
		a	Bancos c/c	600.000

Este concepto de gasto **repercutirá en la cuenta de Pérdidas y ganancias**, dentro de Otros gastos de explotación, para determinar los Resultados de explotación. Sin embargo, de acuerdo con el enunciado hay que **matizar respecto del ejercicio en que repercutirá el gasto**. En efecto: en el ejercicio 1991 solamente serán 200.000 ptas. y el resto, 400.000 ptas., en el año siguiente. Para ello habrá de efectuarse el correspondiente asiento de periodificación dentro del proceso de regularización.

Ejemplo 4: Gasto de adquisición de elementos inventariables del circulante

TRANSVISA adquiere el 15 de diciembre carburantes por valor de 1.000.000 de ptas., pagando con cheque.

Se trata de la adquisición de un elemento inventariable de circulante, que se reflejará contablemente mediante esta anotación:

		4		
1.000.000	Compras de carburantes			
		a	Bancos c/c	1.000.000

En este caso estamos también ante un gasto: la adquisición de carburantes que tiene su **trayectoria prevista hacia la determinación de los resultados**. En la cuenta de Pérdidas y ganancias, aparece dentro de los aprovisionamientos como Consumo de materias primas y otras materias consumibles.

Ejemplo 5: Gasto de adquisición de unas acciones

TRANSVISA compra la mayoría de las acciones de GARAJES REUNIDOS, S. A., para hacerse con el control. El importe de la adquisición asciende a 15.000.000 de ptas., que se pagan al contado mediante cheque bancario.

Observemos que se trata otra vez de un gasto, ya que se ha realizado la adquisición de unas acciones mediante la entrega de otro bien. Las acciones adquiridas constituyen un elemento del activo inmovilizado financiero, que no participa directamente en la producción.

También este gasto tendrá su **expresión contable**, que sería:

		5		
15.000.000	Participaciones en empresas del grupo	a	Bancos c/c	15.000.000

Igual que en el caso de la adquisición de los elementos de transporte hemos de tener presente que este gasto **no incide directamente en la cuenta de Pérdidas y ganancias. Posteriormente podrá repercutir** por varios caminos: unos normales y otros excepcionales que cabe analizar a la vista del Anexo 2.1:

— El camino normal será a través de Ingresos financieros, que aparece en el Haber de la cuenta de Pérdidas y ganancias para la determinación del Resultado financiero.

— Los caminos excepcionales llevan al Debe o al Haber de la cuenta de Pérdidas y ganancias dentro de Resultados extraordinarios. Ahí aparecen diferentes partidas que tienen que ver con la cartera de control, entre ellas la de Variaciones de la cartera de control.

Ejemplo 6: Gastos financieros

TRANSVISA paga a través del banco 720.000 ptas. de los intereses de las deudas que aparecen en el balance inicial.

La anotación que procede realizar por este hecho es:

		6		
720.000	Intereses de deudas a corto plazo	a	Bancos c/c	720.000

Estamos ante un gasto que corresponde totalmente al ejercicio y que pasa a la cuenta de Pérdidas y ganancias a efectos de la determinación de los Resultados financieros. Conviene advertir en el Anexo 2.1 que los gastos financieros pueden referirse a capitales invertidos en el proceso productivo, que no generan ingresos financieros si no ingresos de explotación.

Ejemplo 7: Gastos extraordinarios

TRANSVISA es objeto de un atraco el día 28 de diciembre, desapareciendo de la Caja 4.000.000 de pesetas.

La anotación que procede realizar por este hecho es:

		7		
4.000.000	Gastos extraordinarios	a	Caja, ptas.	4.000.000

Los gastos y las actividades ordinarias de la empresa

Hay **gastos que vienen justificados por las actividades ordinarias** de la empresa, ya sean los que aparecen para determinar los resultados de la explotación, ya sea para determinar los resultados financieros. **En los ejemplos propuestos** nos hemos encontrado con varios de ellos.

Sin embargo, también se dan normalmente **otros gastos** que no están justificados, directamente al menos, por la explotación de la empresa. Es el caso de la adquisición de las acciones de GARAJES REUNIDOS, S. A.

Otros gastos son **calificados de extraordinarios**, ya que son independientes de las actividades normales o típicas de la empresa, o no se espera razonablemente que ocurran con frecuencia. Tienen su apartado correspondiente en el Anexo 2.1.

2.4. LOS GASTOS DEL PERIODO Y SU CLASIFICACION

Las cargas o gastos periodificados

Los gastos periodificados han sido denominados cargas por una parte de la doctrina; se han denominado cargas, para expresar en una sola palabra lo que queremos significar. Constituyen un concepto clave para relacionar la Contabilidad General con la Contabilidad de Costes.

La clasificación de las cargas

De las numerosas maneras en que pueden clasificarse los gastos del período o cargas, señalaremos estos dos:

— **Clasificación según su naturaleza**.
— **Clasificación según que sean incorporables o no a los costes**.

Las cargas según su naturaleza

La clasificación de las cargas conforme a su naturaleza consiste en diferenciarlas de acuerdo con las **condiciones intrínsecas** de cada uno de los gastos periodificados. Esta clasificación nos lleva a llamar a la cosa, en este caso las cargas, **por su nombre**. En un desglose quizás excesivo conduciría a llegar a los nombres que identifiquen las cosas: los teléfonos podrían estar clasificados según el número correspondiente, los gastos de oficina según sus variados componentes: diferentes tipos de papel, de máquinas o de material de escritorio.

Aun cuando la Contabilidad de Costes puede hacer uso de esta clasificación, es **la Contabilidad General** quien la ha consolidado ya como clásica, y así, sin traicionar la idea de llamar a los costes según su naturaleza, el Plan General de Contabilidad **clasifica las cargas con los correspondientes nombres dentro de cada uno de los subgrupos siguientes**:

60. Compras.
62. Servicios exteriores.
63. Tributos.
64. Gastos de personal.
65. Otros gastos de gestión.
66. Gastos financieros.
68. Dotaciones para amortizaciones.
69. Dotaciones a las provisiones.

Así, dentro del subgrupo 62. Servicios exteriores tenemos esta clasificación que va más aún a la naturaleza de los gastos:

620. Gastos de investigación y desarrollo del ejercicio.
621. Arrendamientos y cánones.
622. Reparaciones y conservación.
623. Servicios de profesionales independientes.
624. Transportes.
625. Primas de seguros.
626. Servicios bancarios y similares.
627. Publicidad, propaganda y relaciones públicas.
628. Suministros.
629. Otros servicios.

Esta clasificación de las cargas es sencilla, puede ser hecha por cada clase de empresas y es la que más fácilmente **permite obtener datos comparables** entre los distintos tipos de empresas.

Si esta clasificación por naturaleza, conseguida por medio de cuentas de tres cifras, fuera insuficiente desde la perspectiva de la Contabilidad de Costes, **se podría detallar más**, diferenciando conceptos más expresivos de la propia naturaleza de las cargas.

Cargas incorporables y no incorporables

Podemos ponernos de acuerdo en que la magnitud costes es propia de la Contabilidad de Costes. Es decir, los costes aparecen en la Contabilidad de Costes, mientras que las cargas o gastos del período son propios de la Contabilidad General. Partiendo de esta premisa, la clasificación de las cargas en incorporables o no incorporables a los costes **está en la frontera de la Contabilidad General y la Contabilidad de Costes**.

Se consideran **cargas incorporables** aquellas que constituyen un elemento del coste de acuerdo con el concepto que daremos de esta magnitud. Es decir, las cargas incorporables van a pasar a ser costes. Por el contrario, denominaremos **cargas no incorporables** a aquellos gastos del período desde la perspectiva de la Contabilidad General que la Contabilidad de Costes no va a incluir entre el coste por no obedecer a este concepto de acuerdo con sus criterios específicos.

Esta diferenciación ha sido estudiada con mucho cuidado en la doctrina continental. Por la **doctrina francesa**, de la que proviene la denominación de **cargas incorporables y cargas no incorporables**, y quizás todavía más por la **doctrina alemana**; en ésta se utiliza otra terminología, denominándose **gastos neutrales** a los gastos del ejercicio que no son costes por alguna razón y **gastos objetivos** a los gastos del ejercicio que se incluyen entre los costes.

La doctrina alemana considera que los **gastos neutrales y los gastos objetivos** son conceptos básicos de la Contabilidad General. Sin embargo dentro de la Contabilidad de Costes o Contabilidad Interna los costes que son gastos se llaman gastos objetivos.

Puede darse el caso de costes que no tengan su correspondiencia en la Contabilidad General. Adelantando ideas, pensemos en gastos financieros calculados sobre el capital propio. Estos costes se denominan por la doctrina alemana **costes supletorios**, y por la doctrina francesa, **cargas supletorias**.

2.5. EL CONCEPTO DE INGRESO EN CONTABILIDAD DE COSTES: UNA MAGNITUD DESCUIDADA

Los ingresos han sido, **quizá, la magnitud fundamental más descuidada de la Contabilidad de Costes**. Se puede decir que han sufrido un desarrollo asimétrico, ya que nuestra disciplina se ha preocupado más de los costes que de los ingresos. Quizá esta asimetría haya sido de signo inverso a la que se ha podido observar en la ciencia de la Hacienda Pública, donde se ha desarrollado extraordinariamente el estudio de los ingresos, especialmente de los impuestos, y mucho menos el estudio de los gastos públicos.

La despreocupación de la Contabilidad de Costes respecto de una magnitud tan importante como los ingresos puede haberse debido a **varias causas**. Entre todas ellas **destacaríamos** una, **la aparente ausencia de dificultades** en el tratamiento contable de los mismos. Sin embargo, esta circunstancia, que en su momento pudo estar justificada, pensamos que ha experimentado un apreciable cambio en los últimos tiempos.

Pongamos **algunos ejemplos** que pueden ser significativos para aclarar lo que venimos diciendo. El primero podría ser los ingresos de las empresas de transporte de viajeros por ferrocarril. Antes, los ingresos de estas entidades dependían lógicamente de la calidad y de la cantidad de los servicios: primera, segunda, tercera, literas y coches cama. Hoy día, en los ingresos influyen más factores; piénsese que los precios son distintos atendiendo a una serie de circunstancias variadas, aparte de la naturaleza del servicio. Así, las tarifas tienen actualmente en cuenta factores como éstos: si se viaja en unos días o en otros, si se viaja solo o en grupos, si se compra billete de ida o de ida y vuelta, si se lleva o no coche en el tren, y por si todo esto fuera poco, se consiguen unos precios diferentes si se paga por adelantado, pues no son otra cosa los denominados «cheque tren».

Otro ejemplo vendría dado por los ingresos por ventas de electrodomésticos. Los ingresos por unidad, es decir el precio, dependerá de si se instala o no, si se presta asistencia técnica o no, si se da uno u otro tipo de garantía, y, además, si se paga a plazos. Evidentemente, unos ingresos derivados de semejante sistema de precios necesitan ser analizados en profundidad para diferenciar los ingresos en sus categorías económicas.

Cuestiones previas que aclaran la interpretación

La **interpretación adecuada** del concepto de ingreso **irá unida** a la interpretación adecuada de otras magnitudes relacionadas con ella y a **otras cuestiones previas**:

La primera es **aclarar el concepto de producción** que identificaremos como conjunto de operaciones que de una manera u otra acercan los bienes al consumo, o que contribuyen a la creación de unos servicios. En este sentido, es actividad productiva la adquisición de las materias primas, la transformación física de las mismas y la colocación de los productos o servicios en el mercado, por fijarnos en algunas fases del proceso productivo.

La segunda cuestión está relacionada con la anterior. Se trata de señalar cuál es, en condiciones normales, **el punto en que termina el proceso productivo**. Nos parece que una vez admitido el concepto de producción que acabamos de proponer, lo lógico es afirmar que el proceso productivo concluye con la entrega al cliente de los productos obtenidos. Esto nos exige apuntar que cuando estamos ante una empresa fabril, por ir al caso más clásico, el proceso no culmina normalmente en el almacén de productos terminados, ya que todavía hay que vender los productos.

La tercera cuestión también está ligada con las dos anteriores. Descansa en afirmar que **la función de distribución**, que tiene a su cargo la venta y puesta a disposición o entrega a los clientes de los productos o servicios, **es también una actividad productiva**. Esto quiere decir que las cantidades de producto o servicios han de verse en relación con la meta final, que es la puesta a disposición de quienes ocupan una etapa posterior en la circulación económica y que, en última instancia, han de aplicar los bienes y servicios a la satisfacción de sus necesidades.

La cuarta cuestión a plantear nace de un **malentendido debido a la significación inmediata de los términos empleados**. No podemos negar que la palabra ingreso lleva consigo unida la idea de entrada. Sin embargo, hemos de admitir que cuando se piensa en los ingresos en Contabilidad de Costes se tiene la mente puesta en la salida de los productos o servicios mentados en las cuestiones previas anteriormente expuestas. El malentendido no deja de ser una aparente contradicción, que ha de resolverse del modo más difícil desde el punto de vista pedagógico, que es nadando a contracorriente de la significación de las palabras. En efecto, la acepción de ingreso que vamos a adoptar es la que considera que esta magnitud viene dada por los productos y servicios que abandonan el ámbito de la empresa, y pasan a integrar el patrimonio de los clientes.

El concepto de ingresos

Después de todas estas cuestiones previas, ya hemos avanzado en el terreno del concepto de ingreso desde la perspectiva de la Contabilidad de Costes, incluso lo hemos invadido hasta cierto punto.

Así, podemos decir que los **ingresos de la explotación** son el valor, a precios de mercado, de los productos y servicios obtenidos en el proceso productivo, que da comienzo con la adquisición de los medios de producción, sigue con la transformación de todo tipo a que éstos se ven sometidos y termina con la puesta a disposición de los clientes de tales bienes y servicios.

Los ingresos en la corriente de valores

La aventura productiva consiste, pues, en adquirir unos medios de producción que son sometidos a la actividad productiva de la empresa. Es decir, al movimiento interno de valores propio del proceso productivo, para presentar al mercado unos bienes y servicios diferentes por sus condiciones físicas, químicas, jurídicas, temporales, etc.

El mercado emitirá su veredicto a propósito de esta nueva manifestación de los valores: bienes y servicios, generándose así el resultado de la actividad productiva. Si su valor es superior al valor invertido en los medios productivos que han intervenido en el proceso productivo, existirá un beneficio o resultado positivo. Si, en cambio, el valor logrado por los bienes y servicios lanzados al mercado es inferior al de los medios sacrificados para su obtención, que son precisamente su coste, entonces se estará en posición de pérdida.

2.6. EL CONCEPTO DE COSTE

El uso tan generalizado que tradicionalmente se viene haciendo del término coste supone que todos tengamos **una idea más o menos formada acerca de su significado**; pero esta idea general, que puede ser suficiente para desenvolvernos a un nivel de conversación normal, **no basta** cuando estamos intentando exponer y comprender una disciplina cuyo nombre hace alusión directa a este vocablo.

Además, como se sabe, también suele ser muy frecuente su utilización **en el propio ámbito del lenguaje económico**, por lo que hay que empezar por llamar la atención de que, dentro de este ámbito, el término coste es usualmente comentado y tratado con profusión desde la óptica de la Teoría Económica.

El concepto de coste desde una perspectiva económica

Todos somos conscientes de que bajo esta perspectiva, cada vez que se alude al coste se está queriendo hacer referencia, se está asociando, con la **noción de sacrificio**.

Así, **en Teoría Económica**, cuando nos referimos al concepto de Producción, no nos queda más remedio que hablar **de medios, recursos o factores sacrificados**, dado que el proceso productivo no consiste nada más que en la transformación o sacrificio de una serie de recursos para obtener unos productos.

En el lenguaje económico no es frecuente detenerse en este concepto de sacrificio al referirnos al coste, sino que suele avanzarse aún un paso más para, a continuación, **expresar el sacrificio de una manera cuantificada**, es decir, supone también un proceso de valoración mediante el que la empresa cuantifica, en términos monetarios, el importe de ese sacrificio.

Llegado a este punto podemos empezar a matizar ya más concretamente el propio concepto de coste **desde la perspectiva económica**, dotándolo de las siguientes características:

- Va unido a una noción de sacrificio.
- Aplicado al proceso productivo, hace referencia al conjunto de medios sacrificados para acometerlo.
- Implica un proceso de valoración tendente a cuantificar monetariamente esos medios sacrificados.

El concepto de coste desde una perspectiva contable

Pero desde el punto de vista contable, que es el que principalmente nos interesa a nosotros, hemos de seguir todavía avanzando un poco más, para precisar, dentro de este contexto, su significado.

Se ha de tener presente que **al pertenecer la Contabilidad de Costes al conjunto de Ciencias Económicas**, debe regirse en lo fundamental por las características antes comentadas acerca de este término. De esta manera, estaremos haciendo referencia al valor monetario del conjunto de medios sacrificados como consecuencia de la actividad productiva, captados, registrados y medidos por esta disciplina, siendo **la diferencia más significativa** habida con la Teoría Económica, en **el proceso y criterios seguidos para valorar** los medios o recursos sacrificados en el proceso productivo.

Esta diferencia de procesos y de criterios es debida a la autonomía de las distintas disciplinas económicas para poder actuar en función de los fines concretos perseguidos por cada una de ellas y que no siempre tienen por qué coincidir.

Podemos, pues, concluir diciendo que la **magnitud coste**, observada desde la Contabilidad de Costes, **recoge el conjunto de recursos o cargas incorporables** que intervienen en el proceso productivo en un período determinado, y que son captadas, registradas y valoradas según los criterios propios de esta disciplina contable.

2.7. LA CORRESPONDENCIA DE LOS COSTES CON LOS INGRESOS

Las cargas del período y **los ingresos del período** son los extremos del abanico ocupado por la Contabilidad de Costes. Entre ambos conceptos transcurre precisamente, el movimiento interno de valores. Ya hemos indicado que las cargas son de diferente naturaleza; también es notorio que **los ingresos** —valor de los productos o servicios que salen al mercado procedentes del proceso productivo— **son** asimismo **de naturaleza distinta**. Ello va a implicar **una labor seria de asignación de las cargas a los productos o servicios**.

Esta **labor** es la **clave** en la Contabilidad de Costes y, además, justo es decirlo desde ahora mismo, muy compleja.

Pondremos al respecto **algunos ejemplos** ya clásicos en la Contabilidad de Costes.

A) El caso de las berzas y las zanahorias. Los costes conjuntos

«Voy al mercado y compro:

— 5 kg de berzas por un total de 100 ptas.
— 5 kg de zanahorias por un total de 200 ptas.

Y además he gastado, para ir y volver, 30 ptas. en el autobús.

¿Cuál es el coste final de mis zanahorias?

¿Repartiré mis gastos de transporte, por igual entre las berzas y las zanahorias, cuyo peso es el mismo, o los repartiré según su precio de compra, es decir, un tercio para las berzas y dos tercios para las zanahorias?

Y si no hubiera tenido intención de comprar más que berzas y he comprado las zanahorias para aprovechar la ocasión, ¿no debo imputar mis gastos de transporte en su totalidad a las berzas y nada a las zanahorias?

Según el método de cálculo que utilice, el coste final de las berzas será 23 ptas., 22 ptas. o 26 ptas., y el de la zanahorias, 43, 44 o 40 ptas. el kilo. Puedo escoger, de cualquiera de los tres métodos, el que más me convenga.

Pero, en el caso de que fuéramos dos compradores y que mi competidor escogiere un método y yo otro diferente, ofreceríamos, suponiendo un mismo porcentaje de beneficios, nuestras berzas y zanahorias a precios diferentes, y correríamos el riesgo de vender únicamente las berzas y zanahorias que se ofrezcan al precio más bajo, es decir, con el beneficio más pequeño. Pero si hubiéramos adoptado el mismo método, cualquiera que fuese, venderíamos todo con el beneficio que razonablemente nos hubiéramos fijado.»

B) El panadero y el pastelero. Los costes necesarios

«Un panadero y un pastelero tienen sus negocios uno cerca del otro. El panadero tiene fama por la calidad de su pan y el pastelero por el sabor de sus pasteles. Los dos marchan bien con el negocio, pero los dos quieren prosperar más. Un día el panadero se hace las siguientes reflexiones:

"Cuando he terminado de hacer mi pan, mis hornos están totalmente calientes. Con un poco de pasta y algunos ingredientes suplementarios puedo hacer pasteles que vendería más baratos que mi competidor, ya que no necesito costes adicionales respecto de los hornos."

Se pone, pues, a fabricar y vender pasteles. Los beneficios aumentan y, por cierto tiempo, conoce la prosperidad que buscaba.

Pero he aquí que el pastelero también se pone a reflexionar:

"Mi competidor se ha puesto a fabricar pasteles y los vende más baratos que yo. Si esto continúa, pronto me quitará toda la clientela. Puesto que cuando he terminado de cocer mis pasteles los hornos están todavía calientes, ¿por qué no utilizar mis hornos para cocer pan, que vendería más barato que mi competidor, puesto que no necesito costes adicionales en lo que a los hornos se refiere?"

Y así lo hace; al ser su precio más bajo encuentra una clientela para su pan que aumenta de día en día. Durante este tiempo el panadero vende cada vez más pasteles. Pronto la situación ha cambiado. El panadero se especializa en pasteles, mientras que el pastelero vende principalmente pan. Pero como uno y otro no venden más que artículos cuyo precio de venta no cubre más que los costes variables los dos van a la quiebra.»

Tres relaciones básicas en la asignación

El problema fundamental de la asignación de costes, puesto en evidencia en los ejemplos transcritos, encierra **tres relaciones básicas** que conviene clarificar:

1.° **La periodificación de las cargas**, distribuyéndolas entre los ejercicios a los que corresponden.
2.° **La distribución de las cargas** del período entre los centros de actividad, en que se lleva adelante el proceso productivo.
3.° **La imputación de los costes** de los centros de actividad a los productos y servicios obtenidos en ellos.

Dos cuestiones previas

Tales relaciones básicas dependen, por tanto, de dos cuestiones previas:

1.ª La división de la empresa en centros de actividad, a los que nos referiremos a continuación.
2.ª Los diferentes métodos adoptados para la interpretación del movimiento interno de valores, que en definitiva serán métodos alternativos para el cálculo del coste final de los productos o servicios obtenidos, sobre los que hablaremos al comienzo del próximo capítulo.

2.8. DIVISION DE LA EMPRESA EN CENTROS

Es fácil observar que cuando se trata de una **empresa pequeña** que se dedique a la producción de un solo producto o un solo tipo de productos, el cálculo del coste final no ofrece dificultades especiales. Será el resultado de dividir o distribuir todas las cargas del período entre el número de productos obtenidos en el mismo, puesto que todas las cargas incurridas durante el período pertenecen o afectan al producto y, por tanto, a su coste final. En este caso aparece la empresa configurada como un **todo bajo una sola autoridad** y el problema se reducirá a separar las cargas por períodos.

Pero tratándose de **medianas o grandes empresas**, el coste final suele complicarse. Efectivamente, es frecuente, por una parte, que la empresa se dedique a la obtención de **más de un producto** —producción múltiple—, y, por otra, que la empresa, para un mejor análisis de su actividad económica, **aparezca dividida en una serie de funciones**, v. gr., de compra, producción, distribución, administración y financiera. Funciones que a su vez pueden descomponerse en otras unidades operativas, v. gr., la función de producción puede descomponerse en taller A y taller B.

En este caso, **para determinar** los distintos **costes finales** de los distintos productos, es necesario **calcular** los distintos **costes de las distintas funciones** en que se ha dividido la empresa. En otras palabras, para obtener el coste final de los distintos productos no podemos, sin más, distribuir o dividir el conjunto de cargas del período entre los productos obtenidos. Hemos de aclarar que **el coste final incluye** el coste de fabricación más el coste de distribución.

Un ejemplo

Supongamos, **por ejemplo**, que una empresa se dedica a la fabricación de dos tipos de muebles, uno de madera normal que podemos denominar tipo A y otro de madera especial que podemos denominar tipo B. El mueble de tipo A se fabrica en el taller A, y el mueble de tipo B, en el taller B.

Y supongamos que esta empresa, para un mejor análisis y control de su gestión, aparece dividida en las siguientes funciones:

- Función de administración o dirección general.
- Función de compras.
- Función de fabricación:
  - Taller de fabricación A.
  - Taller de fabricación B.
- Función de ventas o distribución.

Según este organigrama, la empresa está dividida en cuatro funciones: administración, compras, producción y ventas, y, a su vez, la función de producción está dividida en dos unidades, cada una de ellas con una tarea concreta.

Como hemos dicho, no se puede calcular el coste final del mueble tipo A y del tipo B dividiendo o distribuyendo todas las cargas, clasificadas por su naturaleza, entre el número de muebles de ambos tipos fabricados en el período.

Para calcular el coste final de los diferentes modelos de muebles será necesario saber, previamente, el coste de las funciones y unidades en que está dividida la empresa. En concreto, el coste de administración, el coste de distribución, el coste del taller A y el coste del taller B.

Una aproximación al proceso del cálculo del coste

El **coste final** de los muebles tipo A y tipo B, en consecuencia con lo anteriormente expuesto, **se calcularía** siguiendo este orden:

1.° **Cálculo de los costes de cada unidad** en que está dividida la empresa:

— Coste de administración.
— Coste de compras.
— Coste del taller A.
— Coste del taller B.
— Coste de distribución.

2.° **Reparto del coste** de administración entre el coste de compras, el coste de los dos talleres y el coste de distribución.

3.° **Cálculo del coste unitario** de cada uno de los tipos de muebles producidos por los talleres A y B (este coste unitario será el resultado de dividir el total del coste de cada taller —directo e indirecto— por los muebles obtenidos).

4.° **Cálculo del coste final** de cada tipo de mueble producido y vendido (número de muebles vendidos por su coste unitario de producción más la parte correspondiente del coste de distribución).

Hemos supuesto en el razonamiento que existe un centro para cada función.

2.9. LAS ACTIVIDADES DE LA EMPRESA

En los últimos años se ha originado un nuevo planteamiento en Contabilidad de Costes, protagonizado, sin lugar a dudas, por el denominado **Sistema de Costes Basado en la Actividad**, y conocido por sus iniciales en lengua inglesa como **Sistemas ABC** (Activity Based Costing), en el que adquieren una **gran significación las distintas y múltiples actividades** que se realizan en la empresa. Bajo esta nueva consideración, las propias actividades en sí pasan a constituir la pieza angular de los procesos de determinación, planificación y control de los costes.

Pocas palabras gozan de un significado tan extendido en la empresa como el de actividad. Todo el personal hace «algo», realiza «algo», desempeña, en definitiva, alguna actividad.

El concepto de actividad no está, por tanto, **asociado con ningún proceso particular** de los que acontecen en la organización (de fabricación, comercial, administrativo, etc.), sino que forma parte integrante de todos ellos. Así, pueden existir **actividades relacionadas con los procesos de compras** (preparar una orden de compras, inspeccionar un pedido, etc.), **con los de fabricación** (cortar materia prima, poner a punto la maquinaria, etc.), con los de **administración** (confeccionar las nóminas, llevar la contabilidad, etc.) o con los de **comercialización** (cargar un envío, confeccionar una ruta de reparto, etc.).

Las actividades **describen**, de esta forma, **lo que se hace en la empresa**, en qué se invierte el tiempo y los distintos inputs, y pueden ser definidas en sentido amplio como toda aquella actuación o conjunto de actuaciones que se realizan en la empresa, encaminadas a la obtención directa de un output o a ayudar a obtenerlo.

Las actividades y los centros

Como consecuencia de lo anterior, está tendiéndose a prestar toda la **atención a cada una de las múltiples actividades** que se realizan dentro de los centros. Esto ha supuesto que se descienda y se analice con mucho mayor detalle toda la problemática específica que acontece en cada centro.

La mejor forma de realizar este análisis consiste en **observar** la manera de actuar de **quienes auténticamente causan o provocan esos costes en los centros**, es decir, de las actividades que en ellos se realizan.

Así interesará descender todavía a un mayor detalle, y averiguar, **dentro de cada uno de los centros**, cuál es el coste que se origina como consecuencia de cada una de las actividades que en ellos se están llevando a cabo.

Tomando como referencia el centro de distribución, por ejemplo, interesará saber los costes que se originan por la emisión de las órdenes de ventas, por el envío de los pedidos, por las campañas de publicidad, por la atención que se les presta a los clientes, etc.

El proceso es más minucioso. Una vez hecho todo lo anterior, en vez de repartir el coste global del centro entre los distintos productos, puede procederse a realizar ese mismo reparto con mucho mayor detalle, distribuyendo los costes de cada actividad entre los productos que hayan hecho uso de ellas, por lo que cabe empezar a pensar, que al haber efectuado ese reparto con mayor detalle, se habrá hecho mejor. En definitiva, es compatible la existencia de centros con la diferenciación de actividades.

2.10. CLASIFICACION DE LOS COSTES

Ya dentro de la Contabilidad de Costes, los costes pueden ser observados y **clasificados desde muy diversas perspectivas** que variarán **atendiendo al análisis** concreto que en cada momento pretendamos realizar **o la aplicación** que queramos hacer de esa clasificación. Tanto los diversos análisis que vayamos realizando como las aplicaciones que vayamos haciendo de los diferentes tipos de costes nos marcarán la pauta de las **clasificaciones que en su momento iremos presentando**.

Costes directos y costes indirectos

Hay ciertos costes que se pueden identificar en los productos, es decir, pueden llevarse a formar parte de su coste. Por ejemplo, de una manera sencilla y evidente podemos repercutir dentro del coste total de una mesa, el coste de los kilos de madera que ha necesitado. Estos costes se denominan **costes directos o propios**.

A su vez, existen otros costes que no pueden identificarse de una manera evidente y sencilla con los productos fabricados, v. gr., los costes de administración o de dirección general, ya que, en principio, es difícil conocer la medida en la que cada uno de los productos que la empresa obtiene ha necesitado de esos costes para su fabricación. Estos costes deben repartirse, de una manera más o menos arbitraria, entre ellos. Se les denominan **costes indirectos y corresponden a varios productos**.

La distinción entre costes directos e indirectos es puramente contable, y suele realizarse tomando **otras referencias distintas** a los productos, por lo que también cabe hablar de costes directos e indirectos con respecto a otras referencias (una función, una actividad, un centro, etc.).

Costes fijos y costes variables

Los costes no se comportan de la misma manera en los diferentes períodos de tiempo. Entre los distintos factores que influyen en que los costes por naturaleza sean distintos en un período que en otro podemos destacar el **volumen de producción** obtenido por la unidad económica. Es viable comprobar que al variar el volumen de producción varían también ciertos costes, muchas veces de una forma casi proporcional. Si una empresa para producir 10 unidades incurre en un cierto coste es evidente que al producir 100 unidades incurrirá en un coste mayor. **A estos costes se los denomina costes variables**.

Por ejemplo, si una empresa para producir 10 unidades consume X unidades de materia prima o Y horas de trabajo, para producir 100 unidades necesitará consumir más materia prima y más horas de trabajo. Pero, el alquiler de la fábrica o el sueldo del director general, será normalmente el mismo en un caso y en otro.

Algunos costes son insensibles a los cambios en el volumen de producción. Cualquiera que sea el volumen de producción, son invariables a corto plazo. Por ejemplo, el coste del seguro de incendios de los edificios es una cantidad fija, independiente de la cantidad producida. Lo mismo ocurre con el coste del servicio de seguridad. **A todos estos costes se les denomina costes fijos**.

Costes inventariables y costes no inventariables

Existen una serie de **costes que están íntimamente ligados o relacionados con los productos**, en otras palabras, son consustanciales con el producto, dado que su principal razón de ser en la empresa es la de ayudar directamente a que esos productos puedan obtenerse. Tal sería el caso de la primera materia, o de la mano de obra que lo elabora, o de las máquinas que lo transforman, etc.

Estos costes entrarán siempre a formar parte del coste total de los productos, quedando, por tanto, incorporados a ellos, y de esa forma, permanecerán en los almacenes o inventarios de la empresa hasta tanto los productos no sean vendidos. Son así costes que tienen la característica de poder permanecer en la empresa durante más de un ejercicio económico. **Son costes inventariables**.

En cambio, puede hablarse de otros costes que al no participar directamente en la elaboración de los productos, como pueden ser los de administración o los financieros, no existe unanimidad total en que deban incorporarse a los citados productos, y así algunos modelos utilizados para calcular sus costes consideran que deben reintegrarse o regularizarse en el período en el que se originan, no pudiendo entonces permanecer en la empresa durante más de un ejercicio económico. Son, por tanto, **costes no inventariables**.

Los costes inventariables **se conocen también con la denominación** de **costes intrínsecos** al producto, y los no inventariables suelen denominarse como **costes a reintegrar**, por cuanto se reintegran al período en el que se producen mediante el proceso de regularización.

Costes controlables y costes no controlables

Para poder realizar esta clasificación es necesario como **paso previo establecer cuáles son los diferentes centros de responsabilidad**, así como las personas que van a dirigirlos, por ejemplo el director de compras. Y es respecto de esa persona como se enjuicia la capacidad para controlar o no un determinado coste.

Así pues, **los costes controlables** con respecto a una persona responsable serán aquellos sobre los que tal directivo tiene capacidad de decisión, tanto sobre la conveniencia de incurrir o no en él, como sobre su importe. Y serán considerados **costes no controlables** aquellos que escapan de la capacidad de un directivo determinado para poder tomar cualquier tipo de decisión sobre él.

Veamos esta clasificación con **algunos ejemplos**. La decisión de comprar la primera materia a un proveedor determinado provocará un coste con la categoría de controlable para el directivo responsable de las compras, y la dirección general podrá exigirle que responda sobre la conveniencia o no de haber realizado tal adquisición. En cambio, no se le deberá pedir que responda, por ejemplo, de los elevados costes a los que se está financiando la empresa, por cuanto, esos costes escapan del control del directivo de compras, es decir, tienen para él la consideración de no controlables.

Costes realizados o históricos y costes predeterminados o estándares

El análisis de toda la problemática relacionada con los costes que se originan como consecuencia del proceso productivo, puede realizarse desde **dos perspectivas temporales distintas**.

Por una parte, a la empresa le puede interesar **saber qué es lo que ha sucedido** y cómo se ha llevado a cabo ese proceso productivo. Para poder conocerlo, tendrá que recabar información acerca de todos los costes que se han producido en ese ejercicio que se intenta analizar. Se trata, por consiguiente, de estudiar una serie de **costes realizados**, es decir, son costes que ya se han originado en la empresa. Cuando la Contabilidad de Costes trabaja con estos costes en que ya se ha incurrido, se dice que está actuando con **costes históricos o reales**.

Pero en muchas otras ocasiones, a la empresa le interesa conocer no tanto lo que ha pasado, si no **lo que pueda suceder durante el ejercicio**. Para poder realizar un estudio de algo que aún no ha sucedido, no le queda más remedio que predecir o predeterminar todos los acontecimientos que según su entender van a suceder, y en función de ellos calcular los distintos costes en los que tendrá que incurrir para poder llevarlos a efecto.

Por **ejemplo**, tendrá que preestablecer cuánta materia prima va a consumir y cuánto le costará, cuánta mano de obra va a necesitar y cuánto le pagará, cuántas horas tendrán que estar funcionando los equipos productivos y qué coste le supondrá, etcétera. Cuando la Contabilidad de Costes estudia el proceso productivo de esta manera, se dice que está actuando con **costes predeterminados o estándares**.

CUESTIONES

1. *Entre los conceptos o magnitudes cruciales para la Contabilidad de Costes, están:*
- *a*) Los cobros y los pagos.
- *b*) Los ingresos y los costes.
- *c*) Las inversiones.

2. *Las magnitudes de la Contabilidad General más relacionadas con la Contabilidad de Costes son:*
- *a*) Los ingresos.
- *b*) Los gastos.
- *c*) Los resultados.

3. *En la cuenta de Pérdidas y ganancias aparecen:*
- *a*) Los resultados antes y después de impuestos.
- *b*) Los resultados de las actividades corrientes.
- *c*) El resultado después del reparto de beneficios.

4. *Lo que caracteriza a un gasto es:*
- *a*) La manera en la que se financia.
- *b*) La existencia de una adquisición.
- *c*) El diferimiento en su pago.

5. *Los gastos que vienen justificados por las actividades ordinarias son:*
- *a*) Los que aparecen para determinar el saldo de explotación.
- *b*) Los financieros.
- *c*) Los extraordinarios.

6. *El concepto de carga hace referencia a:*
- *a*) Los gastos del período anterior.
- *b*) Los gastos diferidos.
- *c*) Los gastos del período.

7. *La clasificación de las cargas según su naturaleza nos lleva a:*
- *a*) Periodificar los gastos.
- *b*) Clasificarlos atendiendo a su nombre.
- *c*) Clasificarlos atendiendo a su importe.

8. *Las cargas o gastos del período es un concepto propio de:*
- *a*) La Contabilidad de Costes.
- *b*) La Contabilidad General.
- *c*) La Contabilidad de Gestión.

9. *La magnitud Coste puede asimilarse a:*
- *a*) Las cargas no incorporables.
- *b*) Las cargas incorporables.
- *c*) Las cargas según naturaleza.

10. *Las cargas incorporables son también conocidas como:*
- *a*) Gastos objetivos.
- *b*) Gastos neutrales.
- *c*) Gastos anticipados.

11. *La magnitud Coste:*
- *a*) Siempre tiene su correspondencia con algún gasto de la Contabilidad General.
- *b*) Nunca tiene correspondencia con los gastos.
- *c*) Puede, en algunos casos, no tener correspondencia con los gastos de la Contabilidad General.

12. *Los costes directos son aquellos que:*
- *a*) Resulta fácil identificar con los productos.
- *b*) Resulta muy difícil identificar con los productos.
- *c*) Son independientes de su identificación con los productos.

13. *La distinción entre costes fijos y variables:*
- *a*) Atiende a su identificación con los productos.
- *b*) Atiende a su naturaleza.
- *c*) Atiende a su comportamiento con respecto a los productos.

14. *Los costes inventariables:*
- *a*) Están íntimamente ligados a los productos.
- *b*) Están íntimamente ligados al período en el que se originan.
- *c*) Se regularizan en el ejercicio en el que tienen lugar.

15. *Los costes no controlables:*
- *a*) No entran a formar parte del coste de los productos.
- *b*) Escapan de la capacidad de decisión de una persona determinada.
- *c*) Escapan de la capacidad de decisión de todas las personas de la empresa.

16. *Los costes predeterminados o estándares:*
- *a*) Reflejan los costes que ya han sucedido en la empresa.

b) Reflejan los costes en los que puede incurrir la empresa en el futuro.
c) No deben emplearse porque tienden a confundirnos.

17. *El proceso productivo culmina:*
a) Cuando se terminan de transformar los productos.
b) Cuando se empaquetan los productos.
c) Cuando se entregan los productos al cliente.

18. *El concepto de ingreso, desde el punto de vista de la Contabilidad de Costes, se asocia con:*
a) La entrada de recursos monetarios en la empresa.
b) La salida de productos y servicios de la empresa.
c) Las deudas a cobrar.

19. *El concepto de coste:*
a) Va unido a una noción de sacrificio.
b) Hace referencia a un conjunto de medios sacrificados.
c) Implica un proceso de valoración.

20. *El problema de la asignación de costes comprende, entre otras fases:*
a) La periodificación de las cargas.
b) La distribución de las cargas entre los centros.
c) La regularización de las cargas.

21. *El diseño de los centros puede hacerse en base a:*
a) Las funciones que se realizan en la empresa.
b) La naturaleza de los costes.
c) La delegación de responsabilidades.

22. *La división de la empresa en centros funcionales sirve para:*
a) Determinar más fácilmente los costes finales de los productos.
b) Llevar a cabo una correcta periodificación.
c) Separar los costes en función de su naturaleza.

23. *El centro de responsabilidad:*
a) Agrupa a todos los centros funcionales de la organización.
b) Se encuentra bajo la tutela de una persona responsable.
c) Corresponde a la función de administración o Dirección.

24. *El concepto de actividad está asociado con:*
a) Las tareas de administración.
b) Las tareas de fabricación.
c) Con todas las tareas que se realizan en la empresa.

25. *La diferenciación, dentro de cada centro, de múltiples actividades:*
a) Permite analizar con detalle la problemática concreta que acontece en cada uno de ellos.
b) Permite realizar una fácil distinción entre costes directos e indirectos.
c) Permite separar los costes en fijos y variables.

Anexo 2.1. Cuenta de Pérdidas y ganancias

N.º DE CUENTAS	DEBE	EJER. N	EJER. N-1
	A) GASTOS		
71	1. Reducción de existencias de productos terminados y en curso de fabricación		
	2. Aprovisionamientos:		
600 (6080), (6000), 610*	a) Consumo de mercaderías		
601, 602, (6081), (6082), (6091), (6092), 611*, 612*	b) Consumo de materias primas y otras materias consumibles		
607	c) Otros gastos externos		
	3. Gastos de personal:		
640, 641	a) Sueldos, salarios y asimilados		
642, 643, 649	b) Cargas sociales		
68	4. Dotaciones para amortizaciones de inmovilizado		
	5. Variación de las provisiones de tráfico:		
693 (793)	a) Variación de provisiones de existencias		
650, 694 (794)	b) Variación de provisiones y pérdidas de créditos incobrables		
695 (795)	c) Variación de otras provisiones de tráfico		
	6. Otros gastos de explotación:		
62	a) Servicios exteriores		
631, 634 (636), (639)	b) Tributos		
651, 659	c) Otros gastos de gestión corriente		
690	d) Dotación al fondo de reversión		
	I. BENEFICIOS DE EXPLOTACION (B1 + B2 + B3 + B4 – A1 – A 2– A3 – A4 – A5 – A6)		
	7. Gastos financieros y gastos asimilados:		
6610, 6615, 6620, 6630, 6640, 6650	a) Por deudas con empresas del grupo		
6611, 6616, 6621, 6631, 6641, 6651	b) Por deudas con empresas asociadas		
6613, 6618, 6622, 6623, 6632, 6633 6643, 6653, 669	c) Por deudas con terceros y gastos asimilados		

N.º DE CUENTAS	HABER	EJER. N	EJER. N-1
	B) INGRESOS		
	1. Importe neto de la cifra de negocios:		
700, 701, 702, 703, 704	a) Ventas		
705	b) Prestaciones de servicios		
(708), (709)	c) Devoluciones y «rappels» sobre ventas		
71	2. Aumento de existencias de productos terminados y en curso de fabricación:		
73	3. Trabajos efectuados por la empresa para el inmovilizado		
	4. Otros ingresos de explotación:		
75	a) Ingresos accesorios y otros de gestión corriente		
74	b) Subvenciones		
790	c) Exceso de provisiones de riesgos y gastos		
	I. PERDIDAS DE EXPLOTACION (A1 + A2 + A3 + A4 + A5 + A6 – B1 – B2 – B3 – B4)		
	5. Ingresos de participaciones en capital:		
7600	a) En empresas del grupo		
7601	b) En empresas asociadas		
7603	c) En empresas fuera del grupo		
	6. Ingresos de otros valores negociables y de créditos del activo inmovilizado:		
7610, 7620	a) De empresas del grupo		

666, 667	d) Pérdida de inversiones financieras		
6963, 6965, 6966, 697, 698, 699, (7963), (7965), (7966), (797), (798), (799)	8. Variación de las provisiones de inversiones financieras		
668	9. Diferencias negativas de cambio		
	II. RESULTADOS FINANCIEROS POSITIVOS (B5 + B6 +B7 + B8 – A7 – A8 – A9)		
	III. BENEFICIOS DE LAS ACTIVIDADES ORDINARIAS (AI + AII – BI – BII)		
691, 692, 6960, 6961 (791), (792) (7960), (7961)	10. Variación de las provisiones de inmovilizado inmaterial, material y cartera de control		
670, 671, 672, 673	11. Pérdidas procedentes del inmovilizado inmaterial, material y cartera de control		
674	12. Pérdidas por operaciones con acciones y obligaciones propias		
678	13. Gastos extraordinarios		
679	14. Gastos y pérdidas de otros ejercicios		
	IV. RESULTADOS EXTRAORDINARIOS POSITIVOS (B9 + B10 + B11 + B12 + B13 – A10 – A11 – A12 – A13 – A14) ...		
	V. BENEFICIOS ANTES DE IMPUESTOS (AIII + AIV – BIII – BIV)		
630**, 633 (638)	15. Impuestos sobre Sociedades		
—	16. Otros impuestos		
	VI. RESULTADO DEL EJERCICIO (BENEFICIOS) (AV – A15 – A16)		

7611, 7621	b) De empresas asociadas		
7613, 7623	c) De empresas fuera del grupo		
	6. Otros intereses e ingresos asimilados:		
7630, 7650	a) De empresas del grupo		
7631, 7651	b) De empresas asociadas		
7633, 7653, 769	c) Otros intereses		
766	d) Beneficios en inversiones financieras		
768	8. Diferencias positivas del cambio		
	II. RESULTADOS FINANCIEROS NEGATIVOS (A7 + A8 +A9 – B5 – B6 – B7 – B8)		
	III. PERDIDA DE LAS ACTIVIDADES ORDINARIAS (BI + BII – AI – AII)		
770, 771, 772, 773	9. Beneficios de enajenación de inmovilizado inmaterial, material y cartera de control		
774	10. Beneficios por operaciones con acciones y obligaciones propias		
775	11. Subvenciones de capital transferidas al resultado del ejercicio		
778	12. Ingresos extraordinarios		
779	13. Ingresos y beneficios de otros ejercicios		
	IV. RESULTADOS EXTRAORDINARIOS NEGATIVOS (A10 + A11 + A12 + A13 + A14 – B9 – B10 – B1 1– B12 – B13)		
	V. BENEFICIOS ANTES DE IMPUESTOS (BIII + BIV–AIII–AIV)		
	VI. RESULTADO DEL EJERCICIO (PERDIDAS) (BV + A15 + A16)		

* Con signo positivo o negativo según su saldo.
** Esta cuenta puede tener saldo acreedor y, por tanto, la partida A15 puede tener un signo negativo.

Anexo 2.2. Cuenta de Pérdidas y ganancias Analítica

N.º DE CUENTAS	CONCEPTOS	EJERCICIO N		EJERCICIO N-1	
		Importe	Porcentaje	Importe	Porcentaje
70, 752, 753, 754, 755, 759, 790	Ventas netas, prestación de servicios y otros ingresos de explotación				
71	± Variación de existencias de productos terminados y en curso de fabricación				
73	± Trabajos efectuados por la empresa para su inmovilizado				
74	+ Subvenciones a la explotación				
	= VALOR DE LA PRODUCCION				
600, 601, 602, (608), (609)	– Compras netas				
61	± Variación de existencias mercaderías, materias primas y otras materias consumibles				
607, 620, 622, 623, 624, 625, 626, 627, 628, 629, 631, 634, (636), (639), 659	– Gastos externos y de explotación				
	= VALOR AÑADIDO DE LA EMPRESA				
621, 651	– Otros gastos				
751	+ Otros ingresos				
64	– Gastos de personal				
	= RESULTADO BRUTO DE EXPLOTACION				
68	– Dotaciones para amortizaciones de inmovilizado				
690	– Dotaciones al fondo de reversión				
650, 693, (793), 694, (794), 695, (795)	– Insolvencias de créditos y variación de las provisiones de tráfico				
	= RESULTADO NETO DE EXPLOTACION				
76	+ Ingresos financieros				
66	– Gastos financieros				
6963, 6965, 6966, (7963), (7965), (7966), 697, (797), 698, (798), 699, (799)	– Dotaciones para amortizaciones y provisiones financieras				
	= RESULTADO DE LAS ACTIVIDADES ORDINARIAS				
77	+ Beneficios procedentes del inmovilizado e ingresos excepcionales				
67	– Pérdidas procedentes del inmovilizado y gastos excepcionales				
691, (791), 692, (792), 6960, 6961, (7960), (7961)	– Variación de las provisiones de inmovilizado inmaterial, material y cartera de control				
	= RESULTADO ANTES DE IMPUESTOS				
630, 633, (638)	± Impuestos sobre sociedades				
	= RESULTADO DESPUES DE IMPUESTOS (BENEFICIOS O PERDIDAS)				

Sección Segunda

El proceso contable básico y sus modalidades

3 El proceso contable de la Contabilidad de Costes

3.1. METODOS PARA LA DETERMINACION DE LOS COSTES

Expuestos ya los conceptos más básicos en Contabilidad de Costes, la intención de este capítulo consiste en empezar a enlazar con los dominios propios del proceso de esta disciplina contable.

Para llevarlo a cabo, puede ser conveniente seguir un caso práctico que sirva para entrar en el proceso contable en Contabilidad de Costes. Con este planteamiento nos vamos a separar del tratamiento clásico que en los libros de texto suele hacerse de esta materia.

Pero hemos elegido este camino porque nuestra preocupación ha sido la de estar constantemente situados en las coordenadas impuestas por la sencillez expositiva y la claridad conceptual.

Así, empezaremos su exposición, haciendo, como obligado punto de partida, un breve apunte sobre los distintos métodos mediante los que se puede acometer ese desarrollo contable.

Aunque posteriormente tendremos ocasión de profundizar en estas cuestiones, vamos a adelantar ya que en los dominios de la Contabilidad de Costes existen distintos **métodos para el cálculo del coste final**. Nos vamos a referir a:

- El método del coste completo.
- El método del coste variable.
- El método del coste estándar.
- El método del coste de imputación racional.
- El método del coste basado en las actividades.

Aclaremos que hay una tendencia a hablar de **modelos para la determinación de costes** en lugar de métodos.

3.1.1. El método del coste completo, o coste de absorción, o «full costing»

El método del coste completo sostiene que todos los costes en que incurre la empresa para producir y vender son costes de tal producción y venta y que, por tanto, **todos los costes deben incorporarse al coste final**. En otras palabras, el coste final absorbe todos los costes de la explotación normal y corriente.

Para llegar a la determinación del coste final este método **propone el análisis** de los costes por naturaleza en **costes directos y costes indirectos**.

Una vez que los costes por naturaleza se tienen reclasificados en directos e indirectos, los defensores del coste completo o «full costing» proponen que el cálculo del coste final integre todos los costes, tanto directos como indirectos. Es decir, todos los costes son elementos del coste final. Los costes indirectos se asignan al coste final a través de algún mecanismo contable de reparto centrado en las secciones.

Este modo específico de determinar los elementos del coste final es el que vamos a emplear para exponer el proceso contable básico en estos capítulos.

3.1.2. El método del coste variable o «direct costing»

Este método propone que los costes clasificados por su naturaleza sean analizados y reclasificados en **costes fijos y costes variables**.

Una vez que los costes por naturaleza se tienen reclasificados en costes fijos y costes variables, los defensores del «direct costing» proponen que, en el cálculo de los costes y **costes finales** por producto, no intervengan más que **los costes variables** y que los **costes fijos** se lleven globalmente **al resultado del período**, por no ser considerados como elementos del coste del producto.

El coste del producto en un período **únicamente** absorbe los **costes variables**, ya que los costes fijos, por sus características, no se consideran costes del producto sino costes del período. Se obtiene así un coste final variable.

Este modo específico de determinar los elementos del coste final tiene una justificación en el **concepto de coste del período**, es decir, los costes fijos son costes del período y no del producto.

El aplicar éste o el anterior método para calcular el coste incide, de manera directa, en dos cuestiones:

a) la determinación y medida del beneficio, y
b) la valoración o medida de los inventarios.

Estos dos métodos, pues, son irreconciliables formalmente; no se pueden aplicar a la vez.

3.1.3. El método del coste estándar

Tanto el **coste final completo** como el **coste final variable pueden calcularse a posteriori**, es decir, después de haberse producido los hechos y haberse obtenido los datos correspondientes, con lo que estaremos en presencia de un coste final completo real o un coste final variable real —asimismo llamado histórico—. Pero también **puede calcularse a priori, de manera provisional**, es decir, pueden emplearse **estos dos mismos métodos**, así como los mismos elementos de base del cálculo, para productos que todavía no se han obtenido, pero que se tiene intención de producir. En lugar de manejar datos históricos o reales **se manejan datos preestablecidos**.

En este caso, estaremos en presencia de un **coste final estándar completo** o de un **coste final estándar variable**, según se calcule por uno u otro método.

Por tanto, no existe oposición entre las nociones de coste completo y coste variable con la de coste estándar, pudiendo ser éste, bien coste completo estándar, bien coste variable estándar.

En este momento conviene **ordenar** un poco **las ideas**, porque de hecho hemos propuesto cuatro métodos tradicionales, que son los que aparecen en el **cuadro siguiente**:

	COSTES COMPLETOS	**COSTES VARIABLES**
COSTES HISTORICOS	1. Método de costes completos históricos	3. Método de costes variables históricos
COSTES ESTANDAR	2. Método de costes completos estándar	4. Método de costes variables estándar

3.1.4. El método del coste de imputación racional

Hemos dicho que son dos los métodos tradicionales fundamentales del cálculo de coste: el método del coste completo y el método del coste variable, y que ambos pueden expresarse, bien en términos reales o históricos, bien en términos estándar.

Además de estos dos métodos fundamentales han ido apareciendo otros que, en definitiva, no son más que correcciones o perfeccionamientos de estos dos métodos fundamentales. En este sentido podemos citar, como perfeccionamiento del método de coste completo, **el método de coste de imputación racional y**, como perfeccionamiento del coste variable, el llamado **método de coste variable perfeccionado** o **«direct costing» evolucionado**. Vamos a referirnos **al primero** como muestra.

Este método supone una corrección sobre el método del coste final completo. **Consiste en incluir** en el coste y coste final por una parte, **los costes variables** (directos e indirectos) **y**, por otra, **los costes fijos pero** calculados **en función de la relación entre el volumen real de producción y el volumen** de producción definido como **normal** de la explotación.

Es decir, sabemos que algunos costes varían en función de la producción de la empresa, v. gr., la materia consumida por un taller, mientras que otra son independientes de ese volumen, v. gr., alquileres y patentes. Pues bien, **en estas consideraciones se basa el método de coste de imputación racional**, según el cual los costes variables (directos e indirectos) deben intervenir en el cálculo del coste final por su utilización efectiva, es decir, por su totalidad, mientras que los costes fijos deben incorporarse, no por su totalidad, sino por su importe corregido, teniendo en cuenta el porcentaje de producción real respecto del que, previamente, se ha definido como porcentaje de producción normal.

3.1.5. El método del coste basado en las actividades (ABC)

Hay quien defiende que el **método del coste basado en las actividades**, también conocido como Modelo de costes ABC, ha supuesto según unos autores una **auténtica revolución** en la manera de entender la formación del coste final.

Pero la anterior opinión, ampliamente compartida desde la perspectiva anglosajona, no es unánimemente compartida. Así, **bajo el punto de vista continental** europeo, se tiende más a pensar que solamente ha supuesto **una profundización**, aunque importante, de los métodos que acabamos de comentar.

Este método **parte de la diferencia** entre costes directos e indirectos, relacionando estos últimos con las distintas actividades que tienen lugar en la empresa. **El coste final**, atendiendo a este método, se formará con **los costes directos** y con los **indirectos asociados a ciertas actividades**, justamente las que se considera que añaden valor.

Las actividades se plantean de manera que todos los costes indirectos respecto del producto aparecen como costes directos de las actividades, desde donde se trasladan a los productos de acuerdo con la cantidad consumida de esa actividad, medida adecuadamente.

Consideramos que el método ABC también puede plantearse en términos de costes históricos y en términos de costes estándar.

3.2. LOS DATOS DEL PROCESO CONTABLE

FAMESA (Fábrica de Mesas, Sociedad Anónima) que tiene como objeto social la fabricación de dos modelos de mesas: mesas modelo X y mesas modelo Y, presenta el 31 de diciembre de 1991 el siguiente Balance de situación:

(Para las materias auxiliares se ha utilizado el código 324, que está sin aplicar en el Plan General de Contabilidad.)

3.2.1. Balance de situación a 31 de diciembre de 1991

N.° CUENTA	CUENTA	DEBE	HABER
100	Capital social		400.000.000
112	Reserva legal		80.000.000
117	Reservas voluntarias		20.000.000
220	Terrenos y bienes naturales	20.000.000	
221	Construcciones	50.000.000	
223	Maquinaria	300.000.000	
226	Mobiliario	50.000.000	
2821	Amortización acumulada de construcciones		3.000.000
2823	Amortización acumulada de maquinaria		24.500.000
2826	Amortización acumulada de mobiliario		10.500.000
350	Existencias de mesas modelo X	22.000.000	
351	Existencias de mesas modelo Y	18.000.000	
340	Existencias de productos semiterminados	5.000.000	
330	Existencias de productos en curso	3.000.000	
310	Existencias de Madera	85.000.00	
322	Existencias de repuestos	14.000.000	
324	Existencias de materias auxiliares	6.000.000	
400	Proveedores		65.000.000
430	Clientes	50.000.000	
480	Gastos anticipados	31.100.000	
485	Ingresos anticipados		67.000.000
570	Caja (ptas.)	900.000	
572	Bancos c/c	15.000.000	
	TOTAL	670.000.000	670.000.000

3.2.2. Información correspondiente al período de cálculo

■ **Datos referentes a las relaciones de la empresa con el mundo exterior**

a) Se han vendido mesas del modelo X por un importe de 306.358.000 ptas, y del modelo Y por un importe de 202.372.000 ptas. Y se han cobrado al contado por banco 442.730.000 ptas., quedando el resto pendiente a seis meses como máximo.

b) Las compras realizadas por la empresa para este período han sido:

Madera	270.000.000 de ptas.
Materiales auxiliares	25.000.000 de ptas.
Repuestos	4.000.000 de ptas.

De estos importes, se ha pagado al contado por banco 238.000.000 de ptas. y el resto queda pendiente a diez meses como máximo.

c) Se ha concedido un descuento sobre venta por pronto pago, fuera de factura, que asciende a 15.000.000 de ptas. El importe se ha disminuido de la deuda del cliente.

d) La nómina del período de cálculo ha sido:

Por sueldos y salarios (importes brutos)	63.000.000 de ptas.
Seguridad Social a cargo de la empresa	15.000.000 de ptas.
Seguridad Social a cargo de empleados	7.000.000 de ptas.
Retención a cuenta del Impuesto sobre la Renta de las personas físicas	8.000.000 de ptas.

Tanto la nómina como los conceptos acreedores de Organismos oficiales se han pagado por banco.

e) Los tributos correspondientes al período, y que se han pagado por banco, han sido 13.000.000 de ptas. y los transportes y fletes de compras 26.000.000 de ptas.

f) Otros servicios pagados por banco:

Por teléfono y correo	4.000.000 de ptas.
Material de oficina	6.000.000 de ptas.

g) Por banco, se cobran clientes por 50.000.000 de ptas. y se pagan proveedores por 65.000.000 de pesetas.

h) De los gastos anticipados existentes en el Balance de situación a 31 de diciembre de 1991, es decir, 31.100.000 ptas., correspondieron 18.000.000 de ptas. a arrendamientos y 13.100.000 ptas. a primas de seguro de este ejercicio.

i) De la cuenta de ingresos anticipados, 58.730.000 ptas. se refirieron a un arrendamiento de equipos que hizo la empresa y que después no tuvo lugar, por lo que se devolvió el importe a través del banco. El resto cobrado por anticipado se considera aplicable a un arrendamiento de edificios que se ocuparán el próximo año.

■ Información a tener presente en la regularización al final del ejercicio

j) Efectuado el repaso de las cuentas que representan los diferentes elementos patrimoniales, se ha llegado a la conclusión de que están correctamente clasificados.

k) Para la adecuada periodificación de los gastos ha de considerarse que las primas de seguro pagadas cubren riesgos que corresponden al próximo ejercicio, por un importe que se calcula en 3.100.000 ptas.

l) Las depreciaciones calculadas para llevar a cabo las amortizaciones del inmovilizado material han sido:

— Construcciones: 7.000.000 de ptas.
— Maquinaria: 31.000.000 de ptas.
— Mobiliario: 12.000.000 de ptas.

m) Inventario extracontable.

Realizado un inventario extracontable de elementos inventariables, se ha llegado a los siguientes valores de las existencias a 31 de diciembre de 1992:

— Mesas modelo X	28.000.000
— Mesas modelo Y	4.000.000
— Productos semiterminados	26.980.000
— Productos y trabajos en curso ...	14.990.000
— Madera	96.256.000
— Materias auxiliares	4.820.000
— Repuestos	12.224.000

Para llegar a estas valoraciones se han seguido unos cálculos extracontables de costes.

■ Datos referentes a la actividad interna de la empresa

I. Organización técnico-económica

I.1) Descentralización de la empresa en secciones

La unidad económica se encuentra dividida en una serie de centros que se responsabilizan de los costes indirectos. Estos centros son:

— Sección de compras
— Sección de conservación
— Sección de producción I
— Sección de producción II
— Sección de administración
— Sección de financiación
— Sección de distribución

La sección de producción I se encarga de cortar y preparar la madera en tablas, listones, etc., y la sección de producción II, de su montaje en los dos tipos de mesas, que se conocen como modelo X y modelo Y.

I.2) Los productos y las secciones de producción

La madera, única materia prima que utiliza la empresa, se incorpora en la sección de producción I, y el proceso productivo que se realiza en ella se empieza y se acaba en el día, por lo que en esta sección no hay producción en curso.

Lo que sí existe normalmente es un cúmulo de madera pasada ya por la sección de producción I, que está esperando pasar a la sección de producción II, y que se integra en el concepto de productos semiterminados.

En la sección de producción II sí existen, por lo regular, productos en curso pendientes de ser terminados.

Una ilustración de lo que acabamos de decir sería la siguiente:

Cuadro 3.1. Esquema del proceso productivo

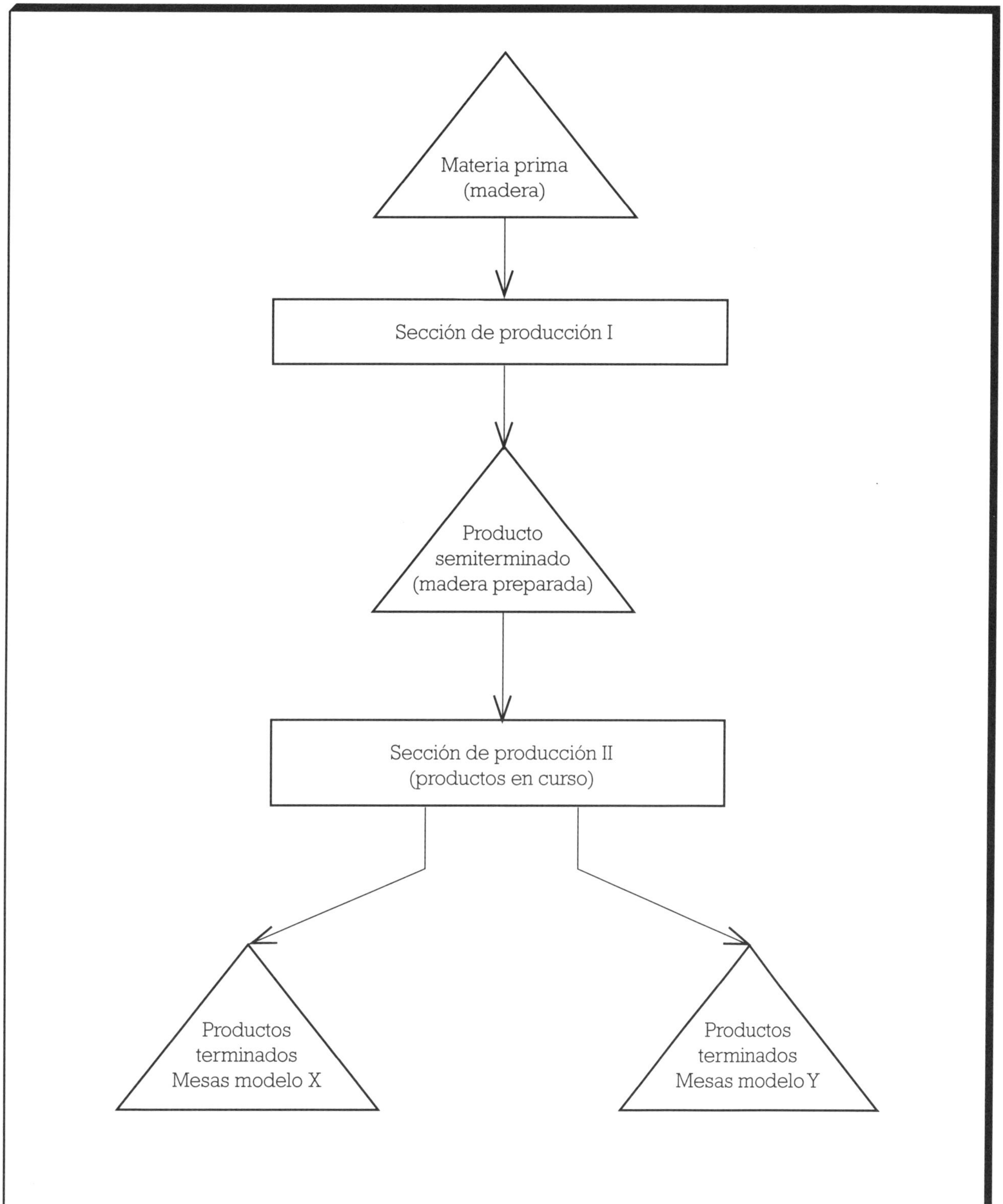

II. Información complementaria

A efectos del establecimiento de un proceso de Contabilidad de costes de explotación capaz de representar y medir el movimiento interno de valores se ha reunido y ordenado la siguiente información:

A) Criterios adoptados para distribuir los elementos indirectos del coste entre las secciones

Los responsables de las distintas secciones y los miembros de la dirección general de la empresa se han reunido para establecer una distribución adecuada de los elementos indirectos del coste entre las secciones. En esta empresa todos los elementos integrantes del coste son indirectos a excepción de las materias primas. Se ha llegado a acordar una distribución que es la que se refleja en el **Cuadro 3.2**. En él se puede ver que se han utilizado para algunos elementos del coste unas claves de reparto, que vienen a ser índices de distribución, v. gr., para los transportes y fletes la cifra relativa de Tm/km, que se estima que han correspondido a cada sección; para otros elementos se ha distribuido directamente el importe correspondiente entre las secciones, tal ha ocurrido con los tributos, etc.

Cuadro 3.2. Claves de reparto

Secciones / Elementos indirectos	CLAVE DE REPARTO	SECCIONES							TOTAL
		Compras	Conservación	Producción I	Producción II	Administración	Financiación	Distribución	
64 Gastos de personal	H/hombre ponderadas	80.000	20.000	100.000	250.000	110.000	5.000	85.000	650.000
66 Gastos financieros	Valores controlados	—	—	—	—	—	15.000	—	15.000 *
63 Tributos	Valores controlados	2.000	1.000	3.200	2.000	2.000	800	2.000	13.000 *
62 Servicios exteriores	% estimado	20	10	15	30	10	5	10	100
624 Transportes	% de Tm/km estimado	40	5	5	5	5	—	40	100
629 Otros servicios	% estimado	15	5	10	10	10	5	45	100
68 Dotaciones para amortización	% estimado	10	5	30	35	10	—	10	100
Materias auxiliares	Valores controlados	—	—	15.000	15.000	—	—	—	30.000 *
Repuestos	Valores controlados	900	500	1.500	1.800	600	—	1.100	6.400 *

* Estas filas, en miles de pesetas.

En el cuadro de reparto se han incluido los siguientes elementos de costes indirectos:

— Los gastos y dotaciones del ejercicio, que se han considerado en su totalidad elementos incorporables al coste.

— Los consumos de materias auxiliares y repuestos.

Los últimos elementos del coste están incluidos en el mismo subgrupo de Contabilidad General: «otros aprovisionamientos».

B) Cesión de costes entre secciones

Parte de las secciones aplican toda su actividad a las demás secciones. Mediante los oportunos estudios se han calculado unos porcentajes que permiten trasvasar los costes indirectos de las secciones que prestan su actividad a las secciones que la reciben.

Los porcentajes calculados han sido los que muestra el **Cuadro 3.3**.

Cuadro 3.3. Cuadro de subreparto de costes entre secciones (en porcentaje)

Reciben / Ceden	COMPRAS	PRODUCCION I	PRODUCCION II	ADMINISTRACION	FINANCIACION	DISTRIBUCION	TOTAL
Conservación	10	30	30	10	—	20	100
Administración	20	20	20	—	10	30	100
Financiación	20	20	20	—	—	40	100

C) Imputación de los costes de las secciones

Las secciones de compras, producción I, producción II y distribución también imputan sus costes indirectos apoyándose en unos estudios especiales. Estos estudios especiales se han centrado, igual que para la cesión de costes entre secciones, en la medición de la actividad de las secciones en términos de unidades especiales, que se denominan unidades de obra.

De acuerdo con este estudio, la imputación de los costes indirectos de las distintas secciones se efectuará así:

Imputación de los costes indirectos de la sección de compras.

En función del valor de los distintos tipos de compras. Es decir: de madera, 270.000.000; de materias auxiliares, 25.000.000 y de repuestos 4.000.000.

Los cálculos se redondearán trabajando con cuatro decimales.

Imputación de los costes indirectos de las secciones de producción.

Los cálculos apoyados en las unidades de obra, han llevado a los siguientes porcentajes:

Destino / Origen	PROD. EN CURSO	PROD. SEMI-TERM.	MESAS MODELO X	MESAS MODELO Y
Costes indirectos de la sección de producción I	2,72	27,20	40,32	29,76
Costes indirectos de la sección de producción II	8	—	43	49

Imputación de los costes indirectos de la sección de distribución.

También como resultado del estudio, estos costes se imputarán por igual entre los dos productos vendidos. Es decir, la mitad del volumen de los costes indirectos de la sección de distribución irá al coste final de las mesas modelo X y la otra mitad al coste final del modelo Y.

D) Afectación de los costes directos

El valor de la madera consumida, 300.000.000 de pesetas, se afecta al modelo de mesa X en un 55 %; un 40 %, al modelo de mesa Y; un 3 % a los productos semiterminados, y un 2 % a los productos en curso en la sección de producción II.

E) Tratamiento de las existencias iniciales de productos en curso y de productos semiterminados

Se reincorporan al coste de producción del modelo X y al coste de producción del modelo Y, en porcentaje, con arreglo al siguiente cuadro:

	COSTE PRODUCCION MODELO X	COSTE PRODUCCION MODELO Y
Productos en curso	60	40
Productos semiterminados .	58	42

F) Determinación de los costes finales

Además de la información suministrada sobre la imputación de los costes indirectos de la sección de distribución, se sabe que los productos vendidos estaban inventariados así:

229.008.000 las mesas modelo X
201.022.000 las mesas modelo Y

III. Objetivos de la información facilitada

Con el desarrollo de este caso práctico se pretende ver como se plantea el paso de la Contabilidad General a la Contabilidad de Costes, por lo cual se van a seguir los siguientes pasos:

— desarrollar el proceso contable en Contabilidad General

— desarrollar el proceso contable analítico por el método monista

— desarrollar el proceso contable analítico por el método dualista, a base de cuentas reflejas

3.3. EL PROCESO CONTABLE EN CONTABILIDAD GENERAL

La información que aparece en el epígrafe anterior nos va a permitir llevar a cabo tanto el proceso contable seguido por la Contabilidad General, como el proceso analítico del movimiento interno de valores.

Antes de pasar al proceso específico de la Contabilidad de Costes, vamos a considerar el proceso contable seguido por la Contabilidad General.

El **proceso de Contabilidad General** comprende las siguientes **fases**:

1.ª **Asiento de apertura en el Diario y en el Mayor**. Se realizará el primer día del período contable y se limitará a recoger el Balance de situación final del período contable anterior, con lo que se asegura la continuidad de unos períodos a otros.

2.ª **Asientos, tanto en el Diario como en el Mayor, de las operaciones realizadas durante el ejercicio**.

Esta es la etapa de mayor amplitud, ya que recogerá todas las compras, las ventas, los pagos, los siniestros, los giros de letras, las obtenciones de crédito, las concesiones de préstamos, etc.

3.ª **Preparación de la regularización**. Esta fase puede descomponerse en dos operaciones que no dan lugar a anotaciones ni en el Diario, ni en el Mayor, pero que son necesarias. Son éstas:

a) Comprobación para eliminar posibles errores aritméticos.

b) Preparación de un inventario extracontable.

Examinémoslas brevemente:

3*a*) **Comprobación para eliminar posibles errores aritméticos**. Para ello se utilizan ciertas pruebas rutinarias, entre las que destaca la preparación de un Balance de comprobación, también llamado de sumas y saldos, antes de proceder a la regularización. En la Contabilidad informatizada esta fase ha perdido significación.

3*b*) **Preparación de un inventario extracontable**. Descansa en conectar con la realidad económica, haciendo un recuento físico pormenorizado de todos los elementos patrimoniales, junto con su valoración.

4.ª **Regularización**. A través de esta etapa se consiguen dos objetivos:

Primero, determinar el resultado del período, así como otras magnitudes de ingresos y gastos que se desee calcular.

Segundo, que el saldo de las cuentas refleje la auténtica situación de los diferentes elementos patrimoniales puestos de manifiesto en el inventario extracontable realizado al efecto.

5.ª **Cierre de la Contabilidad**. Una vez regularizada la Contabilidad, se elaborará un Balance que mostrará la situación patrimonial de la empresa.

El **proceso de regularización:**

a) En un primer tiempo, se lleva a cabo:

4.1. Clasificación correcta.

4.2. Periodificación.

4.3. Amortización.

4.4. Adecuación del saldo de las cuentas al inventario. Cubiertas estas etapas conviene elaborar, en el correspondiente libro de inventarios y balances, un balance de comprobación.

b) En un segundo tiempo, se cubre la siguiente etapa:

4.5. Determinación de los resultados.

Hecha esta síntesis, vamos a seguir este proceso. Pero interesa advertir que al final del mismo es cuando recogemos el esquema del Mayor, que conviene ir preparando a medida que se avanza en el Diario. Lo mostramos en el **Cuadro 3.4.** Esquema del Mayor.

DIARIO DEL EJERCICIO 1992

N.º CUENTA	CUENTA	DEBE	HABER
	1. Asiento de apertura		
570	Caja (ptas.)	900.000	
572	Bancos c/c	15.000.000	
430	Clientes	50.000.000	
350	Existencias mesas modelo X	22.000.000	
351	Existencias mesas modelo Y	18.000.000	
340	Existencias de productos semiterminados	5.000.000	
330	Existencias productos en curso	3.000.000	
310	Existencias de madera	85.000.000	
324	Existencias de materias auxiliares	6.000.000	
322	Existencias de repuestos	14.000.000	
220	Terrenos y bienes naturales	20.000.000	
221	Construcciones	50.000.000	
223	Maquinaria	300.000.000	
226	Mobiliario	50.000.000	
480	Gastos anticipados	31.100.000	
100	a Capital social		400.000.000
112	a Reserva legal		80.000.000
117	a Reservas voluntarias		20.000.000
2821	a Amortización acumulada de construcciones		3.000.000
2823	a Amortización acumulada de maquinaria		24.500.000
2826	a Amortización acumulada de mobiliario		10.500.000
400	a Proveedores		65.000.000
485	a Ingresos anticipados		67.000.000
	2. Registro de los hechos contables realizados durante el ejercicio		
	——— a ———		
572	Bancos c/c	442.730.000	
430	Clientes	66.000.000	
7000	a Ventas mesas modelo X		306.358.000
7001	a Ventas mesas modelo Y		202.372.000
	——— b ———		
601	Compras de madera	270.000.000	
6021	Compras de materias auxiliares	25.000.000	
6022	Compras de repuestos	4.000.000	
572	a Bancos c/c		238.000.000
400	a Proveedores		61.000.000
	——— c ———		
665	Descuento sobre venta por pronto pago	15.000.000	
430	a Clientes		15.000.000
	——— d ———		
640	Sueldos y salarios	63.000.000	
642	Seguridad Social a cargo de la empresa	15.000.000	

DIARIO DEL EJERCICIO 1992 *(continuación)*

N.º CUENTA	CUENTA	DEBE	HABER
476	a Organismos de la Seguridad Social, acreedores		22.000.000
475	a Hacienda Pública, acreedor por conceptos fiscales		8.000.000
572	a Bancos c/c		48.000.000
	——— ———		
476	Organismos de la Seguridad Social, acreedores	22.000.000	
475	Hacienda Pública, acreedor por conceptos fiscales	8.000.000	
572	a Bancos c/c		30.000.000
	——— e ———		
631	Otros tributos	13.000.000	
624	Transportes	26.000.000	
572	a Bancos c/c		39.000.000
	——— f ———		
629	Otros servicios	10.000.000	
572	a Bancos c/c		10.000.000
	——— g ———		
572	Bancos c/c	50.000.000	
430	a Clientes		50.000.000
	——— ———		
400	Proveedores	65.000.000	
572	a Bancos c/c		65.000.000
	——— h ———		
621	Arrendamientos y cánones	18.000.000	
625	Primas de seguros	13.100.000	
480	a Gastos anticipados		31.100.000
	——— i ———		
485	Ingresos anticipados	58.730.000	
572	a Bancos c/c		58.730.000
	4. Regularización		
	4.1. Clasificación		
	——— j ———		
	Según el enunciado, los diferentes elementos patrimoniales están bien clasificados		
	4.2. Periodificación		
	——— k ———		
480	Gastos anticipados	3.100.000	
625	a Primas de seguros		3.100.000

DIARIO DEL EJERCICIO 1992 *(continuación)*

N.º CUENTA	CUENTA	DEBE	HABER
	4.3. Amortización		
	——— l ———		
6821	Amortización de construcciones	7.000.000	
6823	Amortización maquinaria	31.000.000	
6826	Amortización mobiliario	12.000.000	
2821	a Amortización acumulada de construcciones		7.000.000
2823	a Amortización acumulada de maquinaria		31.000.000
2826	a Amortización acumulada de mobiliario		12.000.000
	4.4. Adecuación del saldo de las cuentas a los inventarios		
	——— m ———		
712	Variación de existencias de mesas	40.000.000	
350	a Existencias mesas modelo X		22.000.000
351	a Existencias mesas modelo Y		18.000.000
	——— n ———		
350	Existencias mesas modelo X	28.000.000	
351	Existencias mesas modelo Y	4.000.000	
712	a Variación de existencias de mesas		32.000.000
	——— ñ ———		
711	Variación de existencias de productos semiterminados	5.000.000	
340	a Existencias de productos semiterminados		5.000.000
	——— o ———		
340	Existencias de productos semiterminados	26.980.000	
711	a Variación de existencias de productos semiterminados		26.980.000
	——— p ———		
710	Variación de existencias de productos en curso	3.000.000	
330	a Existencias de productos en curso		3.000.000
	——— q ———		
330	Existencias de productos en curso	14.990.000	
710	a Variación de existencias de productos en curso		14.990.000
	——— r ———		
611	Variación de existencias de madera	85.000.000	
310	a Existencias de madera		85.000.000

DIARIO DEL EJERCICIO 1992 *(continuación)*

N.º CUENTA	CUENTA	DEBE	HABER
	——— s ———		
310	Existencias de madera	96.256.000	
611	a Variación de existencias de madera		96.256.000
	——— t ———		
6120	Variación de existencias de materias auxiliares	6.000.000	
325	a Existencias de materias auxiliares		6.000.000
	——— u ———		
324	Existencias de materias auxiliares	4.820.000	
6120	a Variación de existencias de materias auxiliares		4.820.000
	——— v ———		
6121	Variación de existencias de repuestos	14.000.000	
322	a Existencias de repuestos		14.000.000
	——— x ———		
322	Existencias de repuestos	12.224.000	
6121	a Variación de existencias de repuestos		12.224.000
	El Balance de comprobación que procede hacer en este momento se muestra en el Cuadro 3.4.		
	4.5. Determinación de los resultados		
	——— y ———		
129	Pérdidas y ganancias	529.956	
601	a Compras de madera		270.000.000
6021	a Compras de materias auxiliares		25.000.000
6022	a Compras de repuestos		4.000.000
6120	a Variación de existencias de materias auxiliares		1.180.000
6121	a Variación de existencias de repuestos		1.776.000
621	a Arrendamientos y cánones		18.000.000
624	a Transportes		26.000.000
625	a Primas de seguros		10.000.000
629	a Otros servicios		10.000.000
631	a Otros tributos		13.000.000
640	a Sueldos y salarios		63.000.000
642	a Seguridad Social a cargo de la empresa		15.000.000
665	a Descuentos sobre venta por pronto pago		15.000.000
6821	a Amortización construcciones		7.000.000
6823	a Amortización maquinaria		31.000.000
6826	a Amortización mobiliario		12.000.000
712	a Variación de existencias de mesas		8.000.000

DIARIO DEL EJERCICIO 1992 *(continuación)*

N.° CUENTA	CUENTA	DEBE	HABER
	——— z ———		
611	Variación de existencias de madera	11.256.000	
7010	Ventas mesas modelo X	306.358.000	
7011	Ventas mesas modelo Y	202.372.000	
710	Variación de existencias de productos en curso	11.990.000	
711	Variación de existencias de productos semiterminados	21.980.000	
129	a Pérdidas y ganancias		553.956.000
	5. Cierre de las cuentas		
100	Capital social	400.000.000	
112	Reserva legal	80.000.000	
117	Reservas voluntarias	20.000.000	
2821	Amortización acumulada de construcciones	10.000.000	
2823	Amortización acumulada de maquinaria	55.500.000	
2826	Amortización acumulada de mobiliario	22.500.000	
400	Proveedores	61.000.000	
485	Ingresos anticipados	8.270.000	
129	Pérdidas y ganancias	24.000.000	
570	a Caja (ptas.)		900.000
572	Bancos c/c		19.000.000
430	Clientes		51.000.000
350	Existencias mesas modelo X		28.000.000
351	Existencias mesas modelo Y		4.000.000
340	Existencias productos semiterminados		26.980.000
330	Existencias productos en curso		14.990.000
310	Existencias de madera		96.256.000
324	Existencias de materias auxiliares		4.820.000
322	Existencias de repuestos		12.224.000
220	Terrenos y bienes naturales		20.000.000
221	Construcciones		50.000.000
223	Maquinaria		300.000.000
226	Mobiliario		50.000.000
480	Gastos anticipados		3.100.000

BALANCE DE COMPROBACION (en miles de pesetas)

N.º CUENTA	CUENTAS	SUMAS		SALDOS	
		Debe	Haber	Deudor	Acreedor
570	Caja (ptas.)	900		900	
572	Bancos c/c	507.730	488.730	19.000	
430	Clientes	116.000	65.000	51.000	
350	Existencias mesas modelo X	28.000		28.000	
351	Existencias mesas modelo Y	4.000		4.000	
340	Existencias productos semiterminados	26.980		26.980	
330	Existencias productos en curso	14.990		14.990	
310	Existencias de madera	96.256		96.256	
324	Existencias de materias auxiliares	4.820		4.820	
322	Existencias materiales consumo y reposición	12.224		12.224	
220	Terrenos y bienes naturales	20.000		20.000	
221	Construcciones	50.000		50.000	
223	Maquinaria	300.000		300.000	
226	Mobiliario	50.000		50.000	
480	Gastos anticipados	34.200	31.100	3.100	
100	Capital social		400.000		400.000
112	Reserva legal		80.000		80.000
117	Reservas voluntarias		20.000		20.000
2821	Amortización acumulada de construcciones		10.000		10.000
2823	Amortización acumulada de maquinaria		55.500		55.500
2826	Amortización acumulada de mobiliario		22.500		22.500
400	Proveedores	65.000	126.000		61.000
485	Ingresos anticipados	58.730	67.000		8.270
476	Organismos de la Segdad. Social, acreedores	22.000	22.000		
475	H.ª P.ª, acreedor por conceptos fiscales	8.000	8.000		
601	Compras de madera	296.000		296.000	
6021	Compras de materias auxiliares	25.000		25.000	
6022	Compras de repuestos	4.000		4.000	
611	Variación E.as de madera	85.000	96.256		11.256
6120	Variación E.as de materias auxiliares	6.000	4.820	1.180	
6121	Variación de existencias de repuestos	14.000	12.224	1.776	
64	Gastos de personal	78.000		78.000	
66	Gastos financieros	15.000		15.000	
63	Tributos	13.000		13.000	
62	Servicios exteriores *	41.100	3.100	38.000	
68	Dotaciones para amortizaciones	50.000		50.000	
7010	Ventas mesas modelo X		306.358		306.358
7011	Ventas mesas modelo Y		202.372		202.372
710	Variación E.as de productos en curso	3.000	14.990		11.990
711	Variación E.as de productos semiterminados	5.000	26.980		21.980
712	Variación de existencias de mesas	40.000	32.000	8.000	
	TOTAL	2.094.930	2.094.930	1.211.226	1.211.226

* Al hacer este balance algunas cuentas del grupo 6 y 7 se han agrupado en cuentas de dos dígitos.

El Balance de situación al 31 de diciembre de 1992, sería:

ACTIVO			PASIVO		
220	Terrenos y bienes naturales	20.000.000	100	Capital social	400.000.000
221	Construcciones	50.000.000	112	Reserva legal	80.000.000
223	Maquinaria	300.000.000	117	Reservas voluntarias	20.000.000
226	Mobiliario	50.000.000	2821	Amortización acumulada de edificios	10.000.000
322	Existencias de repuestos	12.224.000	2823	Amortización acumulada de maquinaria	55.500.000
324	Existencias materias auxiliares	4.820.000	2826	Amortización acumulada de mobiliario	22.500.000
310	Existencias de madera	96.256.000	400	Proveedores	61.000.000
330	Existencias de productos en curso	14.990.000	485	Ingresos anticipados	8.270.000
340	Existencias de productos semiterminados	26.980.000	129	Pérdidas y ganancias	24.000.000
350	Existencias mesas modelo X	28.000.000			
351	Existencias mesas modelo Y	4.000.000			
430	Clientes	51.000.000			
570	Caja (ptas.)	900.000			
572	Bancos c/c	19.000.000			
480	Gastos anticipados	3.100.000			
	TOTAL	681.270.000		TOTAL	681.270.000

Cuadro 3.4. Esquema del Mayor

570 Caja (pesetas)

	900	900	

572 Bancos c/c

	15.000	238.000	(b)
(a)	442.730	48.000	(d)
(g)	50.000	30.000	(d)
		39.000	(c)
		10.000	(f)
		65.000	(g)
		58.730	(i)
		19.000	

430 Clientes

	50.000	15.000	(c)
(a)	66.000	50.000	(g)
		51.000	

350 Existencias de mesas modelo X

	22.000	22.000	(R)
(S)	28.000	28.000	

351 Existencias de mesas modelo Y

	18.000	18.000	(R)
(S)	4.000	4.000	

340 Existencias de productos semiterminados

	5.000	5.000	(R)
(S)	26.980	26.980	

330 Existencias de productos en curso

	3.000	3.000	(R)
(S)	14.990	14.990	

310 Existencias de madera

	85.000	85.000	(R)
(S)	96.256	96.256	

324 Existencias de materias auxiliares

	6.000	6.000	(R)
(S)	4.820	4.820	

322 Existencias de repuestos

	14.000	14.000	(R)
(S)	12.224	12.224	

220 Terrenos y bienes naturales

	20.000	20.000	

221 Edificios y otras construcciones

	50.000	50.000	

223 Maquinaria

	300.000	300.000	

226 Mobiliario

	50.000	50.000	

480 Gastos anticipados

	31.100	31.100	(h)
(k)	3.100	3.100	

100 Capital social

	400.000	400.000	

2821 Amortización acumulada de construcciones

		3.000	
	10.000	7.000	(l)

2826 Amortización acumulada de mobiliario

		10.500	
	22.500	12.000	(l)

485 Ingresos anticipados

(i)	58.730	67.000	
	8.270		

475 Hacienda Pública, acreedor por conceptos fiscales

(d)	8.000	8.000	(d)
	—		

117 Reservas voluntarias

	20.000	20.000	

112 Reservas legales

	80.000	80.000	

2823 Amortización acumulada de maquinaria

		24.500	
	55.500	31.000	(l)

400 Proveedores

(g)	65.000	65.000	
	61.000	61.000	(b)

476 Organismos Seguridad Social, acreedores

(d)	22.000	22.000	(d)
	—		

Cuadro 3.4. Esquema del Mayor *(continuación)*

601 Compras de madera

(b)	270.000	296.000	(y)
(e)	26.000		

165 Descuentos sobre venta por pronto pago

(c)	15.000	15.000	(y)

631 Otros tributos

(e)	13.000	13.000	(y)

6821 Amortización de construcciones

(l)	7.000	7.000	(y)

6021 Compras de materias auxiliares

(b)	25.000	25.000	(y)

640 Sueldos y salarios

(d)	63.000	63.000	(y)

611 Variación de existencias de madera

(r)	85.000	96.256	(s)

6121 Variación de existencias de repuestos

(v)	14.000	12.224	(x)

6120 Variación de existencias de materias auxiliares

(t)	6.000	4.820	(u)

621 Arrendamientos y cánones

(h)	18.000	18.000	(y)

6823 Amortización de maquinaria

(l)	31.000	31.000	(y)

6022 Compras de repuestos

(b)	4.000	4.000	(y)

642 Seguridad Social a cargo de la empresa

(d)	15.000	15.000	(y)

629 Otros servicios

(f)	10.000	10.000	(y)

625 Primas de seguros

(h)	13.100	3.100	(k)
		10.000	(y)

6826 Amortización de mobiliario

(l)	12.000	12.000	(y)

712 Variación de existencias de mesas

(m)	40.000	32.000	(n)
		8.000	(y)

711 Variación de existencias de productos semiterminados

(ñ)	5.000	26.980	(o)
(z)	21.980		

710 Variación de existencias de productos en curso

(p)	3.000	14.990	(q)
(z)	11.990		

7010 Ventas de mesas modelo X

(z)	306.358	306.358	(a)

7011 Ventas de mesas modelo Y

(z)	202.372	202.372	(a)

129 Pérdidas y ganancias

(y)	518.690	542.690	(z)
	24.000		

3.4. SITUACION DE PARTIDA DEL PROCESO CONTABLE ANALITICO

3.4.1. Etapa del proceso de Contabilidad General en que se sitúa el proceso de Contabilidad de Costes

Creemos que puede ser útil insistir en **situar adecuadamente el proceso contable analítico básico** y simplificado del proceso seguido en la Contabilidad General, en la que la empresa ha realizado los trabajos del final de ejercicio. Esta, en lugar de seguir desde entonces el camino conocido de la regularización, que conduce a la determinación del resultado de una manera súbita, va a seguir un proceso distinto que permita conocer el movimiento interno de valores determinante de ese resultado. Precisamente en los capítulos que vienen después presentamos ese proceso.

3.4.2. Referencia a las cuentas que definen la situación de partida

Aunque quizá bastase lo que acabamos de indicar para situar el proceso contable del movimiento interno de valores, vamos a extendernos más en este punto, describiendo **la situación de partida mediante la referencia concreta a las cuentas que**, perteneciendo a la Contabilidad General, **van a intervenir** de alguna manera en el proceso contable por el que vamos a representar el movimiento interno de valores.

Estas **cuentas que definen la situación de partida** son las que enumeramos a continuación, dejando aparte por ahora las que no se refieren a la explotación normal; es decir, dejando fuera de nuestra consideración las que están vinculadas a los resultados ajenos a la explotación, v. gr., resultados de la cartera de valores o resultados extraordinarios. **Son, pues**:

a) Cuentas de existencias (grupo 3)
b) Cuentas de gastos y dotaciones (parte del grupo 6)
c) Cuentas de compras (subgrupo 60)
d) Cuentas de ventas e ingresos (grupo 7)

A cada uno de estos apartados vamos a referirnos brevemente.

a) Cuentas de existencias

Como ya es sabido, estas cuentas **integran el grupo 3. Existencias** del Plan General de Contabilidad. En ellas tienen cabida todos los elementos físicamente inventariables que son adquiridos o poseídos para ser utilizados o para ser vendidos.

Del cuadro completo de **Cuentas de existencias** nos interesa destacar ahora:

350	Existencias de productos terminados X
351	Existencias de productos terminados Y
340	Existencias de productos semiterminados
330	Existencias de productos y trabajos en curso
310	Existencias de materias primas
325	Existencias de materiales diversos
322	Existencias de repuestos

Sin entrar en este momento en definiciones, conviene, no obstante, hacer **algunas precisiones**:

— Los productos terminados ya han pasado por todos los centros de producción y están listos para ser vendidos.

— Los productos semiterminados están pendientes de pasar a alguna sección, habiéndose concluido en las precedentes el trabajo que debían recibir, pudiendo permanecer almacenados en algún lugar distinto de las secciones de producción.

— Los productos y trabajos en curso están siendo tratados en alguna sección.

— Las materias primas normalmente se conceptúan como costes directos respecto del producto.

— Las materias auxiliares y los materiales diversos se incluyen generalmente entre los costes indirectos respecto del producto.

En el recuadro anterior aparecen separadas las existencias de productos terminados de las demás existencias, porque nos interesa resaltar el diferente destino que tienen en el proceso productivo. Las existencias de productos terminados se conectan con el final del proceso y su destino es ser vendidas; de ahí que quepa denominarlas **existencias con propensión al mercado**. Sin embargo, los otros tipos de existencias se han de incorporar al proceso productivo, como un elemento más del coste, para transformarse en productos terminados; por eso cabe denominarlas **existencias con propensión a ser costes**.

b) Cuentas de gastos y dotaciones

En estas cuentas se incluyen todos los **elementos del coste no inventariables físicamente**.

Pertenecen a este conjunto los siguientes subgrupos de **cuentas** con sus correspondientes desarrollos:

62	Servicios exteriores
63	Tributos
64	Gastos de personal
65	Otros gastos de gestión corriente
66	Gastos financieros
68	Dotaciones para amortizaciones
69	Dotaciones a las provisiones

En general se puede considerar que todos **estos elementos del coste son indirectos** respecto del producto con la excepción de parte de los gastos de personal.

c) Cuentas de compras

El PGC sitúa el Subgrupo «60. Compras» al lado de los subgrupos que acabamos de transcribir, integrados todos en el conjunto de cargas y dotaciones.

Estos subgrupos componen el grupo 6 de «Compras y gastos por naturaleza».

Contemplamos aquí las cuentas de compras formando un conjunto aparte, porque su tratamiento contable es distinto del que se da a las demás cuentas del mismo grupo.

De la lista completa de cuentas de compras de momento vamos a fijarnos en la siguiente:

601	Compras de materias primas
61	Variación de existencias

Las cuentas de compras recogen **una parte del coste de las adquisiciones o compras**. El resto del coste de las compras lo constituye el importe de los costes de la sección de compras que cabe imputar a las distintas adquisiciones. En otras palabras, no solamente constituye el coste de una compra la cifra que indica la factura del proveedor, sino también la parte que a dicha compra cabe adscribir del importe de una serie de partidas, tales como el sueldo del jefe de compras y del personal afecto a este servicio, amortización de las inmovilizaciones dedicadas a este servicio, etc.

d) Cuentas de ventas e ingresos

El proceso productivo se ve culminado cuando el producto se vende, y financieramente cuando el producto se cobra. La venta constituye un contraste de los valores que atribuye nuestra contabilidad a los productos vendidos y el valor que esos mismos productos tienen en el mercado.

Del cuadro completo de las cuentas que componen el **grupo 7** del Plan General de Contabilidad, **«Ventas e ingresos»**, nos interesa, a nuestros efectos, destacar solamente las siguientes **cuentas**, que nos van a permitir después conocer el resultado por cada producto:

7000	Ventas del producto terminado X
7001	Ventas del producto terminado Y

En el caso de la empresa descrita en el epígrafe anterior, **la situación de partida viene dada en el Balance de comprobación al 31 de diciembre de 1992** que aparece antes de la etapa 4.5 «determinación de los resultados», de la Contabilidad General.

Las cuentas que van a intervenir en el proceso contable del movimiento interno de valores pueden señalarse en él con una P para indicar que definen la situación de partida.

3.5. METODOS DE RELACION DE LA CONTABILIDAD GENERAL Y LA CONTABILIDAD DE COSTES

La Contabilidad General y la Contabilidad de Costes pueden llevarse a cabo de acuerdo con principios diferentes y siguiendo un proceso contable distinto. Sobre esto tendremos ocasión de insistir más tarde. Por ello, no vamos a entrar ahora a investigar las razones que justifican plenamente la existencia de procesos contables específicos de Contabilidad General y Contabilidad de Costes, sino que, admitiéndolas como una realidad, intentaremos llamar la atención sobre los **métodos empleados con más generalidad para relacionar ambos procesos.**

La sistematización de estos métodos suele hacerse siguiendo **una terminología que fue acuñada hace muchos años**; Schneider ya se refería a ella en su *Contabilidad Industrial.* Así, podemos hablar de un método monista y de un método dualista, con sus correspondientes variantes o modalidades que a veces es necesario destacar de entrada, porque en el fondo ofrecen diferencias importantes. Quizá por este motivo Schneider nos dice en la obra citada que caben dos formas fundamentales de relacionar la Contabilidad General y la Contabilidad de Costes: **el monismo y el dualismo** y dentro del monismo dos modalidades: **el monismo radical y el monismo moderado** —que son las dos variantes clásicas de este método—. Dice Schneider, literalmente, que existen, para resolver el problema que nos ocupa, tres versiones que se oponen entre sí y que se encuentran en la práctica y en la teoría con la denominación de monismo radical, monismo moderado y dualismo.

Veamos cada uno de ellos.

3.5.1. Monismo moderado

Convendría, a efectos de facilitar la exposición, empezar por el método monista moderado. Se caracteriza por **dos rasgos fundamentales**:

Primero, que **la Contabilidad de Costes** se desarrolla **de una forma «estadística»** fuera del proceso contable. En otras palabras, no hay un proceso contable convencional para el movimiento interno de valores, sino que se preparan una serie de cuadros más o menos completos y más o menos enlazados en un sistema.

Segundo, que **el proceso de la Contabilidad General** se llevará a cabo formalmente **como si no existiese Contabilidad de Costes**. Es decir, las cuentas que se utilizan y sus relaciones se mantienen al margen formalmente de la Contabilidad de Costes. Sin embargo, los cálculos que se llevan a efecto «estadísticamente» pueden servir de base para la Contabilidad General.

En muchas empresas se comienza el establecimiento de la Contabilidad de Costes por este método monista moderado. Y cuando se tiene suficiente experiencia se adopta el método monista radical o el método dualista en alguna de sus modalidades.

3.5.2. Monismo radical

El método monista radical **consiste básicamente** en insertar la Contabilidad de Costes dentro de la Contabilidad General, de manera que la parte del proceso de Contabilidad General relativa al movimiento interno de valores se sustituye por el proceso de Contabilidad de Costes que contempla el mismo movimiento. En un intento de concretar, diríamos que desde lo que hemos denominado en temas anteriores «situación de partida» se sigue un proceso de Contabilidad de Costes. En definitiva, desaparece a partir de entonces el proceso de Contabilidad General que refleja de una forma sintética el movimiento interno de valores. Este método es el que desarrollaremos en el Capítulo 4.

3.5.3. Dualismo: modalidades más generalizadas

El **método dualista podríamos caracterizarlo** por las siguientes notas:

Primera: La Contabilidad de Costes se desarrolla siguiendo **un formalismo contable independiente** del de la Contabilidad General, radicando aquí una de sus diferencias principales con respecto al monismo moderado. De todos modos, cuando decimos formalismo contable somos conscientes de que estamos en presencia de una cuestión enormemente debatida en la que no profundizaremos aquí. Sólo añadiremos que la literatura contable, para obviar de alguna manera este debate, destaca a veces dos tipos de dualismo: **el dualismo radical**, que sigue un plan de cuentas analítico, muy pormenorizado y el **dualismo moderado**, que emplea **cuentas** sintéticas conectadas con su desarrollo «estadístico» complementario.

Segunda: El proceso de **Contabilidad General** se llevará a cabo formalmente **como si no existiese Contabilidad de Costes**, o con unas diferencias poco importantes, según la variante que se utilice. Los datos que se elaboran en el proceso de Contabilidad de Costes pueden servir para realizar las anotaciones sintéticas de la Contabilidad General. En esto se distingue del método monista radical.

Pasaremos a enunciar las **modalidades más generalizadas del método dualista** catalogadas por la doctrina contable convencional con nombres muy diversos, pero que, para entendernos ahora, podríamos denominar así:

— Procedimiento anglosajón.
— Procedimiento alemán.
— Procedimiento francés.

El procedimiento anglosajón es realmente una generalización de la técnica utilizada para resolver los problemas contables que presentan las sucursales. En este sentido, se considera que la actividad productiva viene a constituir **una especie de sucursal** a la que se van remitiendo unos valores y de la que se van recibiendo otros valores. Caben muchas posibilidades a la hora de fijar los valores que se reciben, así como los momentos en que se llevan a término estas transferencias. Como cuentas puente se suelen utilizar:

- «Fabricación» o «Mayor de fábrica», en Contabilidad General.
- «Contabilidad General» o «Mayor general», en Contabilidad de Costes.

El procedimiento alemán descansa en la existencia de dos tipos de cuentas:

— Las cuentas reflejas, que son réplica de las cuentas de cargas por naturaleza de la Contabilidad General.

— La cuenta de cierre, que sirve como contrapartida de dicha cuenta.

El procedimiento francés, también llamado a veces de **Cuentas Reflejas**, que es el seguido en este libro, utiliza una serie de cuentas reflejas que juegan un papel diferente a las cuentas reflejas del procedimiento alemán. Las cuentas reflejas del procedimiento francés son básicamente:

- «Stock» inicial reflejo.
- Compras reflejas.
- Gastos reflejos.
- Dotaciones reflejas.
- Productos reflejos.

CUESTIONES

1. *Los métodos para el cálculo del coste de los productos son:*
   a) El método de los mínimos cuadrados.
   b) El método del coste variable evolucionado.
   c) Los métodos del coste completo y del coste variable.

2. *El método del coste completo sostiene que:*
   a) El coste final debe absorber los costes extraordinarios
   b) Todos los costes de la explotación normal y corriente deben incorporarse al coste final.
   c) El coste final es el coste de comercialización.

3. *El método del coste completo propone el análisis de los costes en:*
   a) Inventariables y no inventariables.
   b) Por funciones y por responsabilidades.
   c) Directos e indirectos.
4. *En el método del coste completo:*
   a) Se incorporan los costes directos e indirectos.
   b) Sólo se incorporan los costes directos.
   c) Sólo se incorporan los costes fijos.
5. *El método del coste variable propone el análisis de las cargas en:*
   a) Directas e indirectas.
   b) Fijas y variables.
   c) Intrínsecas y a reintegrar.
6. *El método del coste variable incorpora sólo:*
   a) Las cargas directas.
   b) Las cargas fijas.
   c) Las cargas variables.
7. *El método del coste estándar:*
   a) Es un método distinto a los anteriores.
   b) Es compatible tanto con el coste completo como con el coste variable.
   c) Calcula los costes del producto anticipadamente.
8. *El método de imputación racional:*
   a) Supone una variante del método del coste completo.
   b) Supone una reciente innovación.
   c) Supone una variante del método del coste variable.
9. *El método del coste basado en las actividades:*
   a) Ha supuesto una auténtica revolución.
   b) Ha supuesto un perfeccionamiento de los métodos tradicionales.
   c) No ha supuesto nada digno de mención.
10. *El método del coste basado en las actividades calcula el coste final:*
    a) Mediante los costes directos e indirectos asociados a ciertas actividades.
    b) Mediante los costes fijos y variables de cada centro.
    c) Mediante los costes de administración.
11. *Las cuentas que definen la situación de partida en el proceso contable analítico son:*
    a) Las cuentas de clientes y proveedores.
    b) Las cuentas de existencias, gastos, compras y ventas.
    c) Las cuentas del inmovilizado material y de los fondos propios.
12. *Las existencias con propensión a ser costes se refieren a:*
    a) Las de productos terminados.
    b) Las de productos terminados y productos en curso.
    c) Todas excepto las de productos terminados.
13. *Las existencias con propensión al mercado son aquellas que:*
    a) Están ya en manos de los clientes.
    b) La empresa vende sin transformar.
    c) Su destino es el de ser vendidas por encontrarse ya elaboradas.
14. *El coste de las compras en Contabilidad de Costes está formada por:*
    a) El precio de factura más todos los costes necesarios para efectuarlas y almacenarlas.
    b) Sólo por el precio de factura.
    c) El precio de factura más los costes de transporte.
15. *Los métodos básicos que relacionan la Contabilidad General y la Contabilidad de Costes son:*
    a) El coste completo.
    b) El monismo.
    c) El dualismo.
16. *El monismo moderado se caracteriza por:*
    a) Desarrollarse de forma estadística.
    b) Desarrollarse mediante cuentas específicas.
    c) El proceso de Contabilidad General se lleva como si no existiese Contabilidad de Costes.
17. *El monismo radical:*
    a) Actúa independientemente de la Contabilidad de Costes.
    b) Consiste en insertar la Contabilidad de Costes en la Contabilidad General.
    c) Consiste en contabilizar todas las operaciones de la empresa mediante la Contabilidad de Costes.
18. *El método dualista consiste en:*
    a) Desarrollar la Contabilidad de Costes siguiendo un formalismo contable independiente.
    b) Llevar la Contabilidad General como si no existiese la Contabilidad de Costes.
    c) Llevar ambas contabilidades de manera conjunta.
19. *Dentro de las modalidades más generalizadas del método dualista se encuentran:*
    a) El procedimiento anglosajón.
    b) Los procedimientos francés y alemán.
    c) Los procedimientos escandinavos y sudamericanos.
20. *El procedimiento anglosajón utiliza como cuentas puentes:*
    a) Las cuentas reflejas.
    b) Las cuentas de control interno y externo.
    c) Las cuentas de mayor de fábrica y mayor general.
21. *El procedimiento alemán utiliza:*
    a) Las cuentas reflejas.
    b) Las cuentas del control externo.
    c) Las cuentas de cierre.
22. *Las cuentas que utiliza el procedimiento francés son:*
    a) No utiliza cuentas.
    b) Cuentas reflejas.
    c) Cuentas de enlace.

4 El método monista y el modelo contable básico

4.1. RELACION ENTRE LA CONTABILIDAD GENERAL Y LA CONTABILIDAD DE COSTES POR EL METODO MONISTA

Vimos que una forma de relacionar el proceso contable seguido por la Contabilidad General y el seguido por la Contabilidad de Costes recibe el nombre de monismo. Y aunque en la literatura contable se suele distinguir entre monismo moderado y radical, cuando nosotros nos referimos al monismo sin otro adjetivo **nos estamos centrando en el monismo radical**.

Planteamiento del método monista

En este tipo de monismo el proceso contable de los costes se inserta en la Contabilidad General, es decir, el proceso contable seguido por la Contabilidad General se complementa con el proceso contable analítico, **dentro de los mismos libros y, probablemente, realizados por las mismas personas**, y siguiendo los mismos criterios contables v. g., de valoración, etc., ya que ambos procesos, repetimos, se llevan a cabo en los mismos libros.

En definitiva, **se trata simplemente de sustituir la etapa 4.5. del proceso contable de Contabilidad General** que hemos llamado «Determinación de los Resultados» mediante el cierre de las cuentas de gastos e ingresos del período **por una serie de fases** en las que se irá concretando el movimiento interno de valores que dará lugar al resultado de la empresa. La Contabilidad General determina un resultado, pero no informa de dónde y por qué se ha obtenido.

En lugar de obtener este resultado de una manera drástica, por simple enfrentamiento de la corriente de gastos e ingresos del período, se obtiene a través de una serie de fases que nos permite analizar, entre otras cosas, dónde y por qué ha aparecido ese resultado.

Al llegar, pues a la etapa 4.5 de la «Determinación del Resultado» se abandona el proceso de regularización de la Contabilidad General y se sigue, dentro de los mismos libros, el proceso propuesto por el método monista.

Cuadro representativo

Gráficamente, **tratando de visualizar** estas ideas, llegaríamos al **Cuadro 4.1**, en el que observamos que hay una parte superior referida al método de determinación del resultado en Contabilidad General y una parte inferior representativa del proceso de Contabilidad de Costes por el método monista.

Si trabajamos en el proceso contable de Contabilidad General se trataría de determinar el resultado, mediante el cierre de las cuentas de gastos e ingresos (grupos 6 y 7 del Plan General), el cierre de las cuentas de existencias (grupo 3 del Plan General) y la apertura de otras nuevas cuentas de existencias (recogiendo el dato extracontable de las existencias finales que serán los iniciales del ejercicio siguiente).

En definitiva, pues, si trabajamos en el proceso contable de Contabilidad General las **cuentas que definen la situación de partida** para determinar el

Cuadro 4.1. Cuadro representativo del método monista

METODO DE DETERMINACION DEL RESULTADO EN CONTABILIDAD GENERAL

CUENTAS DE GASTOS Y DOTACIONES POR NATURALEZA	62 63 64 65 66 67 68 69
CUENTAS DE COMPRAS	601 602 608 609
CUENTAS DE EXISTENCIAS	31 32 33 34 35 36

PROCESO DE REGULARIZACION O DETERMINACION DEL RESULTADO EN CONTABILIDAD GENERAL, A TRAVES DEL ENFRENTAMIENTO DIRECTO DE ESTAS CUENTAS

VENTAS E INGRESOS POR NATURALEZA	7000 7001

METODO DE DETERMINACION DEL RESULTADO POR EL PROCESO DE CONTABILIDAD DE COSTES

CUENTAS DE GASTOS Y DOTACIONES POR NATURALEZA	62 63 64 65 66 67 68 69
CUENTAS DE COMPRAS	601 602 608 609
CUENTAS DE EXISTENCIAS	31 32 33 34 35 36

PROCESO CONTABLE DEL MOVIMIENTO INTERNO DE VALORES PREVISTO POR LA CONTABILIDAD DE COSTES QUE, A TRAVES DEL TRATAMIENTO ADECUADO, PERMITIRA ANALIZAR, ENTRE OTRAS COSAS, DONDE Y POR QUE APARECE EL RESULTADO

VENTAS E INGRESOS POR NATURALEZA	7000 7001

resultado de la empresa son, como ya hemos dicho en el tema anterior:

— Cuentas de existencias (grupo 3).
— Cuentas de compra (subgrupo 60 del Grupo 6).
— Cuentas de gastos y dotaciones por naturaleza (resto de cuentas del grupo 6).
— Cuentas de ventas e ingresos por naturaleza (grupo 7).

En otras palabras, las cuentas que definen la situación de partida para determinar el resultado en el proceso contable seguido por la Contabilidad General son las recogidas en los grupos 3, 6 y 7 del Plan General de Contabilidad.

Pues bien, estas mismas cuentas y grupos definen también la situación de partida para determinar el resultado **en el proceso de Contabilidad de Costes**, seguido por el método monista. Así pues, en **este proceso se haría**:

1. Asientos de apertura.
2. Registro de las operaciones.
3. Preparación de la Regularización.
4. Regularización:
    4.1. Clasificación.
    4.2. Periodificación.
    4.3. Amortización.
    4.4. Adecuación de los saldos al inventario.

Siendo estas fases y etapas las mismas para un proceso y otro. Y, precisamente, al llegar a la etapa 4.5. Determinación del Resultado, en lugar de enfrentar de manera brusca las cuentas de los grupos 3, 6 y 7 como se hace en Contabilidad General, se toman estas cuentas y se emplean en sucesivas fases, que nos permiten analizar el movimiento interno de valores que da lugar al resultado de la empresa, precisamente con la finalidad de poder obtener una mayor información: v. g., entre otras, dónde y por qué aparece tal resultado.

4.2. LAS FASES DEL PROCESO DE LA CONTABILIDAD DE COSTES POR EL METODO MONISTA

Dispuestos a **racionalizar el proceso de la Contabilidad de Costes**, podemos distinguir **una serie de fases** que presentamos en el **Cuadro 4.2.**

Con relación al Cuadro 4.2. podemos hacer **algunas consideraciones**:

— En primer lugar vemos que la primera fase del proceso consiste en la apertura de las cuentas de inventario contable permanente. Se trata, como veremos después, de unas cuentas específicas de la Contabilidad de Costes abiertas para cada uno de los conceptos de existencias.

— Inmediatamente después se presentan en el Cuadro 4.2. las diferentes fases que siguen a esa primera.

— Finalmente, se hace referencia a la recomposición de las cuentas de existencias, es decir, implica la vuelta a las cuentas de existencias de Contabilidad General que de esta manera recogerían los saldos finales.

4.3. ESTUDIO OPERATIVO DE LAS DIFERENTES FASES DE LA CONTABILIDAD DE COSTES POR EL METODO MONISTA

Vamos a ir exponiendo cada una de las fases señaladas del proceso de Contabilidad de Costes por el método monista. Al ser la primera vez que nos enfrentamos, nos encontraremos con un cúmulo de ideas nuevas. Por eso **conviene avanzar despacio**, y, a estos efectos, es recomendable que veamos en el **esquema de Mayor** la incidencia de las anotaciones que vamos a ir presentando en el Diario.

Cuadro 4.2. El proceso de Contabilidad de Costes por el método monista

FASES DE LA CONTABILIDAD DE COSTES POR EL METODO MONISTA	
	1.ª Apertura de las cuentas de inventario contable
	2.ª Traslado de las cargas indirectas a los costes indirectos de secciones
	3.ª Cesión de costes indirectos entre secciones
	4.ª Determinación del coste de compras
	5.ª Entrada de las compras en almacén
	6.ª Determinación del coste de producción
	7.ª Entrada en almacén de las distintas clases de productos
	8.ª Determinación del coste final
	9.ª Determinación de resultados analíticos
	10.ª Recomposición de las cuentas de existencias

4.3.1. Apertura de las Cuentas de Inventario Contable Permanente

El Plan General de Contabilidad deja abierta la puerta al tratamiento de las cuentas de existencias que proponemos a continuación. Señala en su introducción que opta por un sistema especulativo en el funcionamiento de las cuentas de existencias.

No obstante, **agrega** que si **la empresa** considera más conveniente para su gestión que las cuentas de existencias reflejen a lo largo del ejercicio el importe que en cada momento mantiene invertido en los almacenes, **podrá optar por llevar las existencias por un sistema administrativo o de permanencia de inventario**.

De esta manera, las cuentas que se empleen para controlar las existencias se abrirán con las existencias iniciales e irán recogiendo el movimiento que los elementos inventariables vayan teniendo; es decir, irán reflejando todas las entradas y salidas. Así, en cualquier instante su saldo ha de coincidir con los valores que se obtendrían haciendo un inventario. Nos ha parecido conveniente **denominar de otra manera a las cuentas que recogen el movimiento de los almacenes**, y hemos utilizado para ello el nombre de Cuentas de Inventario Contable Permanente, para evidenciar la característica de su funcionamiento. En definitiva, se trata de abrir una serie de nuevas cuentas que vamos a denominar de acuerdo con los nombres del **Cuadro 4.3**.

Cuadro 4.3. Cuentas de Inventario Contable Permanente

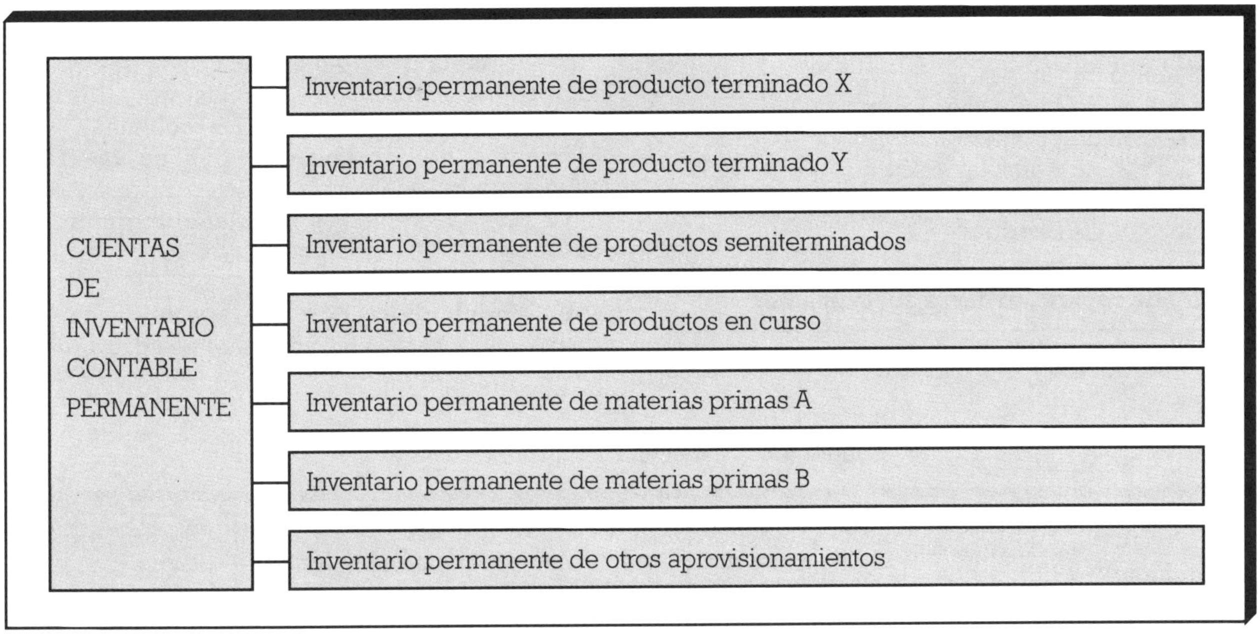

Igual que podemos abrir una cuenta de Inventario permanente de productos terminados para cada uno de los tipos de productos obtenidos por la empresa, **podemos abrir una cuenta de Inventario contable para cada uno de los productos en curso y productos semiterminados** que pudiéramos identificar. **Y**, especialmente, podríamos abrir una cuenta para cada uno de los tipos de **otros aprovisionamientos**, entre los que están:

— Elementos y conjuntos incorporables.
— Combustibles.
— Repuestos.
— Materiales diversos.
— Embalajes.
— Envases.

El **asiento que corresponde a esta primera fase**, de acuerdo con el caso práctico planteado, pero que tiene absoluta generalidad, es el siguiente:

I.P. de mesas modelo X	22.000.000	
I.P. de mesas modelo Y	18.000.000	
I.P. de productos semiterminados .	5.000.000	
I.P. de productos en curso	3.000.000	
I.P. de madera	85.000.000	
I.P. de materias auxiliares	6.000.000	
I.P. de repuestos	14.000.000	
a 350 Existencias de mesas modelo X		22.000.000
a 351 Existencias de mesas modelo Y		18.000.000
a 34 Existencia de productos semiterminados		5.000.000
a 33 Existencias de productos en curso ...		3.000.000
a 310 Existencias de madera		85.000.000
a 322 Existencias de repuestos		14.000.000
a 324 Existencias de materias auxiliares		6.000.000

4.3.2. Traslado de las cargas indirectas a los costes indirectos de las secciones

Las secciones o centros de actividad van a tener varios cometidos. **Uno de control**, al que no vamos a hacer referencia ahora, y **otro eminentemente contable**, ya que va a servir para resolver el problema del tratamiento de los costes indirectos a los costes de los productos.

Las secciones a diferenciar en cada empresa **pueden ser las siguientes** o análogas:

— Sección de Compras.
— Sección de Conservación.
— Sección de Producción I.
— Sección de Producción II.
— Sección de Administración.
— Sección de Financiación.
— Sección de Distribución.

Cuadro de reparto, primera aproximación

Las cantidades que se escriben en este asiento suelen calcularse en una hoja de trabajo que se denomina **«cuadro de reparto» u «hoja de distribución»**.

Es una **tabla de doble entrada** en la que es costumbre hacer figurar las cuentas de costes indirectos de las **secciones en las columnas** y los **elementos del coste indirectos en las filas**, separando los que corresponden a cargas y dotaciones de los elementos inventariables indirectos consumidos. El total lo constituyen los costes indirectos primarios de las secciones.

Un modelo de «cuadro de reparto» u «hoja de distribución» **está esbozado en el Cuadro 4.4.**

Cuadro 4.4. Estructura del cuadro de reparto

Costes indirectos de las secciones de / Elementos indirectos del coste	COMPRAS	CONSERVACION	PRODUCCION I	PRODUCCION II	ADMINISTRACION	FINANCIACION	DISTRIBUCION	TOTAL
64 Gastos de personal 66 Gastos financieros 63 Tributos 62 Servicios exteriores 624 Transportes 65 Otros gastos de gestión 68 Dotaciones para amortización 69 Dotaciones a provisiones								
Total de gastos y dotaciones								
Inventario Permanente de materias auxiliares A Inventario Permanente de materias auxiliares B Inventario Permanente de materias para repuestos								
Total de costes indirectos primarios de las secciones								

En el ejemplo que estamos siguiendo, el «cuadro de reparto» u «hoja de distribución» se muestra en el **Cuadro 4.5**. Vemos que tiene una parte inferior que recoge la cesión de costes indirectos entre secciones, a la que nos referiremos en la siguiente fase.

Comprobamos, por otra parte, que en este cuadro se presentan, **separados del resto de los costes indirectos**, el consumo de materias auxiliares y de repuestos; el importe del consumo se registra en cuentas de Contabilidad de Costes, por eso no tienen código de Contabilidad General.

Las cifras que allí aparecen en **la parte superior** sirven de base para realizar el asiento:

C.I. Sección de Compras	35.000.000	
C.I. Sección de Conservación	11.000.000	
C.I. Sección de Producción I	53.200.000	
C.I. Sección de Producción II	77.000.000	
C.I. Sección de Administración	25.900.000	
C.I. Sección de Financiación	18.300.000	
C.I. Sección de Distribución	36.000.000	
a Gastos de personal		78.000.000
a Gastos financieros		15.000.000
a Tributos		13.000.000
a Servicios exteriores		28.000.000
a Transportes		26.000.000
a Otros gastos de gestión		10.000.000
a Dotaciones del ejercicio para amortización		50.000.000
a I.P. de materias auxiliares		30.000.000
a I.P. de repuestos		6.400.000

Cuadro 4.5. Cuadro de reparto (en miles de pesetas). Aplicación al caso práctico

	SECCIONES							TOTAL
	COMPRAS	CONSERVACION	PRODUCCION I	PRODUCCION II	ADMINISTRACION	FINANCIACION	DISTRIBUCION	
64 Gastos de personal	9.600	2.400	12.000	30.000	13.200	600	10.200	78.000
66 Gastos financieros	—	—	—	—	—	15.000	—	15.000
63 Tributos	2.000	1.000	3.200	2.000	2.000	800	2.000	13.000
62 Servicios exteriores	5.600	2.800	4.200	8.400	2.800	1.400	2.800	28.000
624 Transportes	10.400	1.300	1.300	1.300	1.300	—	10.400	26.000
65 Otros gastos de gestión	1.500	500	1.000	1.000	1.000	500	4.500	10.000
68 Dotaciones para amortización	5.000	2.500	15.000	17.500	5.000	—	5.000	50.000
Total de gastos y dotaciones	34.100	10.500	36.700	60.200	24.300	18.300	24.900	220.000
I.P. de materias auxiliares	—	—	15.000	15.000	—	—	—	30.000
I.P. de repuestos	900	500	1.500	1.800	600	—	1.100	6.400
Costes indirectos primarios	35.000	11.000	53.200	77.000	25.900	18.300	36.000	256.400
CESION DE COSTES ENTRE SECCIONES								
De la sección de Conservación	1.100	(−11.000)	3.300	3.300	1.100	—	2.200	—
De la sección de Administración	5.400	—	5.400	5.400	(−27.000)	2.700	8.100	—
De la sección de Financiación	4.200	—	4.200	4.200	—	(−21.000)	8.400	—
Total de costes indirectos	45.700	—	66.100	89.900	—	—	54.700	256.400

Este cuadro se ha elaborado siguiendo los datos del supuesto, que aparecen en el capítulo anterior.

4.3.3. Cesión de costes indirectos entre secciones

Hay **secciones que prestan su servicio a otras secciones**. **Por ejemplo**, la sección de conservación trabaja normalmente para las demás. Es lógico que, si pretendemos seguir el movimiento interno de valores, contemplemos los costes, primero, en las secciones que prestan los servicios, que vamos a suponer que son:

— Sección de Conservación.
— Sección de Administración.
— Sección de Financiación.

(Esto es lo que se ha realizado en la fase anterior.)

Pero, inmediatamente después, procede pasar los costes de estas secciones a aquellas que hayan recibido sus prestaciones. Esto es lo que vamos a realizar en esta fase y suele conocerse con el nombre de subreparto.

En el Cuadro 4.5, en la parte inferior, aparece la **cesión de los costes entre secciones**, a la vez que se calcula en él el total de costes recibidos de otras secciones.

Y de acuerdo con lo que hemos dicho, pueden aparecer las **cuentas propias** del proceso de Contabilidad de Costes que figuran en el **Cuadro 4.6.**

El **asiento a realizar**, de acuerdo con las cifras que se muestran **en la parte inferior del Cuadro 4.5**, sería:

C.I. Sección de Compras	10.700.000	
C.I. Sección de Producción I	12.900.000	
C.I. Sección de Producción II . . .	12.900.000	
C.I. Sección de Administración . .	1.100.000	
C.I. Sección de Financiación	2.700.000	
C.I. Sección de Distribución	18.700.000	
a C.I. Sección de Conservación		11.000.00
a C.I. Sección de Administración		27.000.000
a C.I. Sección de Financiación		21.000.000

Comprobaremos fácilmente en el esquema de Mayor que figura al final del capítulo que las cuentas que se abonan en este asiento quedan saldadas. Y que las cuentas cargadas ahora, ya lo habían sido otra vez por los costes indirectos primarios.

Es decir, las secciones auxiliares han prestado todos sus costes a las secciones principales. Tanto sus costes indirectos primarios como los costes que han recibido de las otras secciones auxiliares.

Cuadro 4.6. Cuentas de costes indirectos de las secciones

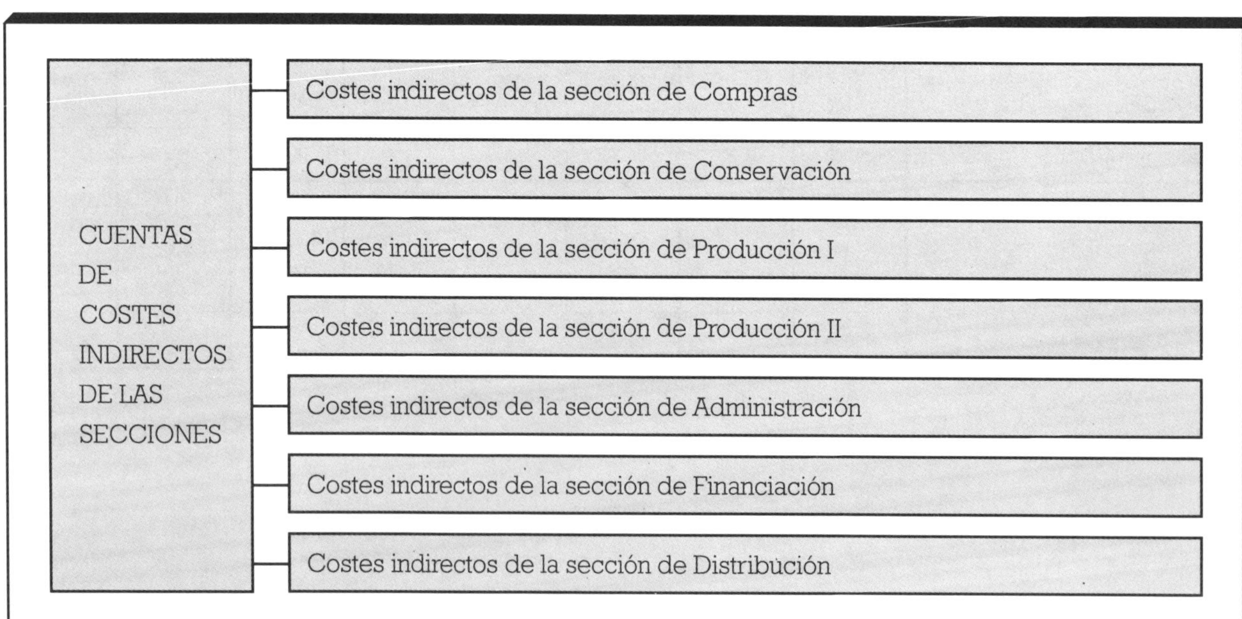

4.3.4. Determinación del coste de las compras

Cuando las materias primas, repuestos, etc., entran en el almacén correspondiente, la unidad económica ve **culminada una fase de su actividad**. Hay empresas en las que la adquisición de materias primas constituye la parte más importante, y a veces la más difícil de su quehacer; piénsese, por ejemplo, en empresas que fabriquen a base de materias primas costosas, adquiridas en mercados difíciles.

En la determinación del coste de las compras inciden dos sumandos:

Por una parte, el coste que podríamos llamar de factura, es decir, lo pagado al proveedor y, por otra, el coste indirecto recogido en la sección de compras, que es la suma de una serie de conceptos: personal, amortización de los edificios correspondientes, materiales de oficina de esta sección, etc.

Las cuentas que van a recoger esta nueva magnitud **aparecen en el Cuadro 4.7**.

Esta fase de determinación del coste de las compras descansa en **dos asientos**, que en el caso práctico propuesto serían:

■ **Por los precios de factura**

Coste de compras de madera	270.000.000	
Coste de compras de materias auxiliares	25.000.000	
Coste de compras de repuestos . . .	4.000.000	
a Compras de madera		270.000.000
a Compras de materias auxiliares		25.000.000
a Compras de repuestos		4.000.000

Vemos en el esquema de Mayor que las cuentas de compras quedan saldadas al hacer este asiento.

■ **Por los costes indirectos de la sección de compras**

Previamente hemos de tener presente que, según la información facilitada en el enunciado, se sabe la manera de imputar los costes indirectos de la sección de compras.

La imputación se hará según los precios de factura de las compras, siendo la cifra a imputar el saldo de la cuenta de «coste indirecto de la sec-

Cuadro 4.7. Cuentas de costes de compras

CUENTAS DE COSTES DE COMPRAS DE LAS SECCIONES
Costes de compras de materias primas
Costes de compras de elementos y conjuntos incorporables
Costes de compras de combustibles
Costes de compras de repuestos
Costes de compras de materiales diversos
Costes de compras de embalajes
Costes de compras de envases

ción de compras», que ascienden a 45.700.000 (45.700.000 : 299.000.000 = 0,1528 ptas. Por cada peseta de factura de la compra, corresponde imputar 0,1528 ptas. de coste indirecto de compra).

Resultaría, pues:

DESTINO	BASE DE IMPUTACION	IMPUTACION
Coste de compras de madera	270.000.00	41.256.000 (270.000.000 × 0,1528
Coste de compras de materias auxiliares	25.000.000	3.820.000 (25.000.000 × 0,1528)
Coste de repuestos	4.000.000	624.000 (resto)
TOTAL	299.000.000	45.700.000

Comprobamos que los costes de la sección de compras son **absorbidos** tanto **por** los **materiales directos**, como los **materiales indirectos**, y, en este caso, con la misma base de imputación.

Procediendo la anotación:

Coste de compras de madera	41.256.000	
Coste de compras de materias auxiliares	3.820.000	
Coste de compras de repuestos	624.000	
a Costes indirectos de la sección de Compras		45.700.000

De esta forma queda saldada la cuenta de Costes indirectos de la sección de Compras y en las cuentas de coste de compras surge el segundo sumando de que hablábamos.

4.3.5. Entrada de las compras en almacén

Una vez que hemos calculado el coste de las compras, procede representar su **pase al almacén**. Contablemente, se representa esta entrada trasladando el coste de las compras a las cuentas de Inventario permanente correspondientes, que son las cuentas a través de las que se controla el almacén.

Las materias primas y el resto de los elementos adquiridos se valoran a un precio superior al de factura y, por lo tanto, en principio, mayor que el que atribuiría la Contabilidad General si no existiese Contabilidad de Costes.

En **nuestro ejemplo procedería hacer** el siguiente asiento:

Inventario permanente de madera	311.256.000	
Inventario permanente de materias auxiliares	28.820.000	
Inventario permanente de repuestos	4.624.000	
a Coste de compras de madera		311.256.000
a Coste de compra de materias auxiliares		28.820.000
a Coste de compras de repuestos		4.624.000

Puede comprobarse por el alumno que las cuentas de compras, que ahora resultan abonadas, quedan saldadas.

4.3.6. Determinación del coste de producción

El coste de producción es una magnitud clave en el proceso contable de los costes. **En él van a influir**:

a) Los costes indirectos de las secciones de producción.

b) Los costes directos que representan las materias primas consumidas.

c) El valor de los productos que había en curso de fabricación y el valor de los productos semiterminados, los cuales, en la solución más simple, pueden incorporarse directamente en el coste de producción.

Seguiremos la determinación del coste de producción por partes.

La imputación de los costes indirectos

Los costes indirectos de las secciones de producción **se imputan a los costes de producción** de

Cuadro 4.8. Cuentas de costes de producción

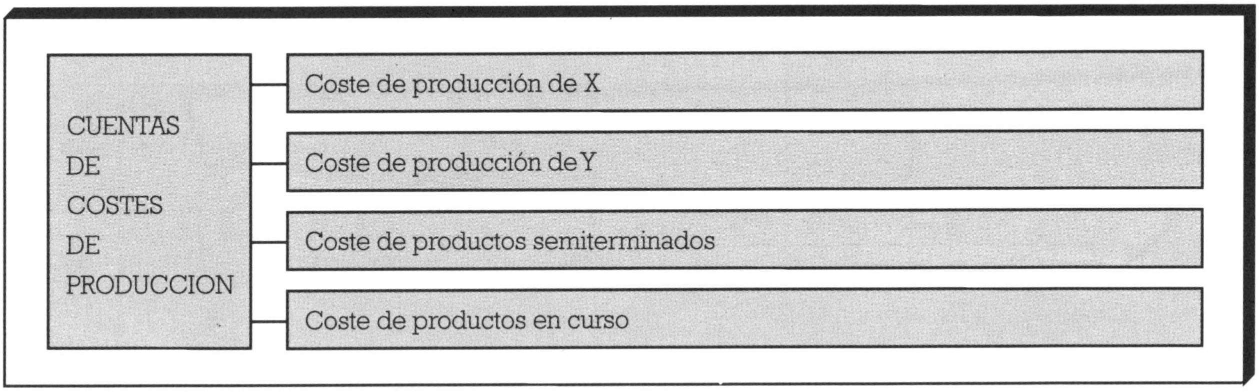

cada producto **conforme a unos criterios adecuados**. Ahora solamente nos interesa diseñar la trayectoria del movimiento interno de valores. Vamos a suponer que tanto el producto X como el producto Y surgen al final de la sección de producción II.

Las cuentas que habilitamos para recoger los costes de producción **aparecen en el Cuadro 4.8.**

En el caso práctico propuesto tendríamos que aplicar los criterios expuestos en el enunciado para preparar la información. **En el Cuadro 4.9 siguiente imputamos el saldo de las cuentas de costes indirectos** de las secciones de producción según dichos criterios, es decir, de acuerdo con los porcentajes que se indican para cada tipo de producción obtenido.

Cuadro 4.9. Cuadro de imputación

Destino / Origen	PRODUCCION EN CURSO	PRODUCTOS SEMITERMINADOS	MESAS MODELO X	MESAS MODELO Y	TOTAL
Costes indirectos de la sección de Producción I	2,72 %	27,20 %	40,32 %	29,76 %	100 %
	1.798.000	17.980.000	26.651.000	19.671.000	66.100.000
Costes indirectos de la sección de Producción II	8 %	—	43 %	49 %	100 %
	7.192.000	—	38.657.000	44.051.000	89.900.000
Total	8.990.000	17.980.000	65.308.000	63.722.000	156.000.000

El asiento a realizar sería:

Coste de producción de X	65.308.000	
Coste de producción de Y	63.722.000	
Coste de productos semiterminados	17.980.000	
Coste de productos en curso	8.990.000	
a Costes indirectos de la sección de Producción I		66.100.000
a Costes indirectos de la sección de Producción II		89.900.000

La afectación de los costes directos

Pasando ahora por alto la problemática que acompaña a la valoración de los costes directos, nos limitamos a esbozar la anotación que procede, pues es lo que interesa en el contexto de este tema.

Trasladándonos al ejemplo que venimos siguiendo, el asiento correspondiente es, según datos del enunciado:

Coste de producción de X ...... 55 % s/300.000.000	165.000.000	
Coste de producción de Y ...... 40 % s/300.000.000	120.000.000	
Coste de productos semiterminados . 3 % s/300.000.000	9.000.000	
Coste de productos en curso ..... 2 % s/300.000.000	6.000.000	
a I.P. de madera		300.000.000

El saldo de Inventario permanente de madera dará precisamente las existencias finales.

Reincorporación de productos en curso y semiterminados

La reincorporación al proceso de los trabajos y de los productos semiterminados también encierra interesantes problemas en los que ahora no vamos a entrar. Unos y otros son valores que estaban inmersos en el proceso productivo al comienzo del ejercicio que se contempla, y por ello deben reincorporarse de nuevo a dicho proceso.

Para preparar esta información hemos elaborado el siguiente cuadro que se ajusta a los datos del enunciado.

VALORES REINCORPORADOS (EXISTENCIAS INICIALES)	COSTE PRODUCCION MODELO X	COSTE PRODUCCION MODELO Y	TOTAL
Productos en curso ...	60 % 1.800.000	40 % 1.200.000	100 % 3.000.000
Productos semiterminados ...	58 % 2.900.000	42 % 2.100.000	100 % 5.000.000
TOTAL	4.700.000	3.300.000	8.000.000

El asiento a realizar sería:

Coste de producción de X	4.700.000	
Coste de producción de Y	3.300.000	
a I.P. de productos semiterminados		5.000.000
a I.P. de productos en curso		3.000.000

4.3.7. Entrada en almacén de las distintas clases de productos

Al final del período correspondiente, los medios productivos que se han incorporado al proceso se encontrarán **en alguna de estas situaciones**:

— Productos en curso en alguna sección.
— Productos que han sido trabajados ya en una o varias secciones, pero que están a la espera de ser tratados en alguna sección más, antes de ser terminados.
— Productos terminados.

Vamos a dar entrada en los respectivos almacenes a la producción del período mediante dos anotaciones.

■ Entrada en «stock» de los productos terminados

Como se recordará, las cuentas de Inventario permanente del producto terminado X y de Inventario permanente del producto terminado Y, que son las que controlan los almacenes de productos terminados, ya contienen el valor de las existencias iniciales de productos terminados.

Ahora vamos a dar entrada en ellas, de una sola vez, aunque en la realidad se hace a medida que la producción se va acabando, a los productos terminados en este ejercicio.

Para ello basta hacer esta anotación:

Inventario permanente de mesas modelo X	235.008.000	
Inventario permanente de mesas modelo Y	187.022.000	
a Coste de producción de X .		235.008.000
a Coste de producción de Y .		187.022.000

Tanto la cuenta de coste de producción de X, como la de coste de producción de Y, quedan saldadas, como comprobará el alumno en su esquema de Mayor.

■ Entrada en «stock» de los productos en curso y de los productos semiterminados

Consiste en pasar el valor que tienen estos conceptos a las cuentas de inventario correspondiente. Sobre todo en lo que concierne a los productos en curso, esta entrada en «stocks» es más una ficción contable que un hecho real, ya que los productos que se están transformando en una sección no se pasan a ningún almacén ni en la fecha del cierre, sino que continúan en su sitio.

En el ejemplo propuesto sería:

I.P. de productos semiterminados . .	26.980.000	
I.P. de productos en curso	14.990.000	
a Coste de productos semiterminados		26.980.000
a Coste de productos en curso		14.990.000

4.3.8. Determinación del coste final

Ya sabemos que el coste final se calcula para los productos vendidos. Cuando los productos salen al mercado, para determinar su coste final hay que añadir los costes de la sección de distribución al coste por el que se da salida a dichos productos del almacén. Las cuentas que recogen este coste final son las que aparecen en el **Cuadro 4.10.**

En el ejemplo que hemos propuesto, dado que según el enunciado:

— Los costes indirectos de la sección de distribución se asignan por igual entre los dos modelos de mesas fabricadas, y

— Los productos terminados vendidos tenían un coste de producción que se da en el propio enunciado,

procede entonces realizar este asiento:

Coste final del modelo X . . . . $229.008.000 + \frac{1}{2} \times 54.700.000$	256.358.000	
Coste final del modelo Y . . . . $201.022.000 + \frac{1}{2} \times 54.700.000$	228.372.000	
a I.P. de mesas modelo X . . .		229.008.000
a I.P. de mesas modelo Y . . .		201.022.000
a Costes indirectos de la sección de Distribución . . .		54.700.000

Comprobaremos que el saldo de las cuentas de Inventario permanente citadas coinciden con el valor de las existencias finales y que la cuenta de costes indirectos de la sección de distribución queda saldada.

Cuadro 4.10. Cuentas de costes finales

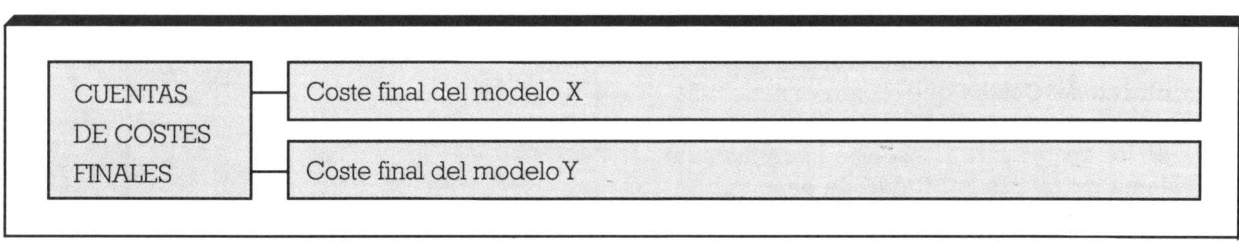

4.3.9. Determinación de los resultados analíticos

En el ámbito de la Contabilidad Analítica no se determina un solo resultado, sino varios. Entre ellos es interesante el cálculo de los resultados por productos, y después el resultado de la explotación en conjunto.

Las cuentas que recogen estos resultados son las que vemos en el **Cuadro 4.11.**

Los asientos que nos llevarían, si bien vamos a emplear directamente la cuenta de Pérdidas y ganancias a estos resultados son los siguientes:

■ **Cálculo del resultado analítico de X**

Venta de mesas modelo X	306.358.000	
a Coste final del modelo X . .		256.358.000
a Resultado analítico modelo X		50.000.000

Cuadro 4.11. Cuentas de resultados

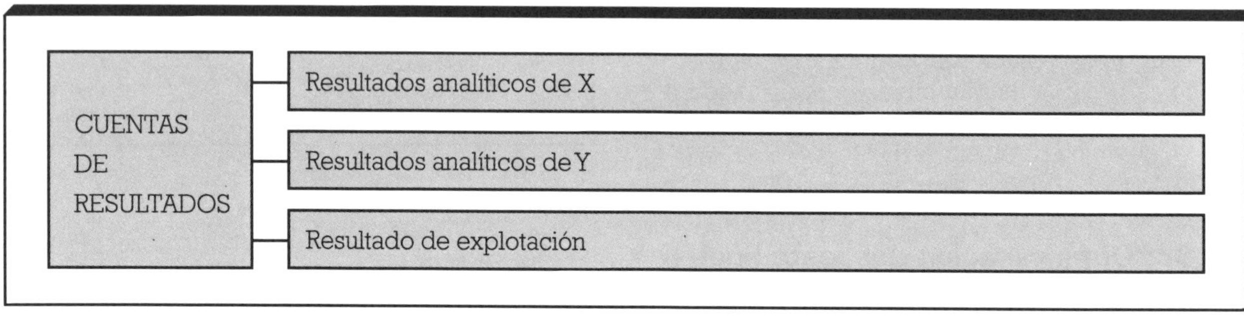

■ **Cálculo del resultado analítico de Y**

Resultado analítico modelo Y	26.000.000	
Ventas de mesas modelo Y	202.372.000	
a Coste final modelo Y		228.372.000

■ **Cálculo del resultado de la explotación**

Resultado analítico del modelo X	50.000.000	
a Resultado analítico del modelo Y		26.000.000
a Pérdidas y ganancias . . .		24.000.000

4.3.10. Recomposición de las cuentas de existencia

Las cuentas de existencia deben recoger, al final del período, el valor que tienen entonces los «stocks» de los elementos físicamente inventariables. Y ese valor será el saldo de las cuentas de inventario permanente.

De esta manera la Contabilidad General recoge los valores de las **existencias calculadas por la Contabilidad de Costes** que, como dijimos, añaden al precio de producción la parte correspondiente de los costes indirectos. Esto nos sitúa ante el **problema de la admisibilidad de esas valoraciones por la Contabilidad General**. Hay que considerar que la valoración hecha por la Contabilidad de Costes es superior en este caso a la que se haría si ésta no existiese.

La anotación que procede realizar para efectuar el trasvase de dichos valores de las cuentas de Inventario permanente a las cuentas de existencias será en nuestro ejemplo,

350 Existencias de mesas modelo X	28.000.000	
351 Existencias de mesas modelo Y	4.000.000	
34 Existencias de productos semiterminados	26.980.000	
33 Existencias de productos en curso	14.990.000	
310 Existencias de madera	96.256.000	
325 Existencias de materias auxiliares	4.820.000	
322 Existencias de repuestos	12.224.000	
a Inventario permanente de mesas modelo X		28.000.000
a I.P. de mesas modelo Y		4.000.000
a I.P. de productos semiterminados		26.980.000
a I.P. de productos en curso		14.990.000
a I.P. de madera		96.256.000
a I.P. de materias auxiliares		4.820.000
a I.P. de repuestos		12.224.000

4.4. EL BALANCE DE SITUACION

Como se puede apreciar, el Balance de situación final sería exactamente el mismo que el obtenido en el tema anterior siguiendo el proceso contable de Contabilidad General.

N.° CUENTA	CUENTA	DEBE	HABER
100	Capital social		400.000.000
117	Reservas voluntarias		40.000.000
112	Reserva legal		80.000.000
220	Terrenos y bienes naturales	40.000.000	
221	Construcciones	50.000.000	
223	Maquinaria	300.000.000	
226	Mobiliario	50.000.000	
2821	Amortización acumulada de edificios y otras construcciones		10.000.000
2823	Amortización acumulada de maquinaria, instalaciones y utillaje		55.500.000
2826	Amortización acumulada de mobiliario y enseres		22.500.000
350	Existencias de mesas modelo X	28.000.000	
351	Existencias de mesas modelo Y	4.000.000	
34	Existencias de productos semiterminados	26.980.000	
33	Existencias de productos en curso	14.990.000	
310	Existencias de madera	96.256.000	
322	Existencias de repuestos	12.224.000	
325	Existencias de materias auxiliares	4.820.000	
400	Proveedores		61.000.000
430	Clientes	51.000.000	
480	Gastos anticipados	3.100.000	
485	Ingresos anticipados		8.270.000
570	Caja (ptas.)	900.000	
572	Bancos e instituciones de crédito c/c	19.000.000	
129	Pérdidas y ganancias		24.000.000
	TOTALES	661.270.000	661.270.000

4.5. LA VISION DE CONJUNTO DEL MOVIMIENTO INTERNO DE VALORES

El **movimiento interno** de valores promovido por el proceso productivo está **íntimamente relacionado en todas y cada una de sus partes**.

Dicha premisa **nos ha llevado a tratar el movimiento interno de valores en su conjunto**, desde que los valores entran hasta que los valores salen y mostrando sus relaciones.

Este modo de adentrarnos en la Contabilidad de Costes **tiene su precio**. Indudablemente, el alumno debe hacer un esfuerzo grande para llegar a dominar este planteamiento; nosotros, por nuestra parte, hemos procurado aliviarle su tarea aclarando, ilustrando prácticamente nuestra exposición y haciendo un guión al margen de la página para esquematizarle el contenido de los temas.

En los Cuadros 4.12 y 4.13 se presentan los conjuntos de cuentas que intervienen.

Cuadro 4.12

64 Gasto de personal

(78.000.000)	78.000.000 (2)

66 Gastos financieros

(15.000.000)	15.000.000 (2)

63 Tributos

(13.000.000)	13.000.000 (2)

62 Servicios exteriores

(28.000.000)	28.000.000 (2)

624 Transportes y compras

(26.000.000)	26.000.000 (2)

65 Otros gastos de gestión

(10.000.000)	10.000.000 (2)

68 Dotaciones para amortización

(50.000.000)	50.000.000 (2)

601 Compras de madera

(270.000.000)	270.000.000 (4.1)

625 Compras de materias auxiliares

(25.000.000)	25.000.000 (4.1)

622 Compras de repuestos

(4.000.000)	4.000.000 (4.1)

310 Existencias de mesas modelo X

(22.000.000)	22.000.000 (1)
(10) 28.000.000	

311 Existencias de mesas modelo Y

(18.000.000)	18.000.000 (1)
(10) 4.000.000	

320 Existencias de productos semiterminados

(5.000.000)	5.000.000 (1)
(10) 26.980.000	

340 Existencias de productos en curso

(3.000.000)	3.000.000 (1)
(10) 14.990.000	

350 Existencias de madera

(85.000.000)	85.000.000 (1)
(10) 96.256.000	

355 Existencias de materias auxiliares

(6.000.000)	6.000.000 (1)
(10) 4.820.000	

37 Existencia de repuestos

14.000.000	14.000.000 (1)
(10) 12.224.000	

C.I. Sección de Conservación

(2) 11.000.000	11.000.000 (3)

C.I. Sección de Distribución

(2) 36.000.000	54.700.000 (8)
(3) 18.700.000	

C.I. Sección de Producción I

(2) 53.200.000	66.100.000 (6.1)
(3) 12.900.000	

C.I. Sección de Producción II

(2) 77.000.000	89.900.000 (6.1)
(3) 12.900.000	

C.I. Sección de Administración

(2) 25.900.000	27.000.000 (3)
(3) 1.100.000	

C.I. Sección de Financiación

(2) 18.300.000	21.000.000 (3)
(3) 2.700.000	

C.I. Sección de Compras

(2) 35.000.000	45.700.000 (4.2)
(3) 10.700.000	

Coste de producción de X

(61) 65.308.000	235.008.000 (7.1)
(62) 165.000.000	
(63) 4.700.000	

Coste de producción de Y

(61) 63.722.000	187.022.000 (7.1)
(62) 120.000.000	
(63) 3.300.000	

Coste de productos semiterminados

(61) 17.980.000	26.980.000 (7.2)
(62) 9.000.000	

Coste de productos en curso

(61) 8.990.000	14.990.000 (7.2)
(62) 6.000.000	

Coste de compras de madera

(4.1) 270.000.000	311.256.000 (5)
(4.2) 41.256.000	

Coste de compras de materias primas auxiliares

(4.1) 25.000.000	28.820.000 (5)
(4.2) 3.820.000	

Coste de compras de repuestos

(4.1) 4.000.000	4.624.000 (5)
(4.2) 624.000	

I.P. de madera

(1) 85.000.000	300.000.000 (62)
(5) 311.256.000	96.256.000 (10)

I.P. de productos semiterminados

(1) 5.000.000	5.000.000 (6.3)
(7.2) 26.980.000	26.980.000 (10)

I.P. de materias auxiliares

(1) 6.000.000	30.000.000 (2)
(5) 28.820.000	4.820.000 (10)

I.P. de productos en curso

(1) 3.000.000	3.000.000 (6.3)
(7.2) 14.990.000	14.990.000 (10)

I.P. de repuestos

(1) 14.000.000	6.400.000 (2)
(5) 4.624.000	12.224.000 (10)

Cuadro 4.12 *(continuación)*

Coste final del modelo X

(8) 229.008.000	256.358.000 (9.1)
(8) 27.350.000	

Coste final del modelo Y

(8) 201.022.000	228.372.000 (9.2)
(8) 27.350.000	

Resultado analítico modelo X

(9.3) 50.000.000	50.000.000 (9.1)

Resultado analítico modelo Y

(9.2) 26.000.000	26.000.000 (9.3)

Resultados de explotación

	24.000.000 (9.3)

7000 Ventas de mesas modelo X

(9.1) 306.358.000	(306.358.000)

7001 Ventas de mesas modelo Y

(9.2) 202.372.000	(202.372.000)

I.P. mesas modelo X

(1) 22.000.000	229.008.000 (8)
(7.1) 235.008.000	28.000.000 (10)

I.P. mesas modelo Y

(1) 18.000.000	201.022.000 (8)
(7.1) 187.122.000	4.000.000 (10)

Cuadro 4.13

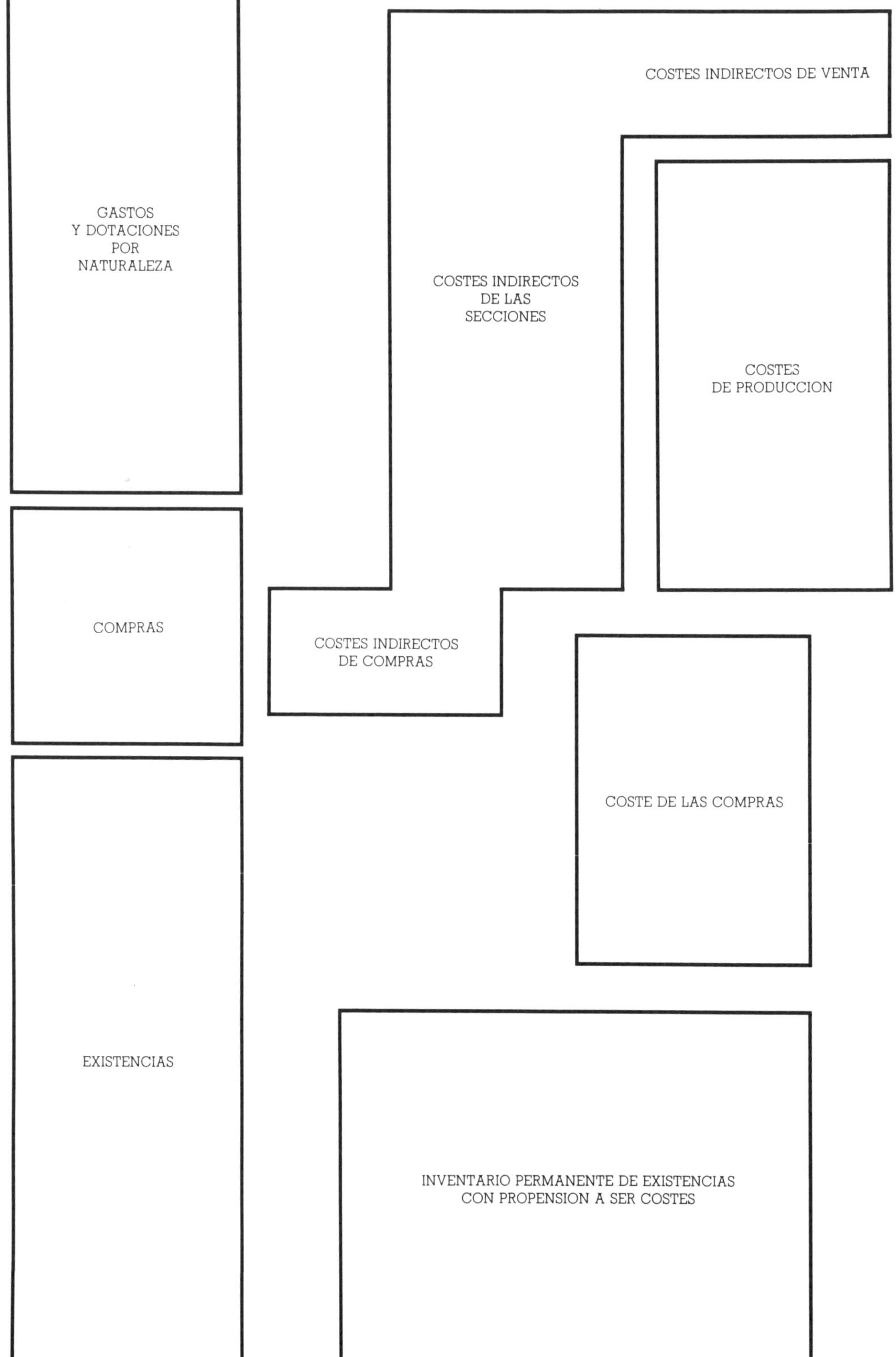

GASTOS Y DOTACIONES POR NATURALEZA
COMPRAS
EXISTENCIAS
COSTES INDIRECTOS DE VENTA
COSTES INDIRECTOS DE LAS SECCIONES
COSTES INDIRECTOS DE COMPRAS
COSTES DE PRODUCCION
COSTE DE LAS COMPRAS
INVENTARIO PERMANENTE DE EXISTENCIAS CON PROPENSION A SER COSTES

Cuadro 4.13 *(continuación)*

COSTE FINAL

RESULTADOS ANALITICOS

INGRESOS DE LA EXPLOTACION

INVENTARIO PERMANENTE DE EXISTENCIAS CON PROPENSION AL MERCADO

CUESTIONES

1. *En un sistema monista el proceso contable de los costes:*
   a) No es tenido en cuenta por la Contabilidad.
   b) Se inserta en la Contabilidad General.
   c) Se inserta en la Contabilidad de Gestión.

2. *En el proceso contable seguido por el sistema monista:*
   a) Se sustituye la fase de Regularización por fases propias de la Contabilidad de Costes.
   b) Se sustituye la contabilización en diarios por anotaciones en cuadros.
   c) Se determinan los recursos propios mediante cuentas específicas de la Contabilidad de Costes.

3. *Las cuentas que definen la situación de partida en Contabilidad de Costes según el método monista son:*
   a) Cuentas de compras y de existencias.
   b) Cuentas de gastos y dotaciones por naturaleza.
   c) Cuentas de ventas e ingresos por naturaleza.

4. *Las fases del proceso de Contabilidad de Costes por el método monista se inicia con:*
   a) La determinación del coste de producción.
   b) La apertura de las cuentas de inventario contable.
   c) La entrada de las compras en almacén.

5. *Las fases del proceso de Contabilidad de Costes por el método monista terminan con:*
   a) Determinación de los resultados analíticos.
   b) Determinación del coste final.
   c) Recomposición de las cuentas de existencias.

6. *Las cuentas de inventarios permanentes:*
   a) Sólo se abren para las existencias de primeras materias.
   b) Sólo se abren para los productos terminados.
   c) Se abren para toda clase de existencias.

7. *Las Secciones o Centros de Actividad sirven para:*
   a) Recoger los costes indirectos.
   b) Formar el coste de los productos.
   c) Calcular los resultados analíticos.

8. *El cuadro de reparto u hoja de distribución sirve para:*
   a) Distribuir los costes indirectos entre las secciones.
   b) Distribuir los costes indirectos entre los productos.
   c) Distribuir los costes directos entre las secciones.

9. *Las secciones que prestan sus servicios a otras secciones:*
   a) Reciben ingresos de las otras secciones.
   b) Ceden sus costes a los productos.
   c) Ceden sus costes a esas secciones.

10. *El llamado Coste de Compras, está formado por:*
    a) El precio de factura de las compras.
    b) El precio de factura más los costes de producción.
    c) El precio de factura más los costes indirectos del centro de compras.

11. *Los costes de la sección de Compras se repercuten:*
    a) Sólo sobre las primeras materias compradas.
    b) Sólo sobre la primera materia consumida.
    c) Sobre todos los elementos comprados que lo hayan originado.

12. *Los elementos comprados entran en almacenes:*
    a) Al precio de factura.
    b) Al coste de compras.
    c) Al coste de reposición.

13. *En la formación del coste de producción influyen:*
    a) Los costes indirectos de las secciones de producción.
    b) Los costes directos.
    c) Los costes de los productos que había en curso y semiterminados.

14. *Los costes indirectos se imputan a los productos:*
    a) Siguiendo una fórmula matemática estandarizada.
    b) De una manera arbitraria.
    c) Siguiendo unos criterios de reparto adecuados.

15. *La afectación de los costes directos a los productos:*
    a) Es sumamente compleja.
    b) Requiere la aplicación de criterios adecuados.
    c) Se realiza de una manera inmediata.

16. *A la entrada de los productos terminados en almacén:*
    a) Llevan ya incorporados todos los costes.
    b) Llevan incorporados sólo los costes de las secciones de producción.
    c) Llevan incorporados todos los costes excepto los de distribución o comercialización.

17. *El coste final está formado por:*
    a) El coste de producción más el coste de distribución.

b) El coste de producción de los productos vendidos más el coste de distribución.
c) El coste de producción.

18. *En el ámbito de la Contabilidad de Costes:*
a) Se determina un resultado por cada producto.
b) Se determina un resultado general para todos los productos.
c) Se determinan tres tipos distintos de resultados.

19. *Las cuentas de existencias, al final del período deben recoger:*
a) El valor que tienen los «stocks» de todos los elementos inventariables.
b) El valor que tienen los «stocks» de primeras materias.
c) No deben recoger ninguna valoración efectuada por la Contabilidad de Costes.

20. *El movimiento interno de valores originado por el proceso productivo:*
a) Está íntimamente relacionado en todas sus partes.
b) Hay que tratarlo independientemente fase a fase.
c) Sólo está relacionado al comienzo de dicho proceso.

5 El método dualista y el modelo contable básico

5.1. METODO DUALISTA DE RELACION ENTRE LA CONTABILIDAD GENERAL Y LA CONTABILIDAD DE COSTES

El riesgo de la implantación de la Contabilidad de Costes siguiendo el método monista

Hemos expuesto el método monista y hemos podido comprobar que implica la incrustación del proceso de Contabilidad de Costes dentro del proceso de Contabilidad General, sustituyendo una parte de los asientos de regularización.

Es preciso resaltar que **la implantación de un** sistema de Contabilidad de Costes **siguiendo el método monista es peligrosa**. Es fácil comprender que existe el riesgo de no poder presentar las cuentas anuales de Balance y Pérdidas y ganancias si aparecen dificultades insalvables en la puesta en práctica del sistema de Contabilidad de Costes.

Se comprenderá en seguida que al **sustituir un procedimiento más sencillo** de llegar a la determinación del resultado, como es el procedimiento propuesto por el Plan General de Contabilidad, **por otro más difícil**, aunque sólo lo sea en la medida del procedimiento propuesto en el tema anterior, es una solución muy comprometida. Pensemos en una empresa cualquiera, en la que todo el personal de contabilidad estuviera familiarizado con el Plan General de Contabilidad, y supongamos que, llevados por un afán perfeccionista a ultranza, les imponemos un procedimiento de Contabilidad de Costes complicado para sustituir a aquél en parte, aunque sea bueno, y que no lo asimilan. ¿Qué ocurrirá? Es fácil ponerse de acuerdo en que se habrá pasado a una situación peor.

En esta tesitura, ¿qué hacer? ¿No hay manera de paliar o de evitar el riesgo? La contestación es afirmativa, afortunadamente. Es más, la doctrina y práctica contables han encontrado, como ya hemos visto, varias soluciones. Todas ellas consisten en llevar separadamente la Contabilidad de Costes, es decir, no desarrollar en los libros de la Contabilidad General las anotaciones que se refieren al movimiento interno de valores. A este tipo de soluciones se le denomina dualismo.

Características del método dualista

El método dualista se caracteriza porque lleva, por un lado, la Contabilidad General, y, por otro, aparte, en otros libros y posiblemente en otro lugar y muy probablemente por personas diferentes, lleva la Contabilidad de Costes.

Respecto del método dualista **es conveniente recalcar tres ideas**, aunque ahora no profundicemos en ellas:

— Existen varias formas de separar la Contabilidad General de la Contabilidad de Costes.

— Las distintas formas que reviste el método suelen separar las dos contabilidades, pero ello no implica que no exista posibilidad de contrastar la marcha de una contabilidad con la otra, en determinadas fases del proceso contable.

— Al poderse llevar la Contabilidad de Costes de una manera autónoma cabe aplicar, en cada una de ellas, una interpretación distinta de la fenomenología que recogen.

Cuadro 5.1. Modelo dualista con cuentas reflejas

METODO DE REGULARIZACION EN CONTABILIDAD GENERAL

CUENTAS DE GASTOS Y DOTACIONES POR NATURALEZA	62 63 64 65 66 67 68 69	PROCESO DE REGULARIZACION EN CONTABILIDAD GENERAL	VENTAS E INGRESOS POR NATURALEZA — 7000, 7001
CUENTAS DE COMPRAS	601 602 608 609		
CUENTAS DE VARIACION DE EXISTENCIAS	31 32 33 34 35 36		

METODO DUALISTA (desarrollado a la vez y aparte) EN CONTABILIDAD DE COSTES

CUENTAS DE GASTOS Y DOTACIONES REFLEJAS	CUENTAS DE GASTOS Y DOTACIONES POR NATURALEZA DE CONTABILIDAD ANALITICA (C.A.)	X X X X X X X	PROCESO CONTABLE DEL MOVIMIENTO INTERNO DE VALORES EN CONTABILIDAD DE COSTES	CUENTAS DE INGRESOS POR NATURALEZA DE C.A. — X X — CUENTAS DE PRODUCTOS DE EXPLOTACION REFLEJOS
CUENTAS DE COMPRAS REFLEJAS	CUENTAS DE COMPRAS DE C.A.	X X X		
CUENTAS DE STOCK INICIAL REFLEJO	CUENTAS DE EXISTENCIAS DE C.A.	X X X X		

Cuadro 5.2. Situación de partida de la Contabilidad de Costes

Gastos y dotaciones reflejos	
	220.000.000

Gastos de personal de C.A.	
78.000.000	

Gastos financieros de C.A.	
15.000.000	

Tributos de C.A.	
13.000.000	

Servicios exteriores	
28.000.000	

Transportes de C.A.	
26.000.000	

Otros gastos de gestión de C.A.	
10.000.000	

Dotaciones para amortización de C.A.	
50.000.000	

Compras reflejas	
	299.000.000

Compras de madera de C.A.	
270.000.000	

Compras de materiales de C.A.	
25.000.000	

Compras de repuestos	
4.000.000	

«Stock» inicial reflejo	
	153.000.000

Existencias de mesas modelo X de C.A.	
22.000.000	

Existencias de mesas modelo Y de C.A.	
18.000.000	

Existencias de productos semiterminados de C.A.	
5.000.000	

Existencias de productos en curso de C.A.	
3.000.000	

Existencias de madera de C.A.	
85.000.000	

Existencias de materiales de C.A.	
6.000.000	

Existencias de repuestos de C.A.	
14.000.000	

ESQUEMA
SEMEJANTE
AL
DESARROLLADO
EN EL
CUADRO 4.2

Ventas de mesas modelo X de C.A.	
	306.358.000

Ventas de mesas modelo Y de C.A.	
	202.372.000

Productos de explotación reflejos	
508.730.000	

5.2. EL METODO DUALISTA DE LAS CUENTAS REFLEJAS

Como por razones pedagógicas tenemos que escoger un procedimiento dualista, hemos optado por movernos bajo las influencias del consagrado por la **doctrina y la práctica eurocontinental** aun cuando no lo vamos a seguir estrechamente.

Las cuentas reflejas, en que se apoya este dualismo, tienen por objeto conseguir la autonomía de la Contabilidad de Costes, asegurando a su vez la posibilidad de contraste entre la Contabilidad General y la Contabilidad de Costes.

5.2.1. Referencia a la situación de partida del método monista

Para formarnos una idea de la función contable de las cuentas reflejas **debemos trasladarnos previamente a la situación de partida** del proceso del movimiento interno de valores que describíamos en los temas anteriores.

Recordemos que **las cuentas que definían esta situación de partida** eran:

a) Cuentas de existencias (grupo 3).

b) Cuentas de gastos y dotaciones por naturaleza (parte del grupo 6).

c) Cuentas de compras (subgrupo 60).

d) Cuentas de ventas e ingresos por naturaleza (grupo 7).

Es más, recordemos que, en el esquema de Mayor del ejercicio desarrollado para apoyar el tema anterior (cuadro), **estas cuentas tenían dos características** que faltan en las demás:

1.ª Todas estas cuentas iban precedidas del número previsto en la Contabilidad General, número que no se podrá asignar a otras cuentas que aparecían en el proceso; v. gr., cuenta de «costes indirectos de la sección de producción I».

2.ª Todas y cada una de ellas incluían una anotación entre paréntesis y subrayada , (_____) , que estaba contenida en el balance de saldos.

Podríamos decir, en consecuencia, que las cuentas que definen la situación de partida son la frontera entre la Contabilidad General y la Contabilidad de Costes. Esta frontera ha de quedar muy clara.

5.2.2. La función de las cuentas reflejas

Ya hemos subrayado el **peligro que implica esta sustitución** que acompaña al método monista y cómo el método dualista conjuga el peligro, porque con él:

— La Contabilidad General se lleva del principio al fin como si no existiera la Contabilidad de Costes.

— La Contabilidad de Costes se lleva aparte, en otros libros.

En los libros de Contabilidad de Costes, la entrada de los elementos que definían la situación de partida se va a producir gracias al empleo de las cuentas reflejas. **El método dualista**, apoyado en cuentas reflejas, **se encuentra esbozado en el Cuadro 5.1** (pág. 81).

En él subrayaremos con relación a su parte inferior:

1.° Que aparecen unas cuentas nuevas que son las cuentas reflejas. En principio nos basta con una, para actuar de contrapartida con cada una de las series que hemos utilizado para definir la situación de partida; obsérvese que utilizamos el singular.

Son:

a) Cuenta de «stock» inicial reflejo.

b) Cuenta de gastos y dotaciones reflejas.

c) Cuenta de compras reflejas.

d) Cuenta de productos de explotación reflejos.

2.° Que como contrapartida de éstas, según expondremos seguidamente, aparece una réplica de todas y cada una de las cuentas que definían la situación de partida. Como son una réplica exacta, las distinguiremos añadiendo la especificación de pertenecer a la Contabilidad de Costes.

Así **los asientos que permitirían la entrada en la Contabilidad de Costes serían**:

Si partimos de los datos contenidos en el caso

práctico enunciado en el Capítulo 3 **estos asientos serían**:

a) **Recepción de las cuentas de existencias con abono a** «stock inicial reflejo», como asiento de apertura.

Existencias de mesas modelo X de C.A.	22.000.000	
Existencias de mesas modelo Y de C.A.	18.000.000	
Existencias de productos semiterminados de C.A.	5.000.000	
Existencias de productos en curso de C.A.	3.000.000	
Existencias de madera de C.A.	85.000.000	
Existencias de materiales de C.A.	6.000.000	
Existencias de repuestos de C.A.	14.000.000	
a «Stock» inicial reflejo		153.000.000

b) **Recepción de los gastos y dotaciones por naturaleza** con abono a «gastos y dotaciones reflejos».

Gastos de personal de C.A.	78.000.000	
Gastos financieros de C.A.	15.000.000	
Tributos de C.A.	13.000.000	
Servicios externos de C.A.	28.000.000	
Transportes de C.A.	26.000.000	
Gastos diversos de gestión de C.A.	10.000.000	
Dotaciones para amortización de C.A.	50.000.000	
a Gastos y dotaciones reflejas		220.000.000

c) **Entrada de las compras con abono a «compras reflejas»**.

Compras de madera de C.A.	270.000.000	
Compras de materiales de C.A.	25.000.000	
Compras de repuestos de C.A.	4.000.000	
a Compras reflejas		299.000.000

d) **Entrada de los ingresos de la explotación con cargo a** «**productos** de explotación reflejos».

Productos de explotación reflejos	508.730.000	
a Ventas de mesas modelo X de C.A.		306.358.000
a Ventas de mesas modelo Y de C.A.		202.372.000

Este es el resumen de las anotaciones que se harían en los libros de Contabilidad de Costes. **Fijémonos en que el Mayor** de la empresa se encuentra, después de realizados estos asientos, en la situación que refleja el **Cuadro 5.2.**

En este cuadro, las cuentas reflejas aparecen en la parte izquierda y parte derecha. Hemos planteado en el supuesto que se dan entrada de una vez todas las operaciones del ejercicio; sin embargo, éstas se irán reflejando a medida que se vayan realizando.

5.3. REFERENCIA A LA SITUACION DE PARTIDA POR EL METODO DUALISTA

El caso práctico enunciado en el Capítulo 3 también nos va a servir de apoyo en éste. Así podremos observar más fácilmente la diferencia entre el método monista y el dualista.

5.3.1. Comportamiento de la Contabilidad General

En el proceso contable del movimiento interno de valores por el método dualista tienen que aparecer separadas la Contabilidad General y la Contabilidad de Costes. Por esto, comenzaremos haciendo referencia a la Contabilidad General.

La Contabilidad General se comporta, en el método dualista, como si no existiera Contabilidad de Costes, es decir, va a regularizar las cuentas de la forma conocida, recordada en el Capítulo 3; no vamos a repetirla.

5.3.2. La situación de partida por el método dualista

Hasta ahora hemos visto que, tanto en Contabilidad General como en el proceso contable analítico por el método monista, **las cuentas que definen la situación de partida** para el cálculo de Resultados son las contenidas en los grupos 3, 6 y 7. Precisamente, como hemos visto, la función de las cuentas reflejas consiste en «reflejar» o dar entrada **en el Diario de Contabilidad de Costes**:

— las cuentas de existencias
— las cuentas de compras
— las cuentas de gastos y dotaciones
— las cuentas de ventas

Una vez entradas en Contabilidad de Costes las magnitudes recogidas en esas cuentas, se tratan a través de una serie **de fases** que van a permitir a la Dirección el análisis y control del movimiento interno de valores.

Hay que advertir que, en el Diario de Contabilidad de Costes por el método dualista, sólo se reciben las cuentas que definen la situación de partida.

5.4. LAS FASES A DISTINGUIR EN EL PROCESO DEL MOVIMIENTO INTERNO DE VALORES POR EL METODO DUALISTA

De la misma manera que en el Capítulo 4 desarrollamos el proceso elemental del movimiento interno de valores por el método monista, **ahora** vamos a centrarnos en el movimiento interno de valores por el **método dualista que emplea cuentas reflejas**. Como entonces, intentaremos tipificar una serie de fases en las que descansa el proceso.

Ya hemos insistido en que este proceso se llevaría aparte del proceso contable de la Contabilidad General. Se **puede reducir a una serie de fases**, algunas de las cuales necesariamente han de ser distintas de las que componían el proceso contable del movimiento interno de valores por el método monista. Y serán distintas solamente por la misma naturaleza del método, es decir, porque el método dualista ha de incluir en su proceso los asientos que dan entrada a los elementos del coste y a las ventas.

Estas fases serán las que **aparecen en el Cuadro 5.3.** Vemos que las tres primeras, por ejemplo, son privativas de este método.

5.5. ESTUDIO DE LAS DIFERENTES FASES

Vamos a limitarnos **ahora a un análisis operativo**, ajustando estas fases al caso propuesto en el Capítulo 3, procurando no repetir los cálculos que ya se hicieron en el Capítulo 4.

Conviene ir realizando **las anotaciones en un esquema de Mayor** en un papel, equivalente en tamaño a cuatro folios, para que se observe el desarrollo del procedimiento con visión global.

De esta manera obtendremos un cuadro semejante al 4.12 del capítulo anterior.

Asimismo, le recomendamos que se consulte el proceso del Capítulo 4 para ver las analogías y diferencias.

Cuadro 5.3. El proceso de Contabilidad de Costes por el método dualista

FASES DE LA CONTABILIDAD DE COSTES

- 1.ª Apertura y recepción de las existencias iniciales
- 2.ª Recepción de las cargas y dotaciones por naturaleza
- 3.ª Recepción de las compras
- 4.ª Traslado de las cargas indirectas a los costes indirectos de secciones
- 5.ª Cesión de costes indirectos entre secciones
- 6.ª Determinación del coste de compras
- 7.ª Entrada de las compras en almacén
- 8.ª Determinación del coste de producción
- 9.ª Entrada en almacén de las distintas clases de productos
- 10.ª Determinación del coste final
- 11.ª Recepción de los ingresos y determinación de los resultados analíticos
- 12.ª Cierre de la Contabilidad de Costes

5.5.1. Apertura de la Contabilidad de Costes con la recepción de las existencias iniciales

De acuerdo con los datos del balance de comprobación se hará esta anotación:

Inventario permanente (I.P.) de mesas modelo X	22.000.000	
I.P. de mesas modelo Y	18.000.000	
I.P. de productos semiterminados	5.000.000	
I.P. de productos en curso	3.000.000	
I.P. de madera	85.000.000	
I.P. de materias auxiliares	6.000.000	
I.P. de repuestos	14.000.000	
(Por las cifras que aparecen en el balance inicial.)		
a «Stock» inicial reflejo		153.000.000

Este asiento viene a ser el asiento de apertura de la Contabilidad de Costes en el sentido de que es el primer asiento que se hace en ella.

La cuenta de «stock» inicial reflejo registra así la suma de todos los saldos de las cuentas de existencias en Contabilidad General.

Hay que pensar que, en la realidad, la empresa llevará un control de cada uno de los tipos de productos y de materiales, aunque haya muchos. La informática permite conseguirlo sin dificultad.

5.5.2. Recepción de los gastos y dotaciones por naturaleza y reclasificación de las cargas

En esta fase se pretenden cubrir **dos objetivos**:

Por una parte, recoger en Contabilidad de Costes los distintos gastos y dotaciones provenientes de la Contabilidad General.

Por otra, reclasificar todas estas cargas, es decir, depurar la anterior información, separando las cargas incorporables de las no incorporables al proceso productivo utilizando para ello los criterios propios de Contabilidad de Costes.

En el ejemplo que estamos siguiendo, **todas las cargas se incorporan**, por lo que sólo nos limitaremos a recoger los gastos y dotaciones reflejas procedentes de la Contabilidad General. En ejemplos posteriores tendremos ya ocasión de analizar el segundo aspecto que hemos planteado.

Costes de personal	78.000.000	
Costes financieros	15.000.000	
Costes de tributos	13.000.000	
Costes de servicios exteriores	28.000.000	
Costes de transportes	26.000.000	
Costes diversos de gestión	10.000.000	
Costes de dotaciones para amortización	50.000.000	
a Gastos y dotaciones reflejos		220.000.000

5.5.3. Localización de las cargas indirectas en las secciones

Se trata de recoger contablemente y de una sola vez, toda **la parte superior del cuadro de reparto** que elaboramos en el capítulo anterior y se presentó en el Cuadro 4.5.

Es decir, se llevan en esta fase a las secciones no solamente los gastos y dotaciones recogidos ya por la Contabilidad de Costes en una fase anterior, sino también aquellos elementos inventariables de naturaleza indirecta, tales como materias auxiliares y repuestos.

Las materias auxiliares pasan a formar parte del producto, pero tienen menor importancia que las materias primas. El resto de los materiales son inventariables, pero no se incorporan en los productos.

Este asiento es exactamente igual que el aparecido en el método monista en la fase de localización de cargas indirectas.

C.I. Sección de Compras	35.000.000	
C.I. Sección de Conservación	11.000.000	
C.I. Sección de Producción I	53.200.000	
C.I. Sección de Producción II	77.000.000	
C.I. Sección de Administración	25.900.000	
C.I. Sección de Financiación	18.300.000	
C.I. Sección de Distribución	36.000.000	
a Costes de personal		78.000.000
Costes financieros		15.000.000
Costes de tributos		13.000.000
Costes de servicios exteriores		28.000.000
Costes de transportes		26.000.000
Costes diversos de gestión		10.000.000
Costes de dotaciones para amortización		50.000.000
Inventario permanente de materias auxiliares		30.000.000
Inventario permanente de repuestos		6.400.000
(Según el cuadro de reparto en su parte superior.)		

5.5.4. Cesión de costes indirectos entre secciones

Esta fase registra la parte inferior del Cuadro 4.5. Hemos de advertir que las cuentas de coste indirecto de la sección de Administración y coste indirecto de la sección de Financiación aparecen cargadas y abonadas. No importa, ya que el fenómeno representado queda más claro.

Se suele denominar también **subreparto** y se contabilizaría así:

C.I. Sección de Compras	10.700.000	
C.I. Sección de Producción I	12.900.000	
C.I. Sección de Producción II	12.900.000	
C.I. Sección de Administración	1.100.000	
C.I. Sección de Financiación	2.700.000	
C.I. Sección de Distribución	18.700.000	
a C.I. Sección de Conservación		11.000.000
a C.I. Sección de Administración		27.000.000
a C.I. Sección de Financiación		21.000.000
(Conforme a la información contenida en la parte inferior del cuadro de reparto.)		

5.5.5. Recepción de las compras

Incorporación de los valores que figuran en el precio de factura, que no es otra cosa que la entrada de las compras como figuran en Contabilidad General.

La suma de todos los saldos de las cuentas de compras de Contabilidad General quedan recogidas en el cargo hecho en la cuenta de compras reflejas.

Coste de compras de madera	270.000.000	
Coste de compras de materias auxiliares	25.000.000	
Coste de compras de repuestos	4.000.000	
a Compras reflejas		299.000.000
(Según los datos que figuran en el enunciado.)		

5.5.6. Determinación del coste completo de las compras

La segunda componente del coste de las compras, es la parte correspondiente de los costes indirectos de la sección de Compras.

De acuerdo con las bases de imputación de los costes indirectos, expuestas en el enunciado, procederá hacer:

Coste de compras de madera	41.256.000	
Coste de compras de materias auxiliares	3.820.000	
Coste de compras de repuestos	624.000	
a Costes indirectos de la sección de compras		45.700.000

5.5.7. Entrada de las compras en almacén

Como ya es sabido, procedería hacer:

I.P. de madera	311.256.000	
I.P. de materias auxiliares	28.820.000	
I.P. de repuestos	4.624.000	
a Coste de compras de madera		311.256.000
a Coste de compras de materias auxiliares		28.820.000
a Coste de compras de repuestos		4.624.000

No existe, por tanto, ninguna diferencia en la valoración de las compras de los distintos materiales por el método monista o por el dualista.

Insistimos, porque es muy importante, en que esta valoración de las existencias incluye una parte que es el coste de la actividad desarrollada por la sección de Compras.

5.5.8. Determinación del coste de producción

Todo lo dicho a propósito de esta fase en el método monista debería repetirse aquí. Por ello nos remitimos al desarrollo que hicimos de esta fase en el Capítulo 4. Podríamos decir que, en cierta manera es el **núcleo central** del proceso contable básico.

Los costes indirectos, los directos y la producción que no se acabó en el período anterior van a trasladarse al coste de los productos.

Se puede descomponer, pues, la determinación del coste de producción en **tres etapas**, a las que nos referimos a continuación:

■ **Imputación de los costes indirectos de las secciones de producción**

Coste de producción de X	65.308.000	
Coste de producción de Y	63.722.000	
Coste de productos semiterminados	17.980.000	
Coste de productos en curso	8.990.000	
a C.I. Sección de Producción I		66.100.000
a C.I. Sección de Producción II		89.900.000
(Según el criterio de imputación que se indica al enunciado.)		

■ **Afectación de los costes directos**

Coste de producción de X	165.000.000	
Coste de producción de Y	120.000.000	
Coste de productos semiterminados	9.000.000	
Coste de productos en curso	6.000.000	
a I.P. de madera		300.000.000
(Según los criterios de afectación contenidos en el enunciado.)		

■ **Reincorporación al proceso de los productos semiterminados y de los productos en curso**

Coste de producción de X	4.700.000	
Coste de producción de Y	3.300.000	
a I.P. de productos semiterminados		5.000.000
a I.P. de productos en curso		3.000.000
(Siguiendo la información del enunciado.)		

Esta última anotación pone de relieve que además de los costes indirectos y costes directos que se han incorporado en el período, hay que tener presente los productos semiterminados y en curso, que habrán recibido costes en el período o períodos anteriores.

Podríamos decir que la empresa, en cierto modo, además de los productos terminados, obtiene otros productos, que son los productos en curso y productos semiterminados, que se caracterizan porque, normalmente, no se venden hasta que se acaban, es decir, hasta que se convierten en productos terminados.

5.5.9. Entrada en almacén de los distintos tipos de productos

Se puede descomponer en las dos etapas siguientes:

■ **Entrada en «stock» de los productos terminados**

I.P. de mesas modelo X	235.008.000	
I.P. de mesas modelo Y	187.022.000	
a Coste de producción de X		235.008.000
a Coste de producción de Y		187.022.000
(Por el saldo de las cuentas de coste de producción de X y de Y.)		

■ **Entrada en «stock» de los productos en curso y productos semiterminados**

I.P. de productos semiterminados	26.980.000	
I.P. de productos en curso	14.990.000	
a Coste de productos semiterminados		26.980.000
a Coste de productos en curso		14.990.000
(Por el saldo de las cuentas de coste de producción de productos semiterminados y de productos en curso.)		

5.5.10. Determinación del coste final

Esta fase es igual también que en el método monista.

Coste final del modelo X	256.358.000	
Coste final del modelo Y	228.372.000	
a I.P. de mesas modelo X ...		229.008.000
a I.P. de mesas modelo Y ...		201.022.000
a C.I. Sección de Distribución		54.700.000
(Según la información del enunciado.)		

El coste final de cualquier producto vendido recoge así la totalidad de los costes. Ya no cabe atribuir normalmente a esos productos ningún otro coste. Ahí acaba el cálculo del coste y habremos de fijarnos en los ingresos para la determinación del resultado.

5.5.11. Recepción de los ingresos y determinación de los resultados analíticos

En el método dualista conviene hacer los siguientes asientos:

— Recepción de los ingresos.
— Traslado de los costes finales a las cuentas de resultados.
— Agregación de los resultados analíticos.

En nuestro caso serían:

■ Recepción de los ingresos

Productos reflejos	508.730.000	
a Resultados analíticos modelo X		306.358.000
a Resultados analíticos modelo Y		202.372.000
(Según las cifras de ventas que figuran en el Balance de saldos.)		

■ Traslado de los costes finales a las cuentas de resultados analíticos por productos

Resultados analíticos modelo X ...	256.358.000	
Resultados analíticos modelo Y ...	228.372.000	
a Coste final del modelo X ..		256.358.000
a Coste final del modelo Y ..		228.372.000
(Saldando así las cuentas de coste final.)		

■ Agregación de los resultados analíticos

Resultados analíticos modelo X ...	50.000.000	
a Resultados analíticos modelo Y		26.000.000
a Resultado de la explotación		24.000.000
(Por los saldos de las cuentas de resultados analíticos del modelo X y del modelo Y.)		

5.5.12. Cierre de la Contabilidad de Costes

La Contabilidad de Costes, cuando se aplica por el método monista, se abre y se cierra en el período contable. Llevándose por el método dualista puede o no cerrarse en el período contable; no obstante, procederemos al cierre por entender mejor así el método.

Antes de proceder a realizar el asiento de cierre, nos conviene conocer los saldos exactos de las cuentas que permanecen sin saldar. Para ello basta con disponer de un balance de comprobación; los saldos que aparecen en él van a servir para hacer ese asiento.

En nuestro caso concreto, el balance de saldos sería:

BALANCE DE SALDOS DE LA CONTABILIDAD DE COSTES INMEDIATAMENTE ANTES DEL CIERRE

CUENTAS	SALDOS	
	Deudores	Acreedores
«Stock» inicial reflejo		153.000.000
Gastos y dotaciones reflejas		220.000.000
Compras reflejas		299.000.000
Productos reflejos	508.730.000	
I.P. de mesas modelo X	28.000.000	
I.P. de mesas modelo Y	4.000.000	
I.P. de productos semiterminados	26.980.000	
I.P. de productos en curso	14.990.000	
I.P. de madera	96.256.000	
I.P. de materias auxiliares	4.820.000	
I.P. de materiales para repuestos	12.224.000	
Resultados de la explotación		24.000.000
	696.000.000	696.000.000

Obsérvese que en este momento del proceso quedan abiertas una serie de cuentas muy cualificadas:

— Cuentas reflejas;
— Cuentas de inventario permanente, que recogen el valor de los «stocks» finales;
— Cuentas de resultados de la explotación.

La manera más sencilla de efectuar el asiento de cierre de la Contabilidad de Costes consistirá en hacer un asiento tal que deje saldadas todas las cuentas que aún no lo están en este momento.

En nuestro caso sería:

«Stock» inicial reflejo	153.000.000	
Gastos y dotaciones reflejas	220.000.000	
Compras reflejas	299.000.000	
Resultado de la explotación	24.000.000	
a Productos reflejos		508.730.000
a I.P. de mesas modelo X		28.000.000
a I.P. de mesas modelo Y		4.000.000
a I.P. de productos semiterminados		26.980.000
a I.P. de productos en curso		14.990.000
a I.P. de madera		96.256.000
a I.P. de materias auxiliares		4.820.000
a I.P. de materiales de repuesto		12.224.000
(Por los saldos que todas estas cuentas presentan al final.)		

Con este asiento, todas las cuentas de Contabilidad de Costes han quedado cerradas entre sí, después de haber evidenciado la información que buscábamos para el análisis de los resultados.

5.6. EL BALANCE DE SITUACION

Puesto que en la Contabilidad de Costes por el método dualista sólo se ha dado entrada, a través de las cuentas reflejas, a los grupos 3, 6 y 7 que constituyen la situación de partida para el análisis y cálculo de los resultados y no se ha dado entrada a ninguna cuenta de valor o de balance, evidentemente no procede hablar de Balance de situación desde la perspectiva de la Contabilidad de Costes. No obstante, como la Contabilidad General ha funcionado separadamente de la manera conocida, de ella es clara que se obtiene, de la manera también conocida, el balance de situación de la empresa.

CUESTIONES

1. *El método dualista consiste en:*
- *a*) Llevar la Contabilidad General dentro de la Contabilidad de Costes.
- *b*) Llevar de manera separada ambas contabilidades.
- *c*) Llevar solamente la Contabilidad de Costes.

2. *La aplicación del método dualista:*
- *a*) Permite a la Contabilidad de Costes aplicar una interpretación distinta a la fenomenología contable.
- *b*) Permite contrastar la marcha de la Contabilidad de Costes y de la Contabilidad General.
- *c*) Permite suprimir la Contabilidad General.

3. *La entrada de los elementos que definen la situación de partida en el método dualista se realiza:*
- *a*) Mediante las cuentas reflejas.
- *b*) Mediante las cuentas de existencias.
- *c*) Mediante las cuentas de resultados.

4. *Entre las cuentas reflejas se encuentran:*
- *a*) Las compras reflejas.
- *b*) Los productos de explotación reflejos
- *c*) Los costes de producción reflejos.

5. *Las cuentas reflejas son una réplica exacta de:*
- *a*) Las cuentas de activo fijo.
- *b*) Las cuentas del pasivo.
- *c*) Las cuentas de existencias, gastos, compras e ingresos.

6. *El enlace entre la Contabilidad General y la Contabilidad de Costes en el método dualista:*
- *a*) Se realiza mediante las cuentas reflejas.
- *b*) Se realiza mediante las cuentas de inventarios permanentes.
- *c*) No existe enlace, ya que son autónomas.

7. *Las fases que comprende el método dualista:*
- *a*) Varían respecto a las del método monista.
- *b*) Son las mismas que las utilizadas por el método monista.
- *c*) No existe ninguna fase.

8. *Mediante la fase de percepción de gastos y dotaciones se pretende:*
- *a*) Recoger los gastos pagados en el período.
- *b*) Recoger los gastos y dotaciones provenientes de la Contabilidad General.
- *c*) Depurar la información proveniente de la Contabilidad General.

9. *En el método dualista se localizan en las secciones:*
- *a*) Sólo las cargas indirectas procedentes de la Contabilidad General.
- *b*) Todos los costes indirectos previamente reclasificados, excluyendo los de naturaleza inventariable.
- *c*) Todos los costes indirectos incluso los inventariables.

10. *Mediante la fase de cesión de costes entre secciones:*
- *a*) Las secciones reciben los costes directos de otras secciones.
- *b*) Algunas secciones reciben costes indirectos de otras secciones.
- *c*) Se saldan los costes indirectos de todas las secciones.

11. *El coste de compras en el método dualista se forma:*
- *a*) De manera similar al método monista.
- *b*) En el método dualista no hay que formar el coste de compras.
- *c*) En el método dualista el coste de compras coincide con lo consignado en factura.

12. *En el método dualista:*
- *a*) Las compras entran en almacén al precio de factura.
- *b*) Las compras no entran en almacén.
- *c*) Las compras entran en almacén valoradas al precio de factura más los costes correspondientes de la sección de compras.

13. *El coste de producción en el método dualista se determina mediante:*
- *a*) La imputación de los costes indirectos.
- *b*) La incorporación al producto de los materiales comprados.
- *c*) La afectación de los costes directos.

14. *Los productos en curso a comienzo del ejercicio:*
- *a*) Cuando se terminen figurarán diferenciados.
- *b*) Se incorporan al coste del producto que los ha consumido.
- *c*) Pasan directamente a la determinación del resultado.

15. *Los productos semiterminados que permanezcan en la empresa al final del período:*
- *a*) No son tenidos en cuenta por la Contabilidad de Costes.
- *b*) Se incorporan como un coste más de los productos terminados.

c) Se llevan a los correspondientes inventarios donde permanecerán hasta el siguiente período.

16. *El coste final en el método dualista:*
a) Coincide con el coste de producción.
b) Coincide con el coste de producción de los productos vendidos.
c) Coincide con el coste de producción de los productos vendidos más los costes de distribución.

17. *Para formar los resultados analíticos:*
a) Deben recepcionarse en Contabilidad de Costes los ingresos del ejercicio.
b) Deben trasladarse los costes finales a las cuentas de resultados.
c) Deben recepcionarse en Contabilidad de Costes los ingresos y gastos extraordinarios.

18. *Los resultados analíticos en el método dualista se calculan:*
a) Por diferencia entre los costes finales y los ingresos de cada producto.
b) De una manera desagregada por cada producto.
c) De una manera agregada para todos los productos.

19. *El proceso contable por el método dualista culmina con:*
a) Su enlace con la Contabilidad General.
b) Con las cuentas de cierre.
c) Queda abierto hasta el próximo ejercicio.

20. *Las cuentas de cierre se utilizan para:*
a) No se utilizan.
b) Saldar las cuentas reflejas.
c) Saldar las cuentas de inventarios y los resultados.

6 El método dualista abreviado y los cuadros de costes

6.1. INTRODUCCION

Hemos desarrollado en el capítulo anterior el esquema de funcionamiento general del **modelo dualista**. Pero, aún cuando éste es el que generalmente se viene utilizando, se ha de señalar que el modelo **admite otras variantes**.

Por una parte, existe el modelo **dualista abreviado** muy similar al estudiado, y en el que se **tiende a suprimir algunas de las fases** o etapas descritas anteriormente. De hecho, los asientos que se eliminan se sustituyen por cuadros.

Por otra, el modelo dualista **puede implantarse sin necesidad de hacer uso de anotaciones contables, sustituyendo éstas** por una serie de cuadros en los que va a quedar recogida toda la información que en el capítulo anterior registrábamos contablemente; esta forma de actuar es la que se ha venido conociendo en otros tiempos con el nombre de **dualismo moderado**.

En definitiva, se trata de sustituir en el modelo dualista abreviado parte de los asientos por cuadros. Y en el dualismo radical, todos los asientos pasan a ser cuadros.

Queremos señalar que el método dualista, en cualquiera de sus variantes, o el método monista, en sus diferentes modalidades, son **mecanismos de enlace o relación** de la Contabilidad de Costes con la Contabilidad General.

Cosa distinta son los **métodos o modelos de interpretación y contabilización** del movimiento interno de valores; tales como el modelo de costes completo histórico, que es el que subyace en el proceso que estamos aplicando como modelo básico. Podríamos haber elegido otro.

6.2. EL MODELO DUALISTA ABREVIADO

Ya sabemos que en la Contabilidad de Costes existen **dos tipos de asientos: los reflejos y los internos**:

1. **Los asientos reflejos** contienen la contrapartida de los asientos que recogen las cargas o productos en la Contabilidad de Costes y a través de los cuales **se logra la articulación** entre las dos contabilidades:

a) **En la vertiente de las cargas**, la Contabilidad de Costes **se articula**, en una primera etapa, con aquellos elementos o cargas que pueden ser costes de la explotación normal y corriente, es decir, del ejercicio. En esquema podría representarse de la siguiente forma:

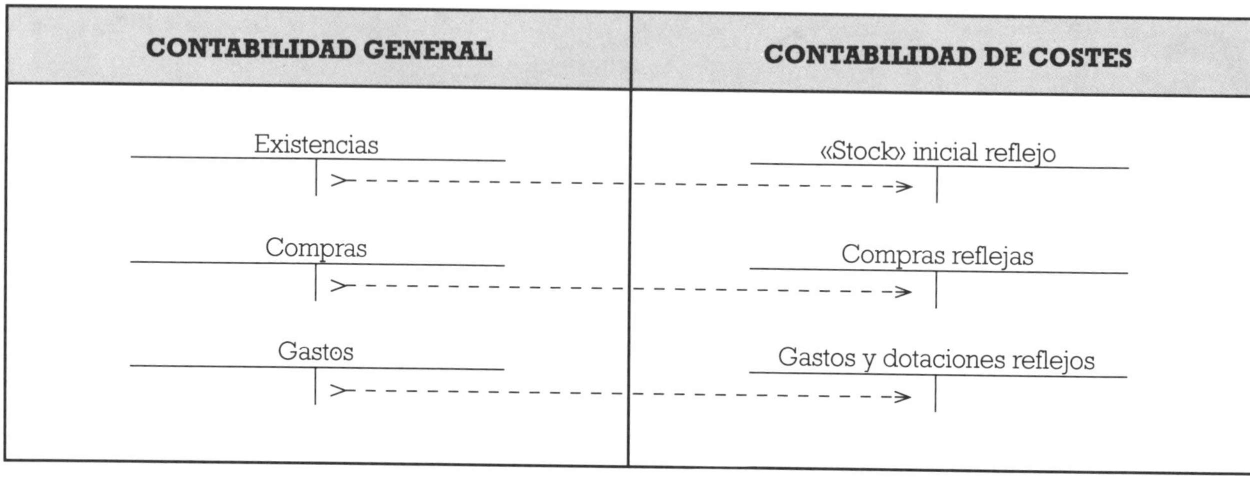

(Debe indicarse que las flechas trazadas con líneas de puntos no son representativas de ninguna clase de asientos, toda vez que, como ya hemos dicho anteriormente, existe absoluta autonomía entre las dos contabilidades. No ocurrirá lo mismo con las flechas que, en sucesivos esquemas, se presenten con trazo continuo, las cuales serán representativas de verdaderos asientos, enlazando las respectivas contrapartidas de debe y de haber que correspondan en cada caso.)

En esta misma vertiente de las cargas, dentro de los asientos reflejos, pero en **una etapa final**, la Contabilidad de Costes **se articula con las restantes cargas, que no reúnen las condiciones de normales y del ejercicio en curso** (v. gr., cargas de ejercicios anteriores, extraordinarias, etc.). En esquema sería:

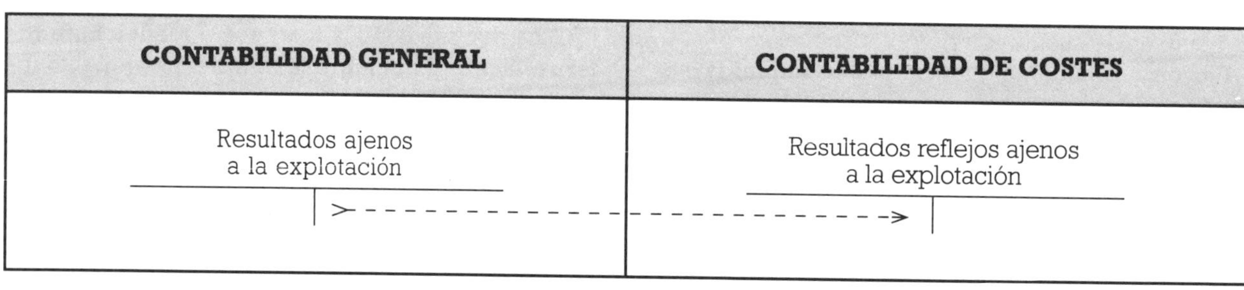

b) **En la vertiente de los productos**, la Contabilidad de Costes **se articula, en una primera etapa, con los elementos que son productos del ejercicio y de la explotación normal**. El esquema podría presentarse de la siguiente forma:

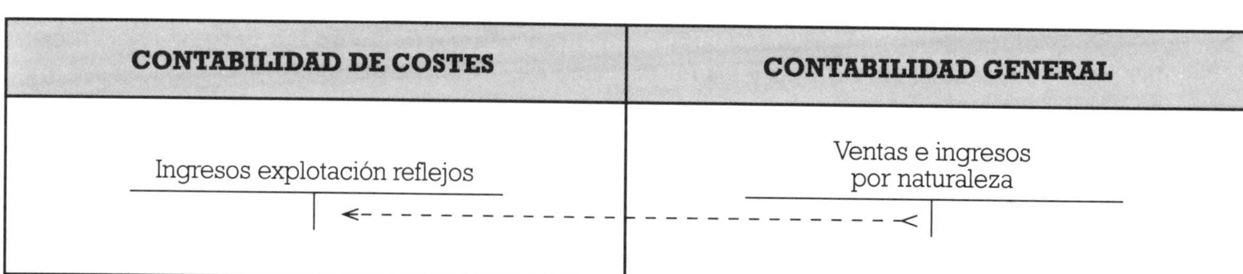

Y en esta misma vertiente, **en las etapas de reajuste del final del ejercicio**, la Contabilidad de Costes **se articula con los restantes productos que no tienen el carácter de normales** y del ejercicio en curso. En esquema sería:

CONTABILIDAD DE COSTES	CONTABILIDAD GENERAL
Resultados reflejos ajenos a la explotación <- - - - - -	- - - - - - < Resultados ajenos a la explotación

Es claro que **en la primera etapa de articulación** de las vertientes *a*) y *b*), cada vez que en la Contabilidad General un asiento hace funcionar una cuenta de Gestión (cargas o ingresos) en la Contabilidad de Costes debe hacerse el asiento correspondiente reflejo. **Son valores que se introducen en la Contabilidad de Costes y que ésta manejará, a través de los asientos internos, con criterios propios**. Al final del ejercicio estarán recogidos en la cuenta de Resultados de la Contabilidad de Costes, cargados y abonados, concordando este primer resultado de la Contabilidad de Costes con el saldo de Explotación de la Contabilidad General (habida cuenta que se habrán tomado en consideración las diferencias de incorporación).

En las etapas que hemos llamado **posteriores,** por hacer relación al final del ejercicio, **se incorporan** a la cuenta de Resultados de la Contabilidad de Costes **los demás elementos**, de uno u otro signo, **que no tienen el carácter de normales y del ejercicio en curso**. Al integrarse en una u otra parte de la cuenta Resultados de la Contabilidad de Costes se logra que concuerden los resultados globables de las dos contabilidades. No hemos hecho referencia a los asientos de tipo interno, que veremos a continuación.

2. **Los asientos internos**. Como ya se ha señalado en el apartado anterior, la Contabilidad de Costes precisa de **asientos internos**, que **hacen funcionar dos o más cuentas analíticas, sin correspondencia ninguna con la Contabilidad General**. Precisamente a través de estos asientos, la Contabilidad de Costes cumple su objetivo: poner de relieve los elementos constitutivos de los costes y los resultados que interesan a la dirección de la empresa.

6.3. EL PROCESO CONTABLE DEL METODO DUALISTA ABREVIADO

Decíamos en la introducción que **el carácter de abreviado** le viene dado por la **supresión de algunas de las cuentas** que intervenían en el proceso; justamente las que eran repetición de la Contabilidad General.

Como tendremos ocasión de comprobar a continuación, **la diferencia fundamental** estriba en la **asignación inmediata de aquellos gastos por naturaleza**, con la consideración de cargas indirectas, desde la cuenta de gastos y dotaciones reflejas, **a las secciones**.

De esta forma, **las fases** que comprende el modelo abreviado quedarían como muestra el **Cuadro 6.1**.

Cuadro 6.1. Fases del proceso seguido por el método dualista abreviado

FASES DE LA CONTABILIDAD DE COSTES POR EL METODO DUALISTA ABREVIADO	
	1.ª Apertura y recepción de las existencias iniciales
	2.ª Recibo de las cargas, con sus modalidades, pasando por las secciones
	3.ª Determinación del coste de compra
	4.ª Entrada en el almacén de "stocks" de las compras a su coste
	5.ª Determinación del coste de producción
	6.ª Entrada en el almacén de los productos terminados
	7.ª Determinación del coste de distribución
	8.ª Determinación del coste final
	9.ª Determinación de los resultados analíticos, con los reajustes necesarios y la entrada de ventas
	10.ª Balance analítico de explotación
	11.ª Cierre de los libros de la Contabilidad de Costes

6.4. ESTUDIO OPERATIVO DE LAS DIFERENTES FASES DEL METODO DUALISTA ABREVIADO

Conocidas las distintas fases o etapas que conforman el desarrollo del modelo dualista abreviado, vamos a pasar ahora a exponer separadamente cada una de ellas.

Para conseguir una mejor comprensión, acompañaremos su explicación con un nuevo caso práctico, cuyo enunciado aparece a continuación.

Enunciado de un supuesto

1. Organización técnico-económica

La empresa Envasadora Pacense, Sociedad Anónima (ENPASA), fabrica y envasa dos tipos distintos de quesos, que denominaremos como fresco y añejo, y batidos de fresa. Utiliza como primeras materias: leche de oveja y esencia de fresa.

El organigrama técnico señala la existencia de los siguientes centros de actividad: sección de compras, sección de cocido, sección de prensado, sección de mezclado, sección de envasado, sección de administración, sección de reparaciones y sección de distribución.

De estos centros, la sección de administración y la sección de reparaciones van a ser auxiliares.

2. Datos comunes de la Contabilidad General y de la Contabilidad de Costes

a) *Existencias iniciales:*

Leche (4.550 l)	500.000
Esencia de fresa (1.000 l)	250.000
Envases (10.000 uds.)	300.000
Productos en curso	250.000
Quesos añejos (2.040 uds.)	1.020.000

b) *Compras:*

Leche (50.000 l)	6.000.000
Esencia de fresa (30.000 l)	3.000.000
Envases (40.000 uds.)	1.000.000

c) *Gastos por naturaleza:*

Gastos de personal	10.000.000
Tributos	600.000
Servicios exteriores	4.000.000
Gastos financieros	500.000
Energía	1.000.000
Dotación a la amortización	3.500.000

Según el criterio seguido por la Contabilidad de Costes para calcular las amortizaciones se ha de considerar que sólo se incorporan al proceso productivo un montante de 2.500.000 ptas. Además ha de tenerse presente que esta contabilidad carga a cada período como un elemento supletorio incorporable el coste de los recursos financieros propios por un importe de 1.500.000 ptas.

d) *Ventas:*

Se ha vendido parte de la producción por importe de:

Queso fresco	15.000.000	(20.000 uds.)
Queso añejo	7.500.000	(12.000 uds.)
Batidos de fresa	5.000.000	(8.000 uds.)

Los quesos se venden en piezas envasadas de 1 kg de peso, y los batidos en envases de 1 l. Todos los envases tienen el mismo precio.

e) *Producción:*

— La localización de los costes indirectos por centros, así como el reparto de costes entre ellos, se realiza según las claves de reparto expresadas en el **Cuadro 6.2**.

— La sección de compras repercute su coste sobre las materias primas compradas, en función del valor de las compras de cada una de ellas.

— La sección de cocido cede sus costes atendiendo a los litros de leche y esencia consumidos por cada producto.

— La sección de prensado reparte sus costes a partes iguales entre los dos tipos de queso.

— La sección de mezclado repercute el mismo coste en ambos tipos de queso, y el doble a los batidos de fresa.

— La sección de envasado reparte sus costes en función del número de unidades envasadas de cada uno de los productos.

— La sección de distribución cede sus costes de acuerdo con las pesetas vendidas de cada producto.

— El queso fresco ha consumido 25.000 l de leche, el queso añejo 15.000 l y los batidos de fresa 9.500 l de leche y 500 l de esencia. Para valorar los consumos se aplica el criterio LIFO.

— Los productos en curso se refieren a queso añejo y se han incorporado a él en el presente ejercicio.

— Se ha envasado toda la producción del ejercicio:

- 25.000 kg de queso fresco.
- 15.000 kg de queso añejo.
- 10.000 l de batidos de fresa.

— La empresa ha obtenido unos ingresos extraordinarios de 3.000.000 de ptas.

A continuación vamos a realizar un estudio operativo del método dualista abreviado siguiendo las diferentes fases a que antes nos hemos referido.

Actividad recomendada

Es muy conveniente que se prepare un esquema de Mayor en un doble folio y se ordenen las cuentas como hemos hecho en otros capítulos. A medida que vamos presentando los asientos del Diario es muy útil hacer los asientos en ese esquema de Mayor.

Cuadro 6.2. Hoja de claves de reparto

Elementos indirectos \ Secciones	CLAVES DE REPARTO	SECCIONES								
		Compras	Cocido	Mezclado	Prensado	Envasado	Administración	Reparaciones	Distribución	Total
Gastos de personal	Horas/hombre ponderadas	1.000	1.000	2.000	1.000	2.000	1.000	500	1.500	10.000
Tributos	Valores controlados	—	—	—	—	—	600.000	—	—	600.000
Servicios exteriores	N.° servicios prestados	—	4	8	—	4	—	2,5	1,5	20 serv.
Gastos financieros	Valores controlados	—	—	—	—	—	500.000	—	—	500.000
Energía	Kw consumidos	—	400.000	600.000	500.000	200.000	100.000	200.000	—	2.000.000
Dotaciones amortización	Porcentaje estimado	—	32	20	12	8	8	16	4	100
Elemento supletorio incorporado	Valores controlados	—	—	—	—	—	1.500.000	—	—	1.500.000
De secciones \ A secciones	**REPARTO DE COSTES ENTRE SECCIONES**									
Administración	Porcentaje estimado	10	20	20	20	20	—	—	10	100
Reparaciones	Horas trabajadas	45	30	15	60	—	—	—	—	150 horas

6.4.1. Recibo de los «stocks»

Gráficamente podríamos representar esta fase de la siguiente manera, teniendo presente que las flechas de trazos no corresponden a asientos, sino que ponen de relieve cuentas cuyos saldos están relacionados.

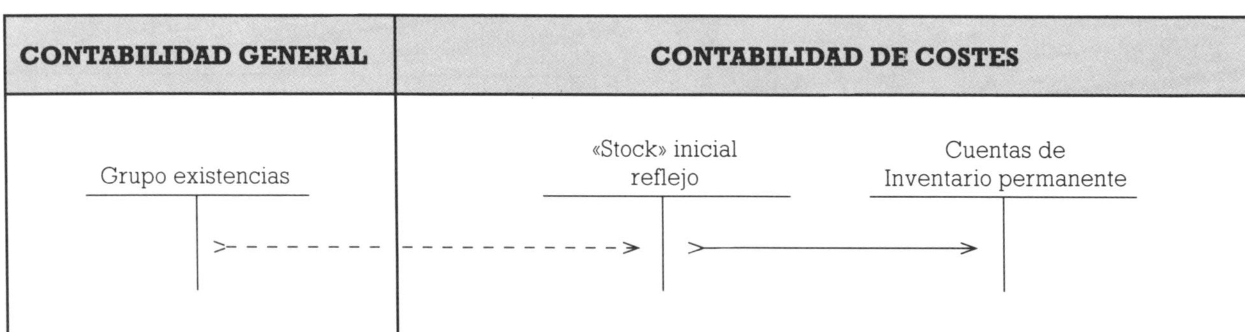

En adelante vamos a tratar a la «Materias primas» como elementos directos y a los «Materiales para consumo y reposición» como elementos indirectos.

Para el ejemplo que estamos siguiendo, quedaría:

	——————— x ———————	
500.000	I. P. de leche	
250.000	I. P. de esencia de fresa	
300.000	I. P. de envases	
250.000	I. P. de productos en curso	
1.020.000	I. P. de queso añejo	
	a «Stock» inicial reflejo	2.320.000
	——————— x ———————	

6.4.2. Recibo de las cargas

Respecto a la recepción de las cargas de explotación del ejercicio deberán distinguirse: *a*) las compras y *b*) las restantes cargas incorporables.

a) Recibo de las compras

Puede tratarse de materias primas o mercaderías compradas sin gastos de compras propios y separados del importe de la factura, es decir, cuando se trata de compras que no implican otros gastos que aumenten sus costes. En este caso pasan directamente al Inventario permanente respectivo, porque el precio de compra se identifica con el coste total de compra.

Gráficamente, podría representarse así:

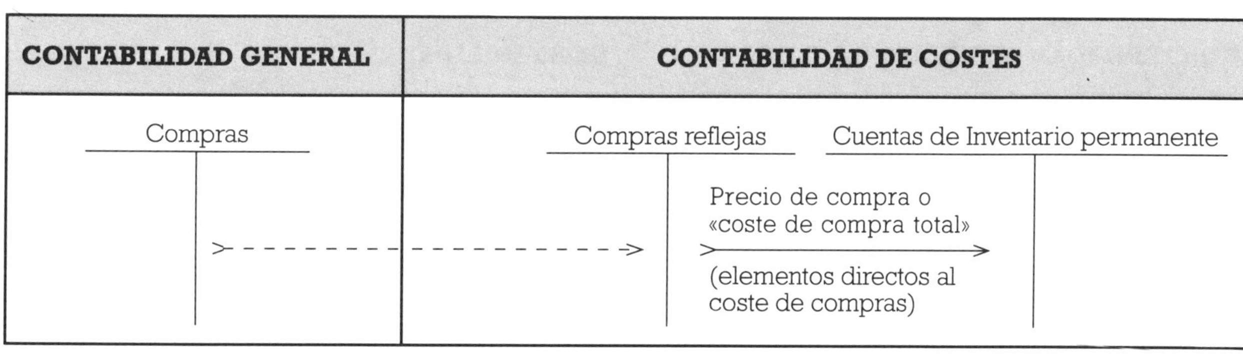

Pero puede tratarse de compras que no tienen definido, en el momento de la compra, su coste total, porque es necesario añadir otros elementos al precio de compra para obtener el coste total de las mismas.

Gráficamente sería:

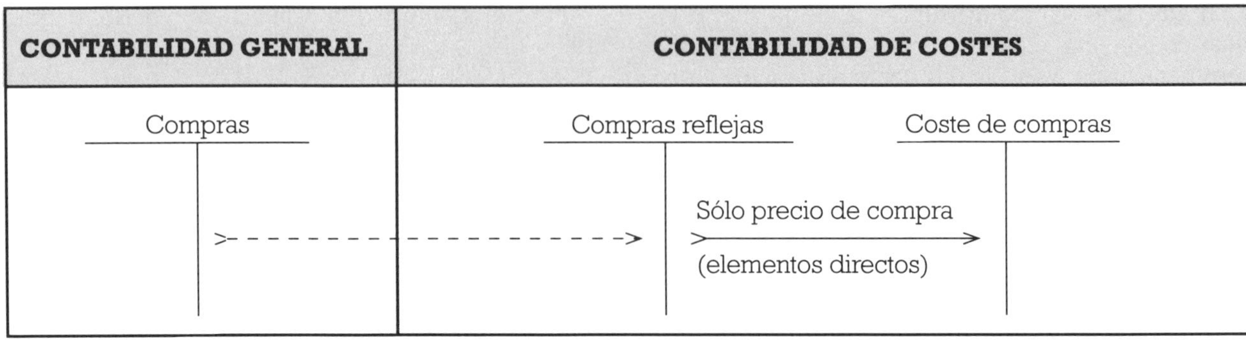

En nuestro ejemplo:

	———————— x ————————		
6.000.000	Coste de compras de leche		
3.000.000	Coste de compras de esencia de fresa		
1.000.000	Coste de compras de envases		
	a	Compras reflejas	10.000.000
	———————— x ————————		

Faltan, en este último caso, por incorporar al coste de compra otros elementos (gastos de aprovisionamiento, gastos de recepción de las mercancías y los demás elementos de la compra que no se conocen directamente).

Como estos elementos son indirectos se sabrán al recibir la hoja de reparto, de los «Gastos y dotaciones reflejas» en las respectivas secciones. Por las secciones se conocerá la imputación de estos elementos indirectos a los respectivos costes, a través de su unidad de obra o clave de reparto.

b) Recibo de las restantes cargas incorporables

Gráficamente:

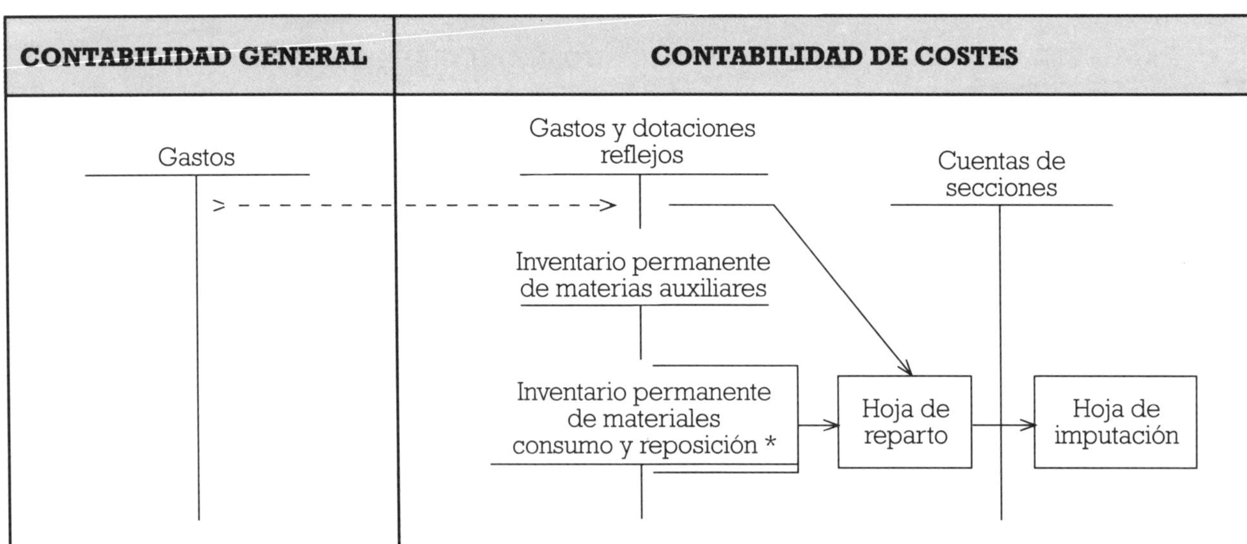

* Por los elementos inventariables indirectos.

Adelantaremos algunas ideas, que se desarrollarán después con cierto detenimiento, en torno a la «Hoja de reparto» (u Hoja de distribución). Se trata de una hoja de trabajo o cuadro estadístico —según se mire—, que sirve, entre otras cosas, para preparar los datos que han de figurar en las anotaciones contables, complementándolas en cierta medida.

La «Hoja de reparto» es un cuadro de doble entrada, que ha podido verse ya en páginas anteriores, con dos partes bien diferenciadas. Una superior, en la que las cargas indirectas incorporables —que figuran en las filas— se asignan a las diferentes secciones o centros de actividad, situados en las columnas. Una parte inferior, compuesta por un nuevo cuerpo de filas destinadas a las secciones auxiliares que ahí reparten sus costes indirectos entre las demás secciones.

Según el ejercicio, y atendiendo al cuadro de distribución de cargas, quedaría:

		x		
1.000.000	Sección de compras			
2.800.000	Sección de cocido			
4.400.000	Sección de mezclado			
1.550.000	Sección de prensado			
3.100.000	Sección de envasado			
3.850.000	Sección de administración			
1.500.000	Sección de reparaciones			
1.900.000	Sección de distribución			
		a	Gastos y dotaciones reflejos	18.600.000
		a	Elementos supletorios incorporados	1.500.000
		x		

Pero dado que se ha considerado 1.000.000 de pesetas del concepto Gastos de amortización como carga no incorporable al proceso productivo, esta carga pasará a formar parte del grupo de «Diferencias de incorporación», como una carga no incorporable:

		x		
1.000.000	Cargas no incorporables			
		a	Gastos y dotaciones reflejos	1.000.000
		x		

La recepción de costes indirectos en las secciones queda completada con la cesión de costes desde las secciones auxiliares a las principales de acuerdo con la parte inferior del cuadro de reparto.

		x		
385.000	Sección de compras			
1.220.000	Sección de cocido			
1.070.000	Sección de mezclado			
920.000	Sección de prensado			
1.370.000	Sección de envasado			
385.000	Sección de distribución			
		a	Secciones de administración	3.850.000
		a	Secciones de reparaciones	1.500.000
		x		

Cuadro 6.3. Hoja de reparto costes indirectos

Conceptos / Secciones	Compras	Cocido	Mezclado	Prensado	Envasado	Administración	Reparaciones	Distribución	Total
Gastos de personal	1.000.000	1.000.000	2.000.000	1.000.000	2.000.000	1.000.000	500.000	1.500.000	10.000.000
Tributos	—	—	—	—	—	600.000	—	—	600.000
Servicios exteriores	—	800.000	1.600.000	—	800.000	—	500.000	300.000	4.000.000
Gastos financieros	—	—	—	—	—	500.000	—	—	500.000
Energía	—	200.000	300.000	250.000	100.000	50.000	100.000	—	1.000.000
Dotaciones amortización	—	800.000	500.000	300.000	200.000	200.000	400.000	100.000	2.500.000
Elemento supletorio incorporado	—	—	—	—	—	1.500.000	—	—	1.500.000
Reparto primario	1.000.000	2.800.000	4.400.000	1.550.000	3.100.000	3.850.000	1.500.000	1.900.000	20.100.000
Administración	385.000	770.000	770.000	770.000	770.000	(−3.850.000)	—	385.000	—
Reparaciones	—	450.000	300.000	150.000	600.000	—	(−1.500.000)	—	—
Reparto secundario	385.000	1.220.000	1.070.000	920.000	1.370.000	—	—	385.000	—
Coste total	1.385.000	4.020.000	5.470.000	2.470.000	4.470.000	—	—	2.285.000	—

Como es fácil de observar, los datos de los asientos anteriores son los obtenidos según las claves de la «Hoja de reparto» desarrollada en el **Cuadro 6.3**.

6.4.3. Determinación del coste de compra

A través de la hoja de reparto de las secciones, sabemos cuáles son los elementos indirectos que hay que añadir a los directos para obtener el coste total de compra. Es decir, las cuentas «Coste de compras» tienen ya recogidos en el debe elementos directos de compras, cuya contabilización se efectuó con abono a Compras reflejas; pero hemos de añadir los elementos indirectos, que se traspasan ahora a las cuentas de Coste de compras procedentes de las cuentas de Secciones.

Así pues, el esquema del punto 6.4.2.b anterior quedaría completado, por lo que se refiere a la determinación del coste de compra, de la siguiente manera:

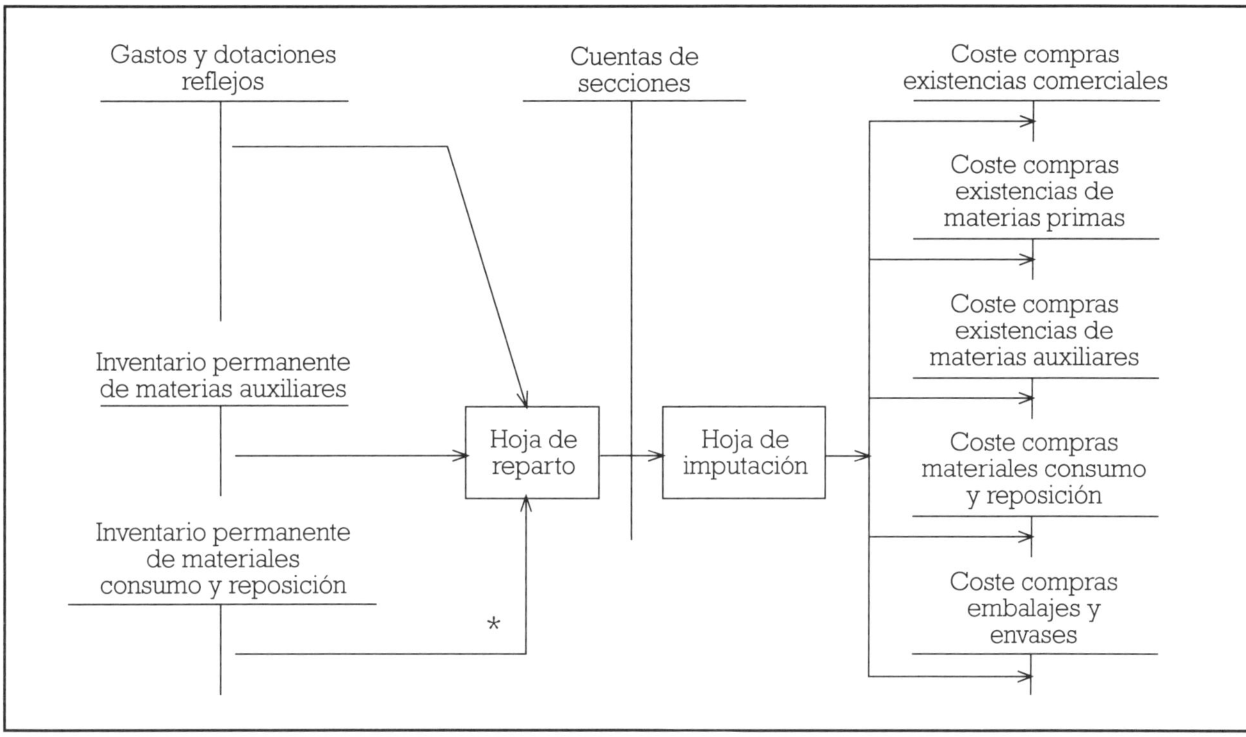

* Por los elementos inventariables indirectos.

Para el ejemplo:

		x		
831.000	Coste de compras de leche			
415.500	Coste de compras de esencia de fresa			
138.500	Coste de compras de envases			
		a	Sección de compras	1.385.000
		x		

6.4.4. Entrada de las compras en el almacén

Una vez se ha determinado el coste de las compras, se efectúa su traspaso a la cuenta correspondiente de Inventario permanente valoradas de acuerdo con la Contabilidad de Costes.

En el ejemplo:

		x		
6.831.000	I. P. de leche			
3.415.500	I. P. de esencia de fresa			
1.138.500	I. P. de envases			
		a	Coste de compras de leche	6.831.000
		a	Coste de compras de esencia de fresa	3.415.500
		a	Coste de compras de envases	1.138.500
		x		

En este momento conviene hacer dos observaciones:

a) Recuérdese que en la cuenta de Inventario permanente de materias primas, etc., pueden existir ya otras materias primas o para consumo y reposición recibidas del Balance.

b) También hay que tener en cuenta que pueden aparecer diferencias de incorporación que harían jugar las correspondientes cuentas de diferencias. Es decir, gráficamente tendríamos el siguiente esquema en el que el eje lo constituyen las cuentas de Inventario permanente.

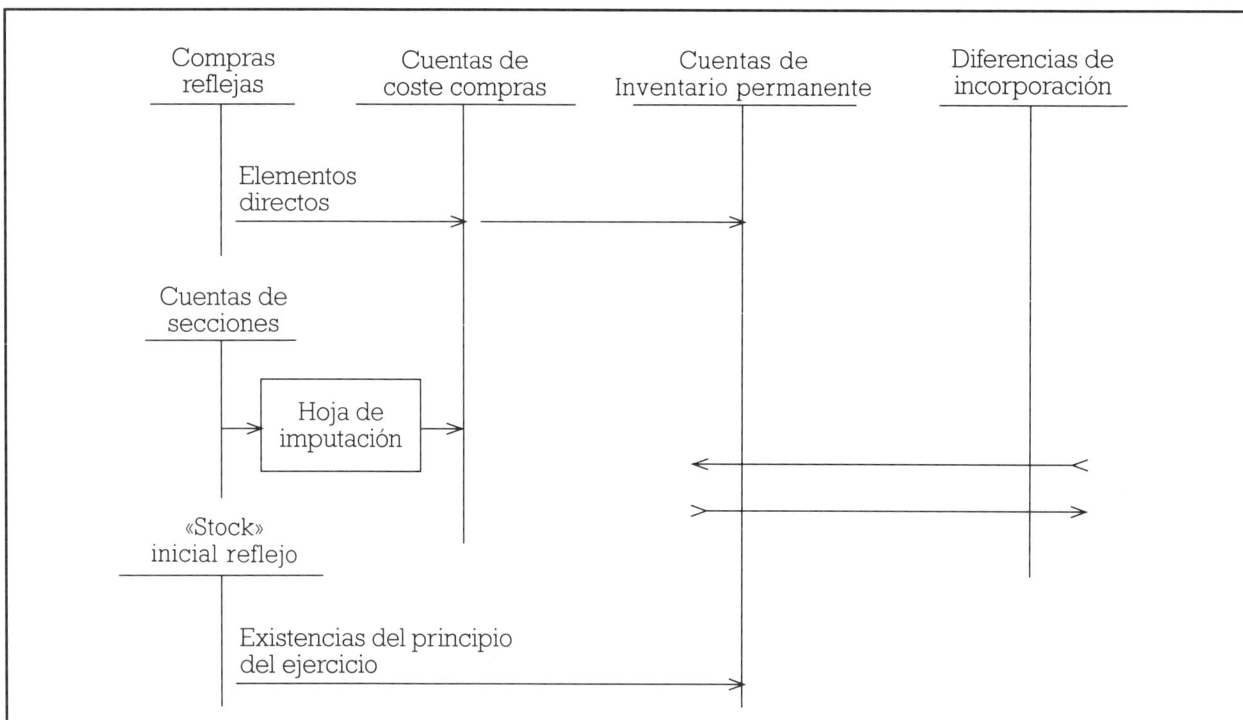

6.4.5. Determinación del coste de producción

El coste de producción recoge:

a) Elementos directos, provenientes de las cuentas de Inventario permanente (consumos de materia prima).

b) Elementos indirectos, definidos por las hojas de imputación de las secciones.

Gráficamente vemos cómo los costes directos e indirectos se trasladan a las cuentas de Coste de producción:

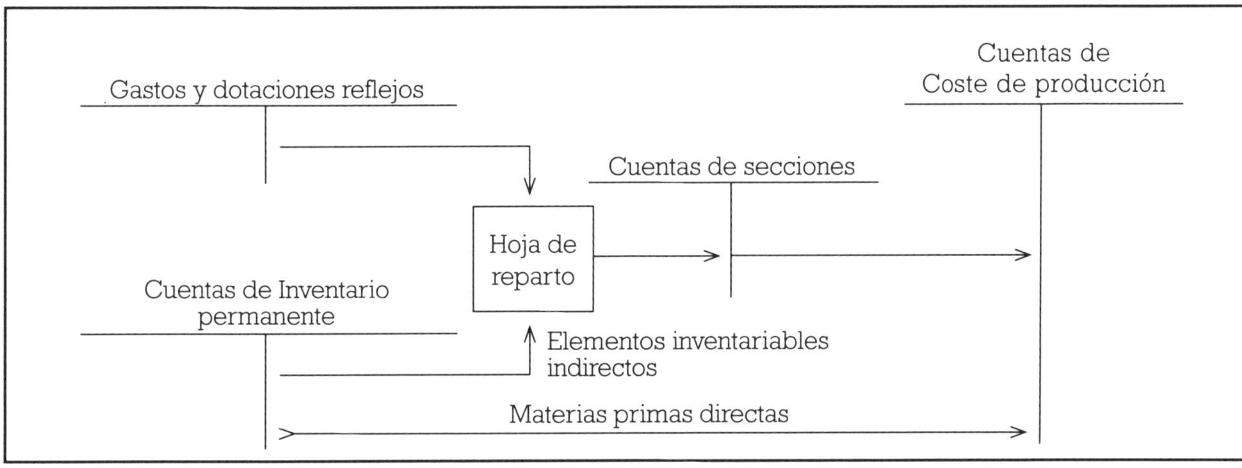

Hemos prescindido, para simplificar, de los productos semiterminados y de los productos en curso.

En el ejemplo hacemos un único asiento para trasladar los costes directos y los indirectos.

		x		
10.982.250	Coste de producción de queso fresco			
7.880.350	Coste de producción de queso añejo			
6.075.515	Coste de producción de batido de fresa			
		a	Sección de cocido	4.020.000
		a	Sección de mezclado	5.470.000
		a	Sección de prensado	2.470.000
		a	Sección de envasado	4.470.000
		a	I. P. de leche	6.762.690
		a	I. P. de esencia de fresa	56.925
		a	I. P. de envases	1.438.500
		a	I. P. de productos en curso	250.000
		x		

El reparto efectuado para la formación del coste de los productos ha sido:

QUESO FRESCO:	
Coste de sección de cocido	2.010.000
Coste de sección de mezclado	1.367.500
Coste de sección de prensado	1.235.000
Coste de sección de envasado	2.235.000
Coste de leche	3.415.500
Coste de envases	719.250
QUESO AÑEJO:	
Coste de sección de cocido	1.206.000
Coste de sección de mezclado	1.367.500
Coste de sección de prensado	1.235.000
Coste de sección de envasado	1.341.000
Coste de leche	2.049.300
Coste de envases	431.550
Coste de productos en curso	250.000
BATIDO DE FRESA:	
Coste de sección de cocido	804.000
Coste de sección de mezclado	2.735.000
Coste de sección de envasado	894.000
Coste de leche	1.297.890
Coste de esencia de fresa	56.925
Coste de envases	287.700

Queremos recordar que a efectos de la formación del coste de los productos **se han seguido los criterios expuestos en el enunciado** y que resumimos:

- La sección de envasado repercutía sus costes entre los tres tipos de productos.
- Para efectuar el reparto de la primera materia leche, se ha seguido el procedimiento LIFO, por lo que se han consumido 49.500 l de los comprados en el período que son los últimos que han entrado.

  El coste total de los 50.000 l de leche comprados, según los cálculos efectuados en la formación del coste de compras, fue de 6.831.000 ptas., por lo que el precio del litro resulta ser de 136,62 ptas.

  Igual criterio se ha seguido para el cálculo de los 500 l de esencia de fresa consumidos.
- Los envases se consumem en su totalidad a un precio medio de 28,77 ptas.
- Los productos en curso se incorporaban al queso añejo.

6.4.6. Entrada en almacén de los productos terminados

Recuérdese que en la cuenta de Inventario permanente de productos pueden existir ya otros productos anteriormente terminados, recogidos del Balance y que también aquí pueden aparecer diferencias de incorporación que harían jugar las correspondientes cuentas de diferencias:

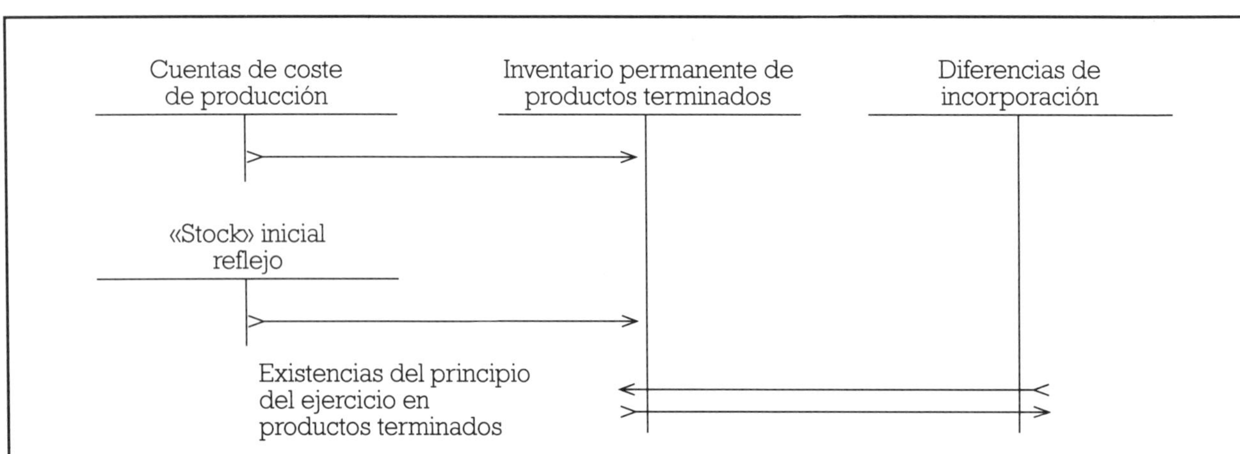

Para el ejemplo:

	————————	x	————————	
10.982.250	I. P. de producto terminado (queso fresco)			
7.880.350	I. P. de producto terminado (queso añejo)			
6.075.515	I. P. de producto terminado (batidos de fresa)			
		a	Coste de producción de queso fresco	10.982.250
		a	Coste de producción de queso añejo	7.880.350
		a	Coste de producción de batidos de fresa	6.075.515
	————————	x	————————	

6.4.7. Determinación del coste de distribución

El coste de distribución comprende exclusivamente las cargas directas e indirectas correspondientes al ejercicio de la función de distribución; representa, pues, todo lo que han costado las operaciones relativas a la conclusión y a la ejecución de las ventas, que normalmente estará recogido en la sección de Distribución. Su representación gráfica será:

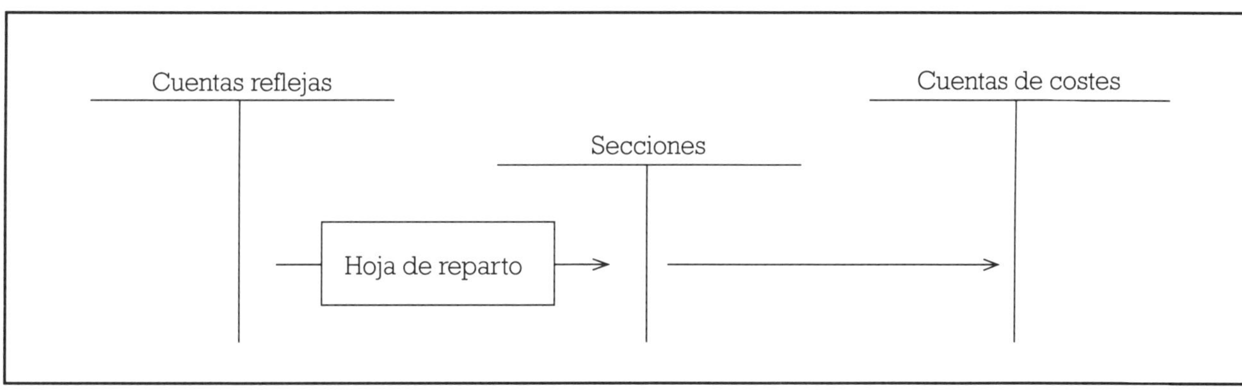

Pero este coste normalmente juega y aparece en el momento de la determinación del coste final y por ello aparece como un elemento más en la determinación de dicho coste final, como se puede apreciar en el epígrafe siguiente.

En el ejemplo que venimos siguiendo y según el cuadro de reparto, el coste total de esta sección ya fue determinado en el subepígrafe 4.2. Su importe resultó ser de 2.285.000 ptas.

Si existiesen costes directos, también se asignarían a la formación del coste de distribución. Entre ellos estarían los embalajes.

6.4.8. Determinación del coste final

Sabemos ya que el coste final comprende todo lo que han costado las mercaderías, productos o servicios vendidos hasta el momento en que se realizan las ventas; comprende, pues, el coste de producción y el coste de distribución.

Los costes finales se calculan por producto, grupo de productos, sistemas de venta o sectores comerciales, o según cualquier agrupamiento que corresponda al análisis de los resultados de explotación que se desee. Estos agrupamientos pueden no coincidir con aquéllos con arreglo a los que se calculan los costes de la fase precedente (compra o producción).

En esquema sería:

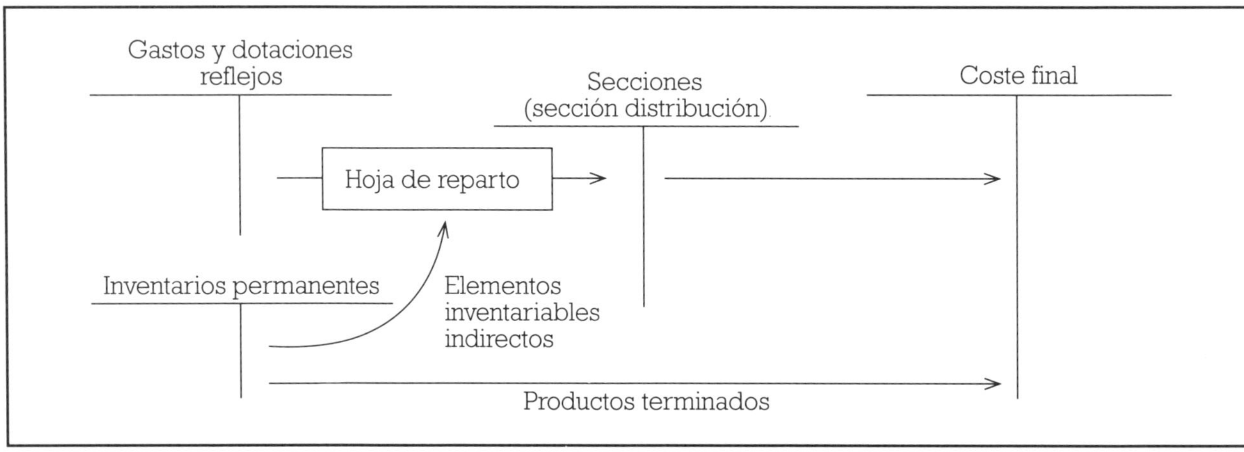

En el ejemplo:

		x		
10.032.164	Coste final queso fresco			
6.927.462	Coste final queso añejo			
5.275.866	Coste final batidos de fresa			
		a	I. P. queso fresco • (20.000 uds. a 439,29 ptas.)	8.785.800
		a	I. P. queso añejo • (12.000 uds. a 525,35666 ptas.)	6.304.280
		a	I. P. batidos de fresa • (8.000 uds. a 607,5515 ptas.)	4.860.412
		a	Sección de distribución	2.285.000
		x		

De los Inventarios permanentes de productos terminados han salido: 20.000 kg de queso fresco a un coste de producción unitario de 439,29 ptas., 12.000 kg de queso añejo a 525,35666 ptas. y 8.000 l de batido de fresa a 607,5515 ptas.

El reparto de los costes indirectos de la sección de distribución se ha realizado en función de las pesetas vendidas de cada uno de los productos conforme indica el enunciado.

6.4.9. Determinación de los resultados

Conviene tener presente que en el cuadro contable básico incluíamos, dentro de Resultados analíticos, tres cuentas principales:

— Resultados de la explotación con criterios de Contabilidad de Costes.
— Saldo de las cuentas de diferencias de incorporación y
— Saldo sobre Pérdidas y ganancias a las que nos vamos a referir ahora.

Resultados de la explotación con criterios de Contabilidad de Costes. Cuenta que agrupa, a su vez, los distintos resultados que calcula la Contabilidad de Costes en una serie de subcuentas, tales como:

- Resultados analíticos del producto A.
- Resultados analíticos del producto B.
- Etcétera.

Estos resultados están calculados con criterios de Contabilidad de Costes, es decir, que si la Contabilidad Analítica o de Costes, por ejemplo, cree conveniente considerar como cargas incorporables los intereses del capital propio, estos resultados analíticos se habrán calculado con este criterio, mientras que la Contabilidad General habrá llegado a una cuenta de Explotación que ignora totalmente dichos intereses.

De otra manera, la cuenta de Resultados de la explotación con criterios de Contabilidad de Costes, presentará un saldo o resultado diferente del que arroja en el ámbito de la Contabilidad General la cuenta de Explotación. Y la diferencia será, precisamente, la recogida por diferencias de incorporación.

De ahí la necesidad de recurrir ahora a este subgrupo de diferencias de incorporación, agrupando sus saldos en una sola cuenta.

Saldo de las cuentas de diferencias de incorporación, que de esta manera, al agregar todos los saldos de las diferentes cuentas de diferencias de incorporación abiertas, sirve para asegurar la concordancia del saldo de las dos cuentas siguientes:

- Resultados de la explotación con criterios de Contabilidad de Costes del ámbito de la Contabilidad de Costes.
- Saldo de explotación del ámbito de la Contabilidad General.

La concordancia descansa en esta relación:

Saldo de la cuenta Resultados de explotación con criterios de Contabilidad de Costes ± Saldo de la cuenta Saldo de las cuentas de diferencias de incorporación = Saldo de explotación

Saldo sobre Pérdidas y ganancias. Conviene observar que la relación anteriormente expuesta nos llevaba a una concordancia a nivel de la cuenta de Explotación de la Contabilidad General. Lo que nos falta ahora para llegar al nivel de la cuenta de Pérdidas y ganancias de la Contabilidad General son:

— Los Resultados ajenos a la explotación normal y corriente, v. gr., «Resultado de la Cartera de Valores», y

— Los Resultados extraordinarios, que también son ajenos a la explotación normal, que aún no han sido recibidos en la Contabilidad de Costes. Recuérdese que hemos dado entrada a los «stocks» iniciales, a las cargas y dotaciones, a los ingresos por ventas, pero aún no se han recibido en Contabilidad de Costes conceptos relacionados con los resultados ajenos a la explotación o con los resultados extraordinarios. Es justamente en esta fase cuando vamos a dar entrada a todos estos conceptos mediante la cuenta de «Resultados reflejos ajenos a la explotación» con contrapartida en la cuenta «Saldo sobre Pérdidas y ganancias».

Es preciso reconocer que estamos en un punto especialmente delicado, y quizá difícil, de la Contabilidad de Costes. Por eso le estamos prestando especial atención.

Una vez que hemos insistido sobre las cuentas que intervienen en la determinación del resultado en Contabilidad de Costes y sobre su concordancia con los resultados calculados en Contabilidad General, pasamos a exponer su funcionamiento, considerando para ello cuatro etapas:

1.ª Determinación de los distintos resultados analíticos y su agregación en un resultado único;

todos esos resultados serán calculados con criterios de Contabilidad de Costes.

2.ª Agregación de todas las cuentas de diferencias de incorporación en la cuenta de Saldo de diferencias de incorporación.

3.ª Entrada de todos los resultados ajenos a la explotación normal y corriente.

4.ª Presentación de una única cuenta de Resultados con la que se salda también en la cuenta de Saldo de diferencias de incorporación.

Cada una de estas etapas consiste en lo siguiente:

1.ª Determinación de los distintos resultados analíticos y su agregación en un resultado único

Distinguiremos:

a) **La determinación de los distintos resultados analíticos**, v. gr., por tipos de productos, con criterios de Contabilidad de Costes, descansa en dos asientos:

— **Uno para registrar los costes finales**.

En el ejemplo:

		x		
10.032.164	Resultado analítico de queso fresco			
6.927.462	Resultado analítico de queso añejo			
5.275.866	Resultado analítico de batidos de fresa			
		a	Coste final de queso fresco	10.032.164
		a	Coste final de queso añejo	6.927.462
		a	Coste final de batidos de fresa	5.275.866
		x		

En esquema sería:

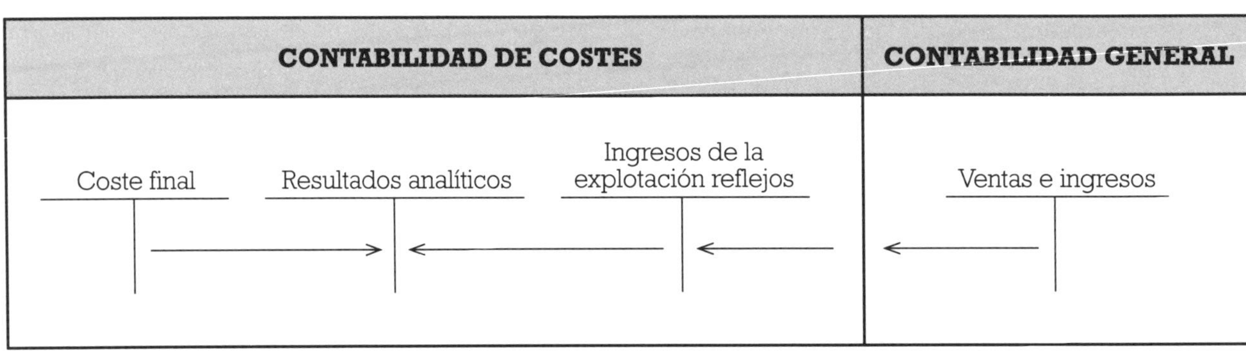

— **Otro para registrar las ventas**:

El esquema también aparece en el cuadro anterior. Observamos que los ingresos pasan ya directamente a la cuenta de Ingresos de la explotación analítica, mientras que los costes han seguido un largo proceso hasta llegar hasta ahí.

Para el ejemplo:

	————————	x	————————	
15.000.000	Ingresos explotación reflejos de queso fresco			
7.500.000	Ingresos explotación reflejos de queso añejo			
5.000.000	Ingresos explotación reflejos de batidos de fresa			
		a	Resultado analítico de queso fresco	15.000.000
		a	Resultado analítico de queso añejo	7.500.000
		a	Resultado analítico de batidos de fresa	5.000.000
	————————	x	————————	

b) La agregación en un resultado único de todos los resultados analíticos de explotación se puede efectuar a través de la cuenta «Resultados de explotación con criterios de Contabilidad de Costes o Analítica».

La anotación en esquema sería:

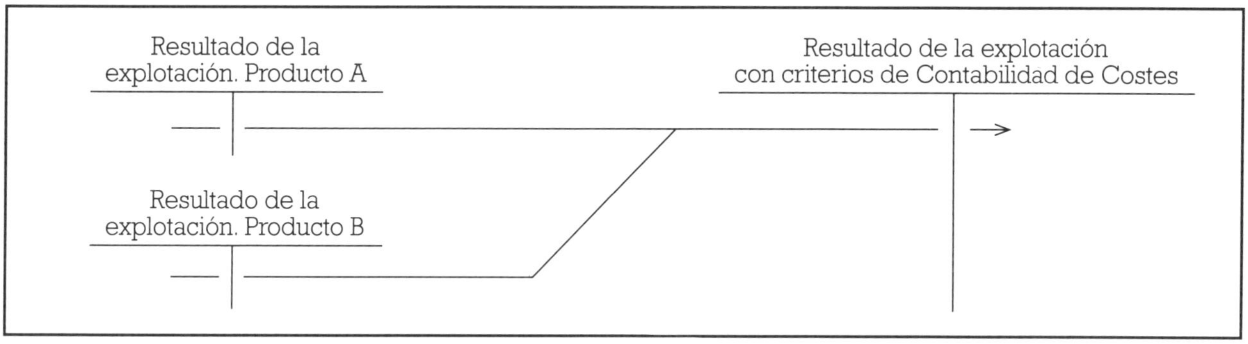

	————————	x	————————	
4.967.836	Resultado analítico de queso fresco			
572.538	Resultado analítico de queso añejo			
		a	Resultado analítico de batidos de fresa	275.866
		a	Resultado explotación con criterios de Contabilidad de Costes	5.264.508
	————————	x	————————	

2.ª Agregación de todas las cuentas de diferencias de incorporación

En el ejemplo planteado aparecen dos diferencias de incorporación proveniente de la amortización, y del coste de los recursos propios. El saldo total habrá que determinarlo a través de la siguiente anotación:

	————————	x ————————	
1.500.000	Elemento supletorio incorporado		
		a Diferencias de incorporación (carga no incorporable)	1.000.000
		a Saldo de diferencias de incorporación	500.000
	————————	x ————————	

Más adelante tendremos ocasión de volver sobre el contenido y funcionamiento de estas diversas cuentas. Por el momento nos limitamos a dar esta breve nota de su mecanismo, que puede quedar algo más clara con el esquema ofrecido seguidamente.

Debe también aclararse que la utilización de estas cuentas queda limitada al final del ejercicio.

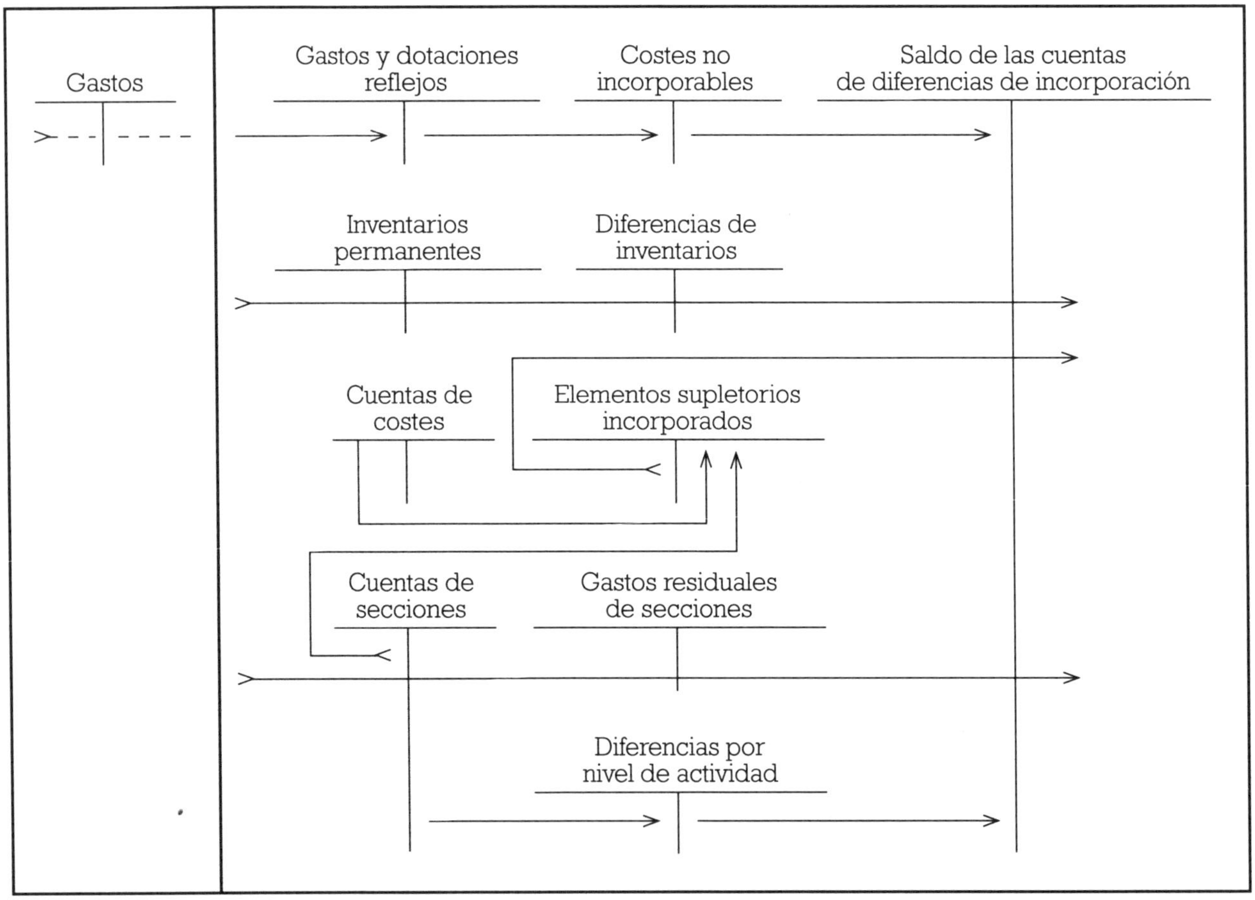

3.ª Entrada de todos los resultados ajenos a la explotación normal y corriente

Intervienen para ello solamente dos tipos de cuentas:

— Saldo sobre Pérdidas y ganancias, cuenta que resumen en Contabilidad de Costes los saldos presentados en Contabilidad General por las distintas cuentas de resultados ajenos a la explotación normal y corriente.

— Resultados reflejos ajenos a la explotación,

que completa la serie de cuentas reflejas utilizadas hasta ahora en las fases anteriores.

En el ejemplo propuesto aparecen unos ingresos extraordinarios por importe de 3.000.000 de ptas.

		x		
3.000.000	Resultados reflejos ajenos a la explotación			
		a	Saldo sobre Pérdidas y ganancias	3.000.000
		x		

4.ª Presentación de una única cuenta de Resultados analíticos

En este momento tenemos abiertas las tres cuentas principales de que hablábamos al principio de esta fase; aplicándolas al ejemplo que estamos tratando procedería hacer el siguiente asiento para llegar a un resultado único:

		x		
5.264.508	Resultados de explotación con criterios de Contabilidad de Costes			
500.000	Saldo de diferencias de incorporación			
3.000.000	Saldo sobre Pérdidas y ganancias	a	Resultados analíticos	8.764.508
		x		

El saldo total de Resultados analíticos arroja, según lo anterior, un beneficio de 8.764.508 ptas. Dicho de otra manera, la Contabilidad General había calculado ese resultado.

6.5. BALANCE ANALITICO DE EXPLOTACION Y EL CIERRE DE LA CONTABILIDAD DE COSTES

Balance Analítico de Explotación

Una vez efectuados todos los asientos del período analítico considerado podemos ya montar el correspondiente Balance Analítico de Explotación en el cual el saldo del Subgrupo de «Resultados» de Contabilidad de Costes habrá de coincidir con el Subgrupo «Pérdidas y ganancias» de la Contabilidad General.

Un ejemplo de presentación del Balance Analítico de Explotación podría ser el siguiente.

El Balance Analítico que se desprende del ejemplo que venimos desarrollando quedaría como sigue:

TITULO DE LAS CUENTAS	SUMAS		SALDOS	
	Debe	Haber	Deudores	Acreedores
«Stock» inicial reflejo		2.320.000		2.320.000
Compras reflejas		10.000.000		10.000.000
Gastos y dotaciones reflejas		19.600.000		19.600.000
Diferencias de incorporación	2.500.000	2.500.000		
Ingresos de explotación reflejos	27.500.000		27.500.000	
Ingresos extraordinarios reflejos	3.000.000		3.000.000	
Inventario permanente de leche	7.331.000	6.762.690	568.310	
Inventario permanente de esencia	3.665.500	56.925	3.608.575	
Inventario permanente de envases	1.438.500	1.438.500		
Inventario permanente de productos en curso	250.000	250.000		
Coste de producción de queso fresco	10.982.250	10.982.250		
Coste de producción de queso añejo	7.880.350	7.880.350		
Coste de producción de batidos de fresa	6.075.515	6.075.515		
Inventario permanente de queso fresco	10.982.250	8.785.800	2.196.450	
Inventario permanente de queso añejo	8.900.350	6.304.280	2.596.070	
Inventario permanente de batidos	6.075.515	4.860.412	1.215.103	
Coste final de queso fresco	10.032.164	10.032.164		
Coste final de queso añejo	6.927.462	6.927.462		
Coste final de batidos	5.275.866	5.275.866		
Resultados analíticos	27.500.000	27.500.000		
Saldo de diferencias de incorporación	2.500.000	2.500.000		
Resultados analíticos		8.764.508		8.764.508
TOTAL	148.816.722	148.816.722	40.684.508	40.684.508

Del examen del Balance y en virtud del desarrollo de las operaciones y funcionamiento de las cuentas, se pueden efectuar las siguientes constataciones:

1. Las cuentas Reflejas figuran en el Balance por un saldo de sentido inverso al saldo de las cargas y productos por naturaleza que figura en la Contabilidad General que representan.

2. Las cuentas de Inventario permanente presentan saldos deudores que indican el montante, a su coste, de las mercaderías y productos en almacén.

3. Las cuentas de Costes y Costes finales están saldadas.

4. La cuenta de Resultados analíticos de explotación presenta el beneficio o la pérdida que resulta de las diversas actividades de la empresa, o diversos productos.

Cierre de los libros de la Contabilidad de Costes

Las operaciones de cierre y reapertura de libros en la Contabilidad de Costes son, para muchos autores, innecesarias. Para el caso de que deseemos efectuar el cierre de los libros podemos hacerlo sin más que saldar todas las cuentas deudoras con las acreedoras según el Balance; todo ello en un solo asiento.

Pero también se pueden hacer dos asientos diferenciando las cuentas de Inventario permanente que constituyen el «stock» final. Para ello se abre una cuenta, «Stock final reflejo», contrapartida de las cuentas de Inventario permanente, y el cierre se presenta en dos tiempos.

		x		
2.320.000	«Stock» inicial reflejo			
10.000.000	Compras reflejas			
19.600.000	Gastos y dotaciones reflejas			
8.764.508	Resultados analíticos			
		a	Ingresos de explotación reflejos	27.500.000
		a	Ingresos extraordinarios reflejos	3.000.000
		a	«Stock» final reflejo	10.184.508
		x		
10.184.508	«Stock» final reflejo			
		a	Inventarios permanentes	10.184.508
		x		

6.6. EL MODELO DUALISTA PRESENTADO MEDIANTE CUADROS

Cada vez con mayor frecuencia, las empresas utilizan cuadros informativos para confeccionar y transmitir la información derivada del proceso productivo.

Esto es **debido, por una parte, a la sencillez con que puede ser interpretada la información** contenida en ellos, mucho más fácil de entender que empleando asientos contables.

Por otra, porque la informática y el uso generalizado de los ordenadores permite la confección inmediata y la presentación instantánea del caudal informativo contenido en la Contabilidad de Costes, mediante estos cuadros.

Es importante presentar la información que emana del proceso productivo en cuadros informativos. De hecho, **suele ser práctica habitual**, aun cuando la empresa siga el procedimiento contable descrito en el capítulo anterior, **acompañar las anotaciones contables con algunos cuadros extracontables**.

La presentación de la información en base a cuadros informativos, no está sometida a ningún tipo de norma estandarizada, pudiendo las empresas establecer tantos cuadros y maneras de confeccionarlos como estimen conveniente.

En cualquier caso, conviene que los cuadros se elaboren de una forma coordinada, constituyendo un sistema.

Cuadros que pueden elaborarse

Dentro de las numerosas propuestas que cabe realizar al respecto, creemos que todo **el movimiento interno de valores puede ser perfectamente compendiado en los cuadros siguientes**:

a) Cuadro representativo de la **localización de los costes indirectos en las secciones**.

b) Cuadro representativo del **reparto de costes entre centros**.

c) Cuadro representativo de la **formación del coste total de las secciones**.

d) Cuadro representativo de las **diferencias de incorporación**.

e) Cuadro representativo de la **formación del coste de compras**.

f) Cuadro representativo de la **formación del coste de producción**.

g) Cuadros representativos de los **movimientos de inventario**.

h) Cuadro representativo de la **formación de los costes finales y determinación de resultados**.

Sobre alguno de ellos volveremos a insistir en capítulos posteriores, por lo que ahora nos limitaremos a confeccionarlos utilizando como apoyo el ejemplo que venimos siguiendo.

6.6.1. Cuadro de localización de costes indirectos

Este cuadro pretende recoger los costes indirectos que se han originado en los distintos centros de actividad en los que se encuentra dividida la empresa; la información que presenta es la referida a los costes indirectos en los que están incurriendo cada uno de los centros para poder llevar a cabo la actividad productiva, y suele conocerse como reparto primario.

En nuestro ejemplo, y según la Hoja de claves de reparto del enunciado, tenemos el **Cuadro 6.4**:

Cuadro 6.4. Localización de costes indirectos en secciones

Conceptos \ Secciones	Compras	Cocido	Mezclado	Prensado	Envasado	Administración	Reparaciones	Distribución	Importe total
Costes de personal	1.000.000	1.000.000	2.000.000	1.000.000	2.000.000	1.000.000	500.000	1.500.000	10.000.000
Costes de tributos	—	—	—	—	—	600.000	—	—	600.000
Costes de servicios exteriores	—	800.000	1.600.000	—	800.000	—	500.000	300.000	4.000.000
Costes financieros	—	—	—	—	—	500.000	—	—	500.000
Costes de energía	—	200.000	300.000	250.000	100.000	50.000	100.000	—	1.000.000
Costes de amortización	—	800.000	500.000	300.000	200.000	200.000	400.000	100.000	2.500.000
Costes supletorio incorporado	—	—	—	—	—	1.500.000	—	—	1.500.000
Total reparto primario	1.000.000	2.800.000	4.400.000	1.550.000	3.100.000	3.850.000	1.500.000	1.900.000	20.000.000

6.6.2. Cuadro del reparto de costes indirectos entre centros

Mediante este cuadro se recoge la cesión de costes que los distintos centros auxiliares realizan a los principales. Este reparto, a veces entraña dificultades, como veremos en capítulos posteriores, debiéndose entonces acudir a la resolución de ciertas ecuaciones. Recibe el nombre de reparto secundario.

En el ejemplo que estamos siguiendo, y de acuerdo con la Hoja de claves de reparto, puede acometerse sin mayor dificultad tal como aparece en el **Cuadro 6.5**.

Cuadro 6.5. Reparto de costes entre secciones

De sección \ A sección	Compras	Cocido	Mezclado	Prensado	Envasado	Distribución	Total
Administración	385.000	770.000	770.000	770.000	770.000	385.000	3.850.000
Reparaciones	—	450.000	300.000	150.000	600.000	—	1.500.000
Total reparto secundario	385.000	1.220.000	1.070.000	920.000	1.370.000	385.000	5.350.000

6.6.3. Cuadro de costes indirectos totales por centros

Confeccionados los cuadros anteriores, en éste no se pretende nada más que totalizar los importes procedentes tanto del reparto primario como secundario, tal como se indica en el **Cuadro 6.6**.

Cuadro 6.6. Formación de los costes totales indirectos por secciones

Costes totales \ Secciones	Compras	Cocido	Mezclado	Prensado	Envasado	Administración	Reparaciones	Distribución
Reparto primario	1.000.000	2.800.000	4.400.000	1.550.000	3.100.000	3.850.000	1.500.000	1.900.000
Reparto secundario	385.000	1.220.000	1.070.000	920.000	1.370.000	(– 3.850.000)	(– 1.500.000)	385.000
Costes totales indirectos	1.385.000	4.020.000	5.470.000	2.470.000	4.470.000	—	—	2.285.000

Como fácilmente puede observarse, los Cuadros 6.4, 6.5 y 6.6 suponen un desglose de la «Hoja de reparto» u «Hoja de distribución», que ya hemos confeccionado al comentar el método abreviado.

6.6.4. Cuadro de las diferencias de incorporación

Mediante este cuadro se trata de informar sobre las diferencias habidas entre la Contabilidad General y la Contabilidad de Costes, como consecuencia de la disparidad de criterios, que con frecuencia suelen mantener una y otra.

Como se sabe, esta diferencia de criterios aparece principalmente a la hora de establecer los costes que se han de incorporar o no a formar parte del movimiento interno de valores; por un lado, marginando aquellas cargas que no tendrán la consideración de costes (las cargas no incorporables, por ejemplo), y, por otro, haciendo emerger una serie de costes no contemplados en la Contabilidad General (como pueden ser los elementos supletorios).

Para el ejemplo que estamos siguiendo, las diferencias de criterios quedan representadas en el **Cuadro 6.7**.

Cuadro 6.7. Diferencias de incorporación

Conceptos	Diferencias que suponen costes	Diferencias que no suponen costes	Total
Cargas no incorporables	—	1.000.000	1.000.000
Elementos supletorios incorporados	1.500.000	—	1.500.000
Total	1.500.000	1.000.000	2.500.000

6.6.5. Cuadro de la formación del coste total de las compras

Pretende suministrar información acerca del correcto valor de las compras realizadas por la empresa en el ejercicio, y que generalmente no coincidirá con los valores registrados por la Contabilidad General, por cuanto en su formación intervienen tanto el precio de adquisición consignado en factura como todos los demás costes por ellas causados (aquellos que la Contabilidad de Costes localiza en el centro de compras).

Su confección aparece en el **Cuadro 6.8**.

Cuadro 6.8. Formación del coste total de compras

CONCEPTOS	COMPRAS PRECIO FACTURA			SECCION DE COMPRAS	COSTE TOTAL DE COMPRAS		
	Cantidad	Precio	Importe		Cantidad	Precio	Coste total
1.ª Materia leche	50.000 litros	120	6.000.000	831.000	50.000 litros	136,62	6.831.000
1.ª Materia esencia de fresa	30.000 litros	100	3.000.000	415.500	30.000 litros	113,85	3.415.500
Envases	40.000 uds.	25	1.000.000	138.500	40.000 uds.	28,4625	1.138.500

6.6.6. Cuadro del coste de producción

Trata de suministrar información sobre los distintos elementos que han intervenido en la formación del coste de los productos que la empresa fabrica, y comprende o agrupa tanto el conjunto de cargas indirectas, localizadas ya en las distintas secciones, como las directamente identificables con cada uno de ellos.

En el **Cuadro 6.9** aparecen, para cada producto, tanto el coste total de producción como las unidades fabricadas de cada uno de ellos. El cociente de estas dos cantidades servirá para determinar el coste de producción unitario.

El proceso contable suele acompañarse de un cuadro de parecidas características al que comentamos, denominado «Hoja de imputación».

La «Hoja de imputación» es un cuadro de doble entrada. En dicho cuadro suelen habilitarse las columnas para los diferentes productos y las filas para los centros de actividad o secciones. Con semejante disposición se determinan los traspasos de costes de las secciones principales, de acuerdo con las unidades de obra que podemos adelantar son las unidades en que se mide la producción de las secciones.

Cuadro 6.9. Formación del coste de producción

CONCEPTOS / PRODUCTOS	COCIDO	MEZCLADO	PRENSADO	ENVASADO	1.ª MATERIA LECHE			1.ª MATERIA ESENCIA			ENVASES			COSTE DE PRODUCCION		
					Cantidad (litros)	Precio	Total	Cantidad (litros)	Precio	Total	Cantidad (uds.)	Precio	Total	Coste total	Cantidad producida	Coste unitario
Queso fresco	2.010.000	1.367.500	1.235.000	2.235.000	25.000	136,62	3.415.500	—	—	—	25.000	28,77	719.250	10.982.250	25.000 kg	439,29
Queso añejo	1.206.000	1.367.500	1.235.000	1.341.000	15.000	136,62	2.049.300	—	—	—	15.000	28,77	431.550	7.880.350	15.000 kg	525,35666
Batidos de fresa	804.000	2.735.000	—	894.000	9.500	136,62	1.297.890	500	113,85	56.925	10.000	28,77	287.700	6.075.515	10.000 l	607,5515
Totales	4.020.000	5.470.000	2.470.000	4.470.000	49.500	136,62	6.762.690	500	113,85	56.925	50.000	28,77	1.438.500	—	—	—

6.6.7. Cuadros de los movimientos de inventario

Es conocido que el método de inventario permanente permite seguir la evolución del valor de cualquier elemento físicamente inventariable incluido en el grupo de existencias, de tal manera que en todo momento se conoce el valor de las existencias.

Para desarrollar este método es útil ajustarse a una ficha como la siguiente:

CONCEPTOS	FECHA	ENTRADA			SALIDA			SALDO (INVENTARIO)		
		Precio	Cantidad	Valor	Precio	Cantidad	Valor	Precio	Cantidad	Valor

Formalmente, el inventario contable permanente no ofrece, pues, grandes dificultades, ya que esta ficha es tan sencilla que no necesita apenas explicación; en la columna de conceptos aparecerá la causa de la entrada o de la salida: referencia a la compra de que se trate, o al pase al proceso productivo, etc.

Los problemas de fondo se presentan a la hora de valorar las entradas y de valorar las salidas. La valoración de las existencias en cada momento dependerá de la valoración de las entradas y de la valoración de las salidas.

Valoración de las entradas

Los problemas de valoración de las entradas registradas en las cuentas de inventarios son diferentes para los distintos elementos que contempla este subgrupo. Así, las cuestiones que se plantean en torno a la valoración de los productos terminados son diferentes que las que se plantean en torno a la valoración de las materias primas. Realmente el proceso contable que hemos seguido en temas anteriores determina el valor de las entradas en almacén.

Sin embargo, quizá convenga hacer algunas matizaciones sobre la valoración de las materias primas.

La primera anotación en las cuentas de Inventario permanente hace referencia siempre a las existencias iniciales, cuya valoración debe ser la que figuraba en la misma cuenta de Inventario permanente al cierre del período anterior.

Los cargos siguientes, correspondientes a las entradas realizadas en el curso del ejercicio, coincidirán precisamente con el coste de las compras. Este coste incluye todo lo que han costado las materias hasta el momento en que se pasan a «stock». Es decir, incluye el importe de la factura de compras más los costes indirectos de la sección de compras que cabe imputar a las adquisiciones que se pasan al almacén.

Valoración de las salidas

Una vez que hemos fijado algunos criterios para la valoración de las entradas, sólo hay que recordar que entre los criterios más conocidos para la valoración de las salidas se encuentran los siguientes:

Métodos no relacionados con el precio de adquisición

— Método NIFO (nex in, first out), es decir, valorando las salidas al precio estimado de las entradas siguientes.
— Método del precio del coste estándar, que valora las existencias de acuerdo con unos costes estimados.

Métodos relacionados con el precio de adquisición

— Método FIFO (first in, first out), también conocido por las iniciales en castellano PEPS (primero entrado, primero salido).
— Método LIFO (last in, first out), también conocido por las iniciales en castellano UEPS (último entrado, primero salido).
— Precio medio móvil calculado después de cada compra.
— HIFO (highest in, first out). Valoración al precio más alto.

Aplicando lo comentado en este apartado al ejemplo que estamos desarrollando, los inventarios quedarían tal como aparecen en el **Cuadro 6.10**, en el que se ha tomado el método LIFO como criterio de valoración de las salidas.

Admitiendo que los precios tienden a subir, el método LIFO supondrá unos costes mayores y un valor menor del inventario.

Cuadro 6.10. Inventarios permanentes

INVENTARIO PERMANENTE PRIMERA MATERIA: LECHE

CONCEPTOS	FECHA	ENTRADA			SALIDA			SALDO (INVENTARIO)		
		Precio	Cantidad (litros)	Valor	Precio	Cantidad (litros)	Valor	Precio	Cantidad (litros)	Valor
Existencias iniciales	—	109,89	4.550	500.000	—	—	—	109,89	4.550	500.000
Compras	—	136,62	50.000	6.831.000	136,62	49.500	6.762.690	136,62	500	68.310

INVENTARIO PERMANENTE PRIMERA MATERIA: ESENCIA FRESA

CONCEPTOS	FECHA	ENTRADA			SALIDA			SALDO (INVENTARIO)		
		Precio	Cantidad (litros)	Valor	Precio	Cantidad (litros)	Valor	Precio	Cantidad (litros)	Valor
Existencias iniciales	—	250	1.000	250.000	—	—	—	250	1.000	250.000
Compras	—	113,85	30.000	3.415.500	113,85	500	56.925	113,85	29.500	3.358.575

INVENTARIO PERMANENTE: ENVASES

CONCEPTOS	FECHA	ENTRADA			SALIDA			SALDO (INVENTARIO)		
		Precio	Cantidad (unidades)	Valor	Precio	Cantidad (unidades)	Valor	Precio	Cantidad (unidades)	Valor
Existencias iniciales	—	30	10.000	300.000	30	10.000	300.000	—	—	—
Compras	—	28,4625	40.000	1.138.500	28,4625	40.000	1.138.500	—	—	—

INVENTARIO PERMANENTE: PRODUCTOS EN CURSO

CONCEPTOS	FECHA	ENTRADA			SALIDA			SALDO (INVENTARIO)		
		Precio	Cantidad	Valor	Precio	Cantidad	Valor	Precio	Cantidad	Valor
Existencias iniciales . . .	—	—	—	250.000	—	—	250.000	—	—	—

INVENTARIO PERMANENTE PRODUCTOS TERMINADOS: QUESO FRESCO

CONCEPTOS	FECHA	ENTRADA			SALIDA			SALDO (INVENTARIO)		
		Precio	Cantidad (kilos)	Valor	Precio	Cantidad (kilos)	Valor	Precio	Cantidad (kilos)	Valor
Producción	—	439,29	25.000	10.982.250	439,29	20.000	8.785.800	439,29	5.000	2.196.450

INVENTARIO PERMANENTE PRODUCTOS TERMINADOS: QUESO AÑEJO

CONCEPTOS	FECHA	ENTRADA			SALIDA			SALDO (INVENTARIO)		
		Precio	Cantidad (kilos)	Valor	Precio	Cantidad (kilos)	Valor	Precio	Cantidad (kilos)	Valor
Existencias iniciales . . .	—	500	2.040	1.020.000	—	—	—	500	2.040	1.020.000
Producción	—	525,356	15.000	7.880.350	525,356	12.000	6.304.280	525,356	3.000	1.576.070

INVENTARIO PERMANENTE PRODUCTOS TERMINADOS: BATIDO DE FRESA

CONCEPTOS	FECHA	ENTRADA			SALIDA			SALDO (INVENTARIO)		
		Precio	Cantidad (litros)	Valor	Precio	Cantidad (litros)	Valor	Precio	Cantidad (litros)	Valor
Producción	—	607,551	10.000	6.075.515	607,551	8.000	4.860.412	607,551	2.000	1.215.103

6.6.8. Cuadro de costes finales y determinación de resultados

El proceso informativo referido al movimiento interno de valores culmina con la comunicación de los aspectos relacionados con el coste final de los productos y la determinación del resultado que se deriva de su colocación en el mercado.

Esta información puede presentarse tal como aparece en el Cuadro 6.11. En su confección se ha partido de la formación del coste final, integrado por la suma del coste de producción de las unidades vendidas más los correspondientes costes de la sección de distribución.

Los costes finales por cada uno de los productos pueden expresarse tal como aparecen en el **Cuadro 6.11**, tanto por totales como unitarios.

Cuadro 6.11. Formación del coste final y resultados

COSTES FINALES Y RESULTADOS	QUESO FRESCO			QUESO AÑEJO			BATIDOS DE FRESA		
	Coste total	Cantidad (unidades)	Precio	Coste total	Cantidad (unidades)	Precio	Coste total	Cantidad (unidades)	Precio
Coste producción (productos vendidos)	8.785.800	20.000	439,29	6.304.280	12.000	525,35666	4.860.412	8.000	607,5515
+ Costes sección distribución ..	1.246.364			623.182			415.454		
	Coste total	Cantidad (unidades)	Precio coste	Coste total	Cantidad (unidades)	Precio coste	Coste total	Cantidad (unidades)	Precio coste
= Coste final .... (−)	10.032.164	20.000	501,6082	6.927.462	12.000	577,2885	5.275.866	8.000	659,48
	Ingresos totales	Cantidad (unidades)	Precio venta	Ingresos totales	Cantidad (unidades)	Precio venta	Ingresos totales	Cantidad (unidades)	Precio venta
Ingresos .... (+)	15.000.000	20.000	750	7.500.000	12.000	625	5.000.000	8.000	625
= Resultados de explotación con criterios de C.C.	+ 4.967.836			+ 572.538			(− 275.866)		
± Diferencias de incorporación	+ 500.000								
= Resultado explotación	+ 5.764.508								
± Resultados extraordinarios ..	+ 3.000.000								
= Resultados analíticos	+ 8.764.508								

La diferencia entre el coste final antes calculado y los ingresos da lugar a los resultados analíticos, calculados con criterios de Contabilidad de Costes.

Mediante la adición y detracción de las diferencias de incorporación existentes puede obtenerse el Resultado debido a la explotación normal y corriente de la empresa, que será coincidente con el calculado por la Contabilidad General para el mismo concepto.

Por último, sumando y restando al anterior Resultado los ingresos y gastos extraordinarios, podremos obtener el saldo de la cuenta de Pérdidas y ganancias que aparece en Contabilidad General.

6.7. LA IMPORTANCIA DE LOS CUADROS DE COSTES

Se puede observar en las referencias cada vez más importantes que nos llegan de la **Contabilidad de Costes japonesa**, que los cuadros de costes (Cost tables) forman parte de su desarrollo normal; hasta el punto de que Yoshikawa, Innes, Mitchell y Tanaka han escrito recientemente que una de las mayores diferencias entre la Contabilidad de Gestión japonesa y la occidental estriba precisamente en los cuadros de costes.

Estos cuadros de costes **son de varias clases y**

tratan de cubrir varios objetivos. Entre éstos está, por un lado, la presentación de la información acerca del coste de los productos, pero también es muy importante la preparación de información para nuevos productos o para el establecimiento de posibles cambios en los sistemas de producción existentes.

Los cuadros de costes japoneses han sido clasificados de muchas maneras. Una de ellas, bastante generalizada, distingue entre: **cuadros de proyectos, cuadros de fabricación, cuadros de compras y cuadros de distribución**. Hay que añadir que hemos hablado de cuadros en plural porque es preciso hablar de varios cuadros de proyectos o varios cuadros de fabricación o de producción en sentido estricto.

Pero además, es preciso señalar la existencia de una línea moderna de **elaboración de cuadros de costes usando matrices estructuradas**. Este camino ha potenciado la aplicación de programas informáticos específicos como han puesto de manifiesto Sugiura y Monden.

CUESTIONES

1. *El modelo dualista:*
- *a*) Puede desarrollarse de manera abreviada.
- *b*) Puede desarrollarse extracontablemente.
- *c*) Puede desarrollarse sólo siguiendo un proceso contable.

2. *En Contabilidad de Costes existen diversos tipos de asientos:*
- *a*) Los primarios y los secundarios.
- *b*) Los internos y los reflejos.
- *c*) Los de distribución y los de imputación.

3. *Mediante los asientos reflejos:*
- *a*) Se recogen de manera agrupada todas las cargas.
- *b*) Se recogen sólo las cargas de la explotación normal y corriente.
- *c*) Se recogen todas las cargas, pero de manera diferenciada, en dos etapas.

4. *Los asientos internos:*
- *a*) Sirven de correspondencia con la información recibida de la Contabilidad General.
- *b*) Se utilizan solamente en el momento del cierre.
- *c*) Hacen funcionar dos o más cuentas de Contabilidad de Costes.

5. *La denominación de modelo dualista abreviado se debe a que:*
- *a*) No se utiliza ningún tipo de cuentas.
- *b*) Se suprime alguna de las fases del modelo general.
- *c*) No se utilizan las cuentas reflejas.

6. *Las existencias iniciales de primeras materias procedentes de la Contabilidad General:*
- *a*) Pasan directamente a la formación del coste de los productos.
- *b*) Debe formarse previamente su verdadero valor de compras.
- *c*) Pasan directamente a inventarios permanentes.

7. *El valor de las compras según la información procedente de la Contabilidad General:*
- *a*) Incluye todos los costes provocados por las compras.
- *b*) A veces incluye todos los costes provocados por las compras.
- *c*) A veces no incluye todos los costes, por lo que hay que formar su valor total.

8. *La hoja de reparto sirve para:*
- *a*) Localizar o distribuir los costes indirectos entre las secciones.
- *b*) Localizar o distribuir todos los costes entre las secciones.
- *c*) Repercutir todos los costes en los productos.

9. *El coste de compras se determina:*
- *a*) Teniendo en cuenta solamente el precio consignado en la factura.
- *b*) Con el precio de factura más los costes de la sección de compras.
- *c*) Con el precio de factura más los costes de carga y descarga de los materiales.

10. *El coste de producción:*
- *a*) Recoge el coste de elementos directos.
- *b*) Recoge el coste de elementos indirectos.
- *c*) Recoge el coste de comercialización.

11. *El coste de distribución comprende:*
- *a*) Los costes directos e indirectos correspondientes a la función de distribución.
- *b*) Los costes indirectos de la sección de distribución.

c) Los costes de transporte más los costes de publicidad.

12. *El coste final:*
a) Coincide con el coste de producción.
b) Coincide con el coste de producción más el coste de distribución.
c) Coincide con el coste de producción de los productos vendidos más el coste de distribución.

13. *En Contabilidad de Costes se determina:*
a) Un solo resultado.
b) Varios resultados.
c) No se determina ningún resultado, esta operación es exclusiva de la Contabilidad General.

14. *El saldo de la cuenta de diferencias de incorporación:*
a) Sirve para lograr la concordancia de los saldos de explotación de la Contabilidad General y de Costes.
b) Sirve para calcular el resultado extraordinario.
c) Sirve para efectuar el cierre final.

15. *Los cuadros informativos:*
a) Son incompatibles con las anotaciones contables.
b) Permiten interpretar con sencillez y claridad el proceso de formación del coste del producto.
c) No están sometidos a ningún tipo de normas.

16. *Los cuadros que relacionan los costes con las secciones y la cesión de costes entre ellas:*
a) Están compendiados en la hoja de reparto o de distribución.
b) Están compendiados en la hoja de imputación.
c) Sólo se confeccionan cuando no se realiza el proceso contable.

17. *El cuadro representativo de la formación del coste del producto:*
a) Sustituye a la hoja de distribución.
b) Suele acompañar al proceso contable bajo la denominación de hoja de imputación.
c) Sirve para determinar el coste final.

18. *Los cuadros representativos de los inventarios:*
a) Permiten controlar el movimiento de las existencias.
b) Informan del valor de nuestras existencias.
c) Informan de las entradas y salidas habidas en los distintos almacenes.

19. *Cuando examinamos el papel que juegan los cuadros de costes en la Contabilidad de Costes japonesa, encontramos que:*
a) No se utilizan prácticamente nada.
b) Se utilizan sólo para las empresas de construcción.
c) Son de utilización normal.

20. *Una línea moderna de presentación de los cuadros de costes japoneses es:*
a) La formulación matricial.
b) Las representaciones de diagramas.
c) El formalismo contable.

PARTE SEGUNDA

Modelo de costes completos

Sección Primera

Versión eurocontinental del modelo de costes completos

7 Estructura del modelo de costes completos por centros de actividad. Referencia a las diferencias de incorporación

7.1. PRESENTACION DEL MODELO DE COSTES COMPLETOS

El modelo básico de Contabilidad de Costes que hemos seguido en **la primera parte de esta obra se ajusta a las características del modelo de costes completo**. Puestos a elegir uno, nos ha parecido que éste puede servir de referencia con tantas ventajas como pudiera ofrecer cualquier otro.

Ese modelo de costes completos que vamos a estudiar seguidamente responde a las señas de identidad que le han venido asignando una buena parte de **la doctrina continental europea**.

La idea básica del modelo de costes completos

Se apoya en la idea de que los costes, por el hecho de serlo, deben canalizarse hacia los productos a través del proceso de Contabilidad de Costes; aquellos conceptos respecto de los que puedan existir reparos a la hora de asignarles esa trayectoria, probablemente impliquen la necesidad de revisar su consideración como costes.

El proceso de Contabilidad de Costes a que nos acabamos de referir se ajusta a la trayectoria que recoge el **Cuadro 7.1**.

La estructura del modelo de costes completos

Vamos a proceder a formalizar la estructura del modelo de costes completos, ofreciendo así **las líneas maestras de un plan de Contabilidad de Costes** que quisiera hacer una empresa. No hay que olvidar que el Plan General de Contabilidad no ha considerado conveniente entrar en los dominios de la Contabilidad de Costes, ya que considera que cada empresa podrá así hacerlo ajustándose mejor a sus características.

Por tanto, **nos parece conveniente proponer**:

- Una ordenación de las cuentas en subgrupos de acuerdo con las peculiaridades del proceso de Contabilidad de Costes.
- Una codificación y tipificación de las cuentas en la exposición del modelo de coste completo que vamos a realizar.
- Una delimitación de las reglas de funcionamiento, aunque no lleguemos a una presentación formalizada de ellas.

Cuadro 7.1. Una idea general del modelo

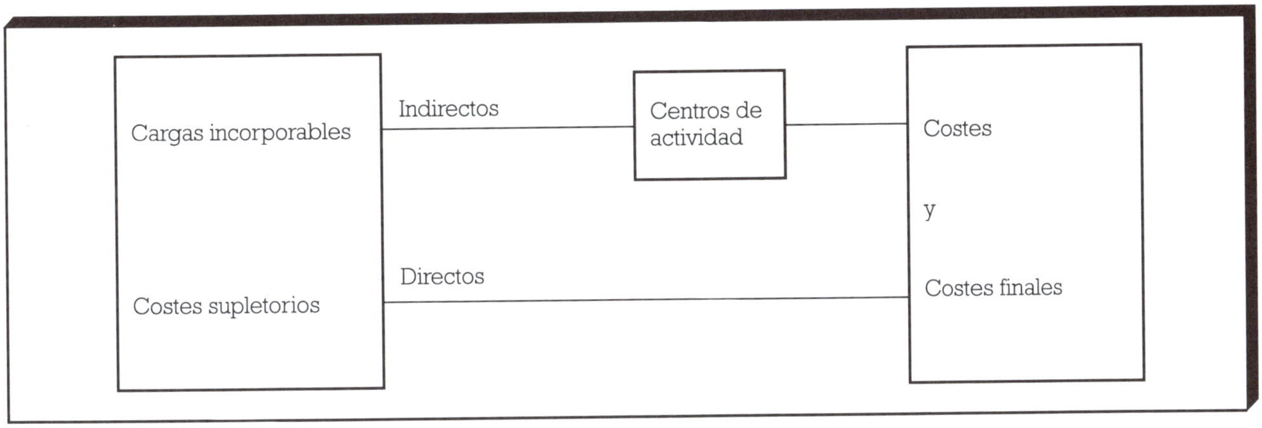

La estructura de este modelo va a responder a las **peculiaridades** del coste completo, y además, aunque esto puede compartirse con los demás modelos, vamos a ajustarnos a unos criterios generales **entre los que destacaremos**:

— Separación del proceso de Contabilidad de Costes respecto del proceso de Contabilidad General.
— Autonomía de la Contabilidad de Costes respecto de los principios de la Contabilidad General.
— La división de la empresa en centros de actividad como núcleo en torno al que se va a montar el análisis, junto con los productos.

La separación del proceso de la Contabilidad de Costes

La Contabilidad de Costes puede funcionar con independencia de la Contabilidad General si seguimos **el método dualista**. Este método nos va a permitir, como ya hemos visto, que la Contabilidad General vaya por un lado y la Contabilidad de Costes vaya por otro, aunque puedan tener intercambio de información.

Pero además, podemos adelantar que el modelo que vamos a seguir se va a ajustar al procedimiento de **cuentas reflejas**.

La autonomía de la Contabilidad de Costes

El segundo criterio general es que **la Contabilidad de Costes puede funcionar con autonomía de la Contabilidad General** en lo que se refiere, entre otras cosas, a la aplicación de sus principios.

Al poder funcionar la Contabilidad de Costes con principios diferentes de la Contabilidad General aparece la posibilidad de discrepancias entre ambas.

Así, como una de las **consecuencias de la aplicación de diferentes principios y criterios**, en Contabilidad de Costes hemos examinado cómo las cargas se dividen en incorporables y no incorporables. De tal manera, que las cargas no incorporables van a quedar fuera del cauce seguido por el proceso de la Contabilidad de Costes para determinar el coste de los productos. Las cargas no incorporables influyen en la determinación del resultado de explotación y del resultado de las actividades ordinarias en Contabilidad General, pero no inciden en la determinación del coste en Contabilidad de Costes.

Por otra parte, **pueden aparecer elementos supletorios** del coste, que no se registran en Contabilidad General, sino que se calculan en Contabilidad de Costes. Tal es el caso, como **ejemplos**:

— La retribución que se pueda calcular para el trabajo del empresario, cuando no tenga fijada una remuneración.
— Los intereses que se atribuyan a los recursos propios.

La división de la empresa en centros de actividad

Este es otro de los puntos de referencia claves para la estructuración del modelo que vamos a presentar. Hasta tal punto que esa estructura **sería totalmente diferente** si no dividiéramos la empresa en centros de actividad.

Tradicionalmente se venía estableciendo una separación entre **Contabilidad por órdenes de fabricación y Contabilidad por procesos**. Veamos en qué consisten esas alternativas:

— La primera variante, **Contabilidad por órdenes de fabricación**, se reservaba para aquellos casos en que la producción debía ajustarse a demandas diferenciadas de los clientes, que determinaban unos productos de características distintas para cada orden; se consideraba que no era necesaria la división de la empresa en centros de actividad en la Contabilidad por órdenes de fabricación. Un ejemplo puede ser la construcción de un yate sobre las especificaciones establecidas por un cliente.

— La segunda variante, **Contabilidad por pedidos o por procesos**, corresponde al caso en que los productos son iguales y el cliente se limita a elegir entre los productos que ofrece la empresa. Un ejemplo típico es la fabricación de coches en serie. Se venía considerando que la división de la empresa en distintos centros era propia de la Contabilidad por pedidos.

Sin embargo, hoy **se considera que el proceso contable es semejante en un caso y en otro**. No es incompatible con una demanda específica del cliente que la empresa se divida en centros de actividad. Por ejemplo, en un taller bien organizado de reparaciones de automóvil existen diferentes centros de actividad con independencia de que cada solicitud de reparación cursada por los clientes sea diferente.

7.2. PRIMERA APROXIMACION AL CUADRO CONTABLE DE CONTABILIDAD DE COSTES

Asumiendo las características anteriores, podemos organizar las cuentas dentro del **grupo 9**, siguiendo **una especie de costumbre de dedicar ese grupo a la Contabilidad de Costes**. Estamos hablando de un sistema de cuentas diferentes de los correspondientes a la Contabilidad General. Dicho de otra manera, vamos a entender que cuando aparece una cuenta con un código que empieza con 9 interpretamos que pertenece a la Contabilidad de Costes.

Y dentro de este grupo vamos a situar los subgrupos siguientes que mostramos en el **Cuadro 7.2**.

A continuación haremos **una primera aproximación al contenido específico de cada uno de esos subgrupos:**

90. Cuentas reflejas, conjunto de cuentas que van a permitir que la Contabilidad de Costes funcione independientemente de la Contabilidad General.

91. Cuentas de costes por naturaleza, que representan los diferentes elementos del coste de acuerdo con su naturaleza, pero con criterios de Contabilidad de Costes en cuanto a su valoración sobre todo.

92. Cuentas de costes de las secciones, que incluyen los costes de las diferentes secciones. En principio estas cuentas se reservan a los costes indirectos respecto del producto, aunque pueden ser costes directos de los centros. Es decir, los costes de las secciones pueden ser costes directos de las secciones y costes indirectos de las secciones, aunque unos y otros sean costes indirectos respecto del producto.

93. Cuentas de costes, que se diferenciarán normalmente entre coste de compras, coste de producción, coste de distribución y el coste final. El coste final va a incluir todos los costes en que se incurre en un producto hasta su entrega al cliente.

94. Cuentas de inventario permanente, que van a representar los elementos inventariables, de tal manera que se sepa en todo instante el valor de las existencias.

97. Cuentas de diferencias de incorporación, que van a recoger las discrepancias que se producen entre la Contabilidad de Costes y la Contabilidad General, surgidas, como ya sabemos, por no obedecer a los mismos principios.

98. Cuentas de resultados analíticos, que van a incluir todos los resultados que se calculan en la Contabilidad de Costes, entre los que estarán los resultados de los diferentes productos.

A continuación vamos a entrar en cada uno de esos subgrupos y vamos a presentar las diferentes cuentas que los integran.

Cuadro 7.2. Subgrupos de cuentas de Contabilidad de Costes

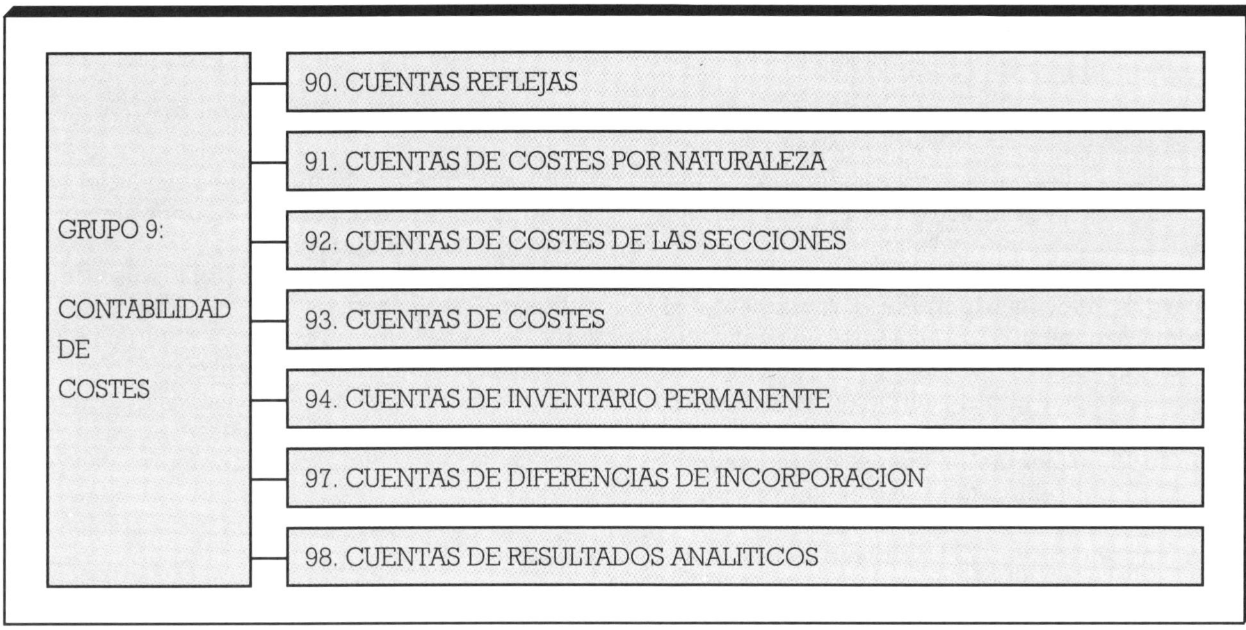

7.3. ESTRUCTURA GENERAL DEL CUADRO CONTABLE DE CONTABILIDAD DE COSTES

Si nos situamos ya en el método dualista, es necesario que el cuadro contable de la Contabilidad de Costes esté concebido y organizado de tal manera que asegure, por una parte, su autonomía y, por otra, una perfecta concordancia de sus datos con los de la Contabilidad General.

Veremos los diferentes subgrupos de cuentas del cuadro contable de la Contabilidad de Costes.

7.3.1. Cuentas reflejas

Este subgrupo «90. Cuentas reflejas» tiene por **finalidad** reflejar en la Contabilidad de Costes:

— El total de las **existencias y trabajos en curso** al comienzo del ejercicio, a través de una cuenta principal que podemos denominar 903, «"Stock" inicial reflejo». La recepción de estos elementos nos permitirá la puesta a punto del inventario permanente correspondiente en la Contabilidad de Costes.

— El total de **las compras y cargas**, a través de las correspondientes cuentas principales, que podemos denominar 905, «Compras reflejas», y 906, «Gastos y dotaciones reflejas».

— El total de **los ingresos**, a través de la cuenta principal que podemos llamar 907, «Ingresos (o productos) de la explotación reflejos».

— El total de **las rentantes magnitudes relacionadas con pérdidas y ganancias**, a través de la siguiente cuenta principal: 908, «Resultados reflejos ajenos a la explotación», que pueden ser positivos o negativos.

Las cargas e ingresos ajenos a la explotación y extraordinarios no van a ser objeto de un análisis tan detallado en la Contabilidad de Costes como las cargas e ingresos de la explotación. Por eso aparecen reflejados, de manera conjunta, a través de la cuenta principal 908, «Resultados reflejos ajenos a la explotación».

En definitiva, **el subgrupo de cuentas reflejas ha sido creado para**:

1.° Asegurar la autonomía de la Contabilidad de Costes permitiendo verificar su concordancia con la Contabilidad General.

2.° Asegurar, así, la validez de los asientos efectuados en la Contabilidad de Costes.

7.3.2. Cuentas de costes de las secciones

Ya hemos recibido en la Contabilidad de Costes, por medio del mecanismo de las cuentas reflejas, todas las cargas que aparecen recogidas en la Contabilidad General. Pero **sólo una parte de estas cargas pueden afectarse directamente al coste del producto**, v. gr., las materias consumidas. **Las restantes**, aquellas que no pueden afectarse directamente al coste del producto, **deben ser reagrupadas en unas cuentas que vamos a denominar 92, «Cuentas de costes de las secciones»**, para posibilitar su posterior imputación al producto.

Este subgrupo, creado en principio para encaminar a los costes las diversas cargas incorporables indirectas, **no juega más que un papel transitorio**. Se abre para recoger las cargas indirectas y poder distribuirlas entre los distintos costes de la manera más racional posible.

Una vez que ha cumplido esta finalidad ya no tienen razón de ser y, por ello, **aparece siempre cerrado al final del ejercicio**.

La apertura de las cuentas principales de este subgrupo dependerá de las necesidades particulares de cada empresa y vendrá determinada por la organización técnica de la misma.

En definitiva, el abrir más o menos cuentas dentro de este subgrupo «92. Cuentas de costes de las secciones», dependerá de cada empresa en particular.

Pero **las secciones** tienen una significación muy importante desde el punto de vista de la gestión, **como centros de actividad**. A ello nos referiremos especialmente en el próximo capítulo.

7.3.3. Cuentas de costes

Este subgrupo tiene por **finalidad** recoger separadamente los diferentes costes y el coste final, es decir, el conjunto de costes correspondientes a una mercadería, una materia, un producto o una función, etc., en un estado determinado, estado intermedio o estado final, para un período dado.

Este subgrupo **puede dividirse en tantas cuentas principales como sea necesario**, lo mismo que cada cuenta principal puede dividirse en tantas cuentas divisionarias —cuatro dígitos—, como se crea oportuno. Es decir, cada mercadería, materia, producto, función, etc., puede tener su propia cuenta de coste.

Su saldo representa el coste o el coste final, es decir, el valor total de todas las cargas incorporables, tanto directas como indirectas, por el que se pasa al correspondiente inventario permanente —o almacén— o a la cuenta de «Resultados analíticos de explotación», según se trate de un estado intermedio o de un estado final del proceso.

De lo dicho, se puede concluir que también en este subgrupo, como decíamos respecto al anterior, **la apertura de las cuentas principales dependerá de la organización técnico-económica de cada empresa**. Y situándonos en el caso general del ejemplo anterior, podríamos abrir las siguientes **cuentas de costes**:

933. Coste de compras.
935. Coste de producción.
936. Coste de distribución.
937. Coste final.

De nuevo es necesario advertir que lo verdaderamente importante es recoger en este subgrupo 93. «Cuentas de costes», todos los costes que la empresa quiera calcular, **pudiéndose abrir tantas cuentas principales —tercera cifra— como se necesiten** y, dentro de cada cuenta principal, tantas subcuentas (cuatro dígitos) como se crea conveniente. Si, por ejemplo, hemos llamado al coste de las compras **933. «Coste de compras», podemos especificar este concepto principal de la siguiente manera**:

9330. Coste de compras de mercaderías.

93350. Coste de compras de materias primas.
933500. Coste de compras de materia prima A.
933501. Coste de compras de materia prima B.

93355. Coste de compras de materias auxiliares. (Conviene seguir manteniendo separadamente de «otros aprovisionamientos» la cuenta de materias auxiliares).

9336. Coste de compras de elementos y conjuntos incorporables.

9337. Coste de compras de materiales para consumo y reposición.

9338. Coste compras de embalajes y envases.

Podrá observarse que, siempre que se pueda, debemos establecer el **paralelismo con la nomenclatura que cada elemento tiene en la Contabilidad General**.

Este cuadro admite variantes, por ejemplo, crear subgrupos especiales para:

Costes de productos almacenados y
Costes de productos vendidos,

no deja de ser una alternativa.

7.3.4. Cuentas de inventario permanente

No siendo las existencias de mercaderías, productos, etc., utilizadas o vendidas en el curso del ejercicio en que han entrado, es necesario establecer un subgrupo de cuentas destinadas a registrar sus **movimientos en cantidad y valor**. A este subgrupo podemos denominarlo 94. «Cuentas de inventario permanente». Estas cuentas permiten calcular el valor de las cargas incorporables o elementos entrados en almacén.

El saldo de estas cuentas ofrece la posibilidad de conocer, en todo momento durante el ejercicio, las existencias en almacén, en cantidades y valor.

Estas cuentas **deben presentar al final del ejercicio unos saldos deudores**, en conformidad con los datos suministrados por el inventario extracontable correspondiente.

La apertura de las correspondientes **cuentas principales dentro de este subgrupo** dependerá de la iniciativa de cada empresa y de sus necesidades, pero de acuerdo con el Plan General de Contabilidad **podrán ser las siguientes**:

940. Inventario permanente de existencias comerciales.
941. Inventario permanente de materias primas.
942. Inventario permanente de otros aprovisionamientos.
943. Inventario permanente de productos y trabajos en curso.
944. Inventario permanente de productos semiterminados.
945. Inventario permanente de productos terminados.
946. Inventario permanente de subproductos, residuos y materiales recuperados.

Como **ejemplo, la cuenta 943. «Inventario permanente de productos y trabajos en curso»** se utiliza al principio y al final del ejercicio y recibe, en el último caso, el traspaso de las cuentas de costes del ejercicio.

7.3.5. Cuentas de diferencias de incorporación

Las cuentas de este subgrupo corresponden a cuentas de regularización **destinadas a reflejar las diferencias** constatadas entre los elementos o cargas que la Contabilidad de Costes maneja para el cálculo del coste o coste final y los elementos o cargas efectivamente registradas por la Contabilidad General. También aparecen en la vertiente de los ingresos.

Estas cuentas aparecerán **cerradas al final del ejercicio**. Aunque no puede darse un número preciso de estas diferencias, en especial, pueden contemplarse **las siguientes cuentas de diferencias de incorporación**:

971. Cargas no incorporables.
972. Elementos supletorios incorporados.
973. Diferencias de inventario.

Más adelante se explicará el contenido y funcionamiento de cada una de estas cuentas y se completará la lista.

Dada su importancia en el cuadro contable, inmediatamente después las estudiaremos de una forma detenida.

7.3.6. Cuentas de resultados analíticos

El hecho de haber introducido ahora las diferencias de incorporación nos va a permitir distinguir en la determinación del resultado no ya dos etapas como veíamos en la introducción de este mismo tema, sino **tres etapas o tres tipos de resultados analíticos**:

1. **Un resultado analítico de la explotación debido a su actividad normal y corriente**. Este primer resultado se obtiene al traspasar a una cuenta principal, por una parte, el coste final de las ventas y, por otra, el importe total obtenido de las mismas, lo que por diferencia da el resultado analítico.

Es importante advertir que este primer resultado es el resultado considerado como tal por la Contabilidad de Costes, puesto que para la determinación de los elementos o cargas incorporables que entran en la composición del coste final se han seguido unos criterios propios dentro de esta Contabilidad.

Este primer resultado se puede calcular por productos, grupos de productos, sistemas de ventas, sectores comerciales o según el agrupamiento que se desee.

Este primer resultado puede denominarse «Resultados de la explotación con criterios de Contabilidad de Costes».

2. **Si a este primer resultado analítico**, obtenido con criterios de Contabilidad de Gestión, **le incorporamos el saldo de las posibles diferencias respecto a la incorporación** de los elementos o cargas incorporables que entran en la composición del coste final, obtendremos un segundo resultado que coincide con el saldo del resultado de explotación de la Contabilidad General. En otras palabras, en la Contabilidad de Costes se han recibido todas las cargas normales y corrientes de la Contabilidad General. Parte de estas cargas han sido incorporadas al movimiento de valores para la determinación del coste final, y las restantes se han recogido en el subgrupo 97. «Cuentas de diferencias de incorporación». Al incorporar en esta segunda etapa de los resultados analíticos las cargas recogidas como diferencias de incorporación a las cargas recogidas en el coste final, su suma deberá coincidir, normalmente, con el total de las cargas recogidas en la cuenta de explotación de la Contabilidad General.

Este segundo resultado puede denominarse **«Resultado de la explotación con criterios de Contabilidad General»**.

3. **Si al resultado anterior**, o resultado de la explotación con criterios de Contabilidad General, **le incorporamos el saldo del movimiento de valores ajenos a la explotación y el del movimiento extraordinario de valores**, obtendremos el resultado final del ejercicio, que podemos denominar «Saldo sobre pérdidas y ganancias». Este resultado total debe coincidir, lógicamente, con el saldo de la cuenta de «Pérdidas y ganancias» de la Contabilidad General.

La estructura de este subgrupo responde, pues, al **Cuadro 7.3**.

De acuerdo con lo expuesto, este subgrupo puede dividirse en las siguientes **cuentas principales**:

980. Resultados de la explotación con criterios de Contabilidad de Costes.
    9800. Resultado de explotación del producto A, etc.
987. Saldo de las cuentas de diferencias de incorporación.
988. Saldo sobre Pérdidas y ganancias.

En definitiva, es importante advertir que este subgrupo 98. «Resultados analíticos», **comprende tres conjuntos de cuentas** principales diferentes:

Cuadro 7.3. El cuadro contable y los resultados

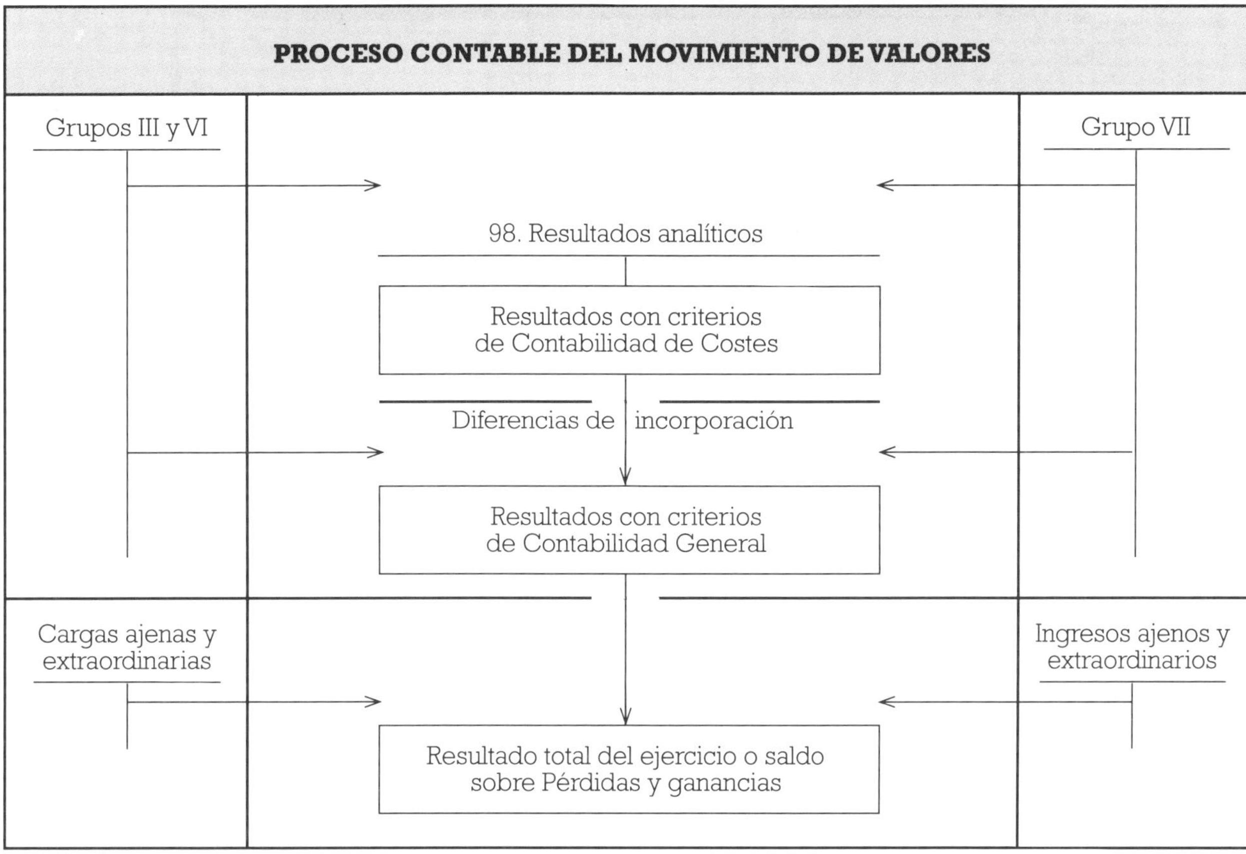

— **Primer conjunto**. Las cuentas de este conjunto sirven para determinar los resultados analíticos de explotación con criterios de Contabilidad de Costes. Los distintos resultados que pueden obtenerse por productos, etc., aparecerán recogidos en las cuentas del subgrupo 980.

— **Segundo conjunto**. Este conjunto, representado por la cuenta 987. «Saldo de las cuentas de diferencias de incorporación», permite reunir, en el subgrupo general 98, los saldos de las diferencias de incorporación. Sirve para asegurar la concordancia con el saldo de la cuenta de explotación de Contabilidad General.

— **Tercer conjunto**. Finalmente, todos los demás elementos ajenos y extraordinarios, representados por la cuenta 988. «Saldo sobre Pérdidas y ganancias», se reciben también en el grupo general 98.

Este conjunto sirve para asegurar la concordancia con el saldo de la cuenta de «Pérdidas y ganancias» de la Contabilidad General.

Los subgrupos de cuentas que hemos expuesto: 90, 92, 93, 94, 97 y 98 son suficientes para alcanzar los fines tradicionalmente asignados a la Contabilidad de Costes.

7.4. CUADRO CONTABLE BASICO DE LA CONTABILIDAD DE COSTES

Consecuentemente, **el cuadro contable** básico que sirve para recoger adecuadamente el proceso seguido por los valores en la Contabilidad de Costes será, pues, **el siguiente**:

CUADRO CONTABLE BASICO

90. Cuentas reflejas
  903. «Stock» inicial reflejo
  ... ...
  905. Compras reflejas
  906. Gastos y dotaciones reflejas
  907. Ingresos de explotación reflejos
  908. Resultados reflejos ajenos a la explotación
91. Cuentas de costes según naturaleza
92. Cuentas de secciones
  920. Secciones administración
  921. Sección financiera
  ... ...
  923. Sección de compras
  ... ...
  925. Sección de producción
  ... ...
  927. Sección de distribución
93. Cuentas de costes
  933. Coste de compras
    9330. Coste de compras de mercaderías
      93350. Coste de compras de materias primas
        933500. Coste de compras de materia prima A
        933501. Coste de compras de materia prima B
      93355. Coste de compras de materias auxiliares
    9336. Coste de compras de elementos y conjuntos incorporables
    9337. Coste de compras de materiales para consumo y reposición
    9338. Coste de compras de embalajes y envases
  935. Coste de producción
  936. Coste de distribución
  937. Coste final
94. Cuentas de inventario permanente
  940. Inventario permanente de existencias comerciales
  941. Inventario permanente de productos terminados
  942. Inventario permanente de productos semiterminados
  943. Inventario permanente de subproductos y residuos
  944. Inventario permanente de productos y trabajos en curso
    9450. Inventario permanente de materias primas
    9455. Inventario permanente de materias auxiliares
  946. Inventario permanente de elementos y conjuntos incorporables
  947. Inventario permanente de materiales para consumo y reposición
  948. Inventario permanente de embalajes y envases
97. Cuentas de diferencias de incorporación
  971. Cargas no incorporables
  972. Elementos supletorios incorporados
  974. Diferencias de inventario
  975. Gastos residuales de secciones
  976. Coste de subactividad
98. Resultados analíticos
  980. Resultados de la explotación con criterios de Contabilidad de Costes
    9800. Resultado de explotación del producto A
  987. Saldo de las cuentas de diferencias de incorporación
  988. Saldo sobre Pérdidas y ganancias

Este cuadro contable básico responde a un modelo básico del movimiento interno de valores y **nos va a permitir la aplicación, en primer lugar, del método de cálculo** de los costes y costes finales llamado de coste completo histórico y que consiste en el cálculo de los costes y costes finales contables.

— Establecidos «a posteriori».
— Según los datos efectivos de la explotación.
— Con la imputación de todas las cargas incorporadas (comprendiendo las cargas administrativas y financieras).

Si todas las cargas registradas en la Contabilidad General se vuelven a clasificar en la Contabilidad de Costes, habrá coincidencia entre el total de estos créditos compensadores y el de los débitos, llevados a las cuentas de cargas por naturaleza; su importe es entonces la imagen invertida del otro, **lo que explica la denominación de «Cuentas reflejas»** dada a las cuentas compensadoras.

En el cuadro aparecen desde los subgrupos hasta cuentas de seis cifras de desarrollo.

7.5. CONCEPTO, FINALIDAD Y FUNCIONAMIENTO DE LAS CUENTAS DE DIFERENCIAS DE INCORPORACION

Para comprender debidamente el funcionamiento del modelo de Contabilidad de Costes es preciso subrayar la importancia del **papel que juegan las diferencias de incorporación**. Estas son la pieza clave del mecanismo que garantiza la independencia absoluta del proceso de Contabilidad de Costes. Si las cuentas reflejas son la clave para poder desarrollar la Contabilidad de Costes aparte de la Contabilidad General, las cuentas de diferencias de incorporación **permiten que la Contabilidad de Costes** se desenvuelva con criterios totalmente diferentes de los que presiden la Contabilidad General.

Las diferencias de incorporación aparecen, en su concepción más genuina, cuando existe disparidad de criterios entre la Contabilidad de Costes y la Contabilidad General. Después se aprovecha el mecanismo de las diferencias de incorporación para representar y medir otras discrepancias que surgen a lo largo del proceso del movimiento interno de valores.

En su concepción más genuina, las diferencias de incorporación **pueden aparecer tanto en la vertiente de los ingresos como en la vertiente de las cargas**.

En la vertiente de los ingresos puede citarse, por ejemplo, el caso de una empresa que en Contabilidad General computase como ingreso ventas que aún están en tramitación, mientras que la Contabilidad de Costes solamente considere como ingresos las ventas hechas ya en firme.

En la vertiente de las cargas puede suceder que una empresa considere como deducible en su Contabilidad General solamente la amortización que permiten los coeficientes normales previstos en la legislación fiscal; sin embargo, la Contabilidad de Costes puede considerar otros coeficientes más ajustados a la propia realidad de la empresa.

Dicho lo anterior, y tras lo comentado en otros capítulos acerca de estas cuentas, podemos afirmar que **tienen una doble finalidad**:

— Por una parte, permiten actuar a la Contabilidad de Costes con criterios propios e independientes de los seguidos por la Contabilidad General.
— Por otra, contablemente, sirven para conciliar los resultados de explotación calculados con criterios de Contabilidad de Costes y con criterios de Contabilidad General.

Las diferencias de incorporación **están registradas en la Contabilidad de Costes exclusivamente**, en las cuentas principales del subgrupo 97. Independientemente del estudio detallado que se hará a continuación **su funcionamiento general** es el siguiente:

— Se carga cuando la Contabilidad de Costes registra menos cargas o más productos que la Contabilidad General.
— Se abonan en caso contrario.
— Se saldan al final del período, por transferencia a la cuenta 987. «Saldos de las cuentas de diferencias de incorporación», cuenta divisoria del subgrupo 98.«Resultado de la Contabilidad de Costes», de manera que se asegure la concor-

dancia entre el subgrupo 98 y el subgrupo 80. «Explotación» de la Contabilidad General. Esta concordancia se refiere al resultado de la explotación normal y corriente, siempre que no haya diferencias de valoración en las existencias.

En este grupo de cuentas **no** se registran las **diferencias** que surjan en un sistema **de costes preestablecidos**.

Cuatro ejemplos *pueden ayudar a plantear el funcionamiento del subgrupo 97. Cuentas reflejas:*

1.° La Contabilidad General ha registrado como coste la retribución de un socio por un importe de 50.000 ptas., criterio que no comparte la Contabilidad de Costes, que lo interpreta en un 90 % como una participación de beneficios.

2.° La Contabilidad de Costes computa un servicio prestado por una empresa del grupo que la Contabilidad General no ha tenido en cuenta. Su importe se estima en 1.000.000 de pesetas.

3.° La Contabilidad General ha contabilizado una venta a una filial por 2.000.000 de ptas. menos de lo que se considera precio de mercado. En la Contabilidad de Costes se contabiliza por el precio de mercado.

4.° La Contabilidad General ha considerado como ingresos de este ejercicio 1.500.000 ptas. en exceso, que, con los criterios de la Contabilidad de Costes, se consideran pertenecientes al año próximo.

Vemos la solución de estos cuatro casos en el ***Cuadro 7.3.*** *Vemos en ese cuadro cómo aparecen asimismo las cuentas reflejas, y cómo se va acumulando el saldo de las cuentas de diferencias de incorporación.*

7.6. ANALISIS DE LAS CUENTAS DE DIFERENCIAS DE INCORPORACION

Las diferencias de incorporación que se puedan producir, de acuerdo con el concepto que se ha establecido para las mismas, son muy variadas. Para recogerlas y clasificarlas pueden servir las siguientes **cuentas principales o de tres dígitos**:

971. Cargas y dotaciones no incorporables.
972. Elementos supletorios incorporados.
974. Diferencias de inventario.
976. Diferencias por nivel de actividad.
977. Productos de explotación no incorporados.
978. Productos de explotación supletorios.

Pasamos ahora al estudio de cada una de ellas.

7.6.1. Cargas no incorporables

Se consigue mediante esta cuenta que todas las cargas de explotación computadas en Contabilidad General trasciendan a la Contabilidad de Costes, pero sin necesidad de conceptuarlas de la misma manera.

Por lo general, la cuenta de cargas no incorporables se adeuda con abono a la cuenta 906 «Gastos y dotaciones reflejas». Se abona al final del ejercicio con cargo a la cuenta 987 «Saldo de las cuentas de diferencias de incorporación».

Ejemplo: *Se pagan unos gastos de viaje del director, que la Contabilidad de Costes considera como no incorporables, por ser un viaje privado. Importe: 100.000 ptas.*

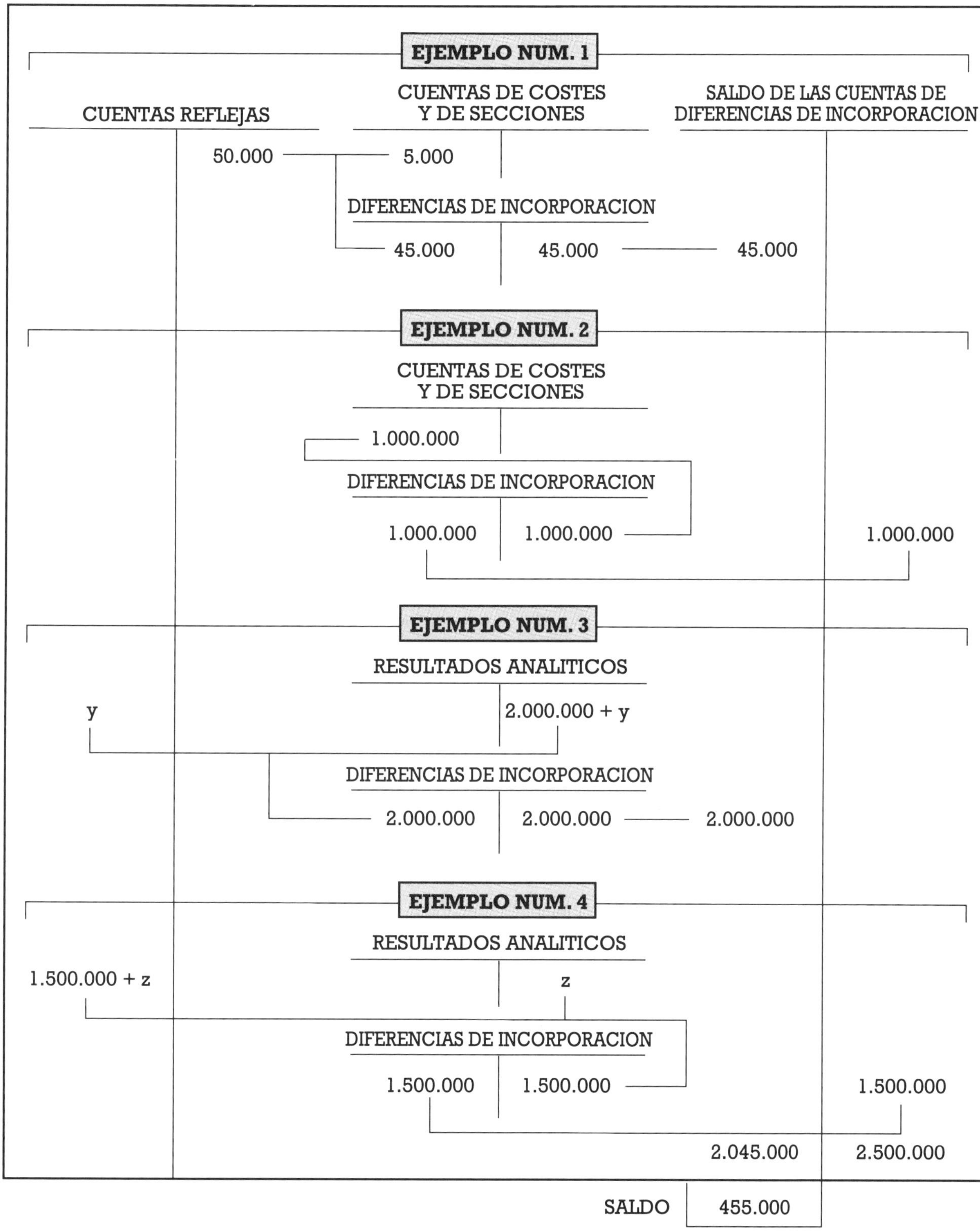
EJEMPLO NUM. 1
CUENTAS REFLEJAS
CUENTAS DE COSTES Y DE SECCIONES
SALDO DE LAS CUENTAS DE DIFERENCIAS DE INCORPORACION
50.000
5.000
DIFERENCIAS DE INCORPORACION
45.000
45.000
45.000
EJEMPLO NUM. 2
CUENTAS DE COSTES Y DE SECCIONES
1.000.000
DIFERENCIAS DE INCORPORACION
1.000.000
1.000.000
1.000.000
EJEMPLO NUM. 3
RESULTADOS ANALITICOS
y
2.000.000 + y
DIFERENCIAS DE INCORPORACION
2.000.000
2.000.000
2.000.000
EJEMPLO NUM. 4
RESULTADOS ANALITICOS
1.500.000 + z
z
DIFERENCIAS DE INCORPORACION
1.500.000
1.500.000
1.500.000
2.045.000
2.500.000
SALDO
455.000

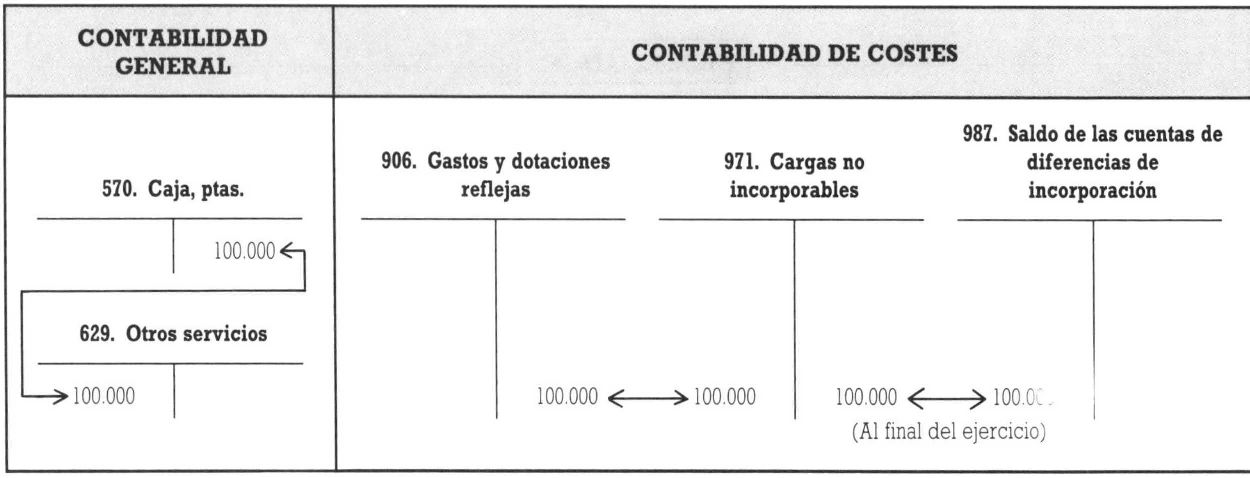

7.6.2. Elementos supletorios incorporados

Aquí encuentran su sitio adecuado las diferencias que surgen al introducir la Contabilidad de Costes **elementos del coste nuevos** que no son contemplados en la Contabilidad General. Como **casos más frecuentes** se han de citar: la remuneración convencional de los capitales propios y la remuneración del trabajo del empresario, cuando éste no tiene fijada una retribución. Al final de este tema volvemos sobre estos conceptos.

La Contabilidad General no hace ninguna anotación para recoger estos conceptos, por lo que no transcienden de manera alguna a la cuenta 906 «Gastos y dotaciones reflejas». Su entrada se hace con abono a la cuenta 972 «Elementos supletorios incorporados», con cargo a la cuenta interesada correspondiente, que será normalmente la cuenta del subgrupo 92 «Costes (indirectos) de las secciones». Al final del período contable, el saldo de la cuenta 972 «Elementos supletorios incorporados» se traspasa a la cuenta 987 «Saldo de cuentas de diferencias de incorporación».

Ejemplo: *Se calcula un interés al capital propio de 700.000 ptas., que se reparte entre las secciones de la empresa como un coste indirecto respecto del producto.*

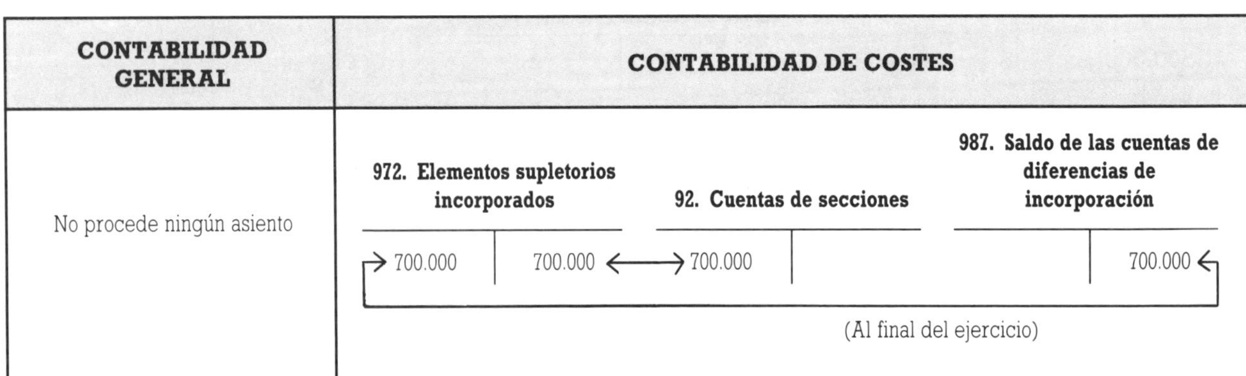

7.6.3. Cargas incorporables

Esta diferencia de incorporación, 973. Diferencias en cargas y dotaciones incorporables, complementa a la 971 «Cargas no incorporables» y se reserva para las **discrepancias en el importe** de las existencias, de las compras y de las cargas, que aparece en Contabilidad de Costes y el que aparece en Contabilidad General. **Pueden darse especialmente en las dotaciones a provisiones y dotaciones a amortizaciones**.

Esta diferencia de incorporación podrá subdividirse en:

9731. Diferencias de incorporación sobre materiales.
9732. Diferencias de incorporación sobre gastos por naturaleza.

Las diferencias recogidas en la cuenta 973. Diferencias en cargas y dotaciones incorporables pueden ser de distinto signo; al final del período se saldan con la cuenta 987. Saldo de cuentas de diferencias de incorporación.

Ejemplo: *Al final del primer mes del ejercicio las cuotas de amortización en Contabilidad de Costes han ascendido a 750.000 ptas., mientras que la amortización computada en Contabilidad General por conceptos análogos presenta un total de 600.000 ptas.*

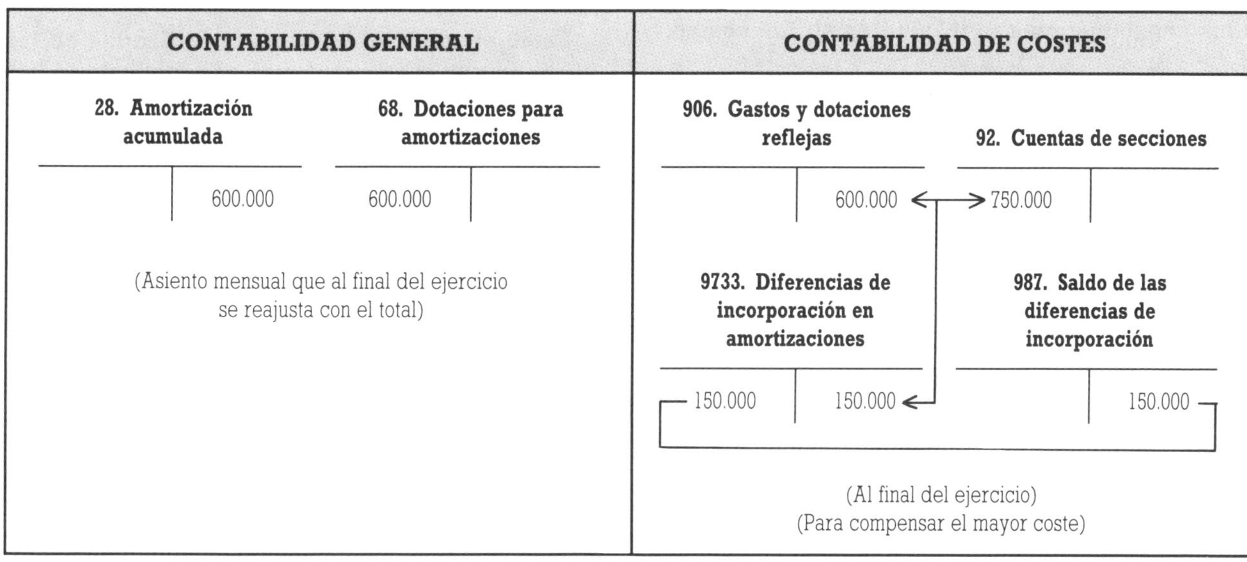

7.6.4. Diferencias de inventario

La empresa lleva un control contable de los «stock» por las cuentas de inventario contable permanente pertinentes. Por otro lado, cada cierto tiempo realiza un inventario físico de los «stocks». **Las diferencias que se producen en la cifra deducida del inventario contable permanente y del inventario físico** son, precisamente, las que se registran en la cuenta 974 «Diferencias de inventario».

Es recomendable reconocer **las causas de dichas diferencias**. Cuando la contabilidad es correcta, las diferencias deben ser pequeñas y debidas a redondeos o pequeñas cuestiones. Cuando son de mayor cuantía interesa investigar las causas que las motivan.

Ejemplo: *Se advierte, al hacer el inventario físico, que hay 52.000 ptas. menos en las existencias de materias primas que en la cuenta de Inventario contable permanente.*

CONTABILIDAD GENERAL	CONTABILIDAD DE COSTES		
	941. Inventario permanente de materias primas	**974. Diferencias de inventario**	**987. Saldo de las cuentas de diferencias de incorporación**
No procede ningún asiento	Haber: 52.000 ⟷	Debe: 52.000 / Haber: 52.000 ⟷	Debe: 52.000
	(Al final del ejercicio)		

7.6.5. Diferencias por nivel de actividad

Las situaciones de **actividad anormal**, notoriamente anormal, por exceso o por defecto, tienen unas **consecuencias deformantes en los costes**, que es preciso neutralizar.

Si nos ceñimos al caso de subactividad, cabe decir que una empresa puede trabajar a un nivel de actividad muy inferior al normal en un período contable dado, debido a un descenso transitorio de las ventas. En ese caso, los costes variables serían menores en conjunto que los correspondientes a una actividad normal, pero los costes fijos no serían sensibles a la baja de la actividad. La producción obtenida así, en ese nivel de actividad menor, cargaría con unos costes adicionales, que a veces llegan a desfigurar todos los cálculos.

Esta diferencia de incorporación: «976. Diferencias por niveles normales de actividad», puede desglosarse en dos:

9761. Diferencias por sobreactividad.

9762. Diferencias por subactividad (o Costes de Subactividad).

Estas cuentas no han de ser utilizadas en los casos en que la empresa siga el método de costes preestablecidos, el método de imputación racional o el método de costes variables. Esto nos lleva a señalar, para entendernos, que las diferencias de incorporación por niveles anormales de actividad vienen a ser una válvula que resuelve grandes incorrecciones que se producirían de no utilizarlas en el método del coste completo histórico.

Ejemplo: *Una empresa, que sigue el método de costes completos históricos, se encuentra ante una disminución drástica de la demanda de sus productos. Los costes fijos que dejan de ser absorbidos se calculan en 250.000 ptas. para un período de tiempo determinado.*

CONTABILIDAD GENERAL	CONTABILIDAD DE COSTES		
	92. Cuentas de secciones	**9762. Diferencias por subactividad**	**987. Saldo de las cuentas de diferencias de incorporación**
No procede ningún asiento	Haber: 250.000 ⟷	Debe: 250.000 / Haber: 250.000 ⟷	Debe: 250.000
	(Al final del ejercicio)		

Centrándonos solamente en los costes de subactividad, podemos afirmar, con carácter general, que estos costes suelen aparecer también como consecuencia de la presencia de ciertas cargas incorporadas al proceso productivo y localizadas en los distintos centros, que si bien se han originado en un determinado período, no han contribuido a la producción de los artículos que la empresa produce.

Tal sería el caso del alquiler pagado por una nave destinada a almacenar la primera materia y que no hemos utilizado; o el sueldo pagado a una persona que habiendo estado enferma, no ha trabajado.

7.6.6. Productos de explotación no incorporados

Ya dijimos que también por la **vertiente de los ingresos** se producen diferencias de incorporación. Tal ocurre cuando existen ingresos que no pueden ser aplicados a una rama de la explotación o a un producto. Cuando una empresa obtiene, por ejemplo, un descuento de proveedores derivado de que la empresa es del grupo, ese descuento se considera por la Contabilidad de Costes anormal en el mercado. La solución es pasar esta diferencia, debida al descuento, a la cuenta 977 «Productos de explotación no incorporados».

Ejemplo: *Supongamos una empresa que obtiene un rappel excepcional de 150.000 ptas. de una empresa del grupo.*

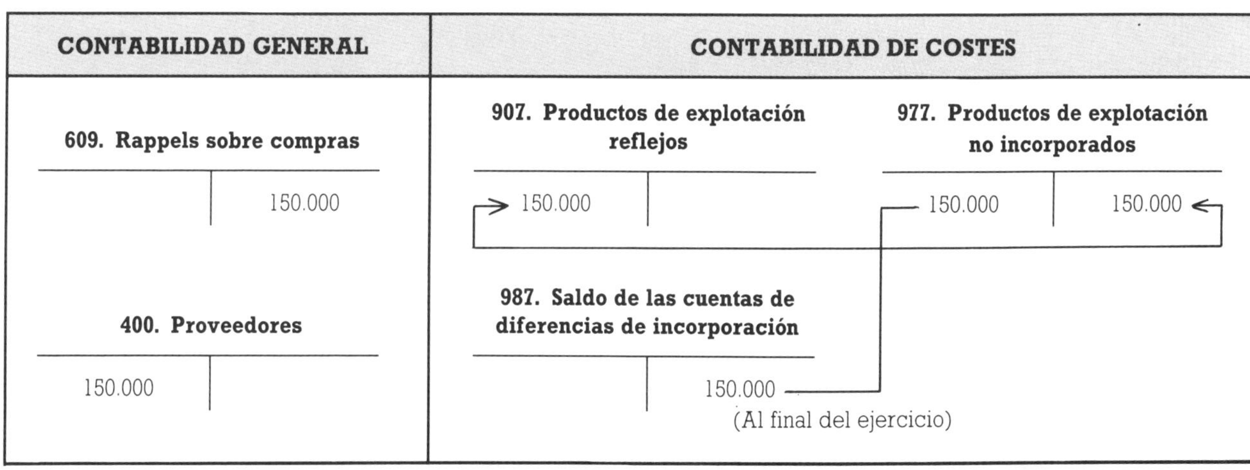

7.6.7. Productos de explotación supletorios

Para ser consecuentes con el planteamiento de las diferencias de incorporación calificadas de originarias, hemos de prever la posibilidad de que **la Contabilidad de Costes recoja ciertos ingresos no computados como tales en la Contabilidad General** por diversas razones. Una de ellas, a título de ejemplo, sería la disparidad en los criterios de valoración en la valoración de ciertos autoconsumos de la empresa.

Otra diferencia de criterio que puede dar lugar a correcciones en esta cuenta de Productos de explotación Supletorios o en la cuenta de Productos de explotación no incorporados es la distinta consideración de los ingresos como de explotación, ajenos a la explotación y extraordinarios.

Ejemplo: *Una empresa dedicada al transporte de viajeros tiene concedido desde hace cincuenta* *años un precio especial para ciertos usuarios. En el momento de su implantación, el precio especial tenía una justificación económica, pero ahora se conserva por otros motivos.*

La diferencia entre el precio especial y el normal que cobra se traduce en que la Contabilidad de Costes calcula esos ingresos a precios normales, por un importe de 600.000 ptas., mientras que la Contabilidad General lo hace a 400.000 ptas.

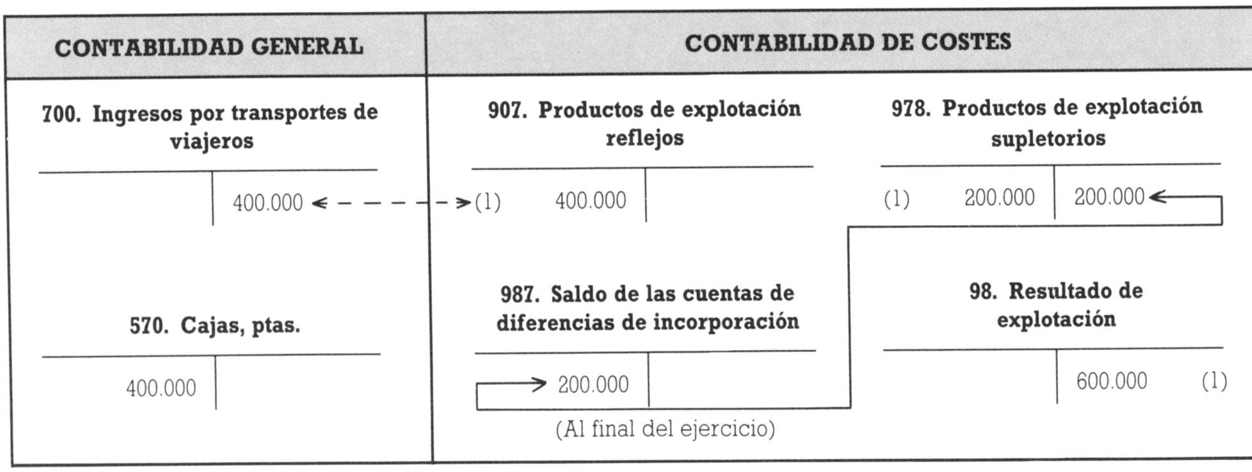

7.7. LOS ELEMENTOS O CARGAS SUPLETORIAS

Vamos a prestar una atención especial a estas diferencias de incorporación, dada la importancia que pueden tener en el cálculo de los costes. Ya hemos dicho que el coste final comprende cargas que están registradas en la Contabilidad General y cargas que no están comprendidas en la Contabilidad General. **Se llaman cargas supletorias** a las cargas no recogidas en la Contabilidad General, pero cuya incorporación al coste final puede estar prevista por la Contabilidad de Costes por razones fundamentalmente de análisis económico.

Se trata, principalmente, de las siguientes cargas:

— Las cargas financieras y remuneraciones al capital propio.
— La remuneración del trabajo del empresario.

Desde este punto de vista económico, el coste del capital propio y del trabajo del empresario son elementos constitutivos del coste, cualquiera que sea su origen jurídico, es decir han participado activamente en la aventura productiva, y, por consiguiente, el producto las ha consumido.

7.7.1. Las cargas financieras

Se entiende por **«cargas financieras»** el interés de los capitales recibidos y por «remuneración de los capitales propios» el interés de los capitales aportados a la empresa. Por regla general, las cargas financieras pagadas a terceros figuran en la Contabilidad General. Por el contrario, la remuneración de los capitales propios no aparece nunca registrada en Contabilidad General.

La incorporación de la remuneración de los capitales propios al movimiento interno de valores, provocado por la actividad productiva, tiene **un doble fundamento**.

Por una parte, porque igual que el proceso productivo necesita para su realización de la financiación ajena, también necesita de la propia, y así, lo mismo que se incorpora el coste financiero provocado por aquélla y registrado por la Contabilidad General, se deberá incorporar el coste representativo de la utilización de los capitales propios, aun cuando en este caso no haya sido registrado por aquélla.

Por otra parte, por cuanto, de no tenerse en cuenta este coste, el coste de nuestros productos variaría en función de la estructura financiera de nuestra empresa, y así, el producto presentaría un mayor coste si financiamos el proceso productivo con recursos ajenos, y un menor coste si la financiación se realiza con recursos propios, máxime cuando ya conocemos que el proceso productivo es independiente del proceso financiero o política de financiación seguida por la empresa, por lo que éste no debe en ningún caso deformar la manera en la que aquél se viene ejecutando.

Cálculo de las cargas financieras

El importe a incorporar se puede determinar aplicando el tipo medio de interés a largo plazo, fijado por el Banco de España, a los capitales a remunerar cuyo importe se **determina de la siguiente manera**:

Partidas a considerar, capital y reservas, v. gr.:

— Capital social desembolsado o capital individual;
— Reservas y primas de emisión;
— Remanente;
— Fondos de jubilación (los que tengan carácter de reservas);
— Provisiones para riesgos (las que tengan carácter de reservas).

A deducir:

— Total de gastos de primer establecimiento.

Como vemos, en definitiva, **la base** sobre la que se aplica el tipo de interés es **el Patrimonio Neto de la empresa**. Este procedimiento se refiere, pues, a los capitales que son propiedad de la empresa.

Pero es preciso poder **asignar a las secciones correspondientes el interés de los capitales comprometidos**. Parece que el medio más práctico consistiría en abrir a cada una de las secciones de la empresa una cuenta que registre y controle los recursos utilizados; después se aplicará, para cada sección, el tipo de interés. Estaríamos ante la sección como centro de inversión.

7.7.2. Remuneración del trabajo del empresario

Hay empresas en las que los propietarios-empresarios prestan sus servicios, sin cobrar por ello una remuneración. En estos casos, es conveniente hacer aparecer una carga supletoria, que se relaciona con esta participación efectiva del empresario y se determina por comparación con la remuneración propia de directores, gerentes, etc., que representan funciones semejantes en sociedades semejantes.

Las razones para considerar este concepto entre los costes son de la misma naturaleza que las que llevan a tomar en consideración la remuneración en los capitales propios.

No obstante, en este caso resulta evidente que el trabajo ejecutado por el empresario **ha supuesto un recurso productivo consumido por el producto**; es decir, se trata de un coste que el producto ha necesitado para su fabricación y, por tanto, deberá ser a él incorporado, con independencia de que la Contabilidad General lo tenga o no en consideración.

CUESTIONES

1. *La Contabilidad de Costes recoge:*
a) Los costes e ingresos propios de la actividad normal y corriente.
b) Los costes e ingresos ajenos a la explotación.
c) Los costes e ingresos extraordinarios.

2. *El subgrupo de «Cuentas de centros o secciones» tiene por finalidad:*
a) Recoger todos los costes incorporables.
b) Recoger todos los costes que no pueden llevarse directamente a los costes del producto.
c) Recoger las materias primas consumidas por el producto.

3. *El subgrupo de «Cuentas de diferencias de incorporación» tiene por finalidad:*
a) Recoger las pérdidas y ganancias extraordinarias.
b) Recoger las cargas recibidas de la Contabilidad General con carácter aproximado.
c) Recoger las diferencias en cantidad y en valor que surjan como consecuencia de los criterios seguidos en Contabilidad de Costes respecto a los criterios seguidos en Contabilidad General.

4. *El subgrupo de «Cuentas de resultados analíticos» permite evidenciar:*
a) Un solo resultado, comparable con Contabilidad General.
b) Dos tipos de resultados, uno que coincida con el saldo de la explotación y el otro con el resultado final de la cuenta de Pérdidas y ganancias.
c) Tres tipos de resultados.

5. *Situados en un dualismo, el cuadro contable básico analítico que hemos expuesto es:*
a) Obligatorio para toda la empresa que quiera llevar una Contabilidad de Costes.
b) Simplemente indicativo.
c) Obligatorio en cuanto a su estructura e indicativo en cuanto a las cuentas principales.

6. *Las «Cuentas reflejas» sirven para recoger:*
a) Los gastos procedentes de la Contabilidad General.
b) Los ingresos procedentes de la Contabilidad General.
c) Los saldos de las cuentas a pagar procedentes de la Contabilidad General.

7. *Las «Cuentas reflejas» han sido creadas para:*
a) Asegurar la autonomía de la Contabilidad de Costes.
b) Hacer coincidir los resultados calculados con criterios de Contabilidad de Costes y de Contabilidad General.
c) Poder separar los costes de los ingresos.

8. *La función de los centros de actividad bajo el punto de vista contable es la de:*
a) Poder distribuir adecuadamente costes e ingresos entre los productos.
b) Poder formar correctamente el coste de las materias auxiliares.
c) Poder distribuir más racionalmente los costes indirectos entre los productos.

9. *Las «Cuentas de inventarios permanentes» permiten:*
a) Conocer en todo momento las existencias teóricas en almacén.
b) Conocer en todo momento el valor de los costes no incorporados a los productos.
c) Calcular el valor de los costes incorporables o elementos entrados en almacén.

10. *El resultado analítico calculado con criterios de Contabilidad de Costes:*
a) Suele coincidir con el calculado por la Contabilidad General.
b) No suele coincidir, debido a las diferencias de criterios seguidos en su determinación.
c) La Contabilidad de Costes no calcula resultados, sólo determina las pérdidas o ganancias finales de una manera global.

11. *Las cuentas de incorporación aparecen cuando:*
a) Hay que formar el coste del producto.
b) Hay que incorporar los costes indirectos a los centros de actividad.
c) Existe disparidad de criterios entre la Contabilidad de Costes y la Contabilidad General.

12. *Las diferencias de incorporación están relacionadas con:*
a) Sólo con los ingresos.
b) Sólo con los costes.
c) Tanto con los ingresos como con los costes.

13. *Los «Elementos supletorios» se refieren a:*
a) La remuneración del empresario cuando éste no se fija salario.
b) La remuneración de los capitales propios.
c) La remuneración de los recursos propios y ajenos.

14. *Las «Diferencias de inventarios»:*
a) No pueden existir en Contabilidad de Costes por llevar un control mediante inventarios permanentes.
b) Recogen las diferencias entre las existencias valoradas con criterios de Contabilidad de Costes y de Contabilidad General.
c) Recogen las diferencias entre el inventario contable y el inventario físico.

15. *Los saldos finales resultantes de las «Diferencias de incorporación»:*
a) Se suman en la formación del coste de producción.
b) Incrementan el coste final.
c) Se llevan al debe o al haber de la cuenta de resultados según el saldo que presenten.

16. *Las diferencias por niveles de actividad:*
a) Tienden a corregir el efecto de los costes fijos sobre el coste del producto ante variaciones anormales en el nivel de actividad.
b) Intentan reflejar la diferencia entre costes e ingresos como consecuencia de un exceso o defecto de actividad.
c) Sólo señalan las horas trabajadas de más por el personal.

17. *Los costes correspondientes a los capitales propios se calculan:*
a) En función del patrimonio neto de la empresa y el tipo de interés a largo plazo.
b) En función del capital circulante y el tipo de interés a corto plazo.
c) En función de los préstamos recibidos y al tipo de interés pactado.

18. *Si existen diferencias de inventario:*
a) Siempre denuncian problemas graves.
b) Conviene buscar en cualquier caso las causas de las diferencias.
c) Si la contabilidad de los almacenes es correcta y los «stocks» están bien controlados, estas diferencias tienen poca importancia.

19. *Las diferencias de incorporación por elementos supletorios:*
a) Significan computar como costes en la Contabilidad Interna cargas no consideradas por la Contabilidad General.
b) Implican recoger en Contabilidad de Costes nuevos ingresos.
c) Tienen que ver con la incorporación de materia prima.

20. *La remuneración del empresario suele calcularse:*
a) Por la media de los sueldos que se cobran en la empresa.
b) Por los beneficios repartidos a los accionistas.
c) Por comparación con los sueldos de personas que desempeñan puestos semejantes en otras empresas.

8 Los centros de actividad y su función contable en el modelo de costes completos

8.1. LAS AREAS DE RESPONSABILIDAD, LA ORGANIZACION DE LA EMPRESA Y LOS CENTROS DE ACTIVIDAD

Desde múltiples perspectivas se llega a plantear **la necesidad de la ordenación de la información contable por áreas de responsabilidad.** El común denominador de todas ellas hay que buscarlo en los nuevos objetivos de planificación y control que la moderna Contabilidad de Gestión ha asumido, y que son imprescindibles para que la información contable pueda servir a la adopción de decisiones.

Por otra parte, las empresas, a partir de cierta dimensión, tienden a organizarse de acuerdo con la delimitación de sus **ámbitos de decisión**. Los ámbitos de decisión y sus relaciones aparecen delimitados en **el organigrama**. En términos dinámicos se puede sostener que a medida que la empresa va creciendo, las decisiones se van repartiendo entre mayor número de personas e incluso parte de las decisiones importantes deben ser delegadas. Por esto, la estructura de la organización debe definir cada vez con más nitidez **la autoridad, las obligaciones y la capacidad de decisión** de las diferentes personas que intervienen en la gestión a diversos niveles.

De esta manera, la Contabilidad de Costes considera las áreas de responsabilidad **conectadas con el estudio de la organización empresarial**. Aunque no vamos a profundizar ahora en estas cuestiones, sí queremos dejar constancia de que las múltiples críticas que se han lanzado a una buena parte de la doctrina de la Teoría de la Organización, por su desentendimiento de unas relaciones bilaterales, surtieron efecto. Y hoy podemos decir que ofrece posibilidades antes inéditas a la Contabilidad de Costes.

La conexión de la responsabilidad y la actividad

Para que la organización sea más operativa, debe establecerse **la responsabilidad** de cada centro de decisión, si es posible, **en función de la actividad productiva** que a él esté **encomendada**. Y así hemos llegado a un punto especialmente delicado y difícil, pero que presenta unas perspectivas ciertamente halagüeñas. Estamos refiriéndonos a la articulación de diferentes actividades parciales, suficientemente delimitadas, en la actividad productiva de la empresa como un todo.

El sentido amplio de la actividad productiva

Y puestos en este punto, hemos de enlazar con la idea de que la **Contabilidad de Costes** ha superado el estrecho campo de las empresas fabriles y

se ocupa de la actividad productiva en su más amplio sentido, o sea, como cúmulo de operaciones de todo tipo que crean productos y servicios demandados en el mercado. Pongamos **algunos ejemplos**:

— Las **empresas auxiliares de oficinas** venden unos servicios que van desde trabajos de tratamiento de textos hasta la organización de archivos.

— Las **empresas de transporte** realizan también una actividad muy variada; si nos fijamos específicamente en las empresas de **mensajería** observaremos que no solamente trasladan los paquetes o bultos de un lugar a otro, sino que efectúan actividades complementarias de recogida y entrega, y en ocasiones incluso de preparación de los envíos.

— Por fin, **las empresas de distribución** también tienen un cometido complejo y que varía fuertemente de unas a otras; normalmente cuentan con una red de agentes y almacenes de los que se sirven para hacer llegar los productos a sus demandantes.

El problema de la identificación del producto o servicio de ciertos centros

Estos ejemplos de empresa no fabriles **nos sitúan ante actividades productivas indiscutibles**, pero que se salen de los cauces clásicos de las empresas fabriles, entre otras cosas en la naturaleza de los bienes y servicios que ponen a disposición de sus clientes. Se trata en estos casos de **productos y servicios que a veces son difíciles de expresar en una misma unidad**, lo que ocasiona no pocos problemas de facturación. No obstante, estos problemas nunca son una barrera infranqueable. En efecto, por difícil que sea la medida de un servicio ejecutado por una empresa auxiliar de oficinas, se hallará una referencia razonable en el panel de servicios ofrecidos y, por supuesto, siempre se encontrará una referencia para razonar un precio en las ofertas y facturas.

Aunque todo esto ha de ser puesto de relieve si se desea actualizar la delimitación de los campos a cubrir por la Contabilidad de Costes, como ya hemos repetido, lo traemos a colación ahora para **intentar plantear una división de la actividad productiva global de la empresa** en centros que tengan una autonomía real, aunque se trate de centros que no realicen actividades fabriles.

Descendiendo a un terreno más concreto, tan centro de actividad puede ser, por **ejemplo**, el que aglutine todas las **operaciones de administración general**, como el que realice una parte diferenciada de la transformación física del producto, como el que tenga a su cargo los transportes en el interior de una factoría, como el que tenga encomendada la distribución de los productos. Otra cosa bien diferente serán las dificultades mayores que quepa encontrar en algunos de estos centros de actividad. Ahí surgirán problemas, pero siempre con una solución que con el tiempo puede ser mejorada.

Los nombres de los centros

Para terminar esta primera incursión en el concepto de centro de actividad importa hacer una aclaración terminológica. Son muchos los nombres que se emplean para designar a las partes que resultan de la descentralización de la empresa. Empezando por el ya apuntado de **centro de actividad**, habría que hacer mención de las **secciones**, siguiendo la costumbre europea-continental, y de los **departamentos**, de acuerdo con la línea anglosajona, sin olvidar otras expresiones, como **centros de análisis**. Aunque somos conscientes de que al surgir en distintos contextos, todas estas denominaciones adquieren matices especiales, nos inclinamos por emplearlas indistintamente, aunque en nuestra exposición hablemos con preferencia de centros de actividad o de secciones.

8.2. LOS COSTES DE LOS CENTROS DE ACTIVIDAD Y SUS CLASES

Los centros de actividad realizan una parte del proceso productivo. Por ello, en principio, **podríamos sostener que todos los costes involucrados en la actividad de un centro deberían atribuirse a él**. En este sentido, tanto las materias primas, como la mano de obra directamente aplicada a los productos o a los servicios, como los costes indirectos correspondientes a medios productivos que hayan influido en la actividad de un centro, se le asignarían. Claro que no en todos los centros se aplican los mismos elementos del coste. Hay que pensar que así como en un taller de aserrado pueden intervenir todos los renglones de costes mencionados, en otros centros pueden darse solamente costes indirectos respecto del producto, como sucede en un centro de transporte interno.

La asignación de costes **en un modelo de costes completos**, supone que **todas las cargas**, antes de pasar a incorporarse a los productos o servicios que la empresa entrega en el mercado, **han de incorporarse a los centros de actividad** para calcular el coste de los productos o servicios internos que de cada una de ellas se obtiene. Así, a título de **ejemplo**:

— **El centro de compras** se hará cargo de todos los costes relacionados con su actividad de la adquisición de los materiales; el coste de éstos abarcará tanto los precios de factura como la parte correspondiente de los costes ocasionados por la actividad de adquisición de los materiales.

— **El centro de administración** se hará cargo de los costes en que se haya incurrido para ejercer la actividad normal de este centro y que abarcará todas las operaciones de dirección general, trámites burocráticos, preparación y transmisión de la información contable, no encuadrados en centros específicos.

— **El centro de distribución** se responsabilizará de los valores sacrificados para la colocación de los productos en el mercado, así como de la atención a los clientes.

Clasificación de los costes de los centros de actividad

Los costes de los centros de actividad pueden clasificarse de acuerdo con distintos criterios. Así cabe hablar de:

— Costes controlables y costes no controlables.

— Costes directos y costes indirectos respecto de los centros,

a los que ya hicimos una alusión con anterioridad, aunque debemos volver a ellos tras la profundización en el concepto de centro de actividad.

Costes directos y costes indirectos respecto de los centros

La división de los costes en directos e indirectos respecto de los centros tiene una clara **significación contable**. Se considerarán **costes directos respecto de un centro** a aquellos que están claramente identificados como correspondientes a la actividad del centro. Por **ejemplo**, el sueldo del encargado del centro de administración será un coste directo de este centro de actividad. Sin embargo, el sueldo de un grupo de trabajadores encargados de la limpieza de las dependencias del centro de administración y de otros centros distintos, no es específico del centro de administración, luego le calificamos de coste indirecto respecto de este centro. Por tanto, **los costes indirectos respecto de un centro** no se pueden identificar claramente como pertenecientes a él; y, al corresponder a diferentes centros en proporciones a determinar, necesitan un criterio de distribución entre ellos.

Hay que salir al paso de **una posible confusión entre** los **costes directos e indirectos respecto del producto y los costes directos e indirectos respecto de los centros**. En el propio enunciado que acabamos de hacer ya queda resaltado que la referencia de ambas categorías es diferente: en un caso es el producto y en el otro el centro de actividad. Por esto mismo no tienen por qué coincidir. En el ejemplo que hemos puesto de costes directos respecto de los centros hemos citado el caso del encargado del centro de administración; este coste se clasificará, en condiciones normales, como coste indirecto respecto del producto. Podemos convenir en que **mientras no se advierta expresamente lo contrario**, cuando se alude a costes directos o costes indirectos nos referimos a costes directos e indirectos **respecto de los productos**.

8.3. LA PRODUCCION DE LOS CENTROS DE ACTIVIDAD Y LAS UNIDADES DE OBRA

Los centros consumen una serie de medios que integran su coste. Ello permite la realización de una actividad de la que se derivará un determinado tipo de producción consistente en bienes o servicios que es preciso medir adecuadamente. Las unidades en que se expresa el output de la actividad productiva se denominan frecuentemente **unidades de obra**. Este término quizá no sea muy significativo en sí, pero ya goza de indiscutible generalidad en los modelos de coste completo, principalmente.

Las unidades de obra presentan, a nuestro modo de ver, **dos tipos de problemas** que es preciso resaltar. Primero, la delimitación del concepto de unidad de obra de otros contiguos. Segundo, la fijación de algunos criterios que ayuden a la elección de las unidades de obra. Vamos a tratarlos seguidamente.

1.° La medida de la producción

En cuanto a la delimitación del concepto de unidad de obra, creemos que es preciso ir más lejos y diferenciar la actividad de un centro de la producción obtenida con esa actividad, aunque a veces parezca que coinciden. **La unidad de obra pretende medir la producción**. Veamos algunos **ejemplos.**

Un centro de pintura de muebles puede constar de hombres y máquinas. Supongamos que para una semana determinada se ha llegado a los siguientes datos:

Horas/hombre de actividad	400
Horas/máquina de actividad	40
Muebles (sillas de un cierto modelo) pintados	8.000

En este caso cabe afirmar que se ha desarrollado una actividad de 400 horas/hombre y 40 horas/máquina, mediante la que se ha conseguido una producción de 8.000 unidades de obra, que son las sillas pintadas.

A pesar de la posibilidad de establecer esa distinción, en un plano teórico, entre actividad y producción derivada de la actividad, **no se puede negar la correlación existente entre ambas en condiciones normales**. Esto permite afirmar que las unidades de obra, en condiciones normales, miden también la actividad desarrollada por los distintos centros.

Dispuestos a presentar **un ejemplo** que aclare lo que acabamos de indicar, no necesitamos abandonar la propia actividad del estudiante. Al referirse a ella, al cabo de una jornada, dirá en ocasiones: hoy he estudiado mucho, he estudiado ocho horas. Otras ocasiones se expresará en cambio así: hoy he estudiado mucho, he aprendido bien tres temas completos.

Otro ejemplo. Supongamos a este respecto un centro de reparaciones de maquinaria; se sabe de ella y respecto a una semana determinada:

Horas/hombre	500
Horas/máquina: desconocidas por ser equipos heterogéneos; y máquinas reparadas: 12, pero con averías muy desiguales.	

En este ejemplo la actividad realizada es de 500 horas/hombre. Y, en cuanto a la producción obtenida, se puede razonar que el centro tiene como objetivo desarrollar una serie de horas de reparación, lo cual quiere decir que su producción son las horas puestas a disposición de los demás centros para realizar tareas de reparación.

2.° La selección de la unidad de medida

En cuanto a la fijación de algunos criterios para la selección de las unidades de obra que puedan ser apropiadas a los diferentes centros de actividad, es preciso adelantar que **no existen unas propuestas que sirvan para todas las empresas**. Por **ejemplo**, no cabe afirmar que todos los centros de acabado de muebles han de emplear el número de unidades de muebles —sillas, mesas—, que hayan pasado por ellas; puede darse la circunstancia de que los muebles sean muy diferentes y no tengan la homogeneidad que se exige a toda unidad de medida.

Sin embargo, la doctrina ha ido estableciendo **algunos criterios generales**, entre los cuales nos parecen especialmente operativos los siguientes:

1.° Ha de ser la **expresión de las prestaciones** que efectúe el centro al resto de los centros de actividad o a los productos, es decir, del cometido productivo que tiene encomendado. Ha de medir el output del centro de actividad.

2.° Ha de ser **homogénea**, al menos dentro de ciertos límites. En este punto ciertas disparidades se compensan a veces. Por ejemplo, en un centro de limpieza de locales administrativos, quizá haya semanas en las que se encuentre la tarea más laboriosa en unos centros que en otros por metro cuadrado, pero, por término medio, los metros cuadrados que tenga cada sección atendida puede ser una correcta unidad de obra.

3.° Ha de ser **fácil de controlar**. A veces es aconsejable olvidarse de ciertas unidades de obra porque es complicado y, por tanto, costoso conocer las unidades que han ido a parar a cada uno de los demás centros o a cada producto o servicio. Por ejemplo, en un centro de servicios médicos se podría llevar un registro de las prestaciones concretas realizadas, considerando las características de cada persona atendida. Eso conduce a que se pueda tomar como unidad de obra el número de personas atendidas, sin considerar las particularidades de las prestaciones realizadas o reducibles a muy pocas clases de ellas. Evidentemente, estas últimas unidades de obra del centro de servicios médicos es mucho más fácilmente controlable.

8.4. METODO PRIMITIVO DE ASIGNACION DE LOS COSTES INDIRECTOS

Las empresas que se contentan con los antiguos métodos de cálculo de costes **se inspiran en la siguiente clasificación de los gastos del período**:

— Costes de compra o aprovisionamiento.
— Costes de fabricación.
— Costes de administración.
— Costes financieros, y
— Costes de venta o distribución.

Para proceder a esta clasificación se puede emplear el **Cuadro 8.1.**

En dicho cuadro observamos que las diferentes cargas se asignan a los tipos de costes a que hemos hecho referencia. Una vez conocidos los tipos de costes recogidos en el cuadro se imputan adecuadamente de acuerdo con unos **criterios de reparto que tengan una cierta lógica**. Por ejemplo:

— Los costes de aprovisionamiento se imputarán normalmente a prorrata de las materias primas que entran en el almacén.
— Los costes de fabricación se asignarán a prorrata del número de piezas, kg, Tm, derivados del proceso productivo durante el ejercicio, según cual sea la naturaleza de la producción.
— Los costes de administración y los financieros, que afectan a todas las actividades, se asignarán de acuerdo con las características de cada proceso. A veces esto llevará a utilizar como referencia el número de artículos fabricados, o el coste de materias primas más mano de obra directa, o computando solamente el coste de la mano de obra.
— Los costes de venta o distribución guardarán normalmente una relación con la cantidad de

Cuadro 8.1

Cargas por naturaleza	Costes de aprovisionamiento	Costes de fabricación	Costes de ventas	Costes de administración	Costes financieros
■ Gastos de personal					
■ Tributos					
■ Etcétera					

productos vendidos, o con su valor en el mercado.

Todos estos criterios, y otros análogos que hubiéramos podido traer a examen, tienen la característica de su arbitrariedad y de los distintos importes que llegan a alcanzar los costes finales de los productos y servicios según el criterio elegido. Por eso **se han ido abandonando progresivamente estos métodos** conocidos con el expresivo calificativo de método de regadera, mostrándose partidarios de nuevas soluciones.

8.5. LOS CENTROS DE COSTES INDIRECTOS Y SU FUNCION CONTABLE EN LA ASIGNACION DE COSTES INDIRECTOS

En principio habíamos hablado de una concepción de los centros según la cual **se hacían cargo de todos los costes** incorporados al proceso en el ámbito de actividad de dicho centro. **Sin embargo**, los centros pueden tener un menor alcance desde el punto de vista contable, ya que cabe plantear el proceso contable de manera que los costes directos se traspasen directamente a las cuentas de costes y solamente los costes indirectos se conduzcan por el camino de los centros. En este caso deberíamos decir que los centros no se comportan como centros de costes, sino como **centros de costes indirectos**.

Este esquema, a pesar de ser sencillo, es más complicado que el método empleado en las primeras etapas de la Contabilidad de Costes al que hemos hecho referencia.

Hemos visualizado en el **Cuadro 8.2** el esquema de Contabilidad de Costes en que los centros asumen el papel de asignar los costes indirectos. Esto significa que las **cuentas de secciones** también podrían llamarse —y con más propiedad— cuentas de costes indirectos de los centros. El mecanismo de **funcionamiento** para los distintos tipos de centros es como sigue:

Cuadro 8.2

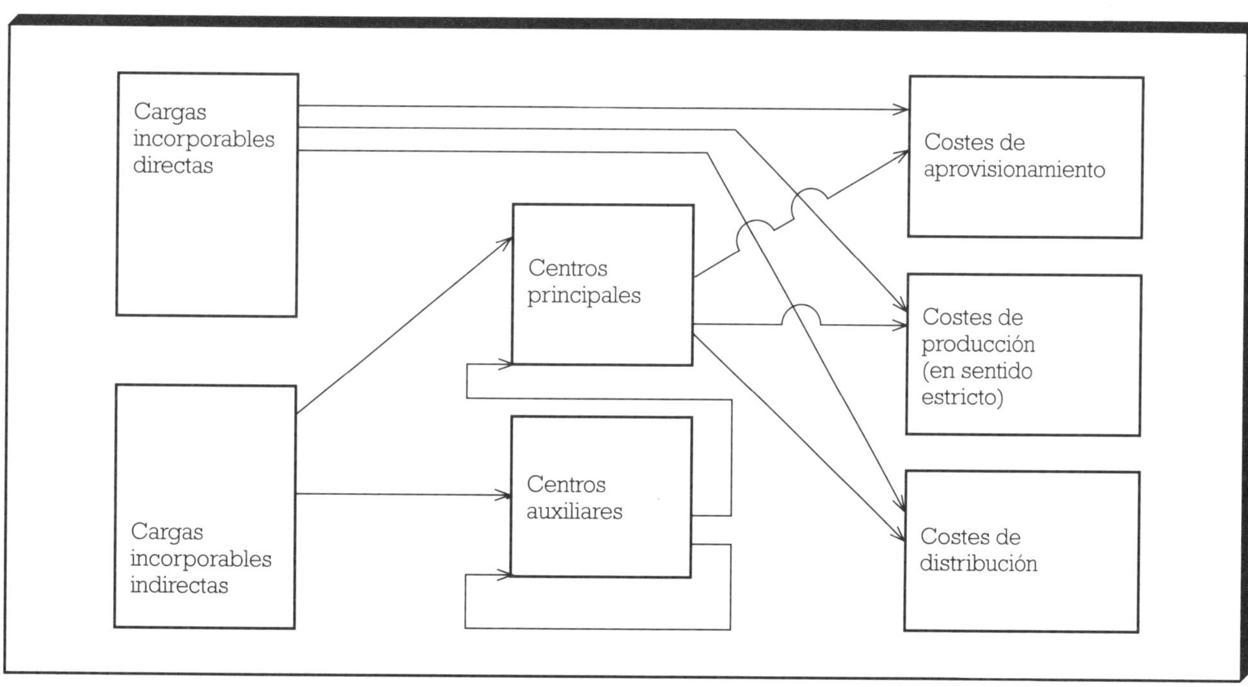

Centros principales y centros auxiliares

La Contabilidad de Costes viene distinguiendo entre dos tipos de centros. Los centros principales y los centros auxiliares. Se suele entender que **son centros auxiliares** aquéllos cuyas prestaciones se dirigen a otros centros de actividad de la empresa. Dicho de otra manera, los centros auxiliares ceden sus unidades de obra a otros centros. Por **ejemplo**: el centro de administración de una empresa trabajará normalmente para los otros, exclusivamente; el centro de reparación de maquinaria, salvo casos excepcionales, trabajará para toda la empresa.

Asimismo se viene considerando que los **centros principales** no tienen normalmente como destinatario de los outputs de su actividad a los demás centros, sino que los bienes y servicios obtenidos por su actividad se aplican directamente a los bienes y servicios que la empresa va a sacar al mercado y a sus componentes. Por **ejemplo**, el centro de fontanería de una empresa constructora de viviendas trabaja directamente en las viviendas que se van a entregar a los clientes.

La asignación de costes indirectos y el funcionamiento de las cuentas de secciones

De acuerdo con ese papel de asignación de costes indirectos, las **cuentas de secciones relativas a los centros auxiliares** tienen el movimiento que indica el **Cuadro 8.3**.

Cuadro 8.3. Esquema de funcionamiento de las cuentas de secciones auxiliares

Adeudadas	Acreditadas
— Por el importe de las cargas reflejas, distintas de las compras. — Por el importe de las cargas supletorias, concepto encuadrado dentro de las diferencias de incorporación. — Por el coste de las unidades de obra recibidas de otros centros auxiliares.	— Por el importe de las unidades de obra cedidas a otros centros auxiliares. — Por el importe de las unidades de obra cedidas a los centros principales.

Las cuentas de secciones correspondientes a los **centros principales**, durante el ejercicio se mueven conforme indica el **Cuadro 8.4**.

Al final estarán saldadas igual que las cuentas de sección auxiliares; la razón está en que al final del ejercicio correspondiente estas cuentas se saldan con las cuentas de costes del subgrupo 93. Cuentas de coste de...

Cuadro 8.4. Esquema de funcionamiento de las cuentas de secciones principales

Adeudadas	Acreditadas
— Por el importe de las cargas reflejas, distintas de las compras. — Por el importe de las cargas supletorias, concepto encuadrado dentro de las diferencias de incorporación. — Por el coste de las unidades de obra recibidas de otros centros auxiliares.	— Por los costes que se imputan a las cuentas del subgrupo 93 (cuentas de coste de...).

Cuadro 8.5. Tratamiento de los costes indirectos

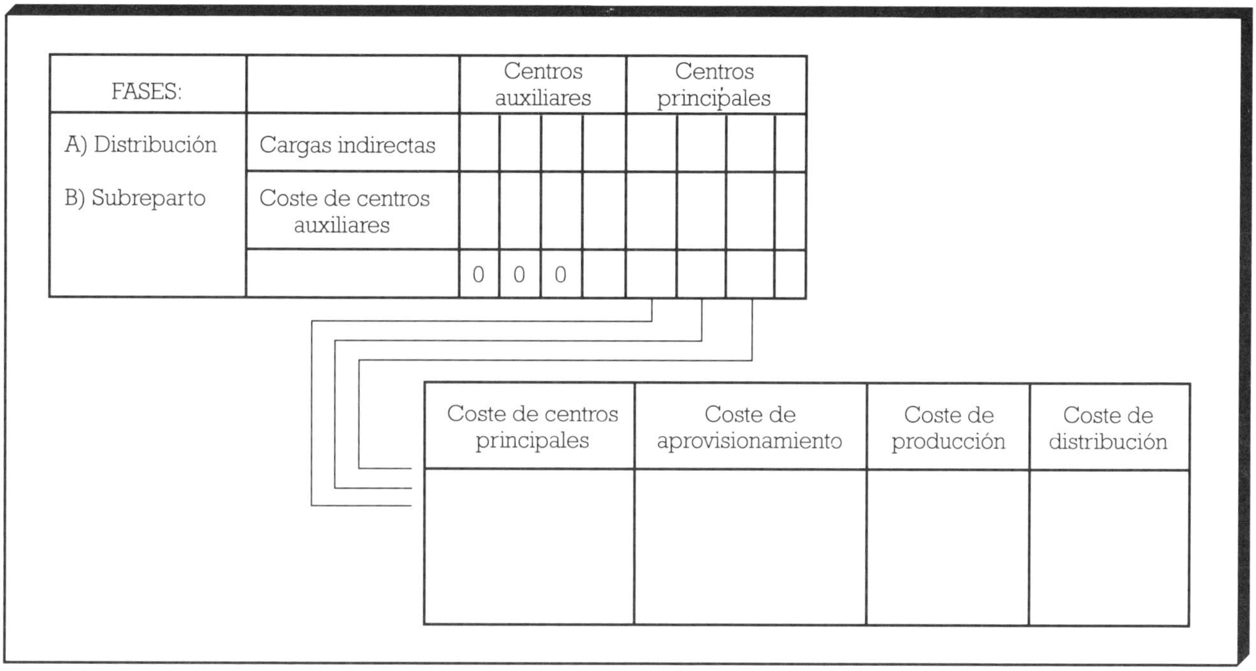

Para que esto quede más claro podemos recurrir a otro esquema gráfico que se muestra en el **Cuadro 8.5.**, en el que se refleja la idea básica de los dos cuadros que se explicarán inmediatamente después:

- El cuadro de reparto, y
- El cuadro de imputación.

El primero, el cuadro de reparto, sintetiza dos fases:

- La fase de distribución de las cargas indirectas entre los centros, ya sean estos auxiliares o principales.
- La fase de redistribución de costes indirectos de los centros auxiliares, habida cuenta de las unidades de obra que cada centro auxiliar cede a los demás, sean éstos auxiliares o principales.

El segundo, el cuadro de imputación, sintetiza una única fase:

- La fase de imputación de los costes indirectos totales de los centros principales a los distintos costes de aprovisionamiento, costes de producción (en sentido estricto) y costes de distribución.

8.6. CUADRO DE REPARTO

8.6.1. Idea general del cuadro de reparto

El cuadro de reparto o de distribución ayuda a la realización de una serie de cálculos necesarios para obtener ciertas cantidades en el proceso de la Contabilidad de Costes. En este sentido **se considera como una hoja de trabajo** conectada al proceso contable, al cual sirve.

Pero **además**, puede **formar parte del modelo de costes** sustituyendo a los asientos que están implícitos en el propio cuadro de distribución. En cualquier caso suele servir como complemento informativo debido a los detalles que aporta.

Este documento contable se presenta generalmente bajo la forma de un cuadro de doble entrada, según el formato del **Cuadro 8.6. Las columnas** están dedicadas a los centros, tanto principales como auxiliares. En cuanto a **las filas**, es preciso distinguir **dos cuerpos** en el cuadro:

Un primer cuerpo en el que aparecen **las diferentes cargas por naturaleza** que constituyen los elementos indirectos del coste, limitando, en su parte inferior, por una fila habilitada para los costes primarios.

Un segundo cuerpo es ocupado por los distintos centros en los que los costes indirectos primarios de los mismos serán objeto del **subreparto** entre los demás, en proporción a las unidades de obra; asimismo estará limitado, en su parte inferior, por una fila de totales.

Conviene entrar en las fases que se realizan en cada uno de esos bloques.

8.6.2. La distribución de las cargas entre los centros

Debemos diferenciar entre la asignación de las cargas directas y de las cargas indirectas de los centros. **Las cargas directas de los centros** no necesitan sino un control de su utilización. Por ejemplo, la distribución de los gastos de personal correspondientes a la mano de obra destinada a los distintos centros, solamente exige que las nóminas especifiquen el centro al que pertenece cada trabajador. La distribución de los gastos de agua, gas, electricidad y teléfono tampoco planteará mayores dificultades que las que se deriven de la instalación de los correspondientes contadores.

Sin embargo, donde aparece la dificultad es en **la asignación de las cargas indirectas de los centros**. Los responsables de los diferentes centros deben intervenir en la fijación de **los criterios para distribuir las cargas** que afecten a varios centros de actividad. Estos criterios, traducidos a términos operativos, constituyen las denominadas **claves de reparto o claves de distribución**.

La elección de las claves de reparto

No se pueden dar normas generales para elegir las claves de reparto. Una vez apartados del problema de la búsqueda de una clave de reparto de las cargas directas respecto de los centros, el problema queda reducido a la asignación de las cargas indirectas respecto de los mismos.

Sin ánimo de hacer una lista larga, sí señalaremos algunas, a título de **ejemplo**:

— Los tributos que graven los edificios ocupados por varios centros pueden distribuirse empleando como clave de reparto los metros cuadrados ocupados.

— Los transportes contratados para el personal pueden distribuirse empleando como clave de reparto el número de empleados de cada centro de actividad.

Para explicar más cómodamente las fases posteriores **expondremos un caso** de una empresa dividida en dos secciones o centros auxiliares y seis secciones o centros principales. Aparecen en el **Cuadro 8.6.**, junto con las cargas por naturaleza que han sido distribuidas ya, de acuerdo con las claves de reparto que en su momento se hubiesen considerado adecuadas.

8.6.3. El subreparto de los costes indirectos de los centros auxiliares

Ya hemos insistido en el contenido de esta fase del proceso de la Contabilidad de Costes. Ahora entraremos en el problema que plantea el subreparto cuando existen interrelaciones entre los centros auxiliares.

En el bloque inferior del Cuadro 8.6 pueden verse los centros auxiliares en disposición para ceder sus costes a los demás centros, sin olvidar las posibles interrelaciones entre ambas.

Cuadro 8.6. Cuadro de reparto

CENTROS / CONCEPTOS	TOTALES	CENTROS AUXILIARES		CENTROS PRINCIPALES					
		Conservación	Fuerza motriz	Compras	CENTROS DE FABRICACION				Distribución
					Taller 1	Taller 2	Taller 3	Taller 4	
Materias auxiliares	475.000	—	—	—	—	50.000	300.000	125.000	—
Gastos personal	383.000	50.000	10.000	25.000	50.000	75.000	62.500	37.500	73.000
Tributos	25.000	10.000	—	—	—	—	—	—	15.000
Servicios exteriores	365.000	37.500	202.500	—	25.000	37.500	12.500	50.000	—
Transportes y fletes	50.000	—	—	50.000	—	—	—	—	—
Gastos diversos	50.000	25.000	—	4.000	—	—	—	—	21.000
Dotación a amortizaciones	500.000	15.000	100.000	—	112.500	112.500	12.500	50.000	97.500
TOTAL REPARTO PRIMARIO	**1.848.000**	**137.500**	**312.500**	**79.000**	**187.500**	**275.000**	**387.500**	**262.500**	**206.500**
REPARTO SECUNDARIO									
Centro de conservación									
Centro de fuerza motriz									
TOTALES									

Los datos de un caso práctico

Supongamos los datos recogidos en el Cuadro 8.6. En la parte superior observamos las cargas por naturaleza, que aparecen ya distribuidas entre los diferentes centros.

Además se sabe que **las unidades de obra de los centros auxiliares, y sus cantidades**, son las siguientes:

— Para el **centro de conservación y reparación**, las horas/hombre de mano de obra directamente ocupada en estas tareas. Los controles establecidos han conducido a estas cantidades, aplicadas a los diferentes centros: a fuerza motriz, 4.000 h/h; a compras, 2.000 h/h; a taller 1, 3.000 h/h; a taller 2, 2.000 h/h; a taller 3, 4.000 h/h; a taller 4, 3.000 h/h, y a distribución, 2.000 h/h. Total, 20.000 h/h.

— Para el **centro de fuerza motriz**, los kW. Los contadores han arrojado estas cantidades: a conservación y reparación, 5.000 kW; a taller 1, 12.000 kW; a taller 2, 15.000 kW; a taller 3, 10.000 kW, y a taller 4, 8.000 kW. Total, 50.000 kW.

La incógnita de los cargos y los abonos de las secciones auxiliares

Con estos datos podemos intentar adelantar los cargos y los abonos de los centros auxiliares, teniendo presente que:

— Llamaremos $P_{h/h}$ al coste de cada unidad de obra del centro de conservación y reparación, que viene dada por las horas/hombre aplicadas por el centro, las cuales implican un equipo y otra serie de costes.

— Por otro lado, denominaremos P_{kW} al coste de cada kilowatio cedido por sección fuerza motriz. De acuerdo con los motivos de cargo y abono de estas cuentas a que antes nos hemos referido, cabe avanzar el contenido de las mismas, que aparece en el **Cuadro 8.7**.

Cuadro 8.7. Planteamiento del esquema de Mayor de las cuentas de secciones antes de conocer el coste de las unidades de obra

Sección de conservación y reparación	
137.500 5.000 P_{kW}	20.000 $P_{h/h}$

Sección de fuerza motriz	
312.500 4.000 $P_{h/h}$	50.000 P_{kW}

Aclaremos **algunas particularidades de estas cuentas que aparecen en el Cuadro 8.7**:

1.° Los costes primarios: 137.500 y 312.500 son los primeros componentes del coste de estos centros.

2.° Además de estos costes, el centro de conservación y reparación recibe 5.000 kW, cuyo coste será 5.000 P_{kW}. Por otro lado, el centro de fuerza motriz ha sido el destinatario de 4.000 $P_{h/h}$. En este momento desconocemos el importe de los precios unitarios de las unidades de obra.

3.° Por otro lado, los centros auxiliares recogerán el valor de las unidades de obra que hayan facturado, valor que vendrá expresado en precios equivalentes al coste. Por esto, en el haber de la cuenta de sección de conservación y reparación deben figurar el total de las h/h cedidas a otros centros: 20.000, multiplicadas por el precio $P_{h/h}$. Y por esto también la cuenta de sección de fuerza motriz recoge 50.000 P_{kW}.

La determinación de los precios de las unidades de obra

Es preciso conocer, pues, $P_{h/h}$ y P_{kW}, precios de las unidades de obra. Para resolver este problema necesitamos hacer hincapié en la idea de que estamos **situados ante centros de costes indirectos**, que aparecen en el debe de las cuentas. Y esto quiere decir también que ceden las unidades de obra a un precio equivalente al coste.

Dicho de otra manera, los costes de que se ha hecho cargo el centro, que aparecen en la parte izquierda de la cuenta, han de ser igual al valor de los outputs que salen del centro; si no ocurriera así, se producirían beneficios o pérdidas en los centros. Tales aseveraciones se traducen en la **necesidad de que se produzcan estas igualdades**:

$$137.500 + 5.000\ P_{kW} = 20.000\ P_{h/h}$$
$$312.500 + 4.000\ P_{h/h} = 50.000\ P_{kW}$$

que contablemente significa que, siguiendo los criterios indicados, al final han de quedar saldados.

Precisamente esas dos igualdades constituyen un sistema de ecuaciones que permiten conocer P_{kW} y $P_{h/h}$.

Cuadro 8.8. Planteamiento del esquema de Mayor de las cuentas de secciones después de conocer el coste de las unidades de obra

Sección de conservación y reparación	
137.500 (5.000 × 6,93877) = 34.693	(20.000 × 8,60965) = 172.193
172.193	172.193

Sección de fuerza motriz	
312.500 (4.000 × 8,60965) = 34.438	(50.000 × 6,93877) = 346.938
346.938	346.938

La solución de este sistema de ecuaciones, por cualquiera de los métodos conocidos, conducirá a este resultado:

$$P_{h/h} = 8{,}60965$$

$$P_{kW} = 6{,}93877$$

De esta forma ya es posible conocer los valores que antes aparecían, en función de estos precios. Serán los que vemos en el **Cuadro 8.8**.

Traslado de los costes derivados de las interrelaciones al cuadro de reparto

Conocidos los costes/precios de las unidades de obra, ya puede completarse la parte inferior del cuadro de reparto. Así aparece el **Cuadro 8.9**, donde se transcriben las unidades de obra traspasadas por cada una de las dos secciones auxiliares a las demás. De este modo se llega a conocer en el propio cuadro de reparto el importe de los costes indirectos de los centros principales.

Cuadro 8.9. Cuadro de reparto

CENTROS / CONCEPTOS	TOTALES	CENTROS AUXILIARES		CENTROS PRINCIPALES					
		Conservación y reparación	Fuerza motriz	Compras	CENTROS DE FABRICACION				Distribución
					Taller 1	Taller 2	Taller 3	Taller 4	
Materias auxiliares Gastos personal Tributos Servicios exteriores Transportes y fletes Gastos diversos Dotaciones a amortizaciones									
TOTAL REPARTO PRIMARIO	**1.848.000**	**137.500**	**312.500**	**79.000**	**187.500**	**275.000**	**387.500**	**262.500**	**206.500**
CENTRO DE CONSERVACION (en h/h)		−20.000	4.000	2.000	3.000	2.000	4.000	3.000	2.000
$P_{h/h} = 8{,}60965$	0	−172.193	34.438	17.220	25.829	17.220	34.438	25.829	17.219
CENTRO DE FUERZA MOTRIZ (en Kw)		5.000	−50.000	—	12.000	15.000	10.000	8.000	—
$P_{kW} = 6{,}93877$	0	34.693	−346.938	—	83.265	104.082	69.388	55.510	—
TOTALES	**1.848.000**	**0**	**0**	**96.220**	**296.594**	**396.302**	**491.326**	**343.839**	**223.719**

8.7. EL CUADRO DE IMPUTACION

El cuadro de distribución ha situado los costes indirectos en las cuentas de los centros principales. **La fase siguiente** contribuirá a trasladar esos costes indirectos a las cuentas de:

— Costes de compras
— Costes de producción (en sentido estricto)
— Costes de distribución.

Para conseguir esta imputación **son necesarias las unidades de obra de los centros principales**.

Las unidades de obra de los centros principales

En el ejemplo, supongamos que las unidades de obra en los centros principales son:

- Sección de compras: pesetas compradas de materias primas (5.000.000 de ptas. en total: de materia prima X, 2.000.000 de ptas., y de materia prima Y, 3.000.000 de ptas.).
- Sección taller 1: h/máquina (3.000 h/m en total aplicadas: 2.000 al producto A y 1.000 a B).
- Sección taller 2: m^2 trabajados (17.000 m^2 en total, de los cuales 8.000 m^2 corresponden a A y 9.000 m^2 a B).
- Sección taller 3: m^2 trabajados (15.000 m^2 en total, de los cuales, 6.000 m^2 corresponden a A y 9.000 m^2 corresponden a B).
- Sección taller 4: Tm trabajadas (125 Tm en total: 50 Tm de A y 75 Tm de B).
- Centro de distribución: pesetas vendidas (total 31.000.000 de ptas. De ellas, 15.000.000 de ptas. de A y 16.000.000 de ptas. de B).

Con los datos suministrados por el cuadro de distribución que hemos elaborado anteriormente y con la información que acabamos de presentar respecto de las unidades de obra, procederemos a la elaboración del cuadro de imputación.

La forma del cuadro de imputación

El cuadro de imputación puede adoptar **formas diversas** en cuanto al destino de las filas o las columnas. Una de ellas, quizá **la más frecuente**, es la que aparece en el **Cuadro 8.10**, consiste en situar:

— **En las filas los costes indirectos de los centros principales**, que hemos determinado a través del cuadro de distribución.

— **Y en las columnas los diferentes tipos de costes**, que van desde los costes de compras a los costes de distribución, que realmente es lo que queremos determinar a través del cuadro.

Composición de la columna de totales

Partiendo de la idea de que el cuadro de imputación es también una hoja de trabajo, aparte de un estado de costes, es importante **resaltar el contenido de la columna de «COSTES TOTALES»**. Observemos, por ejemplo, el primer rectángulo, situado a la altura del centro de compras. Es éste:

5.000.000 ptas.
0,019244
96.220

donde se ve en la **parte superior el número de unidades de obra**, en este caso —centro de compras— las pesetas compradas. **En el centro** aparece el **coste indirecto unitario**, correspondiente a cada unidad de obra, 0,019244, resultado de dividir 96.220 entre 5.000.000. Y, por último, en **la parte inferior** tenemos el **importe de los costes indirectos** del centro.

Estos rectángulos son claves para la elaboración del cuadro de imputación, ya que nos ha permitido determinar el coste indirecto unitario, correspondiente a cada unidad de obra.

Bastará de esta manera que pongamos en el resto del Cuadro 8.10 las unidades de obra que van a cada tipo de producto para que, multiplicadas por su coste unitario, nos dé el coste imputado.

Sólo añadiremos que a veces se opera con una **ampliación del cuadro de imputación**, escribiendo en su parte inferior otros renglones destinados a los costes directos, para llegar así a los costes totales de aprovisionamiento, de fabricación y de distribución.

Cuadro 8.10. Cuadro de imputación

COSTES INDIRECTOS DE LOS CENTROS PRINCIPALES	COSTES TOTALES	COSTES DE APROVISIONAMIENTO		COSTES DE FABRICACION		COSTES DE DISTRIBUCION	
		De X	**De Y**	**De A**	**De B**	**De A**	**De B**
Centro de compras	5.000.000 ptas.	2.000.000 ptas.	3.000.000 ptas.				
	0,019244						
	96.220	38.488	57.732				
Taller 1	3.000 h/m			2.000 h/m	1.000 h/m		
	98,8646						
	296.594			197.730	98.864		
Taller 2	17.000 m^2			8.000 m^2	9.000 m^2		
	23,3118						
	396.302			186.495	209.807		
Taller 3	15.000 m^2			6.000 m^2	9.000 m^2		
	32,755						
	491.326			196.531	294.795		
Taller 4	125 Tm			50 Tm	75 Tm		
	2.750,71						
	343.839			137.536	206.303		
Sección de distribución	31.000.000 ptas.					15.000.000 ptas.	16.000.000 ptas.
	0,0072167						
	223.719					108.251	115.468
TOTALES	**1.848.000**	**38.488**	**57.732**	**718.292**	**809.769**	**108.251**	**115.468**

8.8. CONSIDERACIONES SOBRE EL MODELO BASICO DE COSTES Y EL MODELO DE COSTES COMPLETOS

En la **sección segunda** de la Primera Parte hemos visto, con cierto detenimiento, las fases en que se puede tipificar el movimiento interno de valores de una empresa. Consecuentemente, y de manera paralela, ésas eran fases del proceso contable que podemos distinguir en **un modelo base de Contabilidad de Costes,** para que este modelo básico contable pueda captar y registrar ese movimiento interno de valores.

El modelo contable básico que hemos elegido tenía **como trasfondo el modelo de costes completos** que hemos denominado europeo continental o eurocontinental. Podríamos haber elegido otro modelo diferente: por ejemplo, el modelo costes completos anglosajón.

Tras esa forma de proceder, la **explicación concreta del modelo de costes completos** ya tenía bastante terreno andado cuando hemos iniciado esta **segunda parte,** cuya **sección primera** se refería precisamente a la interpretación eurocontinental del modelo de costes completos. Esta sección consta de dos capítulos: **el Capítulo 7 y Capítulo 8.**

Así, en el **Capítulo 7. Estructura del modelo de costes completos por centros de actividad** hemos analizado los subgrupos de cuentas que podríamos utilizar para poder recoger las fases del proceso contable básico en que registramos los mismos pasos que pueden identificarse en una interpretación del movimiento de valores.

Esa **estructura contable** diseñada constaba de los siguientes subgrupos o núcleos de cuentas:

— cuentas reflejas,
— cuentas de centros de actividad o de secciones,
— cuentas de costes,
— cuentas de inventarios,
— cuentas de diferencias de incorporación,
— cuentas de resultados.

Todos **estos subgrupos de cuentas o núcleos del modelo se han ido estudiando** con detenimiento con anterioridad. Así, **recordemos** que:

Las **cuentas reflejas** se examinaron especialmente en el **Capítulo 5:** «El método dualista y el modelo contable básico», y en el **Capítulo 6:** «El método dualista abreviado y los cuadros contables». Precisamente las cuentas reflejas constituyen una pieza clave de una de las variantes que puede adoptar el método dualista.

Las **cuentas de diferencias de incorporación** y las **cuentas de resultados** se han explicado suficientemente en el **Capítulo 7**. Las peculiaridades de las cuentas de diferencias de incorporación han exigido una mayor atención, por lo que su tratamiento ocupa una buena parte de dicho Capítulo 7.

Las **cuentas de centros de actividad o de secciones**, con las peculiaridades específicas del modelo de costes completos, se han explicado en el **Capítulo 8:** «Los centros de actividad y su función contable en el modelo de costes completos».

El funcionamiento del modelo de costes completos, seguido de una forma operativa, puede verse en la Parte Quinta, sección primera.

CUESTIONES

1. *Los centros de actividad pueden:*
   a) Prestar servicios solamente.
   b) Obtener bienes solamente.
   c) Conseguir bienes, servicios o las dos cosas.

2. *Los costes controlables de los centros:*
   a) Son aquellos sobre los que puede decidir el responsable del centro.
   b) Son costes que pueden auditarse.
   c) Son costes que pueden aumentar pero no disminuir.

3. *Los costes directos de los centros:*
   a) Son también costes directos respecto de los productos.
   b) Son costes indirectos respecto de los productos.
   c) Pueden ser directos o indirectos respecto del producto, según los casos.

4. *Las unidades de obra son unidades de medida:*
   a) De la actividad de los centros.
   b) De la producción de los centros.
   c) De los costes de los centros.

5. *Entre los criterios para seleccionar adecuadamente las unidades de obra están:*
   a) Que sean expresión de las prestaciones del centro.
   b) Que no se expresen en dinero.
   c) Que sean homogéneas.

6. *El método primitivo de la asignación de costes indirectos se caracterizaba por:*
   a) Utilizar unidades que se midieran en unidades físicas.
   b) Conformarse con distribuir los costes indirectos con una cierta lógica, sin pretender el rigor.

c) Distribuir los costes indirectos por partes iguales.

7. *Los centros auxiliares son los que:*
a) Solamente producen en caso de fallar los centros principales.
b) Son los más pequeños.
c) Los que efectúan prestaciones a los demás centros.

8. *Los centros principales son los que:*
a) Obtienen el producto más importante.
b) Tienen mayor tamaño.
c) Aplican sus outputs a los bienes o servicios conseguidos por la empresa.

9. *El cuadro de distribución se puede considerar:*
a) Como una hoja de trabajo.
b) Como un documento oficial.
c) Como un documento clave para la fijación de las retribuciones.

10. *En la parte superior del cuadro de distribución, las filas incluyen:*
a) La mano de obra directa empleada.
b) La materia prima empleada.
c) Las diferentes cargas.

11. *En las columnas del cuadro de distribución figuran:*
a) Los productos obtenidos.
b) Los diferentes conceptos de costes.
c) Los costes indirectos de los centros.

12. *En la parte inferior del cuadro de distribución, en filas aparecen:*
a) Los costes indirectos de los centros auxiliares.
b) Los costes de los centros principales.
c) Los productos obtenidos.

13. *Las claves de reparto sirven para:*
a) Distribuir las cargas indirectas entre los distintos centros.
b) Distribuir los costes indirectos de las secciones auxiliares.
c) Distribuir los costes directos entre los productos.

14. *Cuando hay interrelación entre los centros de actividad:*
a) Puede aplicarse un sistema de ecuaciones.
b) Se resuelve el problema con un simple reparto proporcional.
c) Todos los centros de actividad se consideran principales.

15. *Para la asignación de los costes de los centros principales a los productos es preciso apoyarse en:*
a) Las unidades de obra de los centros principales.
b) Los costes que los centros auxiliares ceden a los centros principales.
c) Los costes controlables de los centros principales.

16. *El cuadro de imputación puede considerarse como una hoja de trabajo que permite:*
a) Asignar los costes de los centros principales a los costes de los productos.
b) Determinar los resultados obtenidos en cada producto.
c) La determinación del coste total de los centros.

17. *La hoja de imputación:*
a) Sustituye a la hoja de distribución.
b) Aparece normalmente después de la hoja de distribución.
c) Se elabora antes de la hoja de distribución.

18. *Una de las formas más extendidas del cuadro de imputación contiene en las filas:*
a) Los costes indirectos.
b) Los costes no controlables.
c) Los costes de los centros principales.

19. *Una de las formas más extendidas del cuadro de imputación contiene en las columnas:*
a) Los costes controlables.
b) La cantidad de producto obtenida.
c) Los costes de los productos.

20. *El cuadro de imputación podría ampliarse para:*
a) Incluir los costes directos.
b) Incluir los costes derivados del subreparto.
c) Incluir el valor de los edificios.

Sección Segunda

Versión anglosajona del modelo de costes completos

9 El modelo de costes completos anglosajón

9.1. IDEA GENERAL DEL MODELO ANGLOSAJON

Hemos expuesto el modelo de costes completos de acuerdo con la existencia de centros de actividad y dentro del marco de los costes históricos o realizados, en su **versión europeo-continental**. **Ahora** vamos a centrarnos también en el modelo de costes completos dentro del marco de los costes históricos o realizados, pero en su **versión anglosajona**, que se apoya en los departamentos.

Empecemos por decir que **la clasificación de los costes en directos e indirectos** es también fundamental para entender el modelo anglosajón de Contabilidad de Costes en la mayor parte de sus versiones.

Los costes directos están representados en él por **dos renglones**:

— La mano de obra directa y
— La materia prima

conceptos ambos que pueden identificarse con los productos.

Los costes indirectos del período se desglosan, a su vez, en los siguientes **componentes**:

— Costes generales de fabricación
— Costes generales de administración
— Costes generales de financiación y
— Costes generales de distribución.

Conviene destacar que es una **clasificación que** si parece pensada para las empresas industriales, dada la apelación explícita a la fabricación, **puede extenderse a cualquier tipo de empresa**. Basta para ello considerar que donde se habla de fabricación hay que entender hecha mención a cualquier proceso productivo aunque no sea de naturaleza fabril. Por ejemplo, cabe referirlo a una empresa que se destine a la prestación de servicios de asesoría laboral o a la publicidad.

El cuadro contable básico de Contabilidad de Costes

Con estas ideas previas, el modelo anglosajón se visualiza de acuerdo con el esquema del **Cuadro 9.1**.

Seguidamente vamos a dar una breve explicación de las **cuentas**, que sugerimos se vayan leyendo mirando el Cuadro 9.1.

1.° **Las cuentas de existencias** no ofrecen ninguna particularidad y recogen todos los tipos de existencias de materiales o productos. Así tendremos entre ellas:

- Materias primas:
  — Materia prima A.
  — Materia prima B.
- Productos terminados.

Estas cuentas se llevarán normalmente por el método de inventario contable permanente.

2.° **Cuentas de clasificación de costes**:

— Mano de obra directa.
— Gastos generales de fabricación.
— Gastos de venta.
— Gastos de administración.
— Gastos financieros.

Cuadro 9.1

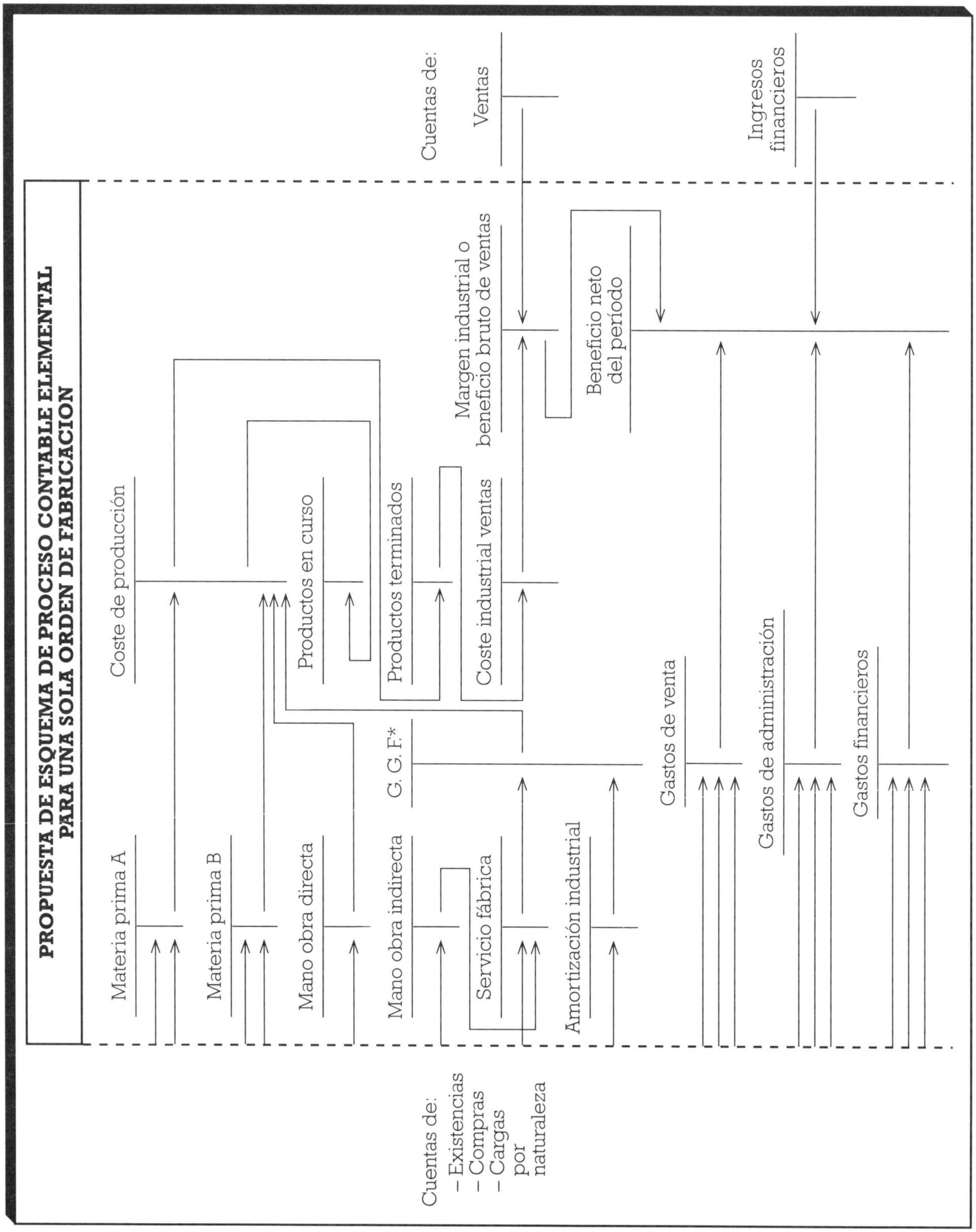

* G. G. F.: Gastos generales de fabricación

Con relación a estas cuentas que aparecen en la clasificación anterior **conviene puntualizar lo siguiente**:

a) **Se considera como mano de obra directa** la que puede identificarse racionalmente en el producto obtenido. Mientras que se considera mano de obra indirecta aquella parte de los gastos de personal que no pueden atribuirse directamente al producto.

b) **La cuenta de servicio de fábrica** recoge dos conceptos:

— Uno, aquellas cargas que no pueden incluirse en alguna de las otras cuentas de clasificación de costes, como energía, y que son necesarias para el desarrollo de la actividad.
— Otro, la mano de obra indirecta, traspasada desde la cuenta de mano de obra indirecta.

c) **La cuenta de gastos generales de fabricación (overhead)** se hace cargo tanto de la amortización del equipo industrial como de todos los gastos que tienen que ver con el proceso de producción específico de la empresa.

3.° **La cuenta de costes de producción**, que recoge los tres elementos del coste siguiente, ya incluidos en sus correspondientes cuentas:

— Materias primas consumidas.
— Mano de obra directa.
— Gastos generales de fabricación.

4.° El coste de producción se irá trasladando a la **cuenta de productos terminados** a medida que los productos vayan siendo acabados. Si al final del ejercicio quedan productos en proceso de transformación, el valor que se ha incorporado a ellos hasta entonces puede ser llevado a una cuenta de productos en curso.

5.° La **cuenta de coste industrial de las ventas** capta el valor de coste para los productos que se van vendiendo.

6.° La **cuenta de beneficio bruto en ventas** registra dos conceptos:

— El coste de los productos vendidos, que proviene de la cuenta de coste industrial de las ventas.
— El ingreso neto correspondiente, que entrará depurado de devoluciones, descuentos comerciales, etc.

7.° La **cuenta de beneficio neto o del período en ventas** registrará:

— En el debe, los gastos de ventas, los gastos de administración y los gastos financieros.
— En el haber, el beneficio bruto en ventas, así como otros posibles ingresos ajenos a la explotación, tales como ciertos ingresos financieros.

En el esquema básico precedente **se han hecho intervenir algunas cuentas** que sirven para dar una aproximación de los matices que pueden surgir a la hora de la implantación de un modelo de Contabilidad de Costes de línea anglosajona. Por ejemplo, la cuenta de servicio de fábrica. En efecto, las empresas, antes de llegar a las cuentas que se relacionan directamente con las cuentas de costes de producción pueden utilizar otras de clasificación y reclasificación que les parezcan útiles. El esquema propuesto en el Cuadro 9.1 es una muestra en este sentido.

Un replanteamiento del cuadro contable básico

El cuadro contable básico puede simplificarse prescindiendo de algunas de las cuentas que vemos en el Cuadro 9.1, tales como: Servicio de fábrica o amortización industrial.

Así, y refiriéndonos solamente a la parte del esquema que atañe al beneficio bruto, puesto que el resto podría continuar igual, **cabe representarlo de una forma abreviada** como indica el **Cuadro 9.2**.

La **diferencia con el esquema del Cuadro 9.1** estriba en que se ha hecho aparecer en primera instancia la cuenta de gastos generales de fabricación («overhead»), prescindiendo de las cuentas que hemos considerado como no muy significativas.

La aparición del coste de conversión

Hemos visto en el cuadro contable anterior que la mano de obra directa aparece muy destacada dentro del proceso contable. Sin embargo, existe una **tendencia** en la doctrina y en la práctica anglosajona **a no considerar la mano de obra directa independientemente como elemento del coste**; y ello por dos **razones**:

— **La primera** es que **la mano de obra directa contribuye al proceso productivo igual que los**

Cuadro 9.2

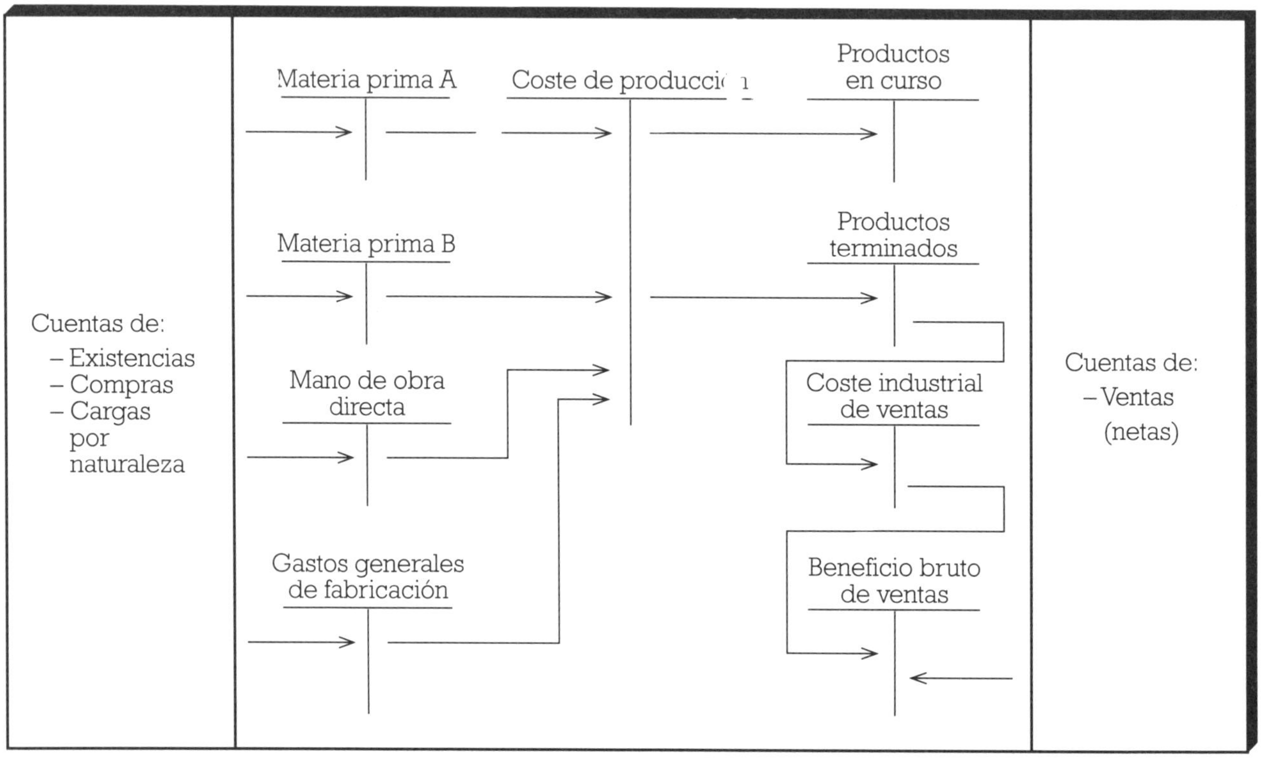

demás medios productivos cuyo coste está incluido en gastos generales de fabricación. En consecuencia, no hay justificación aparente para tratarla contablemente de otra manera. Si se observa un proceso productivo cualquiera, se podrá comprobar en este sentido que es la mano de obra junto con la maquinaria lo que contribuye a la realización de las operaciones productivas.

— **La segunda** es que **el importe de la mano de obra directa va siendo cada vez menor** en relación con los que hasta ahora se han venido denominando gastos generales de fabricación, siendo muy pequeña o prácticamente inexistente en los procesos muy automatizados. Esto refuerza, por otra parte, la primera razón que acabamos de dar.

La **consecuencia** es la **desaparición de la cuenta de mano de obra directa** como cuenta que se relacione con la de coste de producción. Para conseguirlo se han arbitrado **dos soluciones**:

— La primera consiste en que **la cuenta de gastos generales de fabricación incluya también la mano de obra directa** sin más problemas.

— La segunda tampoco es más complicada, aunque exige la **aparición de una nueva cuenta denominada costes de conversión**, que recoge tanto la mano de obra directa como los gastos generales de fabricación.

En el esquema del Cuadro 9.1 y del Cuadro 9.2 hemos supuesto de alguna forma que existe un solo producto. Si levantásemos esta hipótesis, a partir de la cuenta de Coste de producción nos aparecería una cuenta para cada producto. Es decir, obtendríamos desde un coste de producción hasta un resultado para cada producto. El beneficio neto del período sería para el conjunto de ellos.

Si existen varios productos, el coste de las materias primas y de la mano de obra se asignarán a cada uno de ellos según la cantidad consumida o utilizada; los gastos generales de fabricación se asignarán de acuerdo con la materia prima o mano de obra consumida o empleada o de acuerdo con las horas-máquina utilizadas por cada producto.

9.2. DISTINCION ENTRE CONTABILIDAD POR ORDENES DE FABRICACION Y CONTABILIDAD POR PROCESOS O POR DEPARTAMENTOS

Frecuentemente, **en la literatura contable clásica anglosajona**, se viene hablando de **dos procedimientos de contabilizar los costes históricos del producto**:

— **Contabilidad de Costes por Ordenes de Fabricación** (también llamada Contabilidad de Costes por Pedidos o Contabilidad por Portadores de Costes).

— **Contabilidad de Costes por Procesos** (también llamada Contabilidad por Lugares de Costes, por Centros de Costes, por Departamentos, etc).

Esta distinción tuvo su importancia, más dialéctica que real, en aquella etapa de la Contabilidad de Costes en que ésta se concebía fundamentalmente como un instrumento de control de los elementos del coste. Pero **esta distinción, como soluciones absolutas independientes, ha sido superada**, entre otras, por **dos razones**:

— Primero a través de la concepción de un modelo económico contable básico, aplicable a cualquier unidad de cálculo (portadores de costes o lugares de coste), y,

— Segundo porque la moderna concepción de la Contabilidad de Costes sitúa a la misma en el ámbito de la planificación y control de la gestión integrada.

En otras palabras, **la Contabilidad de Costes tiene hoy otros objetivos** aparte del mero cálculo de costes y determinación de resultados. Y en esta línea, como decíamos, la Contabilidad por Ordenes de Fabricación se ha de coordinar con la Contabilidad por Procesos para alcanzar el conjunto de objetivos adscritos a la Contabilidad de Costes en el ámbito de la Contabilidad de Gestión.

No obstante vamos a referirnos a estos dos procedimientos. Y antes de pasar a hacer referencia a cada uno de ellos, hay que recordar que la utilización de uno u otro era aconsejable en función de la posibilidad de identificar los elementos integrantes del coste que pueden considerarse razonablemente absorbidos por cada unidad producida a lo largo del proceso. En este sentido, se aconsejaba el **procedimiento de órdenes de fabricación** a aquellas **empresas tales como** imprentas, construcción ajustada a especificaciones particulares, fabricación de muebles por encargo, producción de películas, etc., en las que los elementos del coste que son absorbidos por cada orden, pedido o producto pueden controlarse sin gran dificultad.

Por el contrario, en aquellas **empresas que producen en serie**, al ser el proceso continuo, no se puede dar esa identificación entre unos elementos de coste concretos y un producto concreto. Por ello se tiene que determinar el coste de cada unidad mediante un cociente en el que el dividendo viene dado por el valor de los elementos de coste incorporados al proceso, durante el período de cálculo, y el divisor lo constituye el número de unidades de productos obtenidos en el proceso, durante ese mismo período de cálculo.

Cabe decir que **la orden de fabricación** consiste en una serie de instrucciones y especificaciones de distinta índole relativas a la obtención de un producto o un conjunto de productos. **Así, cuando una empresa va a construir un edificio** se organizan todos los medios productivos de manera que se pueda llegar a determinar los elementos del coste que se incorporan a ese edificio. Lo mismo ha de hacerse cuando se fabrican unos muebles por encargo. Estos dos ejemplos nos ponen de manifiesto que **las órdenes de fabricación pueden tener los dos orígenes** siguientes:

— Uno, **los pedidos de los clientes**, como ocurre en el caso de los muebles encargados a que acabamos de hacer mención.

— Otro, **la propia decisión de la empresa**. Tal sucede en las constructoras-inmobiliarias que venden los pisos una vez terminados. O las empresas que producen películas que después venderán o explotarán.

Hoy carece de relevancia la tradicionalmente denominada **Contabilidad por Ordenes de Fabricación, que prescinde de los departamentos**. El esquema básico del proceso contable clásico por Ordenes de Fabricación prescinde de los departamentos o centros de actividad, con lo que su eficacia para la planificación y el control de la actividad productiva es muy discutible.

9.3. EL MODELO ANGLOSAJON DE COSTES POR DEPARTAMENTOS

Una vez aclarado el sentido que tiene la Contabilidad por Ordenes de Fabricación **nos hemos de centrar en el modelo anglosajón de Costes por Departamentos**, como manifestación fundamental de esta corriente doctrinal.

9.3.1. Significación de los departamentos

En este modelo, **los departamentos son centros que pueden responsabilizarse contablemente de todos los elementos del coste que en ellos se transforman**. Incluyen, por tanto, aparte de los costes indirectos de fabricación correspondientes, la materia prima que en ellos se incorpora y la mano de obra directa que en ellos actúa. Es más, si el departamento forma parte de una cadena, se hace cargo de los costes incorporados en los departamentos anteriores a través del coste de los productos semiterminados.

De acuerdo con lo que decíamos anteriormente, en este modelo **no todos los costes indirectos del período pasan a ser costes del producto**; ciertos tipos de cargas se llevan directamente a los márgenes y resultados sin pasar previamente por los costes de los productos. Esas cargas que quedan fuera de la corriente que termina en el coste de los productos son precisamente las que pueden clasificarse entre los costes generales de administración, los costes generales de financiación y los costes generales de distribución.

Por lo demás **pueden existir departamentos auxiliares** que prestan sus costes a los demás departamentos. Parte de la doctrina denomina a estos departamentos auxiliares, departamentos de servicios. En el cálculo de los costes de estos departamentos auxiliares o de servicios aparecerán a veces los problemas de interrelación, que ya fueron tratados en capítulos anteriores. Los departamentos que ceden sus costes a los productos se denominan también **departamentos principales**.

Aunque **se observa una tendencia a generalizar el tipo de empresa contemplado en la Contabilidad de Costes**, lo cierto es que **todavía se sigue poniendo el acento en las empresas fabriles**. Esto conduce a que el diseño de los departamentos se haga considerando como un dato el que existe una materia prima que va pasando de unos a otros de acuerdo con las características del proceso productivo. Por tanto, los elementos del coste de cada departamento pueden ser: materia prima, mano de obra directa y costes generales de fabricación. Y cuando en un departamento no se incorporan materias primas será normalmente porque se incorporan productos semiterminados de otros departamentos, que hacen las veces de materias primas.

9.3.2. Esquema básico del proceso

El esquema general del modelo anglosajón que aparecía en la primera parte de este tema **se ajusta sin dificultad** a la idea de que **los departamentos se hagan cargo de todos los costes que antes se han mencionado**, como paso previo a la determinación de los costes de los productos. De tal modo que los costes que no se pasan por los departamentos no son susceptibles de ser incorporados a los productos.

El **Cuadro 9.3** da una idea de esa adaptación del esquema general. **En él puede observarse** cómo el Departamento I se ha hecho cargo de los tres elementos del coste: materias primas, mano de obra y gastos generales de fabricación. Y, asimismo, puede comprobarse cómo el Departamento II ya no incorpora materia prima (aunque pudiera incorporarse en otros ejemplos), sino que en su lugar aparecen los productos semiterminados en el departamento anterior.

En este momento hay que señalar que **las relaciones entre departamentos** pueden ser distintas a ésta y dar pie a **tres tipos de procesos**:

— procesos en cadena,
— procesos en paralelo y
— procesos mixtos.

Cuadro 9.3. Esquema contable del proceso en cadena

Departamento de preparado D	H	Departamento de transformación D	H	Departamento de pulimentado D	H	Productos terminados D	H
– Materia prima		→ – Productos semiterminados en departamento anterior		→ – Productos semiterminados en departamento anterior		→	
– Mano de obra directa		– Mano de obra directa		– Mano de obra directa			
– Gastos generales de fabricación		– Gastos generales de fabricación		– Gastos generales de fabricación			

Conviene que nos detengamos brevemente explicando en qué consiste cada uno de estos tipos de procesos.

El proceso en cadena supone que cada departamento pasa sus productos semiterminados al siguiente, hasta llegar a uno final del que ya surgen los productos terminados. Su esquema sería el que muestra el **Cuadro 9.3.**

El proceso en paralelo implica que cada departamento se ocupa de una parte del producto, y, en un departamento posterior, todas esas partes se integran en el producto terminado. El esquema sería el del **Cuadro 9.4**.

El proceso mixto supone una relación variada entre los distintos departamentos. El esquema podría ser el que se representa en el **Cuadro 9.5**, que corresponde a un proceso en el que por destilación se obtiene un producto químico que ofrece las siguientes alternativas:

— Se embotella sólo.
— Se embotella previa mezcla con el producto X.
— Se embotella previa mezcla con el producto Y.

9.3.3. La producción física y la producción equivalente de los departamentos

Cada departamento traspasa, a los departamentos que le siguen en el proceso productivo, o al almacén de productos terminados si es el último departamento del proceso productivo, un cierto número de unidades de **productos semiterminados o de productos terminados**.

Por otro lado, cada departamento, al comienzo y al final del ejercicio, **puede quedarse** en su ámbito otra serie de **unidades de producto que estén pendientes de ser terminadas**. Dicho de otra forma, pueden existir en ellos productos en curso de transformación o, más brevemente, productos en curso.

El número de **unidades trabajadas en un departamento** durante un ejercicio, ya sean de las que estaban en curso al principio, ya sean de las incorporadas al departamento a lo largo del proceso, constituyen el total de unidades físicas de las que un departamento en cuestión deberá rendir cuentas al final. Y en esta rendición de cuentas, dejando ahora aparte la posibilidad de que se hayan perdido o estropeado, aparecerán esas unidades o como terminadas o como unidades en curso de transformación.

En definitiva, lo que se está proponiendo es la **conveniencia de la preparación de un estado explicativo** de las unidades físicas que han tenido que ver con un departamento a lo largo de un período productivo.

Para ilustrar este punto y otros que surgirán después, nos valdremos de un ejemplo.

Cuadro 9.4. Esquema del proceso en paralelo

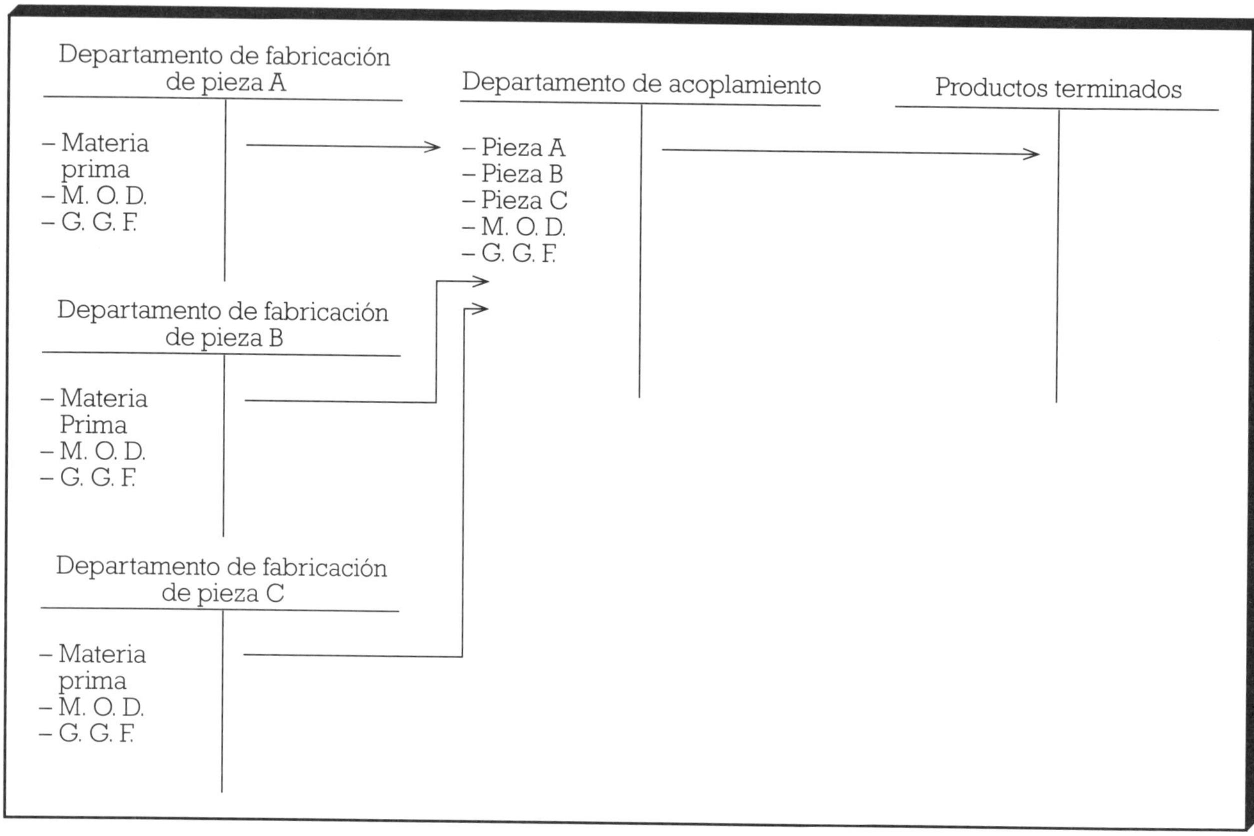

Enunciado de un caso práctico

Supongamos una fábrica de esculturas de cerámica, cuyo proceso está dividido en los tres departamentos siguientes que trabajan en cadena.

- *Moldeado*
- *Policromado*
- *Cocido*

Durante el año 199X se ha estado produciendo un solo modelo. En lo que se refiere al mes de enero, se sabe que en el departamento de moldeado, el día 1, había 10 unidades trabajándose, y se comenzaron a lo largo del mes 215. Se sabe también que el día 31 de enero quedaron sin terminar 13 unidades y durante el mes se acabaron 212 unidades.

Estado explicativo de las unidades físicas

Así pues, con estos datos ya podemos elaborar el estado explicativo de unidades físicas del departamento de moldeado para el mes de enero. Sería el que muestra el **Cuadro 9.6**.

Este estado explicativo de las unidades físicas **es útil para verificar los datos** que se van a emplear en la determinación del coste de producción de un departamento en un período. Aunque no va a ser una información definitiva sobre la cantidad de producto obtenida, ya que será distinto el que todas las unidades estén terminadas al final, o que haya parte de ellas que estén en proceso, y además, habrá que distinguir el grado de acabado que tengan estas últimas.

Cuadro 9.5. Esquema del proceso mixto

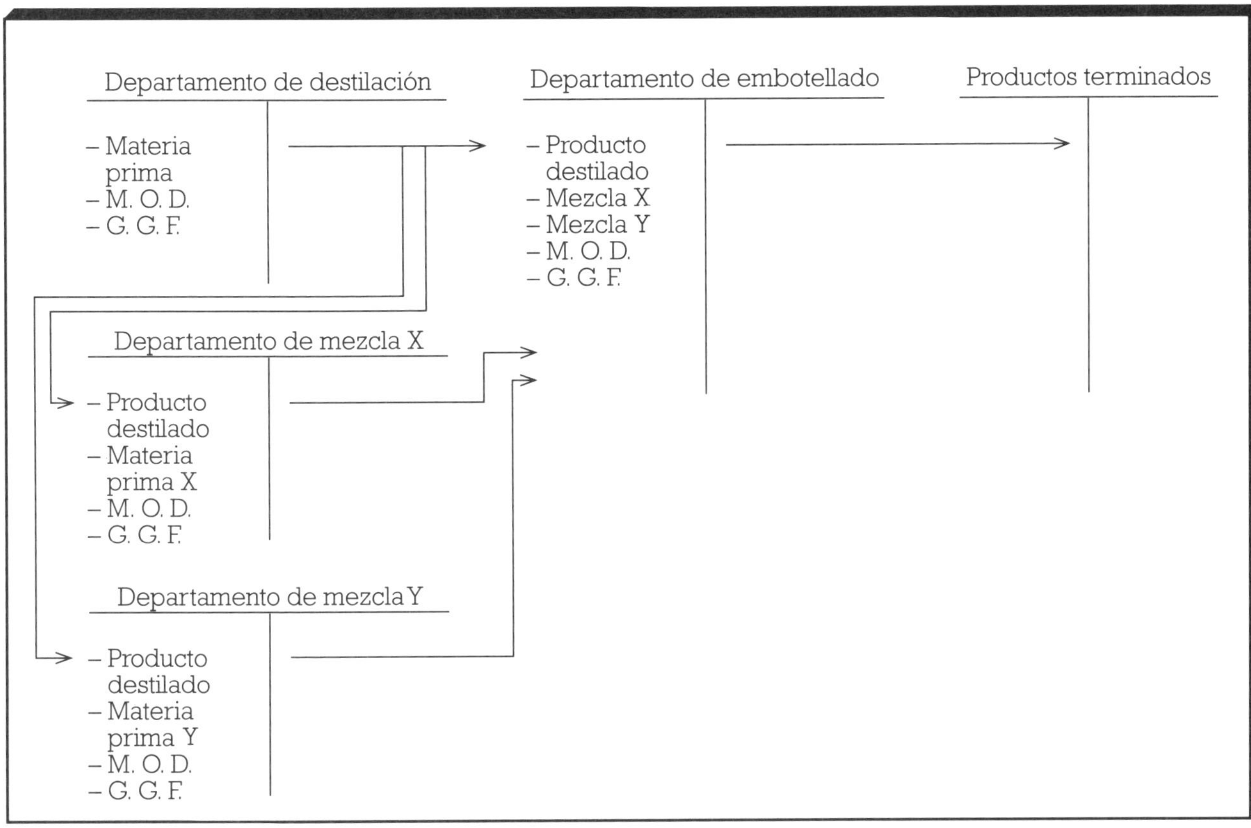

Cuadro 9.6. Estado explicativo de unidades físicas

ESTADO EXPLICATIVO DE UNIDADES FISICAS TRABAJADAS EN EL DEPARTAMENTO DE MOLDEADO DURANTE EL MES DE ENERO			
Origen de las unidades físicas		**Destino de las unidades físicas**	
■ En curso al comienzo del mes	10	■ Totalmente terminadas durante el mes	212
■ Puesta en proceso durante el mes	215	■ En curso al final del mes	13
TOTAL	225	TOTAL	225

9.3.4. La cesión de costes de los departamentos cuando hay existencias finales de productos en curso

Si seguimos con el caso práctico de la empresa de cerámica, podremos comprobar lo dicho. Supongamos que durante el mes de septiembre el movimiento de unidades físicas ha sido el siguiente en el departamento de moldeado; se han puesto en proceso 252 unidades, de las que se han terminado 240 y estaban en proceso al final 12; no había existencias iniciales porque, debido a razones técnicas, todos los departamentos dejan acabada su producción antes de irse de vacaciones.

Para ordenar y comprobar estos datos procede elaborar el **estado explicativo de las unidades físicas**, que sería el que aparece en el **Cuadro 9.7**.

Continuemos con nuestro ejemplo. La cuenta costes del departamento de moldeado presentaba los cargos correspondientes al mes de septiembre que aparecen en el **cuadro siguiente**.

COSTES DEL DEPARTAMENTO DE MOLDEADO	
Materias primas	1.245.000
Mano de obra directa	3.690.000
Gastos generales de fabricación	729.000
Total	5.664.000

Nuestra preocupación estriba en preparar los datos que han de figurar en el asiento por el que el departamento dé salida a su producción, que tendrá la forma que se indica a continuación. Se trata, pues, del **asiento clave cuyas incógnitas hemos de despejar**.

...?...	Inventario permanente de productos semiterminados del departamento de moldeado	
...?...	Inventario permanente de productos en curso del departamento de moldeado	
	a Costes del departamento de moldeado	5.664.000

Dejemos de paso claro un matiz: en lugar de la cuenta de «Inventario permanente de productos semiterminados del departamento de moldeado» podríamos cargar la cuenta de «Costes del departamento de policromado», si los productos semiterminados en cuestión pasan sin pérdidas de tiempo al departamento siguiente. Es decir, si no permanecen almacenados durante un tiempo intermedio.

En cualquier caso, lo que importa es poner de manifiesto que **hemos de despejar esas incógnitas** que aparecen en el boceto de asiento que acabamos de proponer. Pero **para lograrlo no disponemos de información suficiente**, al no conocer el grado de adelanto en que se encuentran las 12 unidades de existencias finales en curso.

Démonos cuenta, volviendo a lo que apuntábamos poco más arriba, de que **el coste unitario** co-

Cuadro 9.7. Cuadro explicativo de unidades físicas

ESTADO EXPLICATIVO DE UNIDADES FISICAS TRABAJADAS EN EL DEPARTAMENTO DE MOLDEADO DURANTE EL MES DE SEPTIEMBRE			
Origen de las unidades físicas		**Destino de las unidades físicas**	
■ En curso al comienzo del mes	0	■ Totalmente terminadas durante el mes	240
■ Puesta en proceso durante el mes	252	■ En curso al final del mes	12
TOTAL	252	TOTAL	252

rrespondiente a las unidades físicas, si quisiéramos calcularlo, sería **el resultado de la siguiente operación**:

$$\frac{\text{Coste del departamento}}{\text{Unidades terminadas + Unidades en curso al final}} =$$

$$= \frac{5.664.000}{240 + 12}$$

Pero **el denominador contiene unidades** terminadas y unidades en curso, que son **heterogéneas** a los efectos de absorber costes. Unas tienen todos los elementos de la producción incorporados, mientras que las otras solamente han recibido una parte, mayor o menor, de esos elementos del coste.

Para salir del punto en que nos encontramos resulta claro que **hay que convertir en homogéneas las cantidades que aparecen en el denominador**. Para ello basta con ver a cuántas unidades terminadas equivalen las unidades que aún no están acabadas.

En este sentido cabe proponer ejemplos muy sencillos; en cuanto a vino, dos botellas medio llenas de este líquido equivalen a una botella. Doce mesas barnizadas en un tercio equivalen a cuatro mesas totalmente barnizadas en cuanto al trabajo de barnizado.

Pues bien, **con esta misma forma de razonar**, podríamos **hacer en nuestro ejemplo un cálculo del grado de adelanto medio** en que se encuentre la producción en curso al final. **Y así cabría afirmar que** las 12 unidades en curso al final se encuentran, como media del conjunto, en este estado de adelanto:

— En cuanto a materia prima, en un 75 %, es decir, que por término medio se ha incorporado ya a cada cerámica un 75 % de la materia total que van a necesitar.

— En cuanto a mano de obra, en un 50 %; quiere ello decir que se ha incorporado por término medio el 50 % de la mano de obra directa que van a precisar en su total moldeado.

— En cuanto a gastos generales de fabricación, en un 25 %, lo que indica que se estima que del total de gastos generales de moldeado en que se va a incurrir, ya se ha llegado al 25 %.

Por tanto, hemos descubierto además, de camino, que **puede haber un grado de adelanto diferente para cada elemento del coste**, y por tanto, hemos de calcular un coste medio para cada elemento del coste, y después, sumando estos costes medios se obtendrá el coste medio total.

9.3.5. El cálculo del valor de la producción

En nuestro ejemplo daríamos así los siguientes **pasos hasta llegar a despejar las incógnitas** que son nuestro objetivo:

- **Primero.** Determinación de las unidades equivalentes.
- **Segundo.** Cálculo del coste medio unitario.
- **Tercero.** Multiplicando la producción equivalente por el coste medio unitario, calcular el valor de la producción terminada y la producción en curso en el departamento.

A continuación vamos a explicar con detalle cada uno de esos pasos que hemos propuesto.

1.° Determinación de las unidades equivalentes

Para saber la producción equivalente, basta **multiplicar el grado de adelanto por el número de unidades físicas**. Dos botellas con un 50 % de grado de adelanto en cuanto a cantidad de vino contenido equivalen al 50 % de 2, que es 1. Doce mesas barnizadas en un tercio equivalen a 1/3 × 12, que resulta ser 4, como habíamos dicho antes.

Por supuesto, una unidad terminada en su totalidad se traduce en una unidad equivalente.

En nuestro ejemplo hemos procedido a ordenar los cálculos que se derivan de estos razonamientos en el **Cuadro 9.8**. Arriba figurarían los diferentes elementos del coste y en las filas los conceptos que indicaremos, de esta manera.

El Cuadro 9.8 nos prepara, pues, la información para determinar el número de unidades equivalentes. Quizá convenga llamar la atención sobre **la estructura de este Cuadro 9.8**, que es muy sencilla. En el primer cuerpo de conceptos se hacen figurar las unidades físicas, después en columnas estrechas los grados de adelanto, que en este

Cuadro 9.8. Determinación de las unidades equivalentes

CONCEPTOS		MATERIA PRIMA		MANO DE OBRA DIRECTA		GASTOS GENERALES DE FABRICACION	
		(1)		(1)		(1)	
UNIDADES FISICAS:							
Terminadas	240	100	240	100	240	100	240
En curso final	12	75	9	50	6	25	3
UNIDADES EQUIVALENTES			249		246		243

(1) Grado de adelanto de las unidades en curso, expresado en porcentaje.

ejemplo vienen expresados en porcentaje, pero podrían definirse de otra manera. Con el producto de estos datos se van consiguiendo las correspondientes unidades equivalentes, que se suman para cada elemento del coste.

Para las unidades terminadas se ha escrito un grado de adelanto del 100 %, y con él se ha operado.

En definitiva, hemos llegado a la producción equivalente. Leamos a título de ejemplo lo que ha resultado. Para materia prima: 240 unidades equivalentes para unidades terminadas y 9 unidades equivalentes para productos en curso. Lo mismo podríamos leer las unidades equivalentes de mano de obra directa y de gastos generales de fabricación.

2.° Determinación del coste medio unitario

Para determinar el coste medio unitario, **basta dividir el coste correspondiente a cada elemento**: materia prima, mano de obra y gastos generales de fabricación, **por el número de unidades equivalentes halladas**, a fin de determinar el coste medio unitario.

Para trabajar mejor con todos los datos los colocamos en el **Cuadro 9.9**, donde dividimos el coste de cada elemento por el número de unidades equivalentes.

3.° Cálculo del valor de la producción terminada y la de la producción en curso

Era el tercer y último paso anunciado, que implica la multiplicación de la producción equivalente por el coste medio unitario respectivo. Otra vez sintetizaremos las operaciones situándolas en el **Cuadro 9.10**.

La estructura del Cuadro 9.10 también es sencilla. Por un lado, hemos transcrito los datos de la producción equivalente del departamento de moldeado, así como el coste medio unitario. El producto de ambos conceptos, tanto para la producción terminada como para la producción en curso,

Cuadro 9.9. Determinación del coste unitario

Conceptos	Materia prima	Mano de obra directa	Gastos generales de fabricación	Total
Costes del período	1.245.000	3.690.000	729.000	5.664.000
Unidades equivalentes	249	246	243	
COSTE MEDIO UNITARIO	5.000	15.000	3.000	23.000

Cuadro 9.10. Cálculo del valor de la producción

Conceptos	Materia prima	Mano de obra directa	Gastos generales de fabricación	Total
Unidades equivalentes:				
■ Terminadas	240	240	240	
■ En curso al final	9	6	3	
Coste medio unitario	5.000	15.000	3.000	
Valor de la producción:				
■ Terminada	(240 × 5.000) = 1.200.000	(240 × 15.000) = 3.600.000	(240 × 3.000) = 720.000	5.520.000
■ En curso al final	(9 × 5.000) = = 45.000	(6 × 15.000) = = 90.000	(3 × 3.000) = = 9.000	144.000
TOTAL	1.245.000	3.690.000	729.000	5.664.000

nos va dando el valor de la producción terminada y en curso para los diferentes elementos, según el coste de los distintos elementos.

Además, la última fila nos comprueba que el valor total de la producción equivale al total de costes en que se ha incurrido.

Una vez que hemos superado este último paso, **ya es posible sustituir las incógnitas** del asiento que ha motivado todos estos cálculos. Efectivamente, podríamos escribir:

5.520.000	Inventario permanente de productos semiterminados del departamento de moldeado	
144.000	Inventario permanente de productos en curso del departamento de moldeado	
	a Costes del departamento de moldeado	5.664.000

9.3.6. El cuadro-síntesis de la información contable de cada departamento

Después de todo lo anteriormente expuesto, **nos podríamos preguntar si no cabría sintetizar todo el proceso** que conduce a la determinación de los valores correspondientes a las incógnitas del asiento, al que hemos prestado tanta atención. Nos incita a ello además el hecho de que los cuadros que hemos propuesto en cada uno de los pasos que se han dado, tenían el mismo encabezamiento en las columnas.

La contestación es positiva. Efectivamente, es factible elaborar un cuadro que servirá para determinar los valores de la producción terminada y la producción en curso final en cada departamento. Es el **Cuadro 9.11**.

Puede constatarse que **el cuadro propuesto evita todas las repeticiones de datos** que aparecían en los cuadros preparados con anterioridad. Puede comprobarse a este respecto que los pasos dados para determinar el valor de la producción se encuentran implícitos en él.

9.4. ESTUDIO OPERATIVO DEL MODELO ANGLOSAJON DE COSTES POR DEPARTAMENTOS

9.4.1. Los datos de una empresa que obtiene un solo producto

SALCILLO, S. A., es una empresa que se dedica a la elaboración de cierto tipo de esculturas policromadas de cerámica.

*La información sobre el mes de septiembre es la que muestra el **Cuadro 9.11** respecto del departamento de moldeado.*

a) *Respecto a los costes del período incorporables al coste del producto:*

- ***Se ha consumido materia prima A** en el departamento de moldeado por valor de 1.245.000 ptas. Y se ha consumido pintura por valor de 472.000 ptas. en el departamento de policromado, para el cual constituye su materia prima.*
- ***La mano de obra directa correspondiente al mes** ha tenido un coste de 5.194.000 ptas. distribuidas así: 3.690.000 ptas. para el departamento de moldeado, 1.416.000 ptas. para el departamento policromado y 88.000 ptas. para el departamento de cocido.*
- ***Los gastos generales de fabricación han ascendido** a 2.521.000 ptas., que se han repartido así: 729.000 ptas. para el departamento de moldeado, 912.000 ptas. para el departamento de policromado y 880.000 pesetas para el departamento de cocido.*

b) *Con relación a la producción del período:*

- ***En el departamento de moldeado y policromado** se han empezado 252 piezas, de las que*

Cuadro 9.11. Cuadro-síntesis del departamento de moldeado

Elementos del coste / Conceptos diversos		Materia prima A		Mano de obra directa		Gastos generales de fabricación		Total
Costes del departamento:								
■ Costes del período		1.245.000		3.690.000		729.000		5.664.000
Unidades físicas:								
■ Terminadas	240	100	240	100	240	100	240	
■ En curso al final	12	75	9	50	6	25	3	
Trabajadas	252							
Unidades equivalentes			249		246		243	
Costes medios unitarios		5.000		15.000		3.000		23.000
Valor de la producción:								
■ Terminada		(240 × 5.000) = 1.200.000		(240 × 15.000) = 3.600.000		(240 × 3.000) = 720.000		5.520.000
■ En curso al final		(9 × 5.000) = 45.000		(6 × 15.000) = 90.000		(3 × 3.000) = 9.000		144.000
TOTAL		1.245.000		3.690.000		729.000		5.664.000

al final estaban en curso 12, a las que se habían incorporado: el 75 % de la materia prima, el 50 % de la mano de obra directa y el 25 % de los gastos generales de fabricación.

— ***En el departamento de policromado*** *se han trabajado las 240 piezas terminadas en el departamento anterior; de ellas estaban pendientes de acabarse al final 20 piezas, a las que se habían incorporado: el 80 % de la materia prima, el 80 % de la mano de obra directa y el 40 % de los gastos generales de fabricación.*

— ***En el departamento de cocido*** *se habían terminado totalmente las 220 unidades terminadas en el departamento precedente.*

c) ***En lo que se refiere a las ventas del período:*** *Se limitaron a la producción del período, por haberse agotado las existencias de productos terminados con anterioridad; ascendieron a 15.000.000 de ptas.*

d) ***En cuanto a los costes del período*** *no incorporables al producto, se tienen estos datos:*

— *Costes generales de administración, 2.000.000 de ptas.*

— *Costes generales de financiación, 600.000 pesetas.*

— *Costes generales de distribución, 900.000 pesetas.*

e) ***En cuanto a los ingresos del período distintos de las ventas,*** *se sabe que los intereses de cuentas bancarias ascienden a 250.000 ptas.*

Con la información anterior se desea:

a) *Preparar los cuadros necesarios para calcular el valor de la producción.*

b) *Realizar las anotaciones en el Diario del proceso de Contabilidad de Costes para:*

— *Trasladar los costes de los distintos elementos a los costes de los departamentos.*

— *Calcular el coste de la producción obtenida, sabiendo que respecto de los productos semiterminados sólo hay almacén para los correspondientes al departamento de moldeado.*

— *Calcular el resultado bruto de explotación y el resultado neto del período.*

9.4.2. El modelo aplicado a una empresa que obtiene un solo producto

Seguiremos el orden que se acaba de marcar, atendiendo a los distintos puntos que hay que resolver.

1. PREPARACION DE LOS CUADROS NECESARIOS PARA CALCULAR EL VALOR DE LA PRODUCCION

Los cuadros-síntesis de la información contable de cada departamento presentan una información interesante del proceso productivo, empezando por los costes que se incorporan en él y culminando con el valor de la producción.

Se habrá observado que los datos del departamento de moldeado correspondientes a septiembre se han recogido entre los datos de la empresa. Ello nos exime de repetir el cuadro-síntesis de ese departamento.

A continuación presentamos, por tanto, los cuadros-síntesis del departamento de policromado, **Cuadro 9.12**, y del departamento de cocido, **Cuadro 9.13**. Este último es más sencillo, si cabe, al no existir en él producción en curso final.

Cuadro 9.12. Cuadro-síntesis del departamento de policromado

Elementos del coste / Conceptos diversos	Materia prima		Mano de obra directa		Gastos generales de fabricación		Total	Productos semielaborados en moldeado		Total
Costes del departamento:										
■ Costes del período	472.000		1.416.000		912.000		2.800.000	5.520.000		8.320.000
Unidades físicas:										
■ Terminadas 220	100	220	100	220	100	220		100	220	
■ En curso al final 20	80	16	80	16	40	8		100	20	
Total 240										
Unidades equivalentes		236		236		228			240	
Costes medios unitarios	2.000		6.000		4.000		12.000	23.000		35.000
Valor de la producción:										
■ Terminada	(220 × 2.000) = 440.000		(220 × 6.000) = 1.320.000		(220 × 4.000) = 880.000		2.640.000	(220 × 23.000) = 5.060.000		7.700.000
■ En curso al final	(16 × 2.000) = 32.000		(16 × 6.000) = 96.000		(8 × 4.000) = 32.000		160.000	(20 × 23.000) = 460.000		620.000
TOTAL	472.000		1.416.000		912.000		2.800.000	5.520.000		8.320.000

Cuadro 9.13. Cuadro-síntesis del departamento de cocido

Elementos de coste / Conceptos	Materia prima	Mano de obra directa	Gastos generales de fabricación	Total	Productos semiterminados de policromado	Total
Costes del departamento:						
■ Costes del período		88.000	880.000	968.000	7.700.000	8.668.000
Unidades físicas:						
■ Terminadas 220		220	220		220	220
Coste unitario		400	4.000	4.400	35.000	39.400
Valor de los productos terminados		88.000	880.000	968.000	7.700.000	8.668.000

2. ANOTACIONES EN EL DIARIO

Coste del departamento de moldeado	1.245.000	
Coste del departamento de policromado	472.000	
a I.P. de materia prima A		1.245.000
a I.P. de pintura		472.000
• Por la incorporación a los departamentos de la materia prima		
Costes del departamento de moldeado	3.690.000	
Costes del departamento de policromado	1.416.000	
Costes del departamento de cocido	88.000	
a Mano de obra directa		5.194.000
• Por la incorporación a los departamentos de la mano de obra directa		
Costes del departamento de moldeado	729.000	
Costes del departamento de policromado	912.000	
Costes del departamento de cocido	880.000	
a Gastos generales de fabricación		2.521.000
• Por la asignación a los departamentos de los gastos generales de fabricación		
I.P. de productos semiterminados del departamento de moldeado	5.520.000	
I.P. de productos en curso del departamento de moldeado	144.000	
a Coste del departamento de moldeado		5.664.000
• Por la salida contable de los costes del departamento de moldeado		
Coste del departamento de policromado	5.520.000	
a I.P. de productos semiterminados del departamento de moldeado		5.520.000
• Por la entrada de los costes de productos del departamento de moldeado en el departamento de policromado		
Coste de productos semiterminados en el departamento de policromado	7.700.000	
Coste de productos en curso en el departamento de policromado	620.000	
a Costes del departamento de policromado		8.320.000
• Por la salida de los costes del departamento de policromado		
Costes del departamento de cocido	7.700.000	
a Coste de productos semiterminados en el departamento de policromado		7.700.000
• Por la entrada de los costes de productos del departamento de policromado en el departamento de cocido		
I.P. de productos terminados	8.668.000	
a Coste del departamento de cocido		8.668.000
• Por la salida de los costes del departamento de cocido		
Coste industrial de las ventas	8.668.000	
a I.P. de productos terminados		8.668.000
• Por los costes de fabricación de los productos vendidos		

Ventas	15.000.000	
a Beneficio bruto en ventas		15.000.000
• Por las ventas		
Beneficio bruto en ventas	8.668.000	
a Coste industrial de las ventas		8.668.000
• Por los costes		
Beneficio bruto en ventas	6.332.000	
Ingresos financieros	250.000	
a Beneficio neto del período		6.582.000
• Por los elementos positivos del beneficio neto del período		
Beneficio neto del período (o Beneficio neto en ventas)	3.500.000	
a Costes generales de administración		2.000.000
a Costes generales de financiación		600.000
a Costes generales de distribución		900.000
• Por los elementos negativos del beneficio neto del período		

9.4.3. El caso en que la empresa obtiene más de un producto

En el Capítulo 13 desarrollaremos una adaptación de este mismo supuesto, considerando allí que se obtienen dos tipos de productos diferentes.

CUESTIONES

1. *El modelo anglosajón se apoya en:*
a) La distinción entre costes directos e indirectos.
b) El cálculo de los elementos supletorios.
c) La división de la empresa en departamentos.

2. *La clasificación establecida por el modelo anglosajón para los costes indirectos:*
a) Sólo es aplicable a las empresas industriales.
b) Puede extenderse a cualquier tipo de empresas.
c) Es aplicable sólo a las empresas comerciales.

3. *La cuenta servicio de fábrica, recoge:*
a) Los costes necesarios para el desarrollo de la actividad, no incluidos en otras cuentas específicas.
b) Los costes de venta.
c) Los costes de mano de obra indirecta.

4. *Se entiende por mano de obra directa:*
a) Lo devengado directamente por el personal.
b) La que puede identificarse fácilmente con los productos.
c) Toda la que ha participado en el proceso de transformación.

5. *La cuenta de coste de producción, recoge:*
a) Las materias primas consumidas.
b) La mano de obra directa.
c) Los gastos generales de fabricación.

6. *La cuenta coste industrial de ventas, recoge:*
a) Los costes de distribución.
b) Los costes de producción.
c) Los costes de los productos vendidos.

7. *La cuenta de conversión:*
a) Recoge el coste de conversión de los productos en curso en productos terminados.
b) Recoge la reconversión de costes de la Contabilidad General a la Contabilidad de Costes.
c) Recoge los costes de mano de obra directa y los gastos generales de fabricación.

8. *Dentro del marco del modelo anglosajón puede hablarse de:*
a) Contabilidad por procesos o por departamentos.
b) Contabilidad por órdenes de fabricación o por pedidos.
c) Contabilidad por el sujeto y por el objeto.

9. *La Contabilidad por procesos:*
a) Es incompatible con la Contabilidad por pedidos.
b) Es una parte de la Contabilidad por el objeto.
c) Debe complementarse con la Contabilidad por pedidos.

10. *La Contabilidad por órdenes de fabricación:*
a) Integra los costes por departamentos.
b) Prescinde totalmente de los departamentos.
c) Es de utilidad cuando la empresa trabaja por encargos.

11. *Los departamentos anglosajones:*
a) Se responsabilizan de los costes indirectos.
b) Se responsabilizan de los costes directos.
c) Se responsabilizan de todos los costes de los elementos que en ellos se transforman.

12. *En el modelo anglosajón de costes por departamentos:*
a) Todos los costes indirectos pasan a formar parte del coste de los productos.
b) Ciertos costes indirectos se llevan directamente a la determinación de márgenes y resultados.
c) Todos los costes directos pasan a formar parte del coste del producto.

13. *Los procesos en cadena:*
a) Se insertan en el modelo anglosajón por departamentos.
b) Cada departamento pasa sus productos semiterminados al siguiente.
c) Cada departamento asume la responsabilidad de lo que suceda en el siguiente.

14. *Los procesos en paralelo:*
a) Se insertan en el modelo anglosajón por pedidos.
b) Cada departamento es responsable de lo sucedido en el situado paralelamente con él.
c) Cada departamento se ocupa de una parte del producto.

15. *Las unidades equivalentes sirven para:*
a) Calcular los costes de oportunidad de las unidades producidas.
b) Homogeneizar en los mismos términos los productos en proceso y los productos terminados.
c) Calcular el coste de las unidades perdidas.

16. *El método de las unidades equivalentes es muy útil para:*
a) Saber las unidades que se han terminado al final del período.
b) Asignar costes a todos los productos tratados, ya estén en curso o terminados.
c) Realizar el cuadro de distribución de costes por departamentos.

17. *En el modelo anglosajón:*
a) No existen centros auxiliares, todos son principales.
b) Existe una rígida normalización contable.
c) Se sigue poniendo el acento en las empresas fabriles.

18. *Los beneficios calculados por el modelo anglosajón se denominan:*
a) Beneficios de explotación anglosajón.
b) Beneficios brutos en ventas.
c) Beneficios netos en ventas.

19. *La mano de obra directa en el modelo anglosajón:*
a) Ha recibido una gran atención.
b) Va perdiendo importancia su consideración.
c) Va ganando importancia su especial y diferenciada consideración.

20. *Las anotaciones contables:*
a) No se utilizan en el modelo anglosajón.
b) Sustituyen a los cuadros en el modelo anglosajón.
c) Se utilizan en este modelo de manera similar a como sucedía en el modelo continental europeo.

PARTE TERCERA

El modelo ABC

BIBLIOGRAFIA BASICA DEL MODELO ABC

Brimson, J. A.: *Activity Accounting. An Activity-Based Costing aproach.* John Wiley & Sons, Inc. Nueva York, 1991, 1.ª edición.

Brinker, B. J. (Coordinador): *Handbook of Cost Management.* Warren, Gorham & Lamont, Boston, 1992, págs. B1-1/B1-50.

Bromwich, M., y Bhimani, A.; *Management Accounting: evolution not revolution.* CIMA. Londres, 1989.

Carmona Moreno, S.: *Cambio tecnológico y Contabilidad de Gestión.* Instituto de Contabilidad y Auditoría de Cuentas. Madrid, 1993.

Cooper, Robin, y Kaplan, Robert: *The design of cost management systems.* Prentice-Hall International. Englewood Clifs, 1991.

Yoshikawa, T.; Innes, J.; Mitchell, F., y Tanaka, M.: *Contemporary cost management.* Chapman & Hall, Londres, 1993.

10 Aspectos fundamentales del modelo ABC

10.1. ANTECEDENTES DE LOS SISTEMAS ABC

Dicen Johnson y Kaplan (Johnson y Kaplan, 1991) que los sistemas de costes basados en la actividad **(Activity-Based Costing o, en abreviatura, ABC)** no han supuesto nada más que la **vuelta a sus orígenes de la Contabilidad de Costes**. Esta aseveración se fundamenta en que la Contabilidad de Costes nació, científicamente, pareja a la revolución industrial y como consecuencia de que la producción empezó a desarrollarse dentro de un mismo recinto y bajo la **supervisión directa del empresario**. La necesidad de éste de conocer la bondad en el desempeño de las distintas tareas que realizaba el personal para fabricar el producto, hizo que, en sus comienzos, la Contabilidad de Costes estuviese dirigida principalmente a **conocer las actividades que se desarrollaban en la organización**.

La complejidad cada vez mayor de los procesos productivos, su desarrollo en distintos lugares y la falta de medios técnicos e informáticos adecuados para poder medir y controlar correctamente esas actividades, unido a otros motivos, fueron los factores que provocaron que la Contabilidad de Costes se preocupase cada vez menos de las actividades como núcleo del cálculo de los costes y más de las **diferentes partes de la organización**, al frente de las cuales fueron apareciendo **responsables de la gestión**. Así se justifica el auge tradicional de la **Contabilidad de Costes por secciones o por departamentos**.

En los **últimos años de la década de los ochenta**, cuando hay enormes posibilidades técnicas y tecnológicas a disposición de las empresas, es cuando los **sistemas de costes basados en la actividad (modelo ABC)** han experimentado un interés inusitado en el mundo científico y empresarial. El escenario de las investigaciones que han servido para contrastar el modelo ABC han sido grandes empresas americanas; los promotores y difusores iniciales de la idea han sido **Cooper y Kaplan**. La idea ha prendido en otros países, habiéndose producido un eco notable en otros escenarios de investigación y en otros foros universitarios, entre los cuales cabe resaltar lo que podríamos denominar escuela de **Bromwich** dentro de la London School of Economics.

10.2. FUNDAMENTOS DE LOS SISTEMAS ABC

Las ideas clave del sistema ABC: la actividad como referencia

Las ideas clave de los sistemas ABC parecen de una gran claridad:

— Por un lado, se considera que **los productos no consumen costes, sino que los productos consumen las actividades** exigidas para su fabricación. Las actividades incluyen, por ejemplo, el establecimiento de la red de distribuidores, la recepción de los materiales adquiridos, la puesta en funcionamiento de la maquinaria, el diseño de los productos o la tramitación del pedido de un cliente. Dicho de otra manera, **los productos demandan actividades**.

— Por otro lado, **las actividades son las que consumen recursos o valor de los factores productivos**, no siendo los costes nada más que la expresión cuantificada en términos monetarios de esos recursos o factores productivos consumidos por las actividades, por lo que cabe deducir que son las actividades y no los productos los que causan o generan los costes.

Consecuencias primeras de la idea clave

De la idea clave se desprenden importantes consideraciones en las que, en gran medida, se asientan los sistemas ABC:

— **En primer lugar**, que **una adecuada gestión de costes habrá de actuar sobre** los auténticos causantes de los costes, es decir, sobre **las actividades** que los originan. Así pues, el personal de la empresa no puede actuar sobre los costes, sólo puede hacerlo sobre las actividades que causan esos costes.

Bajo esta perspectiva, los sistemas ABC vienen siendo utilizados para gestionar adecuadamente las actividades a fin de alcanzar la **mejora continuada** en su ejecución, consiguiéndose de esta forma reducir cada vez más los costes que de ellas se derivan.

— **En segundo lugar, que es posible establecer una relación causa-efecto** determinante **entre actividades y productos**, de tal manera que puede afirmarse que, a mayor consumo de actividades por parte de un producto, habrá que asignarle mayores costes, y en sentido inverso, a menor consumo de actividades, menores costes.

— **En tercer lugar**, y de acuerdo con la consideración anterior, los sistemas ABC **pueden ser utilizados para asignar de una forma más objetiva y precisa los costes**. En efecto, calculado el coste de una actividad concreta, sus costes serán asignados a los productos en función del uso o consumo que cada uno de ellos haya hecho de la actividad.

10.3. LAS ACTIVIDADES EN LA EMPRESA

La neutralidad del concepto general de actividad

Existen una serie de **conceptos básicos** que tienen la virtud de ser **previos a cualquier clasificación** y, por tanto, gozan de la ventaja de su generalidad. La actividad o los elementos del coste por naturaleza, por poner dos ejemplos, tienen un significado válido para toda la empresa.

Todo el personal hace «algo», realiza «algo», desempeña, en definitiva, alguna actividad. **El concepto de actividad no está asociado con ningún proceso particular** de los que acontecen en la organización (de fabricación, comercial, administrativo, etc.), sino que forma parte integrante de todos ellos.

Así, **pueden existir actividades relacionadas con cualquier parte y aspecto del proceso productivo**. La actividad tiene que ver con las compras (preparar una orden de compras, inspeccionar un pedido, etc.), con la fabricación (cortar primera materia, poner a punto la maquinaria, etc.), o con la administración (confeccionar las nóminas, llevar la contabilidad, etc.), o con la comercialización (cargar un envío, confeccionar una ruta de reparto, etc.).

El concepto de actividad en general

Una actividad es un conjunto de tareas o actos imputables a un grupo de personas o a una persona, a un grupo de máquinas o a una máquina, y relacionadas con un ámbito preciso de la empresa. Se ha llegado a decir, buscando un sentido muy amplio, que la actividad es **todo lo que puede describirse con verbos en la empresa**, si bien normalmente necesitarán casi siempre alguna precisión semántica. Así, en un sentido muy amplio, actividad es: preparar presupuestos, seleccionar personal, serrar madera, preparar las máquinas, limpiar los edificios, hacer facturas, por poner algunos ejemplos.

Las actividades describen, de esta forma, lo que se hace en la empresa, en qué se invierte el tiempo y los distintos inputs. Y **pueden ser definidas en sentido amplio como** toda aquella actuación o conjunto de actuaciones que se realizan en la empresa, encaminadas a la obtención de un bien o servicio.

El proceso de pormenorización de las actividades

Sin embargo, **estas actividades podrían atomizarse todavía más hasta llegar a tareas muy concretas**. Por **ejemplo**, la tarea de selección del personal podría descomponerse al menos en: examinar las necesidades de personal, describir los puestos vacantes, diseñar el proceso de selección, publicar los puestos vacantes, recibir las propuestas de candidatos, citar a los candidatos, etc.

A su vez cada una de **estas tareas que parecen elementales podrían descomponerse en otras** que se integran de alguna manera en ellas. Por ejemplo, la tarea de describir los puestos vacantes puede consistir en señalar la ubicación dentro de la organización, indicar los requerimientos técnicos, determinar la remuneración, fijar la naturaleza del contrato de trabajo.

A través de este proceso de pormenorización de las actividades llegaríamos a contar con un inventario de **numerosísimas tareas**, cada vez más precisas en cuanto a su naturaleza concreta.

Delimitación del concepto de actividad empleado en el modelo contable del ABC

Si bien ese es el concepto desde una perspectiva muy amplia y muy neutral o universal, hemos de **delimitar el concepto de actividad desde la óptica de la gestión**. Y en este sentido, **coincide con el concepto general**, según el cual se viene considerando que la actividad es un conjunto de tareas o actos elementales efectuados por una persona o un grupo de personas, por una máquina o instalaciones o un conjunto de máquinas o instalaciones o por combinaciones de ellos.

Sin embargo, el modelo ABC utiliza un concepto de actividad más agregado, es decir, **agrupando** dentro de cada actividad a **diferentes tareas**, siempre que se cumplan **dos condiciones**: la primera, que ha de existir una homogeneidad entre esas tareas encaminada a la obtención directa de un bien o servicio, o a ayudar a obtenerlo. La segunda, que sean susceptibles de cuantificarse empleando una misma unidad de medida.

Aún podemos ir más lejos, mediante una agregación adecuada de las actividades en general, como señala Cooper (Cooper, 1992, pág. B1-31) **puede utilizarse el mismo generador de coste para cada una de ellas**. En definitiva, las actividades van a constituir un núcleo de acumulación de recursos absorbidos en el proceso productivo, capaz de ser asignados a los productos de acuerdo con los generadores de costes a que nos referiremos después.

Las actividades han de ser diseñadas de manera que solamente recojan costes directos respecto de ellas. Es decir, si consideramos que los costes del ejercicio pueden ser convenientemente clasificados en directos e indirectos respecto de las propias actividades, el modelo ABC prevé que se identifique un conjunto de actividades tales que eliminen la posibilidad de que existan costes indirectos respecto de ellas. De esta manera se elimina la necesidad de realizar repartos secundarios entre actividades.

10.4. CLASIFICACION DE LAS ACTIVIDADES

Igual que ocurría con los costes, las actividades pueden ser observadas desde distintas perspectivas, según los intereses particulares que se pretendan alcanzar. **Cabe hablar así de distintos tipos de clasificaciones**, dependiendo su configuración de la referencia que se tome para proceder a establecer su tipología concreta.

Dentro del ámbito de los sistemas ABC **es usual clasificar las actividades en relación con los siguientes aspectos**:

1. Su actuación con respecto al producto.
2. La frecuencia en su ejecución.
3. Su capacidad para añadir valor al producto.

Pasamos a desarrollarlas por ese orden.

10.5. CLASES DE ACTIVIDADES ATENDIENDO A SU NIVEL DE ACTUACION CON RESPECTO AL PRODUCTO

Podríamos decir que **el protagonista o destinatario específico de cualquier actividad desarrollada en la empresa puede variar**. Si nos situamos en una empresa que produce zapatos, podremos observar que hay actividades que se llevan a cabo pensando en los zapatos en sí; por ejemplo, la colocación de las trencillas que lleva cada zapato; sin embargo, otras actividades tienen que ver con un conjunto de zapatos, como puede ser el diseño de un modelo determinado o la preparación de la maquinaria para acometer la fabricación de una serie de ellos. **Desde esta perspectiva, las actividades pueden clasificarse en**:

a) Actividades a nivel de unidad de producto.

b) Actividades a nivel de lote.

c) Actividades a nivel de línea.

d) Actividades a nivel de empresa.

A nuestro entender **esta clasificación es importante bajo el punto de vista de la asignación**, por cuanto permite conocer el comportamiento que cada actividad desarrolla en relación con cada producto, lo que va a posibilitar establecer una fácil identificación entre los costes por ella generados y los productos por ella tratados.

10.5.1. Actividades a nivel unitario

Las actividades de nivel unitario son aquellas que **se ejecutan** necesariamente **cada vez que se produce una unidad de un producto**. Ejemplos representativos de este tipo de actividad podrían ser el corte de la primera materia requerida para fabricar cada unidad, perforar un componente del producto o pintar un vehículo.

Los consumos de recursos que realizan estas actividades guardan una **relación directa con el número de unidades producidas**, es decir, varían al variar el volumen de producción. Por **ejemplo**, si se pintan dos vehículos se consumirá normalmente dos veces más pintura, dos veces más tiempo de mano de obra o dos veces más tiempo de trabajo de máquinas que si se pintase uno solo.

Los **costes asociados con estas actividades** se refieren fundamentalmente a primeras materias, mano de obra directa y empleo del equipo productivo. Dado el comportamiento de estas actividades, que varían al variar el número de unidades tratadas, sus costes **pueden asignarse fácilmente a los productos**, bien de manera directa (primera materia o mano de obra directa) o bien utilizando una base de asignación representativa del volumen tratado (horas-máquina para el consumo del equipo productivo y de las demás cargas con él asociadas, como podría ser la energía necesitada por las máquinas).

10.5.2. Actividades a nivel de lote de productos

Se entiende por **lote** un conjunto de unidades de un producto que se fabrican a la vez. Las **actividades ejecutadas a nivel de lote** son aquellas realizadas cada vez que se ha de fabricar un lote de un determinado producto. Por **ejemplo**, en la fabricación de productos congelados, puede dedicarse parte del día a preparar unas empanadillas que se fríen y se envasan para pasarlas a las cámaras de congelación.

Dentro de esta categoría tendrían cabida actividades tales como las referidas a la preparación de materias primas, a la puesta a punto de la maquinaria, etc.

Los costes o recursos consumidos por estas actividades varían en función del número de lotes procesados, pero son independientes del número de unidades que componen cada lote, es decir, tienen la consideración de invariables con respecto a éstas.

Así, **en el ejemplo**, cada vez que se prepare la máquina para hacer la masa de las empanadillas, o los equipos disponibles para freirlas, se incurrirá en unos costes. Pero una vez preparados para fabricar el lote, el coste incurrido en esa preparación será normalmente el mismo, ya se fabriquen 10 o 400 empanadillas.

10.5.3. Actividades a nivel de línea de productos

Podemos entender por línea de producción aquella parte de las instalaciones que actúa con independencia para realizar cierta tarea. Por ejemplo, en unas bodegas de vino, aquella parte de las instalaciones dedicada al envasado normalmente ocupará una parte de la fábrica y tendrá un personal ocupado en ella cuando está funcionando.

Las **actividades a nivel de línea** son aquellas ejecutadas para hacer posible el buen funcionamiento de cualquier línea del proceso productivo. Suele afirmarse que estas actividades aparecen como consecuencia de la propia existencia del producto o del proceso; actividades tales como las encaminadas a organizar más racionalmente la mano de obra, a introducir modificaciones en el diseño de los equipos o de los productos, se encuadrarían dentro de esta tipología.

En definitiva, estas actividades permiten que los diferentes productos sean fabricados y vendidos adecuadamente, pero **los costes por ellos consumidos son independientes tanto de las unidades producidas como de los lotes procesados**, guardando en cambio mayor relación con la complejidad de las modificaciones introducidas en los productos o en los procesos, o con los cambios de ingeniería requeridos por el nuevo diseño.

10.5.4. Actividades a nivel de empresa

Las actividades ejecutadas a nivel de empresa son aquellas que **actúan como de soporte o sustento general de la organización**. A esta categoría pertenecen las actividades que tienen lugar en los ámbitos de la administración, de la contabilidad, de la financiación, asesoría jurídica, asesoría laboral, mantenimiento general (calefacción, luz, etc.).

Dado que estas actividades **son comunes para todos los productos**, es decir, para todo el proceso productivo, y no están implicadas directamente en él, la utilización de cualquier base de asignación destinada a repercutir los costes que originan sobre los productos comportaría un elevado grado de subjetividad.

10.5.5. Incidencia de esta clasificación atendiendo a su actuación en la formación del coste del producto

Las tres primeras categorías: actividades a nivel unitario, a nivel de lote y a nivel de línea, suelen denominarse genéricamente **actividades primarias**, por cuanto contribuyen directamente al objetivo funcional de la organización, es decir, a la consecución del output que se comercializará en el mercado, mientras que las actividades a nivel de empresa son denominadas **actividades secundarias**, y poseen la característica de servir de apoyo a las actividades primarias.

Respecto del **tratamiento de los costes de las diferentes actividades en la formación del coste del producto**, podemos decir que los costes generados por las actividades primarias se repercuten sobre el coste de los productos. Sin embargo, los costes de las actividades secundarias son tratados como costes del período en el cual esa actividad se realiza, sin que incida en el coste de los productos. En definitiva, el esquema básico al que se ajusta el modelo ABC en lo que tiene que ver con las diferentes clases de actividades que hemos planteado sería el que muestra el **Cuadro 10.1**.

Esta reclasificación de las actividades de acuerdo con el nivel en que se desarrollan ha pasado a considerarse (Cooper, 1992) como **un elemento esencial del propio concepto del modelo ABC**. En este sentido se puede decir que el modelo ABC identifica y clasifica las actividades principales en los cuatro niveles indicados. Los costes de las tres primeras categorías de actividades son asignados a los productos utilizando los correspondientes generadores de costes. Los costes del cuarto nivel se tratan como costes del período o se asignan a los productos de alguna manera arbitraria.

Cuadro 10.1. Los niveles de actividad en el modelo ABC

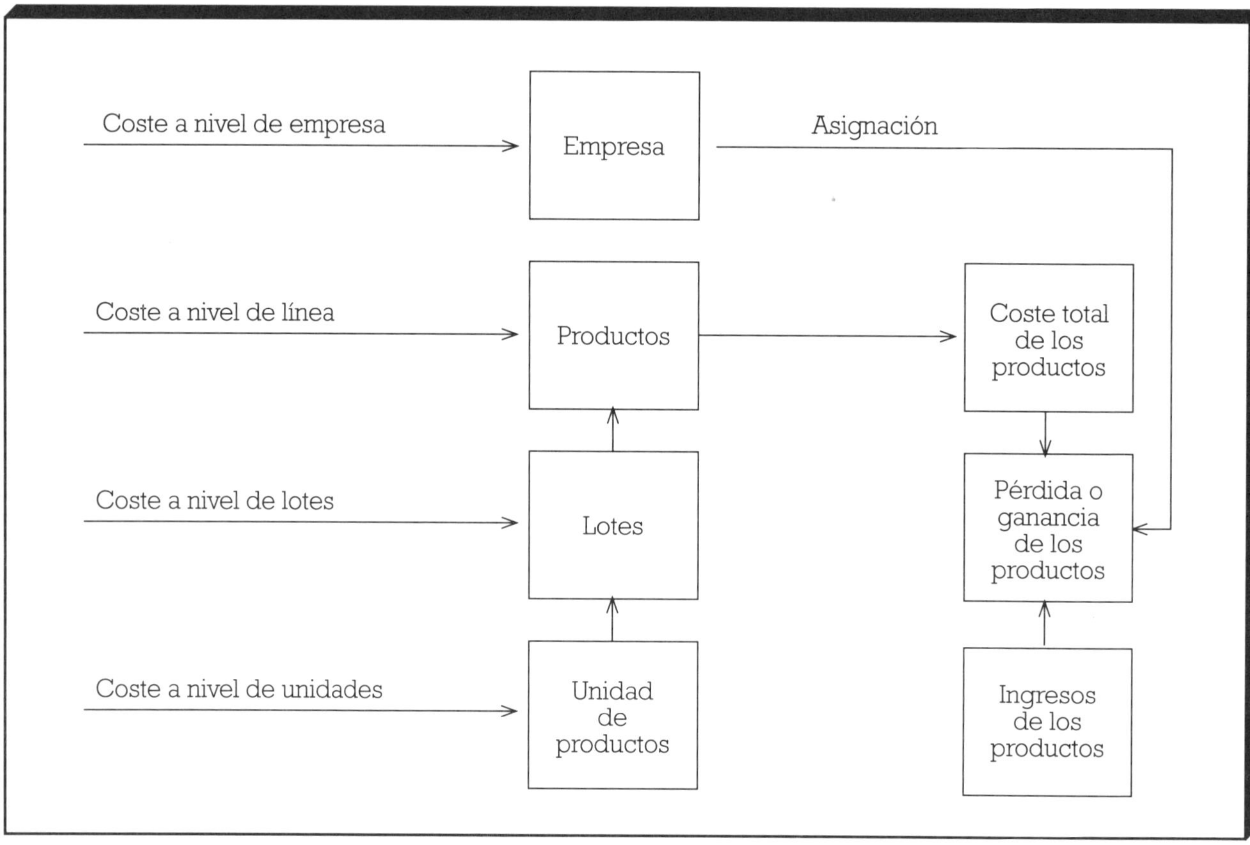

10.6. CLASIFICACION DE LAS ACTIVIDADES ATENDIENDO A LA FRECUENCIA EN SU EJECUCION A CORTO PLAZO

Tomando como referencia clasificatoria la frecuencia en su ejecución, puede diferenciarse entre:

— Actividades repetitivas y
— Actividades no repetitivas.

Actividades repetitivas son aquellas que se realizan de una manera sistemática y continuada en la empresa. Estas actividades poseen como **características comunes** las de tener prefijado un consumo de recursos estandarizado cada vez que se ejecutan y un objetivo concreto y bien determinado para cada una de ellas.

Dentro de esta categoría, y **a título de ejemplo**, quedan encuadradas actividades tales como preparar la primera materia, pulimentar el producto, realizar las anotaciones contables o poner a punto la maquinaria. En términos generales puede afirmarse que son actividades repetitivas aquellas consideradas en la clasificación anterior como actividad de nivel unitario, de nivel de lote y de nivel de empresa, principalmente.

Actividades no repetitivas son las efectuadas con carácter esporádico u ocasional o incluso una sola vez. Dado este carácter, se puede llegar a pensar que no requieren un estricto seguimiento y control, lo cual nos inducirá a un grave error, ya que su **importancia cualitativa**, en muchos casos, las dota de un carácter de fundamentales. Piénsese al respecto en actividades no repetitivas como las realizadas para introducir modificaciones en el producto o en los procesos o en el lanzamiento de una campaña de publicidad, y en la trascendencia que las mismas pueden ostentar para la empresa.

Ha de tenerse en cuenta que **la catalogación de las actividades como no repetitivas ha de situarse en el horizonte temporal del corto plazo**, por cuanto a un plazo mayor pueden pasar a hacerse repetitivas; las mejoras en el diseño del producto o la implantación de nuevos cambios de ingeniería suelen producirse con una cierta periodicidad.

10.7. CLASIFICACION DE LAS ACTIVIDADES ATENDIENDO A SU CAPACIDAD PARA AÑADIR VALOR AL PRODUCTO

Antes de proceder a esta clasificación, es preciso señalar dentro de la metodología de los sistemas ABC, que el concepto de valor añadido puede observarse desde dos ópticas convergentes.

Por una parte, **desde una perspectiva interna**, ese concepto ha de ser entendido como el referido a aquellas actividades estrictamente necesarias para fabricar adecuadamente el producto.

Por otra, **en su proyección externa** y tomando como referencia el mercado, puede interpretarse como toda actividad que haga aumentar el interés del cliente por el producto.

Clasificación según la vertiente interna o externa

En cada una de esas vertientes tendremos dos clases de actividades:

- Las actividades que añaden valor al producto.
- Las actividades que no añaden valor al producto.

Desde una perspectiva interna serán consideradas **actividades de valor añadido** si son estrictamente necesarias para obtener el producto; cuando, por el contrario, la eliminación de una actividad no comporte problema alguno para la obtención del citado producto, estaremos en presencia de **actividades que no añaden valor**.

Por **ejemplo**, la preparación y puesta a punto de la maquinaria, el secado, cortado o barnizado de la primera materia, la expedición de una orden de compra, el servir un pedido al cliente serán ejemplos representativos de las primeras, mientras que la inspección, el almacenaje de la primera materia, el rehacer un producto defectuoso, la devolución de un envío, etc., no añaden valor alguno.

Desde la perspectiva del cliente o externa será definida **una actividad con valor añadido** como aquella que, aplicada sobre el producto, hace aumentar el interés del cliente por él; como ejemplos citaremos el acabado correcto, el ajuste adecuado o el pintado bien realizado. En sentido contrario, la **actividad sin valor añadido** no ejercerá influencia alguna sobre el cliente en su apreciación por el producto; actividades como las desarrolladas para mover los materiales por las plantas, el almacenaje de los productos terminados, el control de calidad si se elaboran adecuadamente, etc., no reportarán ningún valor para el cliente.

En términos generales, **la clasificación a la que se llega suele ser coincidente** con independencia de la perspectiva interna o externa seguida para catalogarlas. Así, las actividades tendentes a rehacer el producto defectuoso ni son estrictamente necesarias para fabricar el producto ni hacen aumentar el interés del cliente. La actividad de acabado, en cambio, es necesaria para terminar el producto y además es apreciada por el cliente.

Importancia de esta clasificación para la gestión de los costes

La distinción entre actividades con o sin valor añadido adquiere una gran **importancia para llevar a cabo una correcta gestión de costes**. Y esto por cuanto:

— **El análisis** cuidadoso **de las actividades que añaden valor** nos puede dar la **pauta a fin de conseguir que sólo consuman los recursos estrictamente necesarios** para la terminación del producto y en sentido paralelo para satisfacer al cliente. El acabado de lujo en un vehículo utilitario no es necesario, ya que no satisface al cliente interesado en este tipo de coches por cuanto podría modificar sensiblemente el precio.

— **El análisis** detenido **de las actividades que no añaden valor ayuda aún más a la reducción de los costes**. Tal sería el caso, entre múltiples y variados ejemplos que pueden ponerse para cualquier empresa, de la actividad de inspección de la primera materia recibida, que podría quedar suprimida si la dirección centra sus esfuerzos en eliminar las causas que la provocan, para nuestro ejemplo exigiendo a los proveedores suministros con la calidad adecuada.

10.8. LOS GENERADORES DE COSTES

Se ha dicho que los **sistemas ABC pretenden dar respuesta a la subjetividad inherente a los procesos de asignación de cargas indirectas**. Los procesos de asignación basados en la estrecha relación existente entre la realización de las diferentes actividades y productos parecen ser capaces de eliminar en gran medida esa subjetividad. Pero resulta imprescindible **encontrar unidades de medida y control** apropiadas para establecer operativamente esa **relación entre actividades y productos**.

La literatura contable anglosajona ha acotado el término cost-driver (generadores de costes) para designar a esas unidades de medida y control y a esas bases de asignación.

Este término, **además de traducirse por su significado literal** de conductores de costes o portadores de costes, puede hacerse por el de causantes, generadores o inductores de costes, por cuanto que en él se quiere hacer referencia directa a aquellos factores que, dentro de cada actividad, causan, generan o inducen el coste.

Así, **por ejemplo, para la actividad «movimiento interno de materiales»**, un cost-driver adecuado para su medida y control podría ser el referido al «número de transportes efectuados», pues ha sido el hecho de realizar esos transportes la auténtica causa de los costes ocasionados por esa actividad. Para observar los consumos que cada producto ha realizado de la actividad «movimiento interno de materiales», el «número de transportes efectuados» para cada producto puede ser considerada como una buena base de asignación.

Profundización en el concepto de generador de coste

Los **generadores causan cambios en el coste de una actividad**. Es decir, si aumenta la cantidad que se origina de alguno de los generadores de costes, eso quiere decir que esa actividad ha realizado un mayor esfuerzo productivo.

Se habrá observado que en los procesos de asignación practicados bajo los sistemas ABC, **los cost-driver desempeñan un papel análogo a las unidades de obra** utilizadas en los procesos de asignación mediante el modelo de costes completos. Sin embargo, no son equivalentes.

Una diferencia fundamental radica en que, como tendremos ocasión de observar al tratar los procesos de asignación, con los primeros (generadores de costes), el grado de precisión de los procesos de asignación es bastante mayor que los realizados tomando como referencia las unidades de obra.

Ello es debido a que **los generadores de costes son capaces de establecer relaciones causales** más exactas entre productos y consumo de actividades que las unidades de obras utilizadas para relacionar los costes indirectos con los productos.

Analicemos un poco más esa relación causal entre la actividad y el generador de costes **en los ejemplos planteados. En la actividad «movimiento interno de materiales»** puede observarse la presencia de relaciones causales precisas entre costes y actividad por una parte y entre actividad y productos por otra. Estas relaciones causales pueden expresarse cualitativamente diciendo que los costes causados por la actividad «movimiento interno de materiales» son consecuencia directa del número de transporte de materiales realizados (cost-driver elegido), de tal forma que a mayor o menor número de transportes se generarán mayores o menores costes.

Y asimismo, **en el ejemplo**, el número de transportes efectuados es consecuencia directa de transportar materiales para los productos, de tal manera que aquel producto que haya consumido (necesitado) mayor número de transportes deberá ser penalizado con mayores costes y a menor número de transportes consumidos menores costes.

Dentro de cada actividad, al igual que ocurría en el ámbito de los centros con las unidades de obra, es posible establecer o detectar la **existencia de varios generadores de costes diferentes entre sí**, por lo que el problema que aparece es el de elegir el más adecuado para acometer el proceso de asignación.

Características de un buen generador de costes

En términos generales este problema de **elección del cost-driver más adecuado** puede quedar resuelto eligiendo siempre aquel que mejor se acomode a los siguientes requisitos:

— Ser más representativo de las relaciones causa-efecto existentes entre costes, actividades y productos.
— Ser fácil de medir y observar.

Para el ejemplo de la actividad «movimiento interno de materiales» podría establecerse un nuevo cost-driver además del referido al número de transportes, como el «número de metros recorridos». Si bien a este respecto **podremos matizar**:

— Si las distancias recorridas por los materiales consumidos por los diferentes productos son similares, la elección recaería sobre el generador «número de transportes efectuados» por cuanto, pudiendo respetar los dos la relación causa-efecto, éste es más fácil de observar que aquél.
— Por el contrario, si las distancias recorridas fuesen muy dispares, el portador de costes «número de metros recorridos», respetaría en mucha mayor medida la relación causa-efecto existente entre la actividad y los productos, siendo en este caso el que debería elegirse.

No hay que olvidarse, por otra parte, que **los generadores de costes serán de naturaleza muy distinta según cual sea la clase de actividad** en relación con el comportamiento de la actividad respecto del producto. Es decir, será diferente para las actividades a nivel unitario, para las actividades a nivel de lotes y para las actividades a nivel de líneas de productos.

10.9. LAS PERSPECTIVAS DEL MODELO ABC

El modelo ABC presenta **dos perspectivas que**, a nuestro juicio, **se orientan a dos de los objetivos de la Contabilidad de Costes** que ya hemos expuesto: la planificación y el control, por un lado, y la valoración de la producción, por otro. A veces, estas dos orientaciones se diferencian señalando que el modelo ABC sirve para analizar el proceso de producción y, a la vez, para la asignación de los costes.

Perspectiva de la gestión de los costes. El ABM

Dicho de otra manera, desde la perspectiva del análisis del proceso de producción, apoyado en las actividades y en los generadores de costes, se intenta disponer de un instrumento para la planificación y el control, mientras que desde la perspectiva de la asignación de costes se trata de llegar a una valoración de la producción más apropiada que con otros modelos de asignación de costes.

En la perspectiva del análisis del proceso productivo se piensa que la consideración de las actividades como auténticos causantes de los costes y la indagación de sus relaciones con los productos, puede ofrecer **ventajas** en la **eliminación de despilfarros en la utilización de los recursos**, a través de una mejora continua en su ejecución y a la consecución de otros propósitos derivados del análisis de la eficiencia y de la eficacia apoyado en las actividades y en los generadores de costes.

La aplicación del modelo ABC para análisis del proceso productivo, de cara a mejorar el rendimiento, ha empezado a convivir en los países más avanzados con otras técnicas que persiguen el mismo objetivo:

- La gestión de calidad total (TQM), iniciales de «total quality management».
- Las técnicas de mejora continua (Kaizen en terminología japonesa).
- Los sistemas de organización Just-in-time (JIT).

En particular se ha revelado especialmente útil el modelo ABC para potenciar las técnicas de mejora continua.

En esta línea ha aparecido el **ABM (Activity-Based Management)**, que aprovecha la información suministrada por el modelo ABC. El ABM pretende ser una herramienta útil para los directivos de diferentes niveles para gestionar adecuadamente los costes, mediante la consecución de la mejora continuada en la realización de las actividades.

El ABM hace uso especialmente de la distinción entre **actividades con y sin valor añadido**, a fin de eliminar las segundas y ejecutar correctamente y con un consumo mínimo de recursos las primeras.

Además, el ABM puede ser utilizado para adoptar algunas decisiones estratégicas adecuadas, entendiendo por decisiones estratégicas las decisiones a largo plazo relacionadas con la consecución de los objetivos de la empresa; a través de estas decisiones se intenta entre otras cosas mejorar las condiciones competitivas. En particular, se pretende mejorar la posición ante los clientes para, por ese camino, conseguir otros objetivos que van desde la mejora de la rentabilidad hasta conseguir mejorar la actividad productiva.

Perspectiva de la asignación de costes

En la perspectiva de la asignación de costes, se piensa **asimismo** que el modelo ABC va a presentar **diferentes ventajas**, entre las que podemos situar la eliminación de asignaciones de costes indirectos que se consideran más imperfectas que las conseguidas por el modelo ABC.

Precisamente, **en los capítulos que siguen**, dedicados también al ABC, vamos a centrarnos especialmente en el proceso de asignación, especialmente en el próximo, donde vamos a estudiar detenidamente el proceso contable ligado al modelo ABC.

10.10. FORMAS DE PRESENTAR EL MODELO ABC

Hemos presentado **dos planteamientos del modelo de costes completos**: el europeo continental y el anglosajón y hemos dispuesto de la oportunidad de comprobar que aunque tengan puntos en común, tienen también puntos de discrepancias importantes. Podríamos decir que **el modelo europeo continental ya había avanzado hacia muchas de las ideas del modelo ABC**. Esto se ve palpablemente cuando se examinan las críticas que suelen hacerse a esos modelos desde las posiciones del modelo ABC.

La posición de ventaja del modelo europeo-continental

En efecto, **cuando se señalan las ventajas del modelo ABC** respecto de los otros modelos de Contabilidad de Costes que ya conocemos, una de las que se señala generalmente es **que el modelo ABC abandona la asignación de los costes de acuerdo con las horas de mano de obra directa aplicada o de acuerdo con la materia prima consumida**; y en lugar de emplear como criterio de asignación del coste de los centros esas referencias, se emplean los generadores de costes. Sin embargo, **esta observación es injusta** respecto de la interpretación europea continental del modelo.

El punto débil de esa afirmación está en no distinguir entre los modelos anglosajones y los modelos europeos continentales. Desde luego que en los modelos anglosajones se venía empleando la mano de obra directa expresada en horas como uno de los criterios de asignación preferidos. Sin embargo, **en los modelos europeos continentales ya estábamos empleando la unidad de obra** de los centros de actividad como referencia para realizar muchos procesos de asignación.

La presentación de dos versiones del modelo ABC

Para que se vean más claramente las diferencias entre el modelo ABC y los modelos que hemos estudiado, **vamos a presentar los modelos ABC también en dos versiones**: lo que podríamos llamar su interpretación anglosajona y su interpretación europea continental. Conviene hacerlo así, además, porque aunque se admita que el modelo

ABC ha nacido dentro del mundo anglosajón, hay que admitir también que **el modelo ABC está siendo asimilado por la doctrina europea continental** dentro de su contexto, tratando de aprovechar las características positivas de los modelos utilizados hasta ahora en los planteamientos del modelo ABC. Este criterio es compartido por buena parte de la doctrina, especialmente la europea continental.

Quizá en los planteamientos europeos continentales es más notoria la afirmación de Bromwich y Bhimani (1989) de que **estamos ante una evolución y no ante una revolución** de la Contabilidad de Costes y de la Contabilidad de Gestión. Los estudios específicos llevados a cabo para poner de manifiesto los avances del modelo ABC sobre los modelos europeos continentales van poniendo de manifiesto que éstos se situaban más cerca del modelo ABC que del modelo anglosajón en muchos de sus elementos.

Por estos motivos, nos parece conveniente hacer **la presentación del modelo ABC de dos maneras diferentes**. En una primera forma de presentación trataremos de que se pueda hacer una comparación con el modelo europeo continental de costes completos y en una segunda forma de presentación intentaremos que sea fácil su comparación con el modelo de costes completos en su planteamiento anglosajón.

CUESTIONES

1. *ABC son las iniciales de la expresión:*
- *a*) Activity-business costing.
- *b*) Activity-break cost.
- *c*) Activity-based costing.

2. *El modelo ABC, impulsado por Cooper y Kaplan, aparece:*
- *a*) En la década de los sesenta.
- *b*) A principios de la década de los ochenta.
- *c*) A finales de la década de los ochenta.

3. *Entre los asertos básicos en que se fundamenta el modelo ABC se pueden enunciar los siguientes:*
- *a*) Los productos no consumen costes, sino actividades.
- *b*) Las actividades consumen costes.
- *c*) Las actividades prestan servicios unas a otras.

4. *El modelo ABC permite una adecuada gestión de los costes actuando sobre:*
- *a*) Los centros de responsabilidad.
- *b*) Los gastos generales de administración.
- *c*) Las actividades.

5. *Las actividades pueden tener los siguientes sentidos:*
- *a*) Amplio y general.
- *b*) Concreto, ligado a su significación en la Contabilidad de Costes.
- *c*) Jurídico, de acuerdo con la forma que revista la empresa.

6. *Fijándonos en los costes directos e indirectos respecto de las actividades:*
- *a*) Se asignan a las actividades solamente costes directos.
- *b*) Pueden asignarse a las actividades costes directos y costes indirectos.
- *c*) Solamente pueden asignarse a las actividades costes indirectos.

7. *Las actividades a nivel unitario son:*
- *a*) Las que se realizan por una sola persona.
- *b*) Las que se efectúan en un solo centro de actividad.
- *c*) Las que se relacionan con la unidad de producto obtenida por la empresa.

8. *Las actividades a nivel de lote tienen que ver:*
- *a*) Con varias unidades de un mismo producto que se fabrican simultáneamente.
- *b*) Con un producto defectuoso.
- *c*) Con un servicio unido a un producto.

9. *Las actividades a nivel de línea se refieren:*
- *a*) A las empresas de transportes.
- *b*) A las empresas eléctricas.
- *c*) A cualquier empresa.

10. *Las actividades a nivel de empresa:*
- *a*) Son comunes para todos los productos.
- *b*) Se deciden por la dirección general.
- *c*) Se realizan para transformar la empresa en su conjunto.

11. *Se denominan actividades primarias en el modelo ABC a:*
a) Las no realizadas a nivel de empresa.
b) Las que tienen que ver con la agricultura.
c) Las que vienen exigidas por las materias primas.

12. *Se denominan actividades repetitivas a las que:*
a) Tienen lugar en todos y cada uno de los departamentos.
b) Se exigen por más de un producto.
c) Aquellas que se realizan de una manera sistemática y continuada en la empresa.

13. *Las actividades que añaden valor al producto desde la perspectiva del cliente:*
a) Son las que aumentan el precio.
b) Son las que aumentan el interés de los clientes por ellas.
c) Son las realizadas por empresas de fabricación.

14. *Los generadores del coste son:*
a) Documentos en los que aparece la determinación de los costes.
b) Unidades de medida y control que relacionan actividades y productos.
c) Vehículos especiales.

15. *Los generadores de costes y las unidades de obra tienen estas conexiones:*
a) Desempeñan un papel semejante al de las unidades de obra.
b) Son algo diametralmente opuesto a las unidades de obra.
c) Tienen que ver en las empresas constructoras.

16. *Los generadores de costes:*
a) Tienen que ver con el principio de causalidad.
b) Implican una noción de causalidad.
c) Conllevan una referencia a las consecuencias de los costes de los productos y no a las causas.

17. *Con relación a una actividad:*
a) Pueden existir varios generadores de costes.
b) Solamente puede haber un generador de costes.
c) Pueden existir como máximo dos generadores de costes.

18. *Entre las características que hemos de considerar a la hora de seleccionar un generador de costes adecuado está:*
a) Ser representativo de las relaciones causa-efecto existentes entre costes, actividades y productos.
b) Ser fácil de medir y observar.
c) Que esté relacionado con la mano de obra directa.

19. *El modelo ABC permite:*
a) Determinar el coste de los productos.
b) Analizar la capacidad de producción pero no los costes.
c) Calcular los costes que son muy sencillos solamente.

20. *Respecto del modelo de costes completos europeo-continental:*
a) El modelo ABC ha significado una revolución.
b) Ha implicado una evolución importante.
c) No ha significado alteración alguna.

21. *El ABM pretende:*
a) Ayudar a la adopción de decisiones estratégicas.
b) Resolver problemas especiales que aparecen en la elección de los generadores de costes.
c) Sustituir al modelo ABC.

11 El proceso seguido en el modelo ABC

11.1. EL MODELO ABC Y LOS MODELOS CONVENCIONALES DE CONTABILIDAD DE COSTES

En este sentido, podría plantearse la cuestión de **situar al modelo ABC dentro del conjunto de modelos conocidos**. Y a este respecto cabría hacerse **varias preguntas** a su vez.

La **primera** pregunta es si estamos ante un modelo especial, o si es una variante del modelo de costes completos o del modelo de costes variables o direct costing. Creemos que podrían mantenerse, al menos, las cuatro **posturas**. Así tenemos:

— Primero, **se ha eliminado la posibilidad de que pueda considerarse el modelo ABC como un modelo de «direct costing»**. Se considera que, debido a los efectos de la tecnología moderna, los costes variables tienen un escaso valor respecto de los costes fijos, es decir, su cuantía relativa es mucho menor, y, por tanto, el modelo de direct costing ha perdido virtualidad.

— Segundo, se ha mantenido la tesis (Kaplan, 1989) de que **se trata de un perfeccionamiento del modelo de direct costing o costes variables**. Se fundamenta en que el modelo ABC perfecciona los criterios de clasificación de los costes en fijos y variables, lo que lleva a la difuminación de los costes fijos. De esta manera estamos ante un modelo de direct costing ampliado a todos los costes.

— Tercero, puede defenderse que **estamos ante un modelo de costes completos** en cuanto consigue que absolutamente todos los costes pasen a formar parte del coste de los productos. Solamente se plantearía la excepción de los costes a nivel de empresa, aunque una parte de la doctrina deja abierta la puerta a una asignación arbitraria de estos costes.

— Cuarto, **podría plantearse que el modelo ABC es un modelo diferente** a los conocidos en el momento de su aparición. Se trata de un modelo que tiene elementos de los demás modelos conocidos en el momento de su aparición.

La segunda pregunta es si se trata de un **modelo de costes históricos o** de un modelo de costes **estándar**. La contestación que prevalece en la doctrina es que igual que ocurre con los modelos de costes completos y de costes variables, el modelo ABC puede plantearse tanto en términos de costes históricos como en términos de costes estándar. En su versión de costes históricos podría ser una respuesta a considerar a la hora de valorar las existencias y en su versión de costes estándar constituye una herramienta muy útil para la planificación y el control.

11.2. EL PROCESO DE ASIGNACION EN EL MODELO ABC

Hemos examinado los fundamentos del sistema ABC de Contabilidad de Costes. Ahora nos corresponde pasar a un aspecto más concreto, como es el proceso de asignación de costes. Es frecuente hablar de **dos fases en el proceso seguido por el modelo ABC**, conforme vemos en el **Cuadro 11.1**:

— **En la primera fase se asignan los costes a las actividades** pertenecientes a los diferentes centros; de esa forma las actividades se convierten en el núcleo del modelo.

— **En la segunda fase se asignan a los productos los costes de las actividades** y, además, se asignan a esos mismos productos los costes directos correspondientes. Claro es que hablamos aquí de costes directos y costes indirectos respecto del producto.

Entrando en más detalles hemos de adelantar que la formación del coste del producto sigue un proceso secuencial en el que pueden distinguirse **ocho etapas distintas** que también se muestran en el **Cuadro 11.1**.

Podemos hacer algunas **consideraciones con relación a estas etapas** del proceso de asignación por el sistema ABC:

— La primera etapa a veces se elimina, por considerar por algunas interpretaciones del modelo ABC que los centros no tienen en él significación contable alguna a la hora de la asignación de los costes.

— Las demás etapas están íntimamente ligadas a los conceptos que hemos ido estableciendo anteriormente, en particular la propia actividad o los generadores de costes. Dicho de otra forma, giran alrededor del concepto de actividad y se apoyan en los generadores de costes.

Cuadro 11.1. Fases y etapas en los procesos de asignación ABC

FASES	ETAPAS
DETERMINACION DEL COSTE DE LAS ACTIVIDADES DE CADA CENTRO	1.ª Localización de los costes indirectos en los centros
	2.ª Identificación de actividades
	3.ª Elección de cost-drivers o generadores de costes
	4.ª Reclasificación de actividades
	5.ª Reparto de los costes entre las actividades
	6.ª Cálculo del coste de los generadores de costes
DETERMINACION DEL COSTE DE LOS PRODUCTOS	7.ª Asignación de los costes de as actividades a los materiales y a los productos
	8.ª Asignación de los costes directos a los productos

11.3. ANALISIS DEL PROCESO DE ASIGNACION DE COSTES EN EL MODELO ABC

Una vez que hemos presentado las grandes líneas del proceso de formación del coste de los productos, pasamos a examinar cada una de sus etapas en una perspectiva general. Se trata de un análisis eminentemente operativo que sirve de enlace entre los fundamentos que hemos estudiado anteriormente y el estudio operativo que abordaremos después.

11.3.1. Asignación de los costes indirectos a los centros

En esta primera etapa se procede a **localizar las cargas indirectas respecto del producto** en cada uno de los centros en los que se encuentra dividida la empresa, de manera similar a como lo hacen los modelos tradicionales. Esta localización se limita a situar las cargas en el centro donde se realiza la actividad a la que después se traspasará.

Supongamos, como **ejemplo**, una empresa que se encuentra dividida en **tres centros**: compras, cortado y montaje, y que fabrica dos productos diferentes A y B, utilizando ambos dos primeras materias X e Y. Esta fase implica la separación de los costes indirectos entre los centros, idea que se recoge en el **Cuadro 11.2**.

Hemos de reconocer que en algunas exposiciones del modelo de costes ABC, **no siempre se incluye esta etapa**. Sin embargo, observamos una tendencia creciente a hacer una referencia expresa a los centros de costes para situar en ellos las actividades.

Parece razonable que **una adecuada división de la empresa en centros de actividad**, que estén orientados principalmente hacia las propias actividades, **potencia la aplicación del modelo ABC** y la ejecución de su proceso contable, que es el punto en que estamos ahora. No lo desvirtúa, puesto que no sustituye la aparición de las actividades.

Cuadro 11.2. Los centros de costes

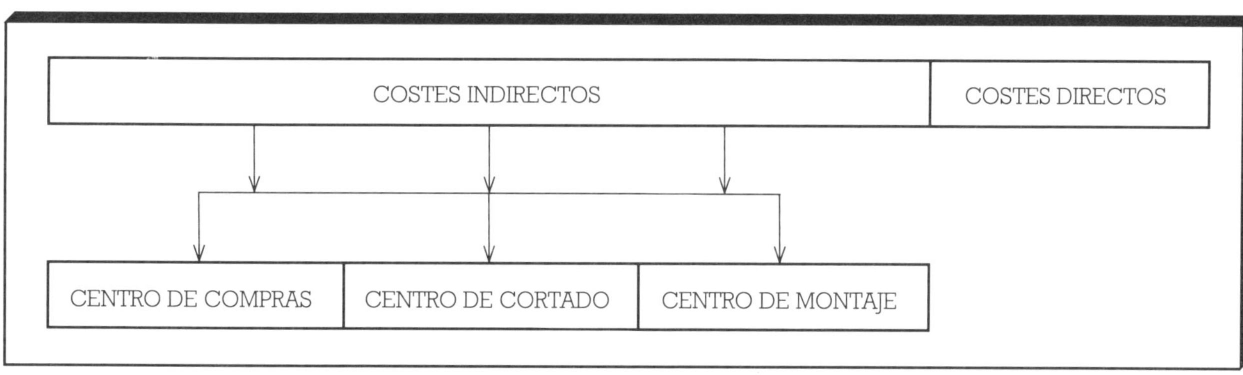

11.3.2. Identificación de las actividades por centros

En el ámbito de actuación de cada centro generalmente tiene lugar la ejecución de actividades diferentes. Mediante esta segunda etapa **se identifican y clasifican cada una de las actividades** que se realizan en cada centro.

El proceso de identificación de las actividades que tienen lugar en los distintos centros constituye una de las etapas más delicadas e importantes. Para ello, uno de los procedimientos que se utilizan es el **cuestionario o entrevista** entre personas integradas en los centros.

En el ejemplo que veníamos proponiendo, mostramos en el **Cuadro 11.3** las posibles actividades que cabe identificar dentro de cada uno de los centros.

Cuadro 11.3. Actividades realizadas en diferentes centros

Centro de compras	**Centro de cortado**	**Centro de montaje**
— Emisión de órdenes de compras (A1). — Transporte de materiales a los centros (A2).	— Corte de las primeras materias (A3). — Puestas a punto de la maquinaria (A4). — Transporte interno de los productos en curso (A5). — Cambios de ingeniería (A6).	— Montaje de los productos (A7). — Puestas a punto de la maquinaria (A8). — Transporte interno de los productos terminados (A9).

Podríamos presentar estas actividades de una manera más gráfica, conforme muestra el **Cuadro 11.4**.

En realidad, lo que importa es el descubrimiento de todas las actividades que se realizan en la empresa. Es importante señalar que **las actividades han de recibir sólo costes directos** con relación a ellas. Es decir, no se ha de llevar a cabo ninguna asignación para trasladar costes indirectos a las actividades. La selección de las actividades ha de eliminar la existencia de costes indirectos con respecto a ellas.

Cuadro 11.4. Actividades de los centros

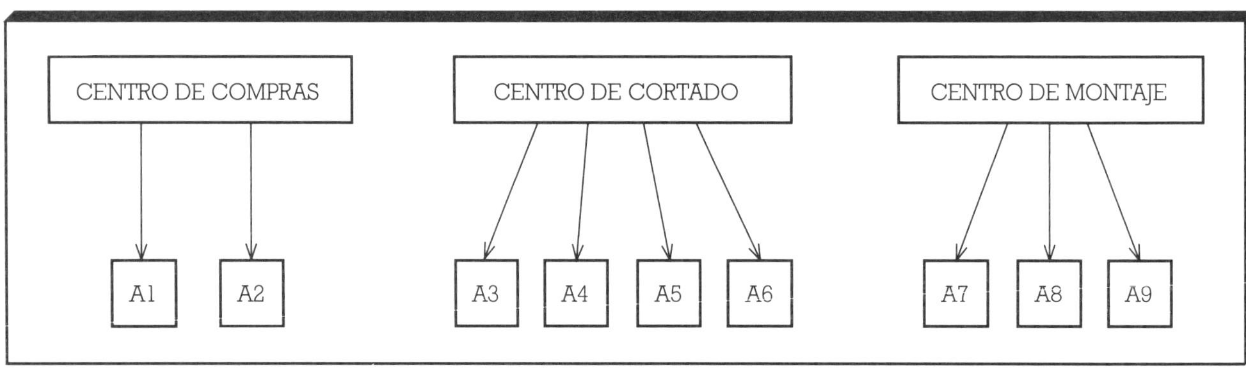

11.3.3. Determinación de los generadores de costes de las actividades

Esta etapa supone un momento crucial en estos procesos de asignación. En efecto, dentro de cada actividad se deberá elegir aquel cost-driver, portador o inductor de costes, **que mejor respete la relación causa-efecto entre: Consumo de recursos → Actividad → Producto**; asimismo se deberá tender, entre los que cumplan la anterior condición, hacia aquel más fácil de medir e identificar como ya hemos indicado en epígrafes anteriores.

Tiene una gran **importancia la clasificación de las actividades por niveles**, es decir, distinguiendo entre actividades a nivel unitario, a nivel de lote, a nivel de línea y a nivel de empresa, dado que el comportamiento de estas actividades con respecto al producto guarda, como se recordará, distintos tipos de relaciones.

Los generadores y las actividades según su nivel

Puede resultar interesante mostrar una lista de posibles generadores relacionados con cada una de las actividades de diferentes niveles. Por eso hemos elaborado, como **ejemplo**, el **Cuadro 11.5**.

Cuadro 11.5. Los generadores de costes y las actividades por niveles

Actividades	Generadores de costes
A nivel unitario	Primera materia consumida Mano de obra directa (h/h) Horas-máquina (h/mq)
A nivel de lote	Número de puestas a punto de la maquinaria Ordenes de compra Movimientos de los materiales Número de órdenes de ventas
A nivel de línea	Tiempos empleados en los cambios de ingeniería en la línea Especificaciones requeridas por el producto
A nivel de empresa	No son necesarios a efecto del proceso de asignación

Podríamos hacer algunas **observaciones acerca del Cuadro 11.5**, empezando por la parte inferior:

- **A nivel de empresa** no se hacen necesarios los generadores de costes a efectos de realizar el proceso de asignación, ya que los costes correspondientes a ese nivel, por ejemplo, los costes de la administración general, se suele considerar oportuno no trasladarlos al coste de los productos por pensarse, entre otras cosas, que ningún generador elegido a este nivel sirve para establecer una buena relación causal entre actividades y productos.
- **A nivel de línea de producto** aparecen unos generadores de costes que adquirirían todo su significado si nos situásemos en la realidad concreta de una empresa en particular. No obstante, los cambios de ingeniería, por ejemplo, muestran bien a las claras que han de vincularse a la línea en su conjunto, ya que, por ejemplo, son normalmente indiferentes respecto de los lotes o respecto de las unidades de producto obtenidas.
- **A nivel de lote**, es decir, del conjunto de bienes o servicios que tienen un tratamiento conjunto en el proceso productivo, los generadores de costes están exigidos por esos conjuntos, y son básicamente independientes del número de unidades de productos o servicios. Por ejemplo, en la actividad de preparación de compras, será el número de órdenes que se preparen y cursen los aconsejables en un planteamiento general.
- **A nivel de producto** ya habría que pensar en vincularlos a cada unidad de producto o servicio obtenida, ya que variarán en función del número de éstas, como pueden ser las horas-máquina que exige cada uno de ellos.

Algunos ejemplos de generadores de costes

No obstante, una lista de generadores de costes sin una referencia a la actividad concreta con la que se relacionan puede ser algo abstracto; **proponemos seguidamente una lista** de actividades con sus correspondientes generadores de costes. En efecto, **en el ejemplo** que venimos desarrollando podrían seleccionarse los generadores de costes para cada una de las actividades que muestra el **Cuadro 11.6**.

Si pasamos ahora a situarnos **en los diferentes centros en que se integran un conjunto de actividades**, tenemos que **en el centro de compras** pueden realizarse dos actividades, entre otras, como puede ser el transporte interno, que puede tener como generadores de costes el número de transportes efectuados dentro del departamento.

Cuadro 11.6. Una propuesta de generadores de costes

Centro	Actividad	Generadores de costes
Compras	Emisión de órdenes de compras Transporte interno	Número de órdenes cursadas Número de transportes
Cortado	Corte de la primera materia Puestas a punto de la maquinaria Transporte interno Cambios de ingeniería	Horas-máquina Número de puestas a punto Número de transportes Tiempos empleados
Montaje	Montaje de partes Puestas a punto de la maquinaria Transporte interno	Horas-máquina Número de puestas a punto Número de transportes

En el centro de cortado vemos que la actividad de transporte sigue utilizando el mismo generador de coste. También aparece la actividad de puesta a punto de maquinaria, que se relaciona con el consistente en el número de puestas a punto efectuadas. Y en este mismo centro, la actividad de corte de la materia prima utiliza como generador el número de horas-máquina empleadas.

En el centro de montaje vuelve a surgir en términos similares la actividad de transporte interno, así como la actividad de puesta a punto de la maquinaria. Y aparece como actividad exclusiva de este centro el montaje de las distintas partes, que tiene como generadores de costes también las horas-máquina referidas a la maquinaria utilizada en este departamento.

11.3.4. Reclasificación o reagrupación de las actividades

Mientras que en la segunda etapa, mediante la descomposición de cada centro en actividades, se posibilitaba el poder efectuar un estrecho seguimiento de la manera en la que se opera en cada centro, acudiendo a tal fin al análisis de las actividades que en él se realizan, en esta cuarta etapa **se pretende agregar las actividades**.

En efecto, hemos visto que **dentro de los distintos centros pueden existir idénticas o similares actividades**, en este sentido son actividades comunes. Ahora se trata de agregar esas actividades para simplificar los procesos de asignación y además para determinar los costes originados en la empresa por cada una de las diferentes actividades que en ella se realizan, con independencia de su localización concreta en un determinado centro.

A tal fin, se agrupan las actividades de similares características, formándose así los costes totales por actividad.

En el ejemplo que estamos siguiendo podrían agruparse como indica el **Cuadro 11.7**.

Como puede observarse, el coste de la **actividad 2** agrupa a todas aquellas que realizan **transportes internos de materiales**, y cuyo **generador común** es el número de transportes efectuados.

El coste de la actividad 4 agrupa las actividades realizadas en los distintos centros tendentes a ejecutar **las puestas a punto de las maquinarias**, siendo el portador de costes común el número de puestas a punto.

Cabría replantear los centros de actividad una vez que se ha procedido a la reagrupación de las actividades. Por ejemplo, la reagrupación de las actividades de las puestas a punto de maquinaria puede dar pie en el futuro a la creación del centro de puestas a punto.

Cuadro 11.7. Reclasificación de actividades

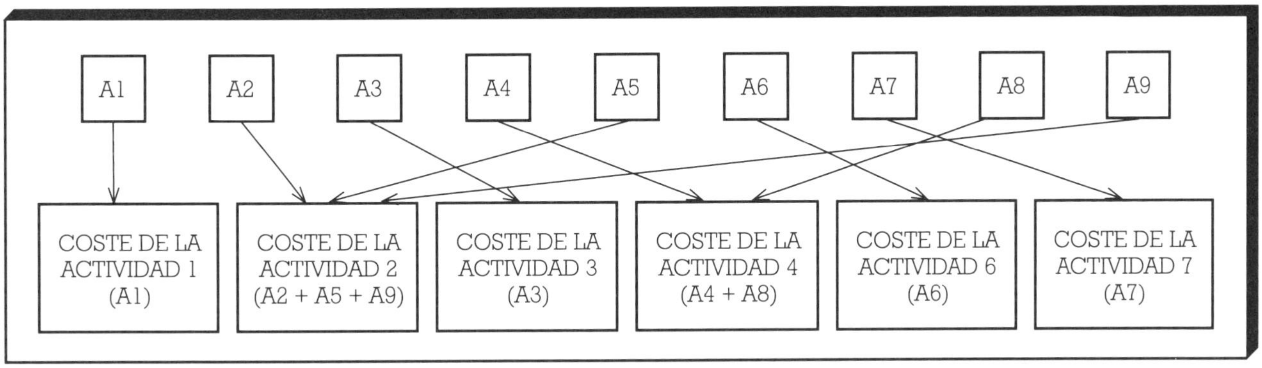

11.3.5. Distribución de los costes del centro entre las actividades

Identificadas y definidas cada una de las actividades de los centros, **el proceso se completa en esta quinta etapa con la distribución o reparto de los costes** localizados en los centros, **entre las distintas actividades** que lo han generado.

Este reparto no es, en general, complejo, dado que en la mayor parte de las ocasiones es posible identificar de manera directa y simple los costes ocasionados por las distintas actividades dentro de cada centro, por lo que su determinación no debe resultar problemática; no obstante en presencia de repartos difíciles de efectuar, se necesitará disponer de la suficiente información para que el reparto realizado no se lleve a cabo de manera subjetiva.

Así, para el centro de compras de **nuestro ejemplo** es relativamente fácil determinar los recursos consumidos separadamente por la emisión de órdenes de compras y por el transporte interno de materiales.

11.3.6. Cálculo del coste unitario del generador de costes

Conocidos los costes de la actividad, y determinado el portador de costes, generador de costes o cost-driver para cada una de ellas, **el coste unitario se determina** en esta quinta etapa dividiendo los costes totales de cada actividad entre el número de generadores de costes.

El coste unitario del generador de costes representa la medida del consumo de recursos que cada inductor ha necesitado para llevar a cabo su misión, o en otros términos, el coste que cada inductor genera dentro de una actividad concreta.

En el ejemplo, cuando decimos que el coste de la unidad de obra hora-máquina es igual a 5.000 u.m., queremos expresar que cada unidad de actividad llevada a cabo en el centro ha supuesto ese importe.

La expresión coste del inductor o generadores de costes transporte de materiales igual a 5.000 u.m. implica que cada operación realizada por la actividad «movimiento de materiales», consume recursos por ese importe para llevarse a efecto.

11.3.7. Asignación de los costes de las actividades a los materiales y a los productos

Esta séptima etapa tiene una honda significación en el modelo ABC. Ya sabemos que los productos consumen actividades y las actividades consumen recursos, siendo los generadores o inductores, los que relacionan de manera directa a unos y otros.

Llegado este momento en el proceso de asignación, **son conocidos ya** los costes generados por cada portador de costes; asimismo, y de acuerdo con la correspondencia directa entre éstos y los productos, podemos saber de manera inmediata el consumo que cada unidad de producto, cada lote y cada línea de producto han hecho de cada actividad.

El consumo realizado de cada actividad vendrá expresado por el número de prestaciones con las que la actividad ha contribuido a la formación del producto en cualquiera de los niveles, es decir, viene expresado por los inductores o generadores consumidos en los diferentes niveles del proceso productivo.

En nuestro ejemplo, para la actividad de puestas a punto de la maquinaria, puede fácilmente conocerse cuántas se han realizado para fabricar el producto A, y cuántas para el producto B, por lo que, conocido ya en la etapa anterior el coste de cada puesta a punto, podemos asignar de manera sencilla el coste de esa actividad a cada uno de los productos utilizando para ello el número de inductores que han necesitado.

En el esquema que venimos desarrollando, **el reparto de costes de actividades entre productos**, puede ser representado según el **Cuadro 11.8**.

Explicando brevemente el Cuadro 11.8 diremos que en el reparto del coste de las actividades se ha supuesto que la actividad órdenes de compras, sólo es consumida por las primeras materias solicitadas mediante las citadas órdenes. Para el resto de las actividades se ha supuesto que han servido para fabricar ambos productos, de ahí que sus costes se repercutan sobre ellos.

Cuadro 11.8. Asignación de los costes de las actividades a los productos

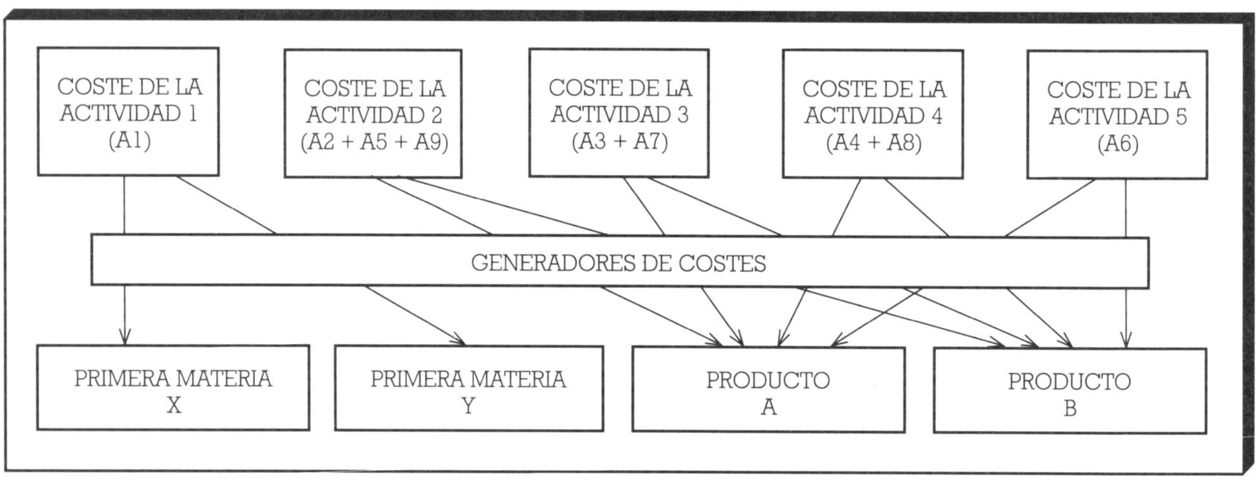

11.3.8. Asignación de los costes directos a los productos

Los costes directos respecto del producto no han intervenido en las etapas anteriores del proceso contable del modelo ABC. Conocidos los costes originados por las compras, y repercutidos todos los costes indirectos entre los productos, el proceso de asignación culminará esta séptima etapa trasladando los costes directos respecto del producto a cada uno de ellos.

Pero conviene hacer un apartado respecto de **la mano de obra directa**. El modelo ABC propugna la asignación de la mano de obra directa a las actividades y su reparto desde éstas a los productos, de acuerdo con un portador de coste representativo, como en este caso lo es el número de horas de mano de obra consumidas por cada uno de ellos. Esto es así, por cuanto la mano de obra directa suele representar una parte del coste de muchas actividades, por lo que de no tenerse en cuenta, se estaría deformando el coste total de ellas.

Por tanto, los **costes directos** a repartir sólo harán referencia a **los materiales consumidos**, que se trasladarán al coste de los productos a nivel unitario de acuerdo con las cantidades físicas que hayan necesitado.

Así pues, el proceso de asignación terminará con la formación del verdadero coste de las primeras

Cuadro 11.9. Asignación de costes directos a los productos

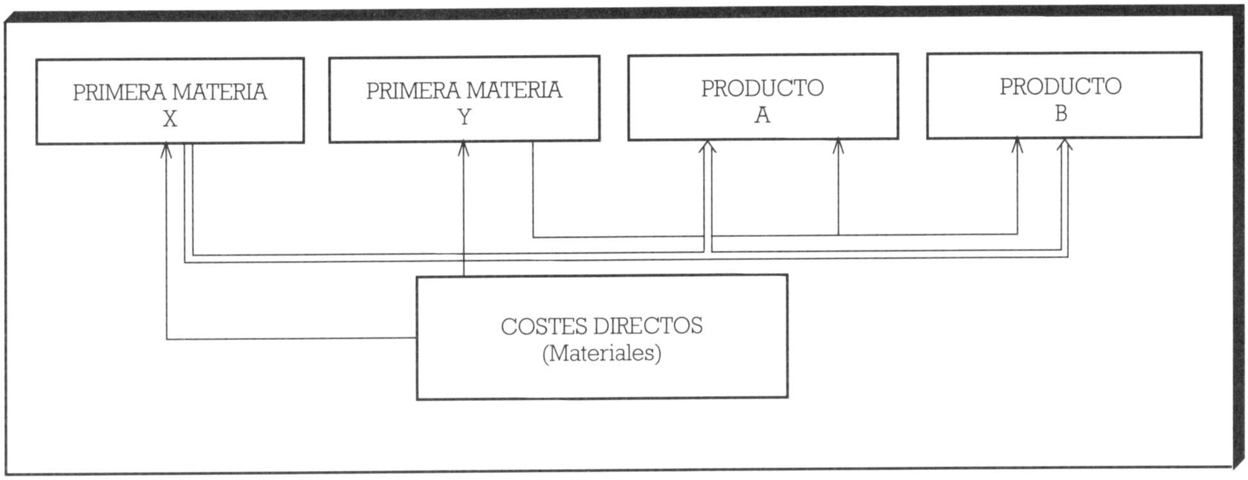

materias y su afectación a cada uno de los productos de acuerdo como indica el **Cuadro 11.9**.

El proceso integral de formación del coste del producto, a través de las ocho etapas descritas, es el que aparece en el **Cuadro 11.10**. En éste vemos las dos trayectorias hacia los productos seguidas por los costes directos y por los costes indirectos; éstos pasando por las actividades.

11.4. LA IMPLANTACION DEL MODELO ABC

Los diferentes modelos de Contabilidad de Costes tienen sus ventajas e inconvenientes, siempre considerando las características de la empresa en la que se piense implantarlos. En este sentido se han venido señalando algunas **características que han de reunir la realidad empresa para que sea más propicia**, en principio, **a la implantación del modelo ABC**, entre ellas están las siguientes:

— Una **importancia relativamente grande de los costes indirectos**, sobre todo de los relacionados con la actividad productiva de la empresa; lo que hemos llamado costes de conversión anteriormente al tratar del modelo anglosajón.

— Una apreciable **diversidad en las actividades** realizadas por la empresa. Así encontramos que los hospitales o las empresas constructoras constituyen, en este sentido, un campo propicio para la aplicación del modelo ABC.

— Una notoria **variedad de productos**, sobre todo si éstos son muy diferentes y siendo relevante también que se obtengan en cantidades apreciablemente distintas.

Una de las cuestiones que están siendo objeto de debate, aunque éste a veces aparezca larvado, es la **exigencia de una organización adecuada** para la implantación del modelo ABC. No vemos inconveniente en que las actividades se relacionen claramente con núcleos de responsabilidad. Esto favorecerá al menos dos aspectos a tener en cuenta:

— Por un lado, los núcleos de responsabilidad facilitarán la mejora en el rendimiento alcanzable en cada actividad. Si detrás de cada actividad no hay personas responsables como interlocutores, difícilmente podrá adecuarse el modelo contable al objetivo de la planificación y el control.

— Por otro lado, la aplicación del modelo ABC de costes exige que las personas vinculadas a las diferentes actividades puedan participar en el diseño del propio modelo, por ser quienes las conocen más de cerca.

La implantación del modelo ABC exige asimismo una **implantación adecuada de la informática** para el tratamiento de los datos. El volumen de información que mueve un modelo de ABC con un número razonable de actividades hace que las empresas necesiten un grado de informatización adecuado. No obstante, la aparición de programas de contabilidad en serie para la aplicación del mo-

Cuadro 11.10. Proceso de asignación de costes según un sistema ABC

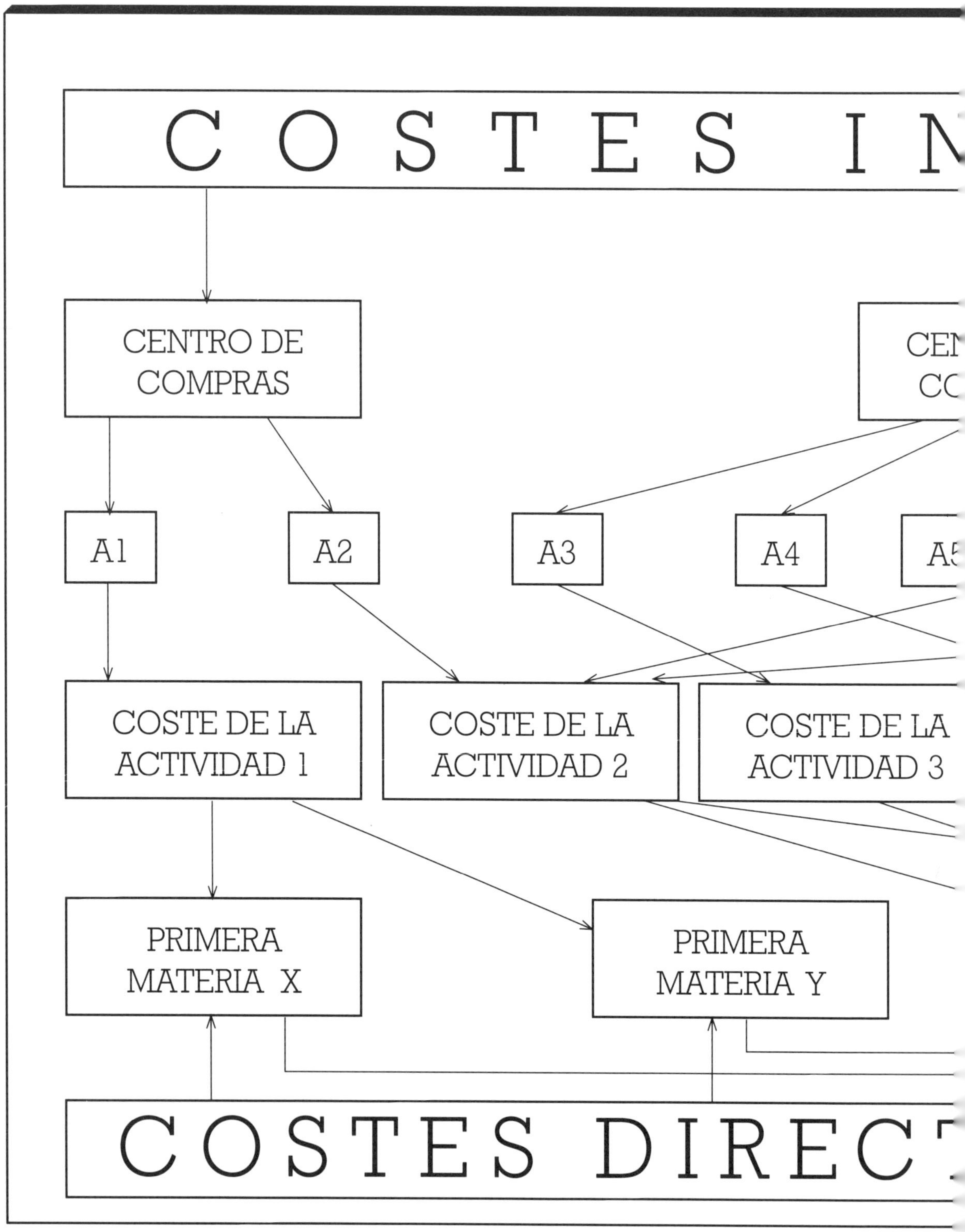

11.10a

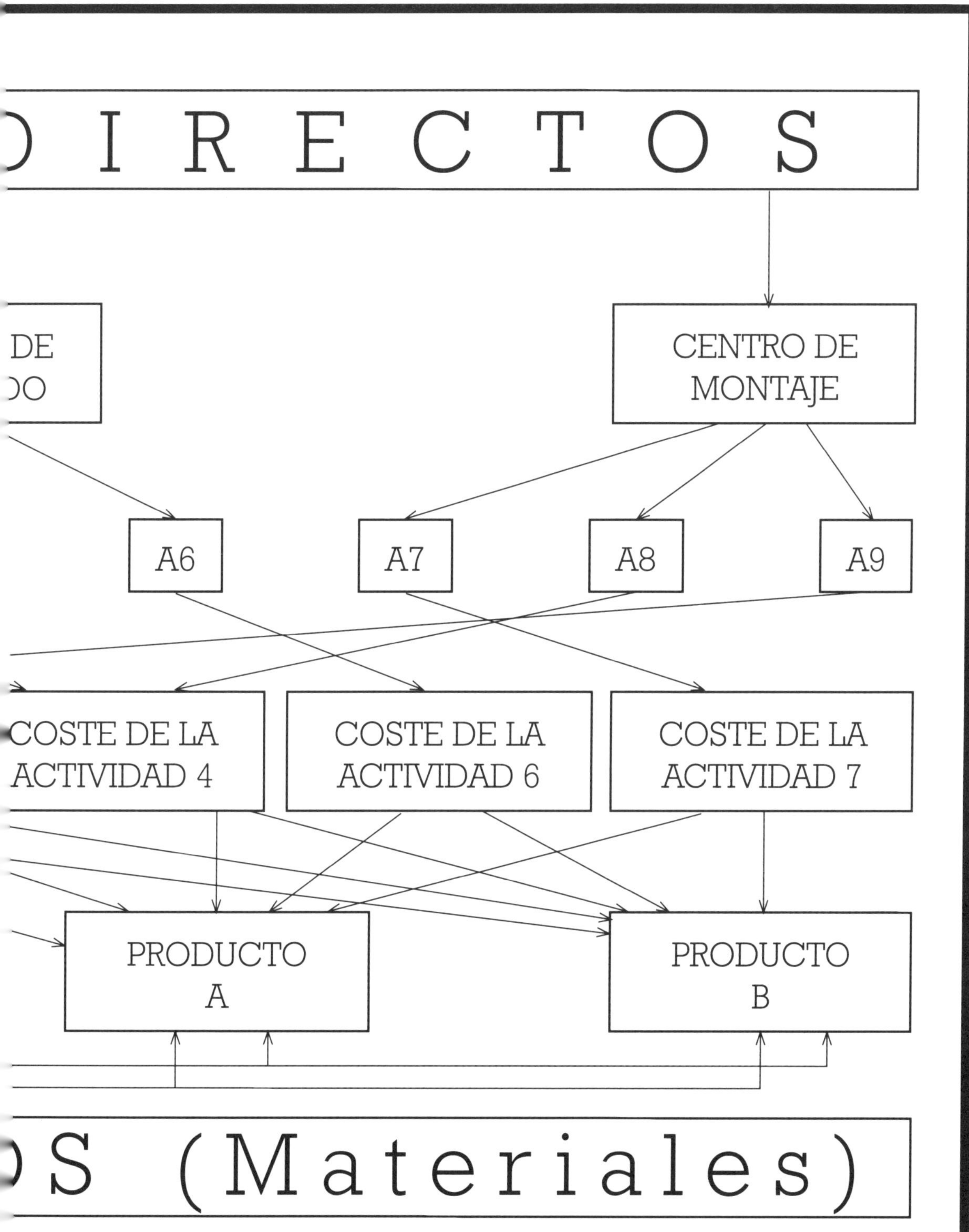
DIRECTOS
DE
DO
CENTRO DE
MONTAJE
A6
A7
A8
A9
COSTE DE LA
ACTIVIDAD 4
COSTE DE LA
ACTIVIDAD 6
COSTE DE LA
ACTIVIDAD 7
PRODUCTO
A
PRODUCTO
B
OS (Materiales)

11.10b

delo ABC puede generalizar, indudablemente, el modelo ABC.

La implantación del modelo ABC, por otra parte, constituye una operación delicada, en buena medida lo mismo que cualquier otro modelo de Contabilidad de Costes. No obstante tiene algunas dificultades añadidas, derivadas de que en el diseño de un modelo ABC, la delimitación operativa de las actividades y el seguimiento de los generadores del coste, exigen un cuidado especial. Esto aconseja una implantación **gradual** del modelo ABC.

Una de las cuestiones a resolver en esa aplicación gradual es el de la **elección adecuada del programa informático de contabilidad** aplicable. Aquí habría que diferenciar **dos casos**:

— En las **empresas que no tengan especificidades** o que sean de una **dimensión menor**, los programas informáticos del modelo ABC estándar pueden ser suficientes, sobre todo cuando existen distintas alternativas para elegir entre ellos.

— Las **empresas grandes con ciertas especificidades o particularidades**, con recursos materiales y humanos importantes en materia informática pueden intentar unas aplicaciones hechas a la medida de la propia empresa. Sería interesante para ellas tener presente los programas en serie ya existentes.

CUESTIONES

1. *Dentro de las etapas de asignación según el sistema ABC, se encuentran las de:*
   a) Reclasificación de las actividades.
   b) Identificación de actividades por centros.
   c) Reparto de costes entre centros.

2. *En el proceso de asignación seguido por el sistema ABC:*
   a) Es necesario localizar los costes indirectos en los centros.
   b) Los costes indirectos se llevan directamente a las actividades.
   c) Sólo se localizan en los centros los costes directos.

3. *La identificación de las actividades:*
   a) Se realiza de una manera general en toda la empresa.
   b) Se realiza por cada uno de los centros.
   c) No es necesario identificarlas, pues se conocen perfectamente.

4. *Las actividades existentes en el centro de compras:*
   a) No tienen la categoría de actividades.
   b) Su identificación es irrelevante para la asignación.
   c) Han de ser convenientemente identificadas.

5. *En un proceso secuencial de asignación según el sistema ABC, los costes indirectos localizados en los centros:*
   a) Se repercuten directamente sobre los productos.
   b) Se repercuten sobre los otros centros.
   c) Se identifican con las actividades del centro.

6. *La identificación de los costes de los centros con las actividades:*
   a) Es un proceso evidente y simple.
   b) No es, en general, muy complejo, pero puede entrañar cierta dosis de subjetividad.
   c) Requiere de información suficiente para que se realice de manera precisa.

7. *Los cost-drivers o generadores de costes:*
   a) Se eligen en función del trabajo que se desempeña en cada centro.
   b) Se determina uno por actividad.
   c) Se determina uno para todas las actividades.

8. *Los cost-drivers:*
   a) Han de ser fáciles de medir y de identificar.
   b) Han de ser complejos.
   c) Han de ser cualitativos.

9. *Cuando hablamos de un cost-driver referido a puesta a punto de la maquinaria, estamos en presencia de:*
   a) Una actividad a nivel de lote.
   b) Una actividad a nivel unitario.
   c) Una actividad a nivel de empresa.

10. *Una base de asignación referida a las horas-hombre:*
   a) Puede ser un cost-driver.
   b) Puede ser una unidad de obra.
   c) No es ninguna de las dos anteriores.

11. *En centros diferentes:*
a) Existirán siempre actividades diferentes.
b) Existirán las mismas actividades.
c) Pueden existir actividades idénticas.

12. *Las actividades similares:*
a) No existen.
b) Pueden agruparse.
c) Deben mantenerse diferenciadamente.

13. *El fin perseguido con la agrupación de actividades es:*
a) Analizar la manera en la que se están ejecutando.
b) Proceder a una más fácil asignación de sus costes.
c) Eliminar las de nivel unitario.

14. *Para que dos o más actividades puedan ser reclasificadas:*
a) Han de ser de similares características y tener un cost-driver común.
b) Han de ser complementarias.
c) Han de ser principales y subordinadas.

15. *Para realizar el proceso de asignación según el modelo ABC:*
a) Es necesario conocer el coste de cada actividad.
b) Es necesario conocer el número de cost-drivers generados por cada actividad.
c) Es necesario conocer el coste unitario de cada cost-driver.

16. *El coste unitario de cada generador de costes se obtiene por:*
a) Diferencia entre dos centros consecutivos.
b) División entre el coste del centro y el número de actividades del mismo.
c) División entre el coste de las actividades reclasificadas y el número de generadores de costes de ellas.

17. *El coste de las actividades a los productos se realiza en función de:*
a) El número de actividades consumidas por cada uno de ellos.
b) El número de centros en los que han sido tratados.
c) El número de generadores de costes consumidos por cada uno de ellos de cada actividad.

18. *En los sistemas de asignación practicados mediante el método ABC:*
a) Puede formarse el correcto valor de las compras.
b) El coste de las compras coincide con el precio de factura.
c) El coste originado por las compras se asigna directamente de las actividades a los productos terminados.

19. *Los costes de las primeras materias, en el método ABC:*
a) No entran a formar parte del coste final.
b) Se asignan directamente a los productos.
c) Se asignan directamente a las actividades de compras.

20. *Los costes directos distintos de los correspondientes a la primera materia:*
a) Se asignan directamente a los productos.
b) Se asignan directamente a los centros donde se han originado.
c) Se asignan solamente a los productos vendidos.

12 El modelo ABC y el modelo de costes completos por centros de actividad

12.1. INTRODUCCION

Vamos a emprender el **estudio comparativo, etapa a etapa**, entre el modelo ABC y los modelos de costes completos, lo que nos permitirá perfeccionar la visión que hasta estos momentos tenemos del modelo ABC.

Observado desde la óptica de la asignación de costes, **el modelo ABC pretende**, entre otras cosas, determinar de la manera más rigurosa y precisa posible el coste del producto. Ya hemos examinado las múltiples versiones que existen respecto de su consideración como modelo de costes variables, como modelo de costes completos o como modelo nuevo y distinto.

12.2. ENUNCIADO DE UN CASO PRACTICO PARA EL ESTUDIO DEL MODELO ABC

Con la intención de **apoyar la explicación en un caso práctico**, hemos preferido volver sobre el que quedó enunciado en el Capítulo 3. No obstante, como información adicional para poder comparar los sistemas del coste completo y del modelo ABC, se ha de tener en cuenta la siguiente:

EXISTENCIAS INICIALES:

Primeras materias madera	*425.000 m³*
Productos terminados mesas X	*22.000 uds.*
Productos terminados mesas Y	*10.000 uds.*

COMPRAS DEL EJERCICIO:

Primera materia madera	*1.350.000 m³*
Materias auxiliares	*350.000 kg*
Repuestos	*250.000 kg*

PRODUCCION:

Mesas X	*175.799 uds.*
Mesas Y	*106.771 uds.*

EXISTENCIAS FINALES:

Primera materia madera	*441.122 m³*
Productos en curso: los fabricados en el ejercicio.	
Productos semiterminados: los fabricados en el ejercicio.	
Mesas X	*21.041 uds.*
Mesas Y	*2.293 uds.*

CONSUMOS DE PRIMERA MATERIA:

Mesas X	*733.700 m³*

Mesas Y	*533.478 m³*
Productos en curso	*26.680 m³*
Productos semiterminados	*40.020 m³*

VENTAS:

Mesas X	*176.758 uds.*
Mesas Y	*114.478 uds.*

UNIDADES DE OBRA:

En el ejercicio tomado como referencia, los repartos de costes entre centros, por un lado, y desde los centros a los productos, por otro, vienen expresados en porcentajes o en valores. No obstante, respetando el reparto que marcan los citados porcentajes, procederemos después a establecer las oportunas unidades de obra en el Cuadro 12.6.

ACTIVIDADES Y GENERADORES DE COSTES:

Esta información la suministraremos a lo largo de la resolución del ejercicio, según la vayamos necesitando.

CRITERIOS DE VALORACION:

Los consumos de materiales y las salidas de almacén de productos terminados se valorarán siguiendo el procedimiento FIFO.

12.3. El PROCESO CONTABLE DEL MODELO ABC CON REFERENCIA AL MODELO DE COSTES COMPLETOS POR CENTROS DE ACTIVIDAD

Vamos a ir siguiendo las etapas que ya conocemos del modelo ABC **presentando en paralelo análogo desarrollo contable** de acuerdo con el modelo de costes completos por centros de actividad de corte europeo continental. De esta manera intentamos establecer un puente lógico entre ambos modelos.

12.3.1. La localización de los costes en los centros y el cuadro de distribución

El proceso de asignación de las cargas indirectas, con respecto al producto, a cada uno de los centros, es **similar en ambos modelos**, por lo que una vez clasificadas se procederá a su distribución entre cada uno de los centros en los que se han originado.

Para el ejemplo que vamos a desarrollar, la localización de estas cargas por centros es la expresada en el **Cuadro 12.1**, que es la parte superior del cuadro de distribución.

En este caso hemos supuesto que los costes asignados a los centros por el modelo de costes completos por centros de actividad no varían cuando establecemos el modelo ABC y localizamos los costes en los centros, pero esto no tiene por qué ser así. **El planteamiento de actividades puede variar el diseño de centros**; es decir, el modelo ABC puede aconsejar que se creen unos centros y que se prescinda de otros.

12.3.2. Identificación de las actividades y la actividad de cada centro en su conjunto

La identificación de las actividades que se realizan en cada centro, **no tiene**, como se sabe, **correspondencia en el modelo de costes completos**. Sin embargo, el modelo de costes completos en su versión europea-continental estaba muy en línea en ciertos aspectos con el modelo ABC.

Uno de los aspectos que caracterizaban al **modelo de costes completos** en la versión que hemos estudiado eran **los centros de actividad**. Y de cara a su **posible relación** con el modelo ABC hemos de hacer **algunas consideraciones**:

— **La primera** es que el modelo de costes completos que hemos desarrollado empleaba unos centros que se responsabilizaban de una parte de la actividad productiva, distinguiendo en ellas **ac-**

Cuadro 12.1. Cuadro de localización (en miles de pesetas)

Centros / Conceptos	SECCIONES							TOTAL
	Compras	Conser-vación	Produc-ción I	Produc-ción II	Adminis-tración	Finan-ciación	Distri-bución	
61 Gastos de personal	9.600	2.400	12.000	30.000	13.200	600	10.200	78.000
62 Gastos financieros	—	—	—	—	—	15.000	—	15.000
63 Tributos	2.000	1.000	3.200	2.000	2.000	800	2.000	13.000
64 Servicios exteriores	5.600	2.800	4.200	8.400	2.800	1.400	2.800	28.000
65 Transportes y fletes	10.400	1.300	1.300	1.300	1.300	—	10.400	26.000
66 Otros servicios	1.500	500	1.000	1.000	1.000	500	4.500	10.000
68 Dotaciones de ejercicio para amortización	5.000	2.500	15.000	17.500	5.000	—	5.000	50.000
Total cargas	34.100	10.500	36.700	60.200	25.300	18.300	34.900	220.000
Materias auxiliares	—	—	15.000	15.000	—	—	—	30.000
Repuestos	900	500	1.500	1.800	600	—	1.100	6.400
Costes indirectos primarios	35.000	11.000	53.200	77.000	25.900	18.300	36.000	256.400

tividades muy amplias, pero que por eso no dejaban de tener esta naturaleza. Por ejemplo, el centro de compras, como centro de actividad, consistía en realizar aquellas tareas que permitían que los centros de transformación recibieran los materiales adquiridos y almacenados por el centro de compras en su determinado momento.

— **La segunda** es que **la unidad de obra** empleada para asignar los costes del centro era un auténtico generador de costes. En el caso de la sección de compras planteábamos como unidad de obra del valor de los materiales comprados. Y en ese punto el modelo estaba abierto para utilizar cualquier unidad de obra con las mismas características que pudiera tener el generador de costes en el modelo ABC.

El modelo ABC trata de plantear **actividades más pormenorizadas** dentro de esa misma actividad productiva. Y para eso en la práctica es necesario identificar estas actividades con la metodología propia del modelo, lo que nos permitiría **añadir la siguiente información al enunciado**, que es totalmente imprescindible.

*Las actividades desarrolladas por los diferentes centros de actividad son las que se indican en el **Cuadro 12.2**.*

Aun cuando suele ser usual la identificación de actividades en todos los centros, **hemos marginado ya del proceso a los centros auxiliares de administración, conservación y financiación**, por cuanto las actividades que en ellos se ejecutan pertenecen al grupo de actividades relacionadas con la empresa, que como se sabe, bajo el planteamiento de los sistemas ABC, no deben entrar a formar parte del coste de los productos.

Sin embargo, **probablemente una buena parte de la doctrina y la práctica contable** que hasta ahora ha venido defendiendo la importancia de los mencionados centros, especialmente los de administración y financiación, **calificarán de productivas las actividades que se desarrollan en ellos**. Sin embargo, el problema que encontrará esta corriente será la justificación de esos centros de actividad como capaces de añadir valor al producto.

Cuadro 12.2. Actividades desarrolladas por los diferentes centros

	CENTROS DE ACTIVIDAD			
	Compras	**Producción I**	**Producción II**	**Distribución**
ACTIVIDADES	Emisión de órdenes de compras Inspección y control de calidad de los lotes recibidos Mantenimiento de los materiales en almacén	Corte de madera Pulimentado de la madera Puestas a punto de la maquinaria Transporte interno de materiales Inspección y control de calidad de los lotes en proceso	Barnizado de la madera Montaje de las mesas Puestas a punto de la maquinaria Transporte interno de materiales Inspección y control de calidad de los lotes en proceso y terminados Cambios de ingeniería	Emisión de órdenes de venta Embalaje de lotes Facturación y envío de los pedidos

Pero ha de insistirse en que, aun cuando para el desarrollo del ejemplo no las hayamos especificado, **las actividades que tienen lugar en centros como el de administración deben siempre procederse a su identificación**, ya que no obstante su irrelevancia a efectos de los procesos de asignación, supone una información esencial para gestionar adecuadamente las diferentes tareas que en ellos tienen lugar. En nuestro caso práctico vamos a omitirlo por razones de brevedad.

12.3.3. Reparto de los elementos del coste entre las actividades

Esta etapa carece de correspondencia en el modelo de costes completos europeo-continental. La distribución del coste de cada centro entre las distintas actividades que en él tienen lugar, **suele llevarse a efecto, generalmente, de una manera sencilla**, por cuanto en la mayoría de las ocasiones resultará fácil identificar esos costes con las actividades, **sobre todo cuando** se han de diseñar actividades de tal manera que todos **los costes sean directos** respecto de ellas.

No obstante, y **ante situaciones complejas, deberán establecerse las bases de reparto** más convenientes, de manera que a cada actividad se le repercutan los costes que auténticamente ha causado; en cualquier caso, la bondad del reparto que tiene lugar en esta etapa dependerá, en gran medida, de la información disponible al respecto en el ámbito de cada centro.

Este trabajo al que nos acabamos de referir se traducirá en una **información adicional**, que a afectos **del supuesto** que venimos siguiendo debería de facilitarse, cosa que vamos a efectuar seguidamente.

El Cuadro 12.3 recoge los diferentes costes que se asignan a cada actividad dentro de los distintos centros.

Ya la propia observación del **Cuadro 12.3** nos muestra una posibilidad de análisis mayor en el modelo ABC. Este cuadro **constituye en sí una información que en otros modelos no se presenta**, ya que muestra el detalle de los elementos del coste que corresponden a cada una de las actividades (lo hemos expresado en miles de pesetas).

Cuadro 12.3. Elementos del coste de cada una de las actividades dentro de cada centro

Actividades / Cargas de actividades por centro	Emisión de órdenes de compras 1.1	Inspección de control y calidad de los lotes 1.2	Mantenimiento de materiales en almacén 1.3	1.4	1.5	1.6	1.7	1.8	Total de actividades del centro 1
1. Centro de compras									
Gastos de personal	960	3.840	4.800						9.600
Tributos	200	800	1.000						2.000
Servicios exteriores	560	2.240	2.800						5.600
Transportes	540	2.660	7.200						10.400
Otros servicios	150	600	750						1.500
Dotaciones a amortización	500	1.500	3.000						5.000
Materias auxiliares	—	—	—						—
Repuestos	90	360	450						900
Coste de las actividades	3.000	12.000	20.000						35.000

Actividades / Cargas de actividades por centro	Corte de madera 2.1	Pulimentado de madera 2.2	Puestas a punto de maquinaria 2.3	Transporte interno de materiales 2.4	Inspección y control de calidad 2.5	2.6	2.7	2.8	Total de actividades del centro 2
2. Centro de producción I									
Gastos de personal	1.500	2.600	5.100	1.800	1.000				12.000
Tributos	960	1.030	410	470	330				3.200
Servicios exteriores	1.460	860	1.175	255	450				4.200
Transportes	330	260	710	—	—				1.300
Otros servicios	300	200	250	150	100				1.000
Dotaciones a amortización	6.500	4.000	1.980	1.250	1.270				15.000
Materias auxiliares	6.500	5.750	—	1.250	1.500				15.000
Repuestos	450	300	375	225	150				1.500
Coste de las actividades	18.000	15.000	10.000	5.400	4.800				53.200

El Cuadro 12.3 tiene esta estructura: va repitiendo la cabecera de las columnas, de acuerdo con las actividades encuadradas en cada centro de actividad. En las filas se indican los elementos del coste que se asignan a cada una de las actividades dentro del centro de actividad que se indica, empezando por el centro de compras.

Hemos empleado una **codificación para las diferentes actividades**, de manera que la primera cifra hace relación al centro al que pertenecen y la segunda al número de orden que hemos dado a cada actividad dentro de cada centro.

Habrá que examinar las características de cada empresa para decidir si la adscripción de las cargas a las actividades de cada centro se hace en la Contabilidad General o en Contabilidad de Costes. Aquí nos hemos situado en esta última alternativa. Si se opta por la primera, la Contabilidad de Costes ha de revisarla.

Cuadro 12.3. Elementos del coste de cada una de las actividades *(continuación)*

Actividades / :argas de actividades ·or centro	Puesta a punto de maquinaria 3.1	Transporte interno de materiales 3.2	Inspección y control 3.3	Barnizado de madera 3.4	Montaje de mesas 3.5	Cambios de ingeniería 3.6	3.7	3.8	Total de actividades del centro 3
. Centro de producción II									
Gastos de personal	8.000	2.500	1.500	7.500	9.500	1.000			30.000
Tributos	400	300	100	500	700	—			2.000
Servicios exteriores	1.680	1.260	420	2.100	2.440	500			8.400
Transportes	—	1.000	—	—	300	—			1.300
Otros servicios	200	150	50	250	350	—			1.000
Dotaciones a amortización	4.270	4.590	2.680	1.600	4.360	—			17.500
Materias auxiliares	—	—	—	8.000	7.000	—			15.000
Repuestos	450	200	250	50	350	500			1.800
ɔste de las actividades	15.000	10.000	5.000	20.000	25.000	2.000			77.000

Actividades / argas de actividades ·r centro	Emisión órdenes de venta 4.1	Embalaje de lotes 4.2	Facturación y envío de pedidos 4.3	4.4	4.5	4.6	4.7	4.8	Total de actividades del centro 4
Centro de distribución									
Gastos de personal	2.800	4.400	3.000						10.200
Tributos	300	500	1.200						2.000
Servicios exteriores	300	1.200	1.300						2.800
Transportes	—	400	10.000						10.400
Otros servicios	2.000	1.000	1.500						4.500
Dotaciones a amortización	600	1.400	3.000						5.000
Materias auxiliares	—	—	—						—
Repuestos	—	1.100	—						1.100
·ste de las actividades	6.000	10.000	20.000						36.000

El reparto de costes entre actividades, conforme queda recogido en el Cuadro 12.3, puede presentarse de manera resumida como aparece en el Cuadro 12.4, expresado también en miles de pesetas.

En el **Cuadro 12.4** mostramos en las filas las correspondientes actividades y en las columnas, los costes que se adscriben a cada actividad dentro de los respectivos centros de actividad.

Cuadro 12.4. Síntesis del reparto de costes entre actividades

Actividades	Compras	Producción I	Producción II	Distribución
Emisión de órdenes de compras	3.000	—	—	—
Inspección y control de calidad de lotes recibidos	12.000	—	—	—
Mantenimiento de los materiales en almacén	20.000	—	—	—
Corte de madera	—	18.000	—	—
Pulimentado de madera	—	15.000	—	—
Puesta a punto maquinaria	—	10.000	15.000	—
Transporte interno de materiales	—	5.400	10.000	—
Inspección y control de calidad de productos en proceso y terminados	—	4.800	5.000	—
Barnizado de madera	—	—	20.000	—
Montaje de mesas	—	—	25.000	—
Cambios de ingeniería	—	—	2.000	—
Emisión órdenes de ventas	—	—	—	6.000
Embalaje de lotes	—	—	—	10.000
Facturación y envío de los pedidos	—	—	—	20.000
COSTE TOTAL	35.000	53.200	77.000	36.000

12.3.4. Determinación de los generadores de costes y su comparación con las unidades de obra

La determinación de los generadores de costes o cost-drivers posee una fuerte **correspondencia con la elección de las unidades de obras** o bases de referencias utilizadas en el modelo europeo continental que utiliza centros de actividad; desde luego esto ocurre cuando se plantea la unidad de obra en los términos en que lo hemos hecho en el Capítulo 8.

Desde el punto de vista de la asignación, existen unas claras similitudes entre generadores y unidades de obras. Así, **pueden considerarse comunes los tres requisitos siguientes**, que exigíamos a las unidades de obra:

— Que ha de ser expresión de sus prestaciones.
— Que han de ser homogéneas.
— Que han de ser fácilmente medibles y controlables.

Pero a pesar de estas similitudes hay también que destacar **ciertas diferencias entre las unidades de obra y los generadores de costes**:

— **La homogeneidad atribuida a la unidad de obra es muy genérica**, o al menos más genérica, lo que le comporta menor grado de representatividad de los costes que intenta homogeneizar, que son todos los del centro. Así, una misma unidad de obra, v.g. la h./m. de un centro de producción engloba a costes tan dispares como amortización del equipo productivo, limpieza de la planta, alquiler, mano de obra, transporte interno de materiales, etc.

— De la apreciación anterior se desprende que mientras que **para cada centro de actividad** existe, generalmente, **una sola unidad de obra**, existirán **en cambio numerosos generadores de costes**; al menos tantos como actividades se hayan diferenciado en su ámbito de actuación.

— Y, desde luego, la principal consecuencia es que **el generador de costes represente más claramente**, y en mayor medida que la unidad de obra, **la relación causa-efecto** existente entre costes y causantes del coste; de ahí su mayor objetividad como base de asignación de los costes indirectos a los productos.

Una vez más estamos ante una **nueva exigencia de ampliación del enunciado del supuesto** que

Cuadro 12.5. Generadores de costes por actividades

Actividad / Generador de costes	Descripción del generador de costes	Número de generadores de costes
Emisión de órdenes de compras	Número de órdenes emitidas	30
Inspección y control de calidad de lotes recibidos	Tiempo/lote	150
Mantenimiento de materiales en almacén	Kg comprados	1.950.000
Corte de madera	Horas/máquina	720
Pulimentado de madera	Horas/hombre	800
Puestas a punto de maquinaria en centro de producción I	Número de puestas a punto	200
Transporte de materiales en centro de producción I	Número de transportes efectuados	100
Inspección y control de calidad de lotes en centro de producción I	Tiempo/lote	60
Barnizado de madera	Horas/hombre	500
Montaje de mesas	Horas/máquina	2.000
Puestas a punto en centro de producción II	Número de puestas a punto	300
Transporte de materiales en centro de producción II	Número de transportes efectuados	180
Inspección y control de calidad de lotes en centro de producción II	Tiempo/lote	62,5
Cambios de ingeniería	Tiempo/cambio	100
Emisión de órdenes de venta	Número de órdenes emitidas	60
Embalaje de lotes	Lotes embalados	80
Facturación y envío de pedidos	Número de envíos	40

venimos siguiendo y que implicaría añadir el siguiente punto.

Los generadores de costes, como el número de ellos, son los expresados en el Cuadro 12.5.

El formato del Cuadro 12.5 es el siguiente: podemos observar en las filas las distintas actividades, y en las columnas, la identificación de los generadores de costes y el número de los mismos.

Por otra parte, la información sobre las unidades de obra de cada uno de los centros de actividad se presentan en el Cuadro 12.6. Para el centro de actividad de compras, las unidades pueden ser m^3 o kg.

En el enunciado del Capítulo 3, Cuadro 3.3, no hemos hecho indicación expresa de las unidades

Cuadro 12.6. Unidades de obra de los centros de actividad

Centro de actividad / Unidad de obra	Descripción de la unidad de obra	Número de unidades de obra
Compras	uds. compradas	1.750.000
Conservación	—	—
Producción I	Hora/máquina	800
Producción II	Hora/hombre	2.000
Administración	—	—
Financiación	—	—
Distribución	Pesetas vendidas	508.730.000

de obra de los centros de actividad auxiliares y nos hemos limitado a ofrecer los porcentajes que representan.

La observación de los Cuadros 12.5 y 12.6 muestra palpablemente, a nuestro juicio, lo que decíamos anteriormente en el análisis comparativo de las unidades de obra y los generadores de costes. El mapa de actividades que aparece en el modelo ABC y sus correspondientes generadores de costes es apreciablemente diferente que el mapa de unidades de obra del modelo apoyado en centros de actividad.

12.3.5. La reclasificación de las actividades y el reparto secundario entre centros de actividad

En la comparación que venimos realizando entre el modelo basado en los centros de actividad y los sistemas de asignación basados en el modelo ABC, podemos sólo a estos efectos, **parangonar esta etapa de reclasificación de las actividades con el reparto secundario** del modelo de centros de actividad.

Mientras que el modelo basado en los centros de actividad de corte europeo-continental persigue con esta **fase de cesión de costes entre centros de actividad**, la repercusión de los costes de los centros auxiliares a los principales, para desde ellos asignarlos a los productos, en el modelo ABC no se procede a diferenciar a efectos de asignación, entre actividades principales y auxiliares.

Por el contrario, todas las actividades (excepto las de nivel de empresa) sean del centro que sean, principal o auxiliar, **repercuten sus costes directamente sobre el producto**, no contemplándose, por tanto, reparto secundario alguno.

En cambio, el modelo ABC procede a reclasificar las actividades que desempeñen tareas similares, en grupos homogéneos de actividades. Lo hace **de esta forma**:

a) **Puede observarse de manera directa el coste generado por cada actividad** que se realiza en la empresa. Así, si existen actividades de inspección y control en diferentes centros, su agrupación permite observar los recursos consumidos o costes generados por la inspección y control en la empresa.

b) Permite asignar los costes a los productos desde **grupos homogéneos de actividades**, dado que tendrán un generador común. Es decir, este modelo considera inoportuno que puedan tratarse actividades semejantes cada una por su lado; para evitarlo, es preciso reagruparlas.

En nuestro ejemplo, pueden observarse que las actividades de:

— Emisión de órdenes de compra y venta (n.° emitido).
— Inspección y control de lotes en compras, producción I y producción II (tiempo-lote).
— Puestas a punto de la maquinaria en producción I y producción II (n.° puestas a punto).
— Transporte interno de materiales en producción I y producción II (n.° transportes).

desempeñan la misma tarea, teniendo, en consecuencia, idénticos generadores o costs-drivers, por lo que pueden agruparse en conjuntos homogéneos, a fin de formar costes totales por actividad. Incluso actividades como pulimentado y barnizado de madera, pueden englobarse formando un solo coste de actividad por cuanto poseen los mismos generadores, consumen el mismo tipo de recursos y realizan tareas similares.

Esto nos lleva, como en etapas anteriores, a añadir **una información al enunciado del supuesto** ajustado al modelo ABC.

La empresa ha procedido a reagrupar las actividades que se repiten en diferentes centros y que tienen un mismo generador de costes. De esta manera se ha llegado a una reclasificación de actividades que mostramos en el Cuadro 12.7.

En el **Cuadro 12.7 mostramos las actividades reclasificadas**, sus generadores de costes y el número de ellos, añadiendo en la última columna el coste de cada una de las actividades reclasificadas.

En el modelo de costes completos con centros de actividad se plantean las **prestaciones de unos centros a otros**. En nuestro ejemplo esa redistribución es la que muestra el **Cuadro 12.8**, que es la parte inferior del cuadro de reparto.

Cuadro 12.7. Reclasificación de actividades

Actividades reclasificadas	Generador de costes	Número de generadores de costes	Coste total
Emisión de órdenes de compras y ventas	Número de órdenes emitidas	90	9.000
Inspección y control de calidad	Tiempo/lote	272,5	21.800
Mantenimiento de materiales en almacén	Kg almacenados	1.950.000	20.000
Corte de madera	Hora/máquina	720	18.000
Pulimentado y barnizado de madera	Hora/hombre	1.300	35.000
Montaje de mesas	Hora/hombre	2.000	25.000
Puestas a punto de maquinaria	Número de puestas a punto efectuadas	500	25.000
Transporte interno de materiales	Número de transportes efectuados	280	15.400
Cambios de ingeniería	Tiempo/cambios	100	2.000
Embalaje de lotes	Lotes embalados	80	10.000
Facturación y envío de pedidos	Número de envíos	40	20.000

Cuadro 12.8. Redistribución de costes entre centros de actividad

	SECCIONES							
	COMPRAS	CONSERVACION	PRODUCCION I	PRODUCCION II	ADMINISTRACION	FINANCIACION	DISTRIBUCION	TOTAL
Costes indirectos primarios	35.000	11.000	53.200	77.000	25.900	18.300	36.000	256.400
CESION DE COSTES ENTRE SECCIONES								
De la sección de Conservación	1.100	(−11.000)	3.300	3.300	1.100	—	2.200	—
De la sección de Administración	5.400	—	5.400	5.400	(−27.000)	2.700	8.100	—
De la sección de Financiación	4.200	—	4.200	4.200	—	(−21.000)	8.400	—
Total de costes indirectos	45.700	—	66.100	89.900	—	—	54.700	256.400

12.3.6. Formación del coste del generador y de las unidades de obra

El proceso seguido para el **cálculo del coste de cada uno de los generadores** es semejante al ya conocido para obtener el coste de la unidad de obra, por lo que esta etapa no representa mayor dificultad. Dado que los costes de cada actividad son consecuencia directa de los generadores existentes en ella, el coste unitario del generador se obtiene por el reparto de los costes totales de cada actividad entre el número correspondiente de generadores.

En nuestro ejemplo presentamos en el **Cuadro 12.9** el cálculo del coste de cada una de las unidades que se especifican en el Cuadro 12.6 de obras siguiendo el modelo de costes completos.

Cuadro 12.9. Cálculo del coste de cada unidad de obra

Centros de actividad	Número de unidades de obra	Coste total centro (miles de pesetas)	Coste de la unidad de obra (pesetas)
Compras	1.950.000 kg	45.700	23,436
Producción I	800 horas/máquina	66.100	82.625
Producción II	2.000 horas/hombre	89.900	44.950
Distribución	508.730.000 (pesetas vendidas)	54.700	0,107

Por otra parte, vamos a determinar **el coste de los generadores de costes** partiendo de la información suministrada anteriormente. Lo presentamos en el **Cuadro 12.10**.

El cálculo del coste unitario de los generadores de costes se lleva a cabo, como vemos en el Cuadro 12.10, dividiendo el coste de cada una de las actividades ya agrupadas. Unos y otros datos se presentan en el Cuadro 12.7 del enunciado por la cantidad de generadores de costes que han salido de ellas.

Conviene reflexionar acerca de la **repercusión que puede tener la agregación de actividades en los generadores de costes**. Las actividades que se agregan son las que tienen una misma naturaleza aunque se realicen en distintos centros de actividad. Hemos de considerar que el hecho de que tengan la misma naturaleza no implica que en cada centro, en principio, se emplee el mismo generador de costes.

Por **ejemplo**, la actividad de transporte de materiales puede que en un centro, en principio, tenga

Cuadro 12.10. Cálculo de los costes unitarios de los generadores de costes

Actividad	Número de generadores de costes	Coste total de la actividad (miles de pesetas)	Coste unitario del generador de costes (pesetas)
Emisión de órdenes de compra y venta	90 órdenes	9.000	100.000
Inspección y control de calidad	272,5 horas/lotes	21.800	80.000
Mantenimiento de materiales en almacén	1.950.000 kg almacenados	20.000	10.256
Corte de madera	720 horas/máquina	18.000	25.000
Pulimento y barnizado de madera	1.300 horas/hombre	35.000	26.923,08
Montaje de mesas	2.000 horas/máquina	25.000	12.500
Puesta a punto de maquinaria	500 puestas a punto	25.000	50.000
Transporte interno de materiales	280 transportes	15.400	55.000
Cambios de ingeniería	100 horas	2.000	20.000
Embalaje de lotes	80 lotes	10.000	125.000
Facturación y envío de pedidos	40 envíos	20.000	500.000
Total	—	201.200	—

como generador de costes los kilogramos transportados, y en otro centro los metros recorridos. En este caso, alguna parte de la doctrina (Cooper, 1992, pág. B1-31) sostiene que puede buscarse un generador de costes nuevo que sustituya a los de cada actividad en cada centro; lógicamente este nuevo generador de costes será menos preciso, ya que se apoyará en una difuminación de las diferencias entre los distintos generadores de costes elegidos en un principio para cada actividad en cada centro.

Otro problema que suele plantearse consiste en que **las actividades que se reagrupan tengan el mismo generador de costes, pero con costes unitarios diferentes** en cada centro, consecuencia de que aunque la naturaleza de la actividad sea la misma haya distintos grados de complejidad en su ejecución. Por ejemplo, la puesta a punto de la maquinaria puede ser más laboriosa de realizar en un centro que en otro. Ante estos casos es necesario proceder, una vez reclasificadas las actividades, a realizar la adecuada ponderación o equivalencia entre los costes de los generadores.

12.3.7. Asignación de los costes de las actividades y de los centros de actividad a los materiales y a los productos

Esta etapa supone el final del proceso de asignación de las cargas indirectas a los productos. Como ya se sabe, el modelo ABC asigna estos costes **en función del uso que de cada actividad** haya hecho cada producto, **representado en el número de generadores consumidos** por cada uno de ellos, por lo que el hilo conductor seguido es muy similar al empleado por el modelo de costes europeo-continental. Será necesario, pues, como paso previo a la imputación de cargas indirectas, conocer con precisión el número de generadores que cada producto ha necesitado en su paso por las distintas actividades.

En el supuesto que venimos planteando y resolviendo, habría que añadir **una nueva información al enunciado**, que es la siguiente:

---

*Se conoce que los inductores o generadores de costes consumidos tanto por los productos, como por los materiales comprados han sido los representados en el **Cuadro 12.11**.*

Con esta información de partida y ya que el coste de cada generador y de cada unidad de obra es conocido puede pasarse directamente a la **formación del coste de los materiales y de los productos**.

En el **Cuadro 12.12** aparece el **cálculo del coste de compras** en el modelo de costes completos por centros de actividad. Este coste se compone de lo que se ha denominado coste de adquisición, que es el precio que aparece en la factura más los costes del centro de actividad de compras determinados en el Cuadro 12.9. Se aprovecha el cuadro para determinar también el coste unitario de las diferentes unidades que se han comprado.

Por otra parte, el cálculo del mismo coste siguiendo el modelo ABC puede verse en el **Cuadro 12.13**. En él interviene también el coste de adquisición igual que en el cuadro anterior y se calcula el coste de las actividades relacionadas con las compras mediante los correspondientes generadores de costes. El coste unitario al que se llega es lógicamente distinto al que se deriva del modelo de costes completos por centros de actividad.

Más allá del cálculo del coste de las compras tenemos el **cálculo de los costes de producción de los diferentes tipos de unidades de productos**: Productos en curso, productos semiterminados, mesas modelo X y mesas modelo Y.

La formación del coste de producción según el modelo de costes completos por centros de actividad se muestra en el **Cuadro 12.14**. En él puede verse como los distintos centros de producción ceden sus costes de acuerdo con el consumo que han hecho los productos de sus unidades de obra, que es a la que se refiere la cantidad que se indica.

El modelo ABC nos lleva al **Cuadro 12.15**, para la asignación de los costes indirectos a los productos. Podría añadirse una columna de totales. En él aparecen las diferentes actividades de los centros de producción cediendo sus costes a los productos, en este caso de acuerdo con la cantidad de generadores de costes destinados a cada tipo de productos según se indica en el Cuadro 12.11 del enunciado. Han de considerarse asimismo los cálculos que muestra el Cuadro 12.10.

Cuadro 12.11. Consumo de generadores por productos según el modelo ABC

Actividades	Primeras materias	Materias auxiliares	Materiales consumo y reposición	Productos en curso	Productos semiter-minados	Mesas X	Mesas Y	Total
Emisión de órdenes de compras y ventas	20	7	3	—	—	35	25	90
Inspección y control de calidad lotes	100	30	20	12	20,5	50	40	272,5
Mantenimiento almacén material	1.350.000	350.000	250.000	—	—	—	—	1.950.000
Corte	—	—	—	10	70	350	290	720
Montaje	—	—	—	25	237	1.204	534	2.000
Pulimentado y barnizado de madera	—	—	—	106	150	580	464	1.300
Puesta a punto de maquinaria	—	—	—	55	45	210	190	500
Transporte interno de materiales	—	—	—	40	50	100	90	280
Cambios de ingeniería	—	—	—	10	—	30	60	100
Embalaje de lotes	—	—	—	—	—	50	30	80
Facturación y envíos de pedidos	—	—	—	—	—	25	15	40

Cuadro 12.12. Formación del coste de compras según modelo de costes completos por centros de actividad

	COSTE COMPRAS DE MADERA			COSTE COMPRAS MATERIAS AUXILIARES			COSTE COMPRAS REPUESTOS		
	Unidades de obra			Unidades de obra			Unidades de obra		
	Cantidad	Coste unitario (pesetas)	Coste total (miles de pesetas)	Cantidad	Coste unitario (pesetas)	Coste total (miles de pesetas)	Cantidad	Coste unitario (pesetas)	Coste total (miles de pesetas)
Coste de adquisición	1.350.000	200	270.000	350.000	71,428	25.000	250.000	16	4.000
Centro de compras	1.350.000	23,436	31.638	350.000	23,436	8.203	250.000	23,436	5.859
Coste total	—	—	301.638	—	—	33.203	—	—	9.859
Coste unitario	—	223,436	—	—	94,864	—	—	39,436	—

Cuadro 12.13. Formación del coste de compras según modelo ABC

ACTIVIDAD	COSTE COMPRAS DE MADERA			COSTE COMPRAS MATERIAS AUXILIARES			COSTE COMPRAS REPUESTOS		
	Cantidad (generador)	Coste unitario (pesetas)	Coste total (miles de pesetas)	Cantidad (generador)	Coste unitario (pesetas)	Coste total (miles de pesetas)	Cantidad (generador)	Coste unitario (pesetas)	Coste total (miles de pesetas)
Coste de adquisición	1.350.000	200	270.000	350.000	71,428	25.000	250.000	16	4.000
Emisión de órdenes de compras	20	100.000	2.000	7	100.000	700	3	100.000	300
Inspección y control de calidad	100	80.000	8.000	30	80.000	2.400	20	80	1.600
Mantenimiento materiales en almacén	1.350.000	10,256	13.846	350.000	10,256	3.590	250.000	10,256	2.564
Costes indirectos de compras	—	—	23.846	—	—	6.690	—	—	4.464
Coste total	—	—	293.846	—	—	31.690	—	—	8.464
Coste unitario	—	217,66	—	—	90,54	—	—	33,856	—

Cuadro 12.14. Asignación de costes indirectos a los productos según modelo de costes completos por centros de actividad

CENTRO DE ACTIVIDADES	PRODUCTOS EN CURSO			PRODUCTOS SEMITERMINADOS			MESAS X			MESAS Y		
	Cantidad (u.o.)	Coste unitario (pesetas)	Coste total (miles de pesetas)	Cantidad (u.o.)	Coste unitario (pesetas)	Coste total (miles de pesetas)	Cantidad (u.o.)	Coste unitario (pesetas)	Coste total (miles de pesetas)	Cantidad (u.o.)	Coste unitario (pesetas)	Coste total (miles de pesetas)
Producción I	21,76	82.625	1.798	217,6	82.625	17.980	322,56	82.625	26.651	238,08	82.625	19.671
Producción II	160	44.950	7.192	—	—	—	860	44.950	38.657	980	44.950	44.051
Coste total	—	—	8.990	—	—	17.980	—	—	65.308	—	—	63.722

Cuadro 12.15. Asignación de costes indirectos a los productos según modelo ABC

ACTIVIDADES	PRODUCTOS EN CURSO			PRODUCTOS SEMITERMINADOS			MESAS X			MESAS Y		
	Cantidad	Coste unitario	Coste total (miles de pesetas)	Cantidad	Coste unitario	Coste total (miles de pesetas)	Cantidad	Coste unitario	Coste total (miles de pesetas)	Cantidad	Coste unitario	Coste total (miles de pesetas)
Corte de madera	10	25.000	250	70	25.000	1.750	350	25.000	8.750	290	25.000	7.250
Pulimentado y barnizado de madera	106	26.923,08	2.853	150	26.923,08	4.038	580	26.923,08	15.615	464	26.923,08	12.493
Montaje de mesas	25	12.500	313	237	12.500	2.963	1.204	12.500	15.050	534	12.500	6.675
Puesta a punto de maquinaria	55	50.000	2.750	45	50.000	2.250	210	50.000	10.500	190	50.000	9.500
Transporte interno de materiales	40	55.000	2.200	50	55.000	2.750	100	55.000	5.500	90	55.000	4.950
Inspección y control de calidad	12	80.000	960	20,5	80.000	1.640	50	80.000	4.000	40	80.000	3.200
Cambios de ingeniería	10	20.000	200	—	—	—	30	20.000	600	60	20.000	1.200
Costes totales indirectos	—	—	9.526	—	—	15.391	—	—	60.015	—	—	45.268

12.3.8. Asignación de las cargas directas a los productos y formación del coste final

Realmente se trata de dos operaciones diferentes, a las que nos vamos a referir por separado.

Asignación de cargas indirectas y directas a los productos

El coste de producción de los productos fabricados por la empresa queda definitivamente formado tras **la asignación de las cargas directas consumidas** por cada uno de ellos, proceso este que, debido a la propia naturaleza de las cargas a incorporar (directas), no representa complicación alguna. Y esto es precisamente lo que ha de hacerse **tanto en el modelo de costes completos como en el modelo ABC**.

En el Cuadro 12.16, que recoge la **determinación del coste de producción en el modelo de costes completos por centros de actividad**, para la valoración de los consumos de primera materia se ha seguido el criterio FIFO. Los **consumos de primera materias en unidades físicas** han sido los siguientes:

Productos en curso	26.680 m^3
Productos semiterminados	40.020 m^3
Mesas X	733.700 m^3
Mesas Y	533.600 m^3

Además del coste de la primera materia consumida, aparece **en el Cuadro 12.16** el importe de los costes directos e indirectos del período.

En el **Cuadro 12.17** presentamos la **determinación del coste de producción en el modelo ABC**. En él aparecen en filas los mismos conceptos, así como se han consumido las mismas cantidades de materias primas que en el cuadro anterior, pero las valoraciones lógicamente son diferentes.

Determinación del coste final

El coste final de acuerdo con el modelo de costes completos se determinará, añadiendo al coste de producción de los productos vendidos los costes correspondientes al centro de distribución. Para ello daremos **dos pasos**.

El primer paso consiste precisamente en determinar el **coste de producción de las unidades vendidas**. Para ello hemos elaborado el **Cuadro 12.18**. Hemos considerado que las ventas en

Cuadro 12.16. Coste de producción según modelo de costes completos por centros de actividad

	Productos en curso (miles de pesetas)	Productos semiterminados (miles de pesetas)	Mesas X (miles de pesetas)	Mesas Y (miles de pesetas)
Primera materia (FIFO)	5.762	8.643	158.453	115.252
Costes indirectos	8.990	17.980	65.308	63.722
Productos en curso: existencias iniciales	—	—	1.800	1.200
Productos semiterminados: existencias iniciales	—	—	2.900	2.100
Coste de producción	14.752	26.623	228.461	182.234
Coste unitario	—	—	1.299,56	1.706,77

Cuadro 12.17. Coste de producción según el modelo ABC

	Productos en curso (miles de pesetas)	Productos semiterminados (miles de pesetas)	Mesas X (miles de pesetas)	Mesas Y (miles de pesetas)
Primeras materias consumidas (FIFO)	5.657	8.485	155.569	113.141
Costes indirectos	9.525,5	15.390	60.015	45.268
Productos en curso: existencias iniciales	—	—	1.800	1.200
Productos semiterminados: existencias iniciales	—	—	2.900	2.100
Unidades producidas	—	—	175.799	106.771
Coste de producción	15.182,5	23.875	220.284	161.709
Coste unitario	—	—	1.253,04	1.514,54

unidades físicas de cada uno de los productos han sido las siguientes:

Mesas X .... 176.758 unidades
Mesas Y .... 114.478 unidades

conociendo que el criterio de valoración a emplear es el FIFO.

El segundo paso implica que al coste de las ventas hemos de añadirle el coste del centro de distribución, según el **Cuadro 12.19**, para **llegar ya al coste final**.

El coste final según el modelo ABC se determinará añadiendo al coste de producción de los productos vendidos, los costes correspondientes a

Cuadro 12.18. Coste de producción de unidades vendidas (FIFO) según modelo de costes completos por centros de actividad

	MESAS X			MESAS Y		
	Cantidad	Precio	Coste total (miles de pesetas)	Cantidad	Precio	Coste total (miles de pesetas)
Existencias iniciales	22.000	1.000	22.000	10.000	1.800	18.000
Producción	175.799	1.299,56	228.461	106.771	1.706,77	182.223
Cálculo del coste de las ventas	22.000	1.000	22.000	10.000	1.800	18.000
(FIFO)	154.758	1.299,56	201.117	104.478	1.706,77	178.320
	176.758	1.262,27	223.117	114.478	1.714,91	196.320
Existencias finales	21.041	1.299,56	27.344	2.293	1.702,14	3.903

Cuadro 12.19. Coste final según modelo de costes completos por centros de actividad

	MESAS X			MESAS Y		
	Cantidad	Coste unitario	Coste total (miles de pesetas)	Cantidad	Coste unitario	Coste total (miles de pesetas)
Coste producción de las ventas	176.758	1.262,27	223.117	114.478	1.714,91	196.320
Coste del centro de distribución	306.358	0,107	32.780	202.372	0,107	21.654
Total coste final	—	—	255.897	—	—	217.974
Coste unitario	—	1.447,72	—	—	1.904,07	—

distribución. También lo haremos **mediante dos pasos**.

El primer paso nos lleva a determinar el **coste de producción de las unidades vendidas**. Para ello hemos elaborado el **Cuadro 12.20**, considerando las mismas unidades vendidas y el criterio de valoración FIFO. Las cantidades aparecen en el enunciado al comienzo del epígrafe 12.2.

El segundo paso requiere que al coste de las ventas hemos de añadirle el coste de las actividades relacionadas con la distribución, conforme muestra el **Cuadro 12.21** para **llegar ya al coste final. Se hace mediante los generadores del coste** que aparecen en las columnas de cantidades referentes a las actividades.

Cuadro 12.20. Coste de producción de unidades vendidas (FIFO) según modelo ABC

	MESAS X			MESAS Y		
	Cantidad	**Precio**	**Coste total (miles de pesetas)**	**Cantidad**	**Precio**	**Coste total (miles de pesetas)**
Existencias iniciales Producción del período	22.000 175.799	1.000 1.253,04	22.000 220.284	10.000 106.771	1.800 1.514,54	18.000 161.709
Existencias más producción	197.799	—	242.284	116.771	—	179.709
Coste de las ventas (FIFO)	22.000 154.758 176.758	1.000 1.253,04	22.000 193.918 215.918	10.000 104.478 114.478	1.800 1.514,54	18.000 158.236 176.236
Existencias finales	21.041	—	26.366	2.293	—	3.473

Cuadro 12.21. Coste final según modelo ABC

	MESAS X			MESAS Y		
	Cantidades	**Coste unitario**	**Coste total (miles de pesetas)**	**Cantidades**	**Coste unitario**	**Coste total (miles de pesetas)**
ACTIVIDADES Embalaje de lote Facturación de envíos Ordenes de venta	 50 25 35	 125.000 500.000 100.000	 6.250 12.500 3.500	 30 15 25	 125.000 500.000 100.000	 3.750 7.500 2.500
Actividades de distribución	—	—	22.250	—	—	13.750
Coste de producción	—	—	215.918	—	—	176.236
Coste final	176.758	1.347,42	238.168	114.478	1.659,58	189.986

12.4. EL PROCESO CONTABLE BASICO SEGUN EL MODELO ABC

Igual que hemos desarrollado ya el proceso elemental del movimiento interno de valores correspondiente al modelo de costes completos, cabría hacerlo también con el modelo ABC. Es más, los diferentes procedimientos de enlace entre la Contabilidad de Costes y la Contabilidad General se pueden aplicar al caso del modelo ABC, incluido, por supuesto, el método dualista en cualquiera de sus variantes.

También conviene advertir que todo el planteamiento y la solución de **las diferencias de incorporación** es susceptible de trasladarse al modelo ABC.

En este capítulo hemos seguido muy de cerca su instrumentación extracontable, distinguiendo entre una serie de etapas perfectamente diferenciadas.

12.4.1. Las fases del proceso contable básico según el modelo ABC

Trasplantando al ámbito contable esas etapas, pueden distinguirse, desde esta perspectiva, las siguientes fases en el proceso contable del modelo ABC:

1. Apertura de la Contabilidad de Costes, con la recepción de las cargas por naturaleza, las compras y las existencias iniciales.
2. Localización de los costes indirectos y de los directos, excepto los correspondientes a los materiales, en los centros de actividad.
3. Cesión de los costes de los centros a las actividades.
4. Reclasificación de los costes de las actividades comunes.
5. Determinación del coste de las compras.
6. Entrada de las compras en almacén.
7. Determinación del coste de producción.
8. Entrada en almacén de los distintos tipos de productos.
9. Determinación del coste final.
10. Recepción de los ingresos y determinación de los resultados analíticos.
11. Asiento de cierre.

12.4.2. Presentación del proceso contable básico según el modelo ABC

Vamos a realizar un análisis operativo ajustando estas fases al caso propuesto con anterioridad, procurando no repetir los cálculos que entonces se hicieron.

1. Apertura de la Contabilidad de Costes con la recepción de las cargas por naturaleza, las compras y las existencias iniciales

78.000.000	Costes de personal			
15.000.000	Costes financieros			
13.000.000	Tributos			
28.000.000	Servicios exteriores			
26.000.000	Transportes			
10.000.000	Otros servicios			
50.000.000	Dotaciones para amortización			
		a	Gastos y dotaciones reflejos	220.000.000

• Por las dotaciones y los gastos iniciales, de acuerdo con el enunciado.

25.000.000	Coste de compras de materias auxiliares			
4.000.000	Coste de compras de materiales para repuestos			
270.000.000	Coste de compras de madera			
		a	Compras reflejas	299.000.000
	• Por las compras, de acuerdo con el enunciado.			

22.000.000	Inventario permanente de mesas modelo X			
18.000.000	Inventario permanente de mesas modelo Y			
5.000.000	Inventario permanente de productos semiterminados			
3.000.000	Inventario permanente de productos en curso			
85.000.000	Inventario permanente de madera			
6.000.000	Inventario permanente de materias auxiliares			
14.000.000	Inventario permanente de materiales para repuestos			
		a	«Stock» inicial reflejo	153.000.000
	• Por las existencias iniciales, de acuerdo con el enunciado.			

2. Localización de los costes en los centros de actividad

35.000.000	Costes del centro de compras			
11.000.000	Costes del centro de conservación			
53.200.000	Costes del centro de producción I			
77.000.000	Costes del centro de producción II			
25.900.000	Costes del centro de administración			
18.300.000	Costes del centro de financiación			
36.000.000	Costes del centro de distribución			
		a	Costes de personal	78.000.000
		a	Costes financieros	15.000.000
		a	Costes de tributos	13.000.000
		a	Costes de servicios exteriores	28.000.000
		a	Costes de transportes	26.000.000
		a	Costes de otros servicios	10.000.000
		a	Costes de dotaciones para amortización	50.000.000
		a	Inventario permanente de materias auxiliares	30.000.000
		a	Inventario permanente de materiales para repuestos	6.400.000
	• De acuerdo con el Cuadro 12.1. de localización de costes			

3. Cesión de los costes de los centros a las actividades

3.000.000	Emisión de órdenes de compras			
12.000.000	Inspección y control de calidad de materiales recibidos			
20.000.000	Mantenimiento de los materiales en almacén			
18.000.000	Corte de madera			
15.000.000	Pulimentado de madera			
10.000.000	Puestas a punto de la maquinaria en centro de producción I			
5.400.000	Transporte interno de materiales en centro de producción I			
4.800.000	Inspección y control de calidad en centro de producción I			
20.000.000	Barnizado de madera			
25.000.000	Montaje de mesas			
15.000.000	Puesta a punto de maquinaria en centro de producción II			
10.000.000	Transporte interno de materiales en centro de producción II			
5.000.000	Inspección y control de calidad en centro de producción II			
2.000.000	Cambios de ingeniería en centro de producción II			
6.000.000	Emisión de órdenes de venta			
10.000.000	Embalaje de lotes			
20.000.000	Facturación y envíos de pedidos			
		a	Costes del centro de compras	35.000.000
		a	Costes del centro de producción I	53.200.000
		a	Costes del centro de producción II	77.000.000
		a	Costes del centro de distribución	36.000.000

- De acuerdo con el Cuadro 12.3, donde aparecen los diferentes elementos del coste de cada actividad con todo detalle. Aunque, en definitiva, el asiento corresponde al Cuadro 12.4, de síntesis del reparto de costes entre actividades.

4. Reclasificación de las actividades

9.000.000	Emisión de órdenes de compra y venta			
		a	Emisión de órdenes de compra	3.000.000
		a	Emisión de órdenes de venta	6.000.000

- Este asiento, y todos los de esta fase que vienen a continuación, se ajustan al Cuadro 12.7. De reclasificación de actividades.

21.800.000	Inspección y control de calidad			
		a	Inspección y control de calidad de materiales recibidos	12.000.000
		a	Inspección y control de calidad en producción I	4.800.000
		a	Inspección y control de calidad en producción II	5.000.000
35.000.000	Pulimentado y barnizado de madera			
		a	Pulimentado de madera	15.000.000
		a	Barnizado de madera	20.000.000
25.000.000	Puestas a punto de maquinaria			
		a	Puestas a punto de maquinaria en producción I	10.000.000
		a	Puestas a punto de maquinaria en producción II	15.000.000
15.400.000	Transporte interno de materiales			
		a	Transporte interno de materiales en producción I	5.400.000
		a	Transporte interno de materiales en producción II	10.000.000

5. Formación del coste de las compras

23.846.000	Coste de compras de madera			
6.690.000	Coste de compras de materias auxiliares			
4.464.000	Coste de compras de repuestos			
		a	Emisión de órdenes de compras y ventas	3.000.000
		a	Inspección y control de calidad	12.000.000
		a	Mantenimiento de materiales en almacén	20.000.000

• De conformidad con el Cuadro 12.13. De formación del coste de compras según modelo ABC.

6. Entrada de las compras en almacén

293.846.000	Inventario permanente de madera			
31.690.000	Inventario permanente de materias auxiliares			
8.464.000	Inventario permanente de materiales para repuestos			
		a	Coste de compras de materias auxiliares	31.690.000
		a	Coste de compras de materiales para repuestos	8.464.000
		a	Coste de compras de madera	293.846.000

• También conforme los datos del Cuadro 12.13. De formación de coste de compras según modelo ABC.

7. Formación del coste de producción

9.526.000	Coste de producción de productos en curso			
15.391.000	Coste de producción de productos semiterminados			
60.015.000	Coste de producción de producto terminado mesas X			
45.268.000	Coste de producción de producto terminado mesas Y			
		a	Corte de madera	18.000.000
		a	Montaje de mesas	25.000.000
		a	Pulimentado y barnizado	35.000.000
		a	Puestas a punto de maquinaria	25.000.000
		a	Transporte interno de materiales	15.400.000
		a	Inspección y control de calidad	9.800.000
		a	Cambios de ingeniería en centro de producción II	2.000.000

• De conformidad con el Cuadro 12.15. Asignación de costes indirectos a los productos según modelo ABC.

5.657.000	Coste de producción de productos en curso			
8.485.000	Coste de producción de productos semiterminados			
160.269.000	Coste de producción de producto terminado mesas X			
116.441.000	Coste de producción de producto terminado mesas Y			
		a	I.P. de madera	282.852.000
		a	I.P. de productos en curso	3.000.000
		a	I.P. de productos semiterminados	5.000.000

• De conformidad con el Cuadro 12.17. Coste de producción según el modelo ABC.

8. Entrada en almacén de los distintos tipos de productos

15.183.000	Inventario permanente de productos en curso			
23.875.000	Inventario permanente de productos semiterminados			
220.284.000	Inventario permanente mesas X			
161.709.000	Inventario permanente mesas Y			
		a	Coste de producción en curso	15.183.000
		a	Coste de producción de productos semiterminados	23.875.000
		a	Coste de producción mesas X	220.284.000
		a	Coste de producción mesas Y	161.709.000

• Los datos pueden verse en el Cuadro 12.20. Coste de producción unidades vendidas (FIFO) según modelo ABC.

9. Formación del coste final

238.168.000	Coste final mesas X			
189.986.000	Coste final mesas Y			
		a	Inventario permanente mesas X	215.918.000
		a	Inventario permanente mesas Y	176.236.000
		a	Ordenes de venta	6.000.000
		a	Embalaje de lotes	10.000.000
		a	Facturación y envío de pedidos	20.000.000

• Con los datos que aparecen en el Cuadro 12.21. Coste final según modelo ABC.

10. Recepción de los ingresos y determinación de los resultados analíticos

a) Resultado con criterios de Contabilidad de Costes para las mesas X:

306.358.000	Ingresos reflejos mesas X			
		a	Coste final mesas X	238.168.000
		a	Resultado con criterios de Contabilidad de Costes de mesas X	68.190.000
	• De acuerdo con el enunciado y con los asientos anteriores.			

b) Resultado con criterios de Contabilidad de Costes para las mesas Y:

202.372.000	Ingresos reflejos mesas Y			
		a	Coste final mesas Y	189.986.000
		a	Resultado con criterios de Contabilidad de Costes mesas Y	12.386.000
	• De acuerdo con el enunciado y con los asientos anteriores.			

c) Resultado final con criterios de Contabilidad de Costes:

68.190.000	Resultado con criterios de Contabilidad de Costes mesas X			
12.386.000	Resultado con criterios de Contabilidad de Costes mesas Y			
		a	Coste del centro de conservación	11.000.000
		a	Coste del centro de administración	25.900.000
		a	Coste del centro de financiación	18.300.000
		a	Resultado final con criterios de Contabilidad de Costes	25.376.000
	• De acuerdo con el enunciado y con los asientos anteriores.			

Balance analítico antes del cierre (en miles de pesetas)

I.P. de mesas modelo X	26.366	Gastos y dotaciones reflejas	220.000
I.P. de mesas modelo Y	3.473	Compras reflejas	299.000
I.P. de madera	95.994	«Stock» inicial reflejo	153.000
I.P. de productos semiterminados	23.876	Resultado final con criterio de Contabilidad de Costes	25.376
I.P. de productos en curso	15.183		
I.P. de materias auxiliares	7.690		
I.P. de materiales para repuestos	16.064		
Ingresos reflejos de mesas modelo X	306.358		
Ingresos reflejos de mesas modelo Y	202.372		
	697.376		697.376

11. Asiento de cierre

220.000.000	Gastos y dotaciones reflejas			
299.000.000	Compras reflejas			
153.000.000	«Stock» inicial reflejo			
25.376.000	Resultado final con criterio de Contabilidad de Costes			
		a	I.P. de mesas modelo X	26.366.000
		a	I.P. de mesas modelo Y	3.473.000
		a	I.P. de madera	95.994.000
		a	I.P. de productos semiterminados	23.876.000
		a	I.P. de productos en curso	15.183.000
		a	I.P. de materias auxiliares	7.690.000
		a	I.P. de materiales para repuestos	16.064.000
		a	Ingresos reflejos de mesas modelo X	306.358.000
		a	Ingresos reflejos de mesas modelo Y	202.372.000

CUESTIONES

1. *La principal diferencia en los procesos de asignación seguidos por el método continental de costes completos y el método ABC, radica en que:*

a) El primero desea conocer el coste del producto y el segundo el de los centros.

b) El primero desea conocer el coste de los centros y el segundo el de los productos.

c) El primero realiza el proceso de asignación desde los centros a los productos y el segundo desde las actividades a los productos.

2. *La asignación de los costes indirectos a los centros:*

a) Es idéntica en el método continental de costes completos y en el ABC.

b) En el método continental no se asignan los costes indirectos a los centros.

c) En el método ABC esos costes se asignan directamente a las actividades.

3. *La identificación de actividades en los centros:*

a) Sólo se realiza en el método ABC.

b) Sólo se realiza en el método continental.
c) Se identifican actividades en ambos métodos.

4. *Los costes de los centros de administración y financiación, según el modelo ABC:*
a) No se tienen en cuenta.
b) No entran a formar parte del coste del producto.
c) Entran a formar parte del resultado del período.

5. *Las actividades según el modelo ABC:*
a) Sólo se ejecutan en los centros principales.
b) Existe una sola actividad por centro.
c) Se ejecutan en todos los centros de la empresa.

6. *A diferencia del modelo de costes completos continental europeo, el método ABC:*
a) Distingue entre costes fijos y variables.
b) Distingue entre centros y actividad.
c) Distingue entre unidades de obra y causantes del coste.

7. *Las unidades de obra y los generadores de costes:*
a) Homogeinizan los costes de sus respectivos ámbitos de actuación.
b) Sirven para periodificar los costes.
c) Sirven para determinar el resultado.

8. *Podemos decir que la unidad de obra es el equivalente de los generadores de costes cuando:*
a) Se utilizan para medir la actividad.
b) Se utilizan para asignar.
c) No tienen ninguna relación de equivalencia.

9. *El proceso homogeneizador encomendado a la unidad de obra:*
a) Es más preciso que el del generador del coste.
b) Es más genérico que el del generador del coste.
c) Es similar al conseguido por el generador del coste.

10. *Mientras que sólo suele establecerse una única unidad de obra por centro:*
a) Se establecen tres generadores por cada uno de ellos.
b) Se establecen tantos generadores de costes como actividades se realicen en el centro.
c) También se establece un único generador de costes por centro.

11. *La relación causa-efecto entre costes del centro y unidad de obra:*
a) Es más precisa que la existente entre costes de las actividades y generador del coste.
b) Posee un grado de precisión menor que esta última.
c) El grado de precisión conseguido es generalmente similar.

12. *Las unidades de obra relacionadas con el volumen de producción pueden utilizarse como generador del coste:*
a) Siempre.
b) En las actividades a nivel de línea.
c) En las actividades a nivel unitario.

13. *El método de asignación practicado por los sistemas ABC:*
a) Establece múltiples relaciones causa-efecto en el ámbito de cada centro.
b) Establece una sola relación causa-efecto para cada centro.
c) No establece ningún tipo de relación causa-efecto.

14. *El conocido como reparto secundario, en la terminología continental:*
a) No tiene correspondencia en el método ABC.
b) Es de similares características al que practica el método ABC.
c) El modelo ABC sólo lo practica en determinadas ocasiones.

15. *La agrupación de actividades:*
a) Es similar a la agrupación de centros.
b) Es similar al reparto de los costes de los centros auxiliares entre los principales.
c) No tiene correspondencia en el modelo de costes completos continental.

16. *El tratamiento dado a las primeras materias por los métodos anteriores:*
a) Suele ser coincidente.
b) Suele ser distinto.
c) A veces coincide.

17. *El método ABC ha supuesto en la manera de entender la asignación:*
a) Una profunda revolución con respecto al método continental europeo.
b) Sólo ha supuesto una profundización y perfeccionamiento.
c) Ha supuesto un paso atrás.

18. *Según el método ABC:*
a) Los costes de las actividades de distribución se repercuten sobre todo los productos.
b) Se repercuten sobre los productos vendidos.
c) Se llevan directamente a la formación del resultado.

19. *Generalmente, los costes de los productos calculados por los métodos que venimos comentando en este capítulo:*
a) Suelen coincidir.
b) Es muy difícil que coincidan.
c) Proporcionan una información carente de interés.

20. *Los criterios de valoración de inventarios tradicionalmente empleados:*
a) No tienen sentido para el método ABC.
b) Se aplican en los cálculos seguidos por el ABC.
c) Quedaron derogados por decreto-ley de 8/6/49.

13 El modelo ABC y el modelo anglosajón de costes completos por departamentos

13.1. IDEAS PREVIAS

Hemos observado ya la medida en la que el **modelo ABC** como modelo de asignación ha supuesto un notable **perfeccionamiento** con **respecto al modelo de coste completo continental europeo**, basado en los centros de actividad. Sin embargo, se trata de un avance para cierto tipo de empresas, más que una revolución. Comprobábamos también que cada uno de ellos guardaban cierto paralelismo formal, por lo que, a estos efectos, el modelo ABC ha venido a representar una novedad en la manera de entender los procesos de asignación del modelo de costes completos con centros de actividad.

Asimismo, podemos empezar adelantando que **el modelo ABC ha supuesto también un avance con relación al modelo de costes completos anglosajón,** apoyado en los departamentos seguidos históricamente por la doctrina y práctica contable anglosajona.

13.2. ENUNCIADO DE UN CASO PRACTICO

Analizaremos ahora las diferencias que se observan en el proceso seguido por el modelo ABC comparándolo con el modelo anglosajón que hemos mencionado. Para ello, nos iremos apoyando en **un supuesto** que pasamos a enunciar:

PACHECOSA es una empresa creada para la fabricación de imágenes policromadas para iglesias. Ha iniciado su actividad el 1 de septiembre de 19X3, mes del que se refiere la siguiente información:

a) Proceso productivo:

La empresa lleva a cabo su actividad en tres departamentos que actúan en cadena: departamento de moldeado, en el que se incorpora la materia prima A; departamento de policromado, en el que se emplea como materia prima la pintura, y departamento de cocido. Ha empezado a fabricar dos modelos de imágenes, que denomina modelo X y modelo Y.

b) Costes del período incorporables al coste del producto:

- *Se ha consumido primera materia A por valor de 1.245.000 ptas. y pintura por valor de 472.000 ptas.*
- *Se ha empleado mano de obra por los siguientes importes en cada uno de los departamentos: 3.690.000 ptas. en el departamento de moldeado, 1.416.000 ptas. en el departamento de*

policromado y 88.000 ptas. en el departamento de cocido.

— *Los gastos generales de fabricación aplicados a cada departamento han sido: 729.000 ptas. en el departamento de moldeado, 912.000 ptas. en el departamento de policromado y 880.000 ptas. en el departamento de cocido.*

c) Productos obtenidos durante el período:

— *En el departamento de moldeado se han empezado y terminado 140 imágenes modelo X y 100 imágenes modelo Y; al final del período quedaban en curso 12 imágenes del modelo X a las que se había incorporado el 75 % de las materias primas, el 50 % de la mano de obra directa y el 25 % de los gastos generales de fabricación.*

— *En el departamento de policromado se han trabajado las imágenes terminadas en el departamento de moldeado; de ellas estaban pendientes de acabarse al final 20 imágenes del modelo Y a las que se habían incorporado el 80 % de la pintura, el 20 % de la mano de obra directa y el 40 % de los gastos generales de fabricación.*

— *En el departamento de cocido se habían terminado totalmente 140 imágenes modelo X y 80 imágenes modelo Y.*

d) Horas trabajadas en cada departamento:

— *Durante el mes se controlaron las siguientes: departamento de moldeado, 1.845 horas-hombre de mano de obra directa; en el departamento de policromado, 944 horas-hombre de mano de obra directa y en el departamento de cocido 44 horas-hombre de mano de obra directa y 880 horas-máquina.*

e) Asignación de los costes a los productos:

— *Base de reparto de los gastos generales: los gastos generales de fabricación de los departamentos de moldeado y policromado se asignan a los productos de acuerdo con la mano de obra directa que se haya empleado en ellos y los del departamento de cocido de acuerdo con las horas-máquina.*

— *Cada unidad de producto incorpora la misma cantidad de materias primas.*

— *La producción del modelo X ha empleado el doble de horas-hombre de mano de obra directa y el doble de horas-máquina que la producción del modelo Y.*

f) Trabajo a realizar:

Con esta información se ha presentado el proceso seguido por el modelo de costes completos en su versión anglosajona a la vez que se muestra, paralelamente, el modelo ABC. Para este último, además de los datos facilitados, se irán dando otros a medida que se vaya desarrollando el mismo.

13.3. EL PROCESO DEL MODELO ABC Y DEL MODELO DE COSTES COMPLETOS POR DEPARTAMENTOS

Presentaremos las diferencias que se aprecian en un modelo y otro, **tomando como hilo conductor el proceso** que se sigue para el diseño de ambos modelos.

13.3.1. La localización de los costes en los departamentos

El modelo anglosajón por procesos, localiza en el ámbito de cada departamento tanto los costes indirectos y la mano de obra directa como los correspondientes a la primera materia consumida. Es decir, **la materia prima también se localiza en el departamento** en el que se incorpora al producto, lo cual no deja de ser una característica positiva. Puede verse en el **Cuadro 13.1**.

Solamente apuntaremos que, en caso de decidirnos por **los costes de conversión** como concepto que agrega los costes de mano de obra directa y los gastos generales de fabricación, actuaríamos en consecuencia agrupando las dos columnas correspondientes.

Como ya sabemos, **el modelo ABC localiza,** en esta primera etapa, **los costes indirectos (gastos**

Cuadro 13.1. La localización de los costes en el modelo anglosajón de costes completos

Departamentos \ Elementos del coste	Materia prima	Mano de obra	Gastos generales	Total
Departamento de moldeado	1.245.000	3.690.000	729.000	5.664.000
Departamento de policromado	472.000	1.416.000	912.000	2.800.000
Departamento de cocido	—	88.000	880.000	968.000
TOTAL	1.717.000	5.194.000	2.521.000	9.432.000

generales de fabricación) y la mano de obra directa en los centros o departamentos en los que se han originado.

Lo podemos ver en el **Cuadro 13.2**, para cuya elaboración hemos de añadir unos nuevos datos al enunciado.

El modelo ABC considera además de los departamentos indicados el departamento de distribución, que ha absorbido los siguientes elementos del coste:

- *mano de obra, 400.000 pts. y*
- *gastos generales de fabricación, 500.000 ptas.*

La diferencia anterior, localización de los costes de las materias primas, es debida a los fines perseguidos con la implantación de cada uno de estos modelos. Así, mientras que el modelo por procesos pretende observar de manera progresiva la formación del coste del producto a su paso por los distintos departamentos, el sistema ABC utiliza esta etapa únicamente con la finalidad de identificar, posteriormente y de una manera más fácil, cada uno de los costes (excluidos los correspondientes a la primera materia) con las actividades que en ellos se ejecutan.

También se habrá observado que **el modelo ABC contempla** en el caso propuesto, además de los departamentos de fabricación, **el departamento de distribución**. Ha de tenerse presente como **justificación** al respecto, que el modelo de costes completos por departamentos considera estos costes junto con los de administración y financiación como directamente incorporables al resultado y no al producto, dado que, según este modelo:

— No forman parte del proceso de fabricación.
— Debido a su difícil identificación con los productos, el reparto comportaría un elevado grado de subjetividad.

El modelo ABC, en cambio, sólo margina del proceso de asignación las actividades a nivel de

Cuadro 13.2. Reparto de costes entre departamentos según modelo ABC

Departamentos \ Elementos del coste	Mano de obra	Gastos generales	Total
Departamento de moldeado	3.690.000	729.000	4.419.000
Departamento de policromado	1.416.000	912.000	2.328.000
Departamento de cocido	88.000	880.000	968.000
Departamento de distribución	400.000	500.000	900.000
TOTAL	5.594.000	3.021.000	8.615.000

empresa (como pueden ser administración y financiación); en el ámbito del **departamento de distribución** es posible detectar la presencia de actividades directamente relacionadas con el producto, ya sean de nivel unitario, de nivel de lote o de línea, actividades que merced a esa actuación han de repercutir sus costes sobre los productos; bajo la óptica de este modelo:

— Aun cuando los costes del departamento no formen parte del coste de fabricación, incrementarán el coste final de los productos vendidos.
— Al poder establecer, mediante el empleo de los generadores de costes, relaciones causales entre actividades y productos la asignación subjetiva de estos costes quedará en gran medida corregida.

13.3.2. Identificación de actividades de los departamentos en el modelo ABC

En esta etapa no existe correspondencia alguna entre ambos modelos; **es una etapa exclusiva del modelo ABC**. El modelo ABC pretende en estos momentos describir adecuadamente el mapa de actividades que se realizan en cada uno de los departamentos.

Para el ejemplo que estamos desarrollando, se han definido las que ***aparecen en el Cuadro 13.3.*** *En él vemos las diferentes actividades que se han identificado en la empresa dentro de cada uno de los departamentos.*

Cuadro 13.3. Identificación de las actividades ejecutadas en los departamentos en el modelo ABC

	DEPARTAMENTOS			
	Moldeado	**Policromado**	**Cocido**	**Distribución**
ACTIVIDADES	Ordenes de compra	Ordenes de compra	Cocido	Publicidad
	Moldeado	Inspección y control de calidad	Inspección y control de calidad	Ordenes de venta
	Transporte de materiales	Transporte de materiales	Transporte de materiales	
	Puesta a punto de la maquinaria			

13.3.3. Reparto de los costes entre las actividades de los departamentos

Tampoco aquí esta etapa **representa, generalmente, excesivas dificultades**, por cuanto en la mayoría de las situaciones es fácil de identificar, dentro de cada departamento, costes con actividades. En cualquier caso hemos de volver a insistir en el hecho de que **en presencia de repartos difíciles** de realizar deberán arbitrarse las **medidas oportunas** de manera que quede eliminada la implantación de criterios subjetivos o arbitrarios.

Para el caso práctico que estamos desarrollando, el proceso de identificación de costes con actividades departamentales se recoge en el Cuadro 13.4.

Debemos de aclarar que el **Cuadro 13.4** es realmente la **síntesis de otro cuadro** que sería seme-

Cuadro 13.4. Reparto de costes de los departamentos entre actividades en el modelo ABC

Actividades \ Departamentos	Moldeado	Policromado	Cocido	Distribución
Ordenes de compra primera materia A	50.000	—	—	—
Moldeado	3.450.000	—	—	—
Transporte interno materiales en moldeado	150.000	—	—	—
Puestas a punto en moldeado	769.000	—	—	—
Ordenes de compra de pintura	—	60.000	—	—
Policromado	—	1.968.000	—	—
Inspección y control policromado	—	200.000	—	—
Transporte interno materiales en policromado	—	100.000	—	—
Cocido	—	—	388.000	—
Inspección y control en cocido	—	—	380.000	—
Transporte materiales en cocido	—	—	200.000	—
Publicidad	—	—	—	500.000
Ordenes de venta	—	—	—	400.000
COSTES TOTALES	4.419.000	2.328.000	968.000	900.000

jante al Cuadro 12.3 del capítulo anterior. Es importante esta matización, ya que lo que se asigna a cada actividad es realmente el elemento del coste que hemos situado en los diferentes departamentos. El cuadro al que nos referimos tendría la forma del **Cuadro 13.5** para las actividades del departamento de moldeado; procedería hacer uno para cada departamento.

Cuadro 13.5. Elementos del coste de cada una de las actividades en el modelo ABC

Cargas de actividades por centro \ Actividades	Orden de compra de primera materia A 1.1	Moldeado 1.2	Transporte interno 1.3	Puesta a punto 1.4	Total de actividades del departamento 1
1. Departamento de moldeado					
Gastos de personal					
Tributos					
Servicios exteriores					
Transportes					
Otros servicios					
Dotaciones a amortización					
Materias auxiliares					
Repuestos					
Coste de las actividades					

13.3.4. Elección de generadores de costes y de bases de reparto

Los modelos de costes por departamentos aplicados en la órbita anglosajona han venido utilizando como **bases de asignación** de los gastos generales de fabricación (costes indirectos) aquellas que encuentran su fundamento, bien en el importe de la primera materia consumida, bien en la mano de obra directa empleada en la obtención de cada producto (horas-hombre), o bien en el uso que se presume han hecho del equipo productivo (horas-máquina).

A este respecto, existen numerosas contrastaciones empíricas llevadas a cabo en los países anglosajones, que demuestran que las anteriores **bases de reparto** se siguen aún utilizando, no obstante, la crítica generalizada sobre el **elevado grado de subjetividad inherente a ellas**. Bajo la óptica de los modelos ABC, los generadores de costes pasan a convertirse en los sustitutos más firmes de dichas bases de reparto.

Quizá el elevado grado de subjetividad inherente a las bases de asignación utilizadas por los modelos anglosajones de costes por departamentos **ha sido uno de los principales motivos por los que el nacimiento del modelo ABC** haya tenido su origen y sus más significados defensores e investigadores en el entorno de los países que conforman el área anglosajona.

En el ejemplo que seguimos se han establecido **las bases de asignación** que aparecen en el **Cuadro 13.6.** Hemos aprovechado para poner ya en ese cuadro, que se irá completando, los costes de cada una de las bases de costes o elemento del coste de los departamentos.

Cuadro 13.6. Bases de reparto modelo de costes completos

Departamentos \ Elementos del coste	Materia prima	Mano de obra	Gastos generales	Total
Departamento de moldeado:				
Elementos del coste	1.245.000	3.690.000	729.000	5.664.000
Bases de reparto	Unidades consumidas	Horas-hombre	Horas-hombre	
Departamento de policromado:				
Elementos del coste	472.000	1.416.000	912.000	2.800.000
Bases de reparto	Unidades consumidas	Horas-hombre	Horas-hombre	
Departamento de cocido:				
Elementos del coste	—	88.000	880.000	968.000
Bases de reparto	Unidades consumidas	Horas-hombre	Horas-máquina	
TOTAL	1.717.000	5.194.000	2.521.000	9.432.000

Existe una tendencia a considerar que es preferible la elección de las horas-máquina como base de reparto, para no basar la asignación de costes indirectos en el consumo de costes directos.

*El enunciado debe ampliarse para recoger **los generadores de costes** que aparecen en el **Cuadro 13.7**. También hemos incluido en el cuadro el coste de la actividad a la que correponden esos generadores.*

Cuadro 13.7. Definición de generadores de costes según modelo ABC

Actividades	Definición del generador	Coste total
Ordenes de compra en moldeado	Número de órdenes de compras	50.000
Moldeado	Horas-hombre	3.450.000
Transporte interno de materiales en moldeado	Metros recorridos	150.000
Puestas a punto de maquinaria en moldeado	Número de puestas a punto	769.000
Ordenes de compra en policromado	Número de órdenes de compra	60.000
Policromado	Horas-hombre	1.968.000
Inspección y control en policromado	Número de inspecciones	200.000
Transporte interno en policromado	Metros recorridos	100.000
Cocido	Horas-máquina	388.000
Inspección y control en cocido	Número de inspecciones	380.000
Transporte interno de materiales	Metros recorridos	200.000
Publicidad	Número de campañas	500.000
Ordenes de venta	Número de órdenes de ventas	400.000
TOTAL		8.615.000

13.3.5. Reclasificación de las actividades de los departamentos

La reclasificación de las actividades practicadas por los modelos ABC **carecen de correspondencia en el modelo tradicional anglosajón**. El objeto de esta etapa consiste, como ya se sabe, en reclasificar las actividades por grupos homogéneos en función, tanto de las tareas específicas que desempeñan, como del generador de costes que sirve de unidad de medida y de base de reparto.

*En el ejemplo que venimos exponiendo, la reclasificación de actividades podría quedar como aparece en el **Cuadro 13.8**.*

Se ha procedido a una reagrupación muy fuerte de actividades, como puede observarse en el

Cuadro 13.8. Reclasificación de actividades en el modelo ABC

Actividades reclasificadas	Generadores de costes	Coste total
Ordenes de compras	Número de órdenes de compras	110.000
Moldeado y policromado	Horas-hombre	5.418.000
Puestas a punto de maquinaria	Número de puestas a punto	769.000
Transporte interno de materiales	Metros recorridos	450.000
Inspección y control de calidad	Número de inspecciones	580.000
Cocido	Horas-máquina	388.000
Publicidad	Número de campañas	500.000
Ordenes de venta	Número de órdenes de ventas	400.000
TOTAL		8.615.000

Cuadro 13.8 para poner de manifiesto una de las cuestiones más debatidas de la reclasificación, que es hasta dónde ha de llegarse con ella, sin que se perjudique el rigor del modelo.

13.3.6. Formación del coste de los generadores de costes y de las bases de asignación

Agrupados los costes por departamentos y las actividades, pasamos a la **determinación de los costes unitarios de las bases de reparto y de los generadores de costes**, que es una etapa relativamente sencilla.

Conocidos ya los costes totales, en esta etapa **se procederá de la siguiente forma**:

— Estimar el número de generadores de costes por cada grupo de actividades reclasificadas y el consumo de bases de reparto de cada tipo de costes (primera materia, mano de obra directa y gastos generales de fabricación) habidos en cada departamento.

— Dividir el coste total de cada grupo de actividades homogéneas o de cada uno de los conceptos que conforman el coste departamental por el número de generadores de costes o por las bases de reparto correspondientes.

Así, en el caso que seguimos, el cálculo de los costes unitarios de las bases de reparto **en el modelo de costes completos por departamentos** quedaría como se expresa en el **Cuadro 13.9**, que implica un avance sobre el Cuadro 13.6.

Por otra parte, el cálculo del coste unitario indicado para el modelo ABC se muestra en el **Cuadro 13.10**.

Cuadro 13.9. Cálculo del coste unitario de las bases de reparto según modelo de costes completos

Departamentos / Elementos del coste	Materia prima	Mano de obra	Gastos generales	Total
Departamento de moldeado:				
Elementos del coste	1.245.000	3.690.000	729.000	5.664.000
Bases de reparto	Unidades consumidas	Horas-hombre	Horas-hombre	
Cantidad consumida	12.450	1.845	1.845	
Coste unitario	100	2.000	395,12	
Departamento de policromado:				
Elementos del coste	472.000	1.416.000	912.000	2.800.000
Bases de reparto	Unidades consumidas	Horas-hombre	Horas-hombre	
Cantidad consumida	2.360	944	944	
Coste unitario	200	1.500	966,10	
Departamento de cocido:				
Elementos del coste	—	88.000	880.000	968.000
Bases de reparto	—	Horas-hombre	Horas-máquina	
Cantidad consumida	—	44	880	
Coste unitario	—	2.000	1.000	
TOTAL	1.717.000	5.194.000	2.521.000	9.432.000

Cuadro 13.10. Cálculo del coste unitario de los generadores de costes

ACTIVIDADES	GENERADORES DE COSTES	NUMERO DE GENERADORES DE COSTES	COSTES TOTALES	COSTE UNITARIO
Ordenes de compra	Número de órdenes de compras	55	110.000	2.000 ptas.
Moldeado y policromado	Horas/hombre	2.444	5.418.000	2.216,86 ptas.
Puestas a punto de maquinaria	Número de puestas a punto	50	769.000	15.380 ptas.
Transporte interno de materiales	Metros recorridos	40.000	450.000	11,25 ptas.
Inspección y control	Número de inspecciones	58	580.000	10.000 ptas.
Cocido	Horas/máquina	880	388.000	440,91 ptas.
Publicidad	Número de campañas	5	500.000	100.000 ptas.
Ordenes de venta	Número de órdenes de ventas	40	400.000	10.000 ptas.

13.3.7. Asignación de los costes de las actividades y de los departamentos a los productos

El modelo ABC procede a asignar los costes de las actividades a los productos de acuerdo con el número de **generadores de costes consumidos** o necesitados por cada uno de ellos, bajo la hipótesis de la existencia de **relaciones causales** que ligan costes con actividades y con productos. Para realizar este proceso de asignación se hace imprescindible conocer con precisión, y como paso previo, el número de generadores de costes que cada producto ha demandado de cada actividad concreta.

A este respecto, en el caso que seguimos conviene hacer notar que la **actividad denominada Ordenes de compras** sólo ha sido utilizada por las primeras materias adquiridas en el ejercicio; por tanto, sus costes han de ser repercutidos sobre ellas.

Asimismo, siguiendo en el caso práctico, las actividades ejecutadas en el departamento de distribución se han originado como consecuencia de las ventas realizadas por la empresa, habiendo sido los productos vendidos (y no los fabricados) los que han consumido los generadores de costes correspondientes a las **actividades de ventas** detectadas en este departamento, por lo que sus costes habrán de ser repercutidos solamente sobre esos productos vendidos.

En el ejercicio propuesto aparece adicionalmente la problemática inherente a la determinación de los costes que incorporan **los productos en curso existentes en los distintos departamentos y con diferentes grados de elaboración**. Sabemos que el modelo de costes completos anglosajón ha venido resolviendo adecuadamente el problema en virtud de las unidades equivalentes, que recogemos en el **Cuadro 13.11**.

Este cuadro presenta las unidades equivalentes que son fácilmente calculables en este caso, de acuerdo con los datos del enunciado. No hay existencias iniciales y solamente en los productos en curso al final hemos de tener presente el grado de adelanto en cada uno de los elementos del coste, para determinar las unidades equivalentes que se muestran en el cuadro.

Cuadro 13.11. Unidades equivalentes

	PRIMERA MATERIA	MANO OBRA DIRECTA	GASTOS DE FABRICACION
MOLDEADO			
Unidades empezadas terminadas X	140	140	140
Unidades empezadas en curso al final X	9	6	3
Unidades equivalentes X	149	146	143
Unidades terminadas y equivalentes Y	100	100	100
POLICROMADO			
Unidades terminadas y equivalentes X	140	140	140
Unidades empezadas terminadas Y	80	80	80
Unidades en curso Y	16	4	8
Unidades equivalentes Y	96	84	88
COCIDO			
Unidades terminadas X	140	140	140
Unidades terminadas Y	80	80	80

Cuadro 13.12. Consumos componentes del coste en departamentos según el modelo de costes completos

DEPARTAMENTOS	PRIMERA MATERIA			MANO DE OBRA DIRECTA			GASTOS GENERALES FABRICACION		
	Unidades equivalentes	Cantidad unitaria	Cantidad total	Unidades equivalentes	Cantidad unitaria	Cantidad total	Unidades equivalentes	Cantidad unitaria	Cantidad total
MOLDEADO									
Uds. terminadas X	140	50	7.000	140	8,42	1.179	140	8,60	1.204
Uds. curso X	9	50	450	6	8,42	51	3	8,60	26
Uds. terminadas Y	100	50	5.000	100	6,15	615	100	6,15	615
TOTAL	249 uds.	—	12.450 kg	246 uds.	—	1.845 h/h	243 uds.	—	1.845 h/h
POLICROMADO									
Uds. terminadas X	140	10	1.400	140	4,49	629	140	4,49	629
Uds. terminadas Y	80	10	800	80	3,75	300	80	3,58	286
Uds. curso Y	16	10	160	4	3,75	15	8	3,58	29
TOTAL	236 uds.	—	2.360 kg	224 uds.	—	944 h/h	228 uds.	—	944 h/h
COCIDO									
Uds. terminadas X	—	—	—	140	0,21	29	140	4,19	587 h/mq
Uds. terminadas Y	—	—	—	80	0,19	15	80	3,66	293 h/mq
TOTAL	—	—	—	220 uds.	—	44 h/h	220 uds.	—	880 h/mq

Resuelto el problema de las unidades equivalentes, en el que no nos interesa entrar ahora con detalle, ya que fue objeto de nuestro estudio en el capítulo dedicado al modelo de costes completos anglosajón, vamos a recoger los consumos de los distintos componentes del coste que se incorporan al paso de los productos por los diferentes departamentos, que mostramos en el **Cuadro 13.12**.

La **estructura** del **Cuadro 13.12** es como sigue:

La primera columna incluye el consumo en kilogramos de **primera materia** por cada unidad equivalente producida; según indica el enunciado, idéntico para cada una de ellas.

La segunda columna señala el consumo de **mano de obra directa**; la producción de X, suma de las unidades terminadas y en curso, consume el doble que la producción de Y, por lo que el reparto de horas/hombre guardará esa misma relación.

La **tercera columna** indica la **base de reparto** de los gastos generales de fabricación; según el enunciado del ejercicio, su reparto se realiza en función de las horas/hombre consumidas (en los departamentos de moldeado y policromado) y de horas/máquina (cocido), siendo la proporción de reparto idéntica a la utilizada para la mano de obra.

Ahora centraremos nuestra atención en el reparto de los costes de las actividades. A tal fin vamos a calcular los costes cedidos a las primeras materias y a los productos en curso de elaboración y terminados. Es decir, vamos, por un lado, a determinar el **coste de los materiales comprados** y, después, el **coste de producción**.

La aplicación del modelo ABC requiere que añadamos información a nuestro enunciado.

A estos efectos, conviene especificar que el consumo de actividades en el ejercicio que estamos tratando ha sido el representado en el Cuadro 13.13, expresado en generadores de costes.

Como se observa del reparto efectuado en el **Cuadro 13.13**, el modelo ABC no asigna costes por departamentos, sino por actividades, por lo que el establecimiento de **unidades equivalentes en función** del tratamiento recibido en cada departamento deja paso ahora al **tratamiento recibido en cada actividad**.

La **determinación del Coste de compra de los materiales** se muestra en el **Cuadro 13.14**. Está integrado por el precio que aparece en la factura, que hemos denominado Coste de adquisición, más la actividad que ha exigido, que en el caso que seguimos para simplificar se ha dejado reducida a la actividad de Ordenes de compra. El coste mo-

Cuadro 13.13. Consumo de generadores por productos

ACTIVIDADES	PRIMERA MATERIA A	PINTURA	PRODUCTO X	PRODUCTO Y	PRODUCTO EN CURSO X	PRODUCTO EN CURSO Y
Ordenes de compra	25	30	—	—	—	—
Moldeado y policromado	—	—	1.588,23	799,68	41,1	14,99
Transporte interno de materiales	—	—	18.000	18.000	1.000	3.000
Puestas a punto maquinaria	—	—	25	15	10	—
Inspección y control	—	—	28	20	2	8
Cocido	—	—	586,67	293,33	—	—
Publicidad	—	—	3	2	—	—
Ordenes de venta	—	—	25	15	—	—

Cuadro 13.14. Formación del coste de la primera materia según modelo ABC

	PRIMERA MATERIA A			PINTURA		
	Cantidad	Coste unitario	Coste total	Cantidad	Coste unitario	Coste total
Coste adquisición	12.450 kg	100	1.245.000	2.360 l	200	472.000
Ordenes de compra	25	2.000	50.000	30	2.000	60.000
Coste total	—	—	1.295.000	—	—	532.000
Coste unitario	12.450 kg	104	—	2.360 l	225,42	—

netario de los generadores de costes se ve en el Cuadro 13.10 y el consumo de generadores de costes en el Cuadro 13.13.

El **Cuadro 13.14** merece una **breve explicación**:

— La **columna de cantidades** recoge los generadores de costes en los que se refieren a las órdenes de compras, que son precisamente el número de órdenes de compras.

— La **fila de coste unitario** se refiere al coste unitario de cada kg en el caso de la primera materia A y del litro en cuanto a la pintura, como indica el propio cuadro.

13.3.8. Formación del coste de fabricación y del coste final

Los cálculos que vamos a efectuar ahora están íntimamente ligados a los que acabamos de realizar. Así, las unidades físicas y equivalentes figuran en el Cuadro 13.11; los elementos del coste de cada departamento y las cantidades y bases de reparto correspondientes pueden verse en el Cuadro 13.12. Por otra parte, las cantidades de generadores de costes absorbidas por cada producto se indican en el Cuadro 13.13.

El cálculo del coste de producción siguiendo el modelo de costes completos por departamentos se recoge en los siguientes cuadros:

— **El Cuadro 13.15** el coste de producción relativo al departamento de moldeado.

— **El Cuadro 13.16** el coste de producción del departamento de policromado.

— **El Cuadro 13.17** el coste de producción del departamento de cocido.

Hemos procedido a redondear para que el total de los costes de los departamentos queden asignados a los productos.

Cuadro 13.15. Coste de producción del departamento de moldeado en el modelo de costes completos

	PRODUCTO X			PRODUCTO Y			PRODUCTO EN CURSO X		
	Cantidad	Coste unitario	Coste total	Cantidad	Coste unitario	Coste total	Cantidad	Coste unitario	Coste total
Primera materia	7.000	100	700.000	5.000	100	500.000	450	100	45.000
Mano de obra directa	1.179	2.000	2.358.000	615	2.000	1.230.000	51	2.000	102.000
Gastos generales de fabricación	1.204	395,12	475.727	615	395,12	243.000	26	395,12	10.273
	140	25.240,91	3.533.727	100	19.730	1.973.000	—	—	157.273

Cuadro 13.16. Coste de producción del departamento de policromado en el modelo de costes completos

	PRODUCTO X			PRODUCTO Y			PRODUCTO EN CURSO Y		
	Cantidad	Coste unitario	Coste total	Cantidad	Coste unitario	Coste total	Cantidad	Coste unitario	Coste total
Departamento de moldeado	140	25.240,91	3.533.727	80	19.730	1.578.400	20	19.730	394.600
Primera materia	1.400	200	280.000	800	200	160.000	160	200	32.000
Mano de obra directa	629	1.500	943.500	300	1.500	450.000	15	1.500	22.500
Gastos generales de fabricación	629	966,10	607.677	286	966,10	276.306	29	966,10	28.017
	140	38.320,74	5.364.904	80	30.808,82	2.464.706	—	—	477.117

Cuadro 13.17. Coste de producción del departamento de cocido según el modelo de costes completos

	PRODUCTO X			PRODUCTO Y		
	Cantidad	Coste unitario	Coste total	Cantidad	Coste unitario	Coste total
Departamento de policromado	140	38.320,74	5.364.904	80	30.808,82	2.464.706
Mano de obra directa	29	2.000	58.000	15	2.000	30.000
Gastos generales de fabricación	587	1.000	587.000	293	1.000	293.000
	140 (unidades de producto)	42.927,88	6.009.904	80 (unidades de producto)	34.846,32	2.787.706

El **Cuadro 13.15,** el **Cuadro 13.16** y el **Cuadro 13.17** merecen una breve explicación.

— En cuanto a las columnas, vemos que los dos primeros incluyen el producto X, el producto Y y los productos en curso, mientras que el último no hace referencia a estos últimos. La razón es que en este departamento no existen productos en curso en el caso propuesto.

— Dentro de esos apartados de las columnas, hay a su vez una primera subcolumna ocupada por las cantidades. Los datos que aparecen en ella provienen del Cuadro 13.12. Asimismo, una segunda subcolumna incluye el coste unitario, que proviene del Cuadro 13.9. La tercera subcolumna recoge el coste total, cuyas cantidades resultan de multiplicar las de las dos subcolumnas anteriores.

— En cuanto a las filas, observamos que aparecen los elementos del coste en las tres primeras filas. En cuanto a la última fila, aparece el coste unitario en el tercer departamento, cuando ya se han acabado.

La determinación del coste de producción siguiendo el **modelo ABC** requiere ahora dos pasos:

— **Primero exige que se trasladen los costes de las actividades** a los diferentes productos, de acuerdo con los generadores de costes. Eso es lo que llevamos a cabo en el **Cuadro 13.18**. En él **llegamos** por lo tanto **a determinar los cos-**

Cuadro 13.18 Traslado del coste de las actividades a los productos

ACTIVIDADES	PRODUCTO X			PRODUCTO Y			PRODUCTO CURSO X			PRODUCTO CURSO Y		
	Generadores	C.U.	C.T.	Generadores	C.U.	C.T.	Generadores	C.U.	C.T.	Generadores	C.U.	C.T.
Moldeado y policromado	1.588,23	2.216,86	3.520.882	799,68	2.216,86	1.772.777	41,1	2.216,86	91.111	14,99	2.216,86	33.230
Transporte interno de materiales	18.000	11,25	202.500	18.000	11,25	202.500	1.000	11,25	11.250	3.000	11,25	33.750
Inspección y control	28	10.000	280.000	20	10.000	200.000	2	10.000	20.000	8	10.000	80.000
Puesta a punto de maquinaria	25	15.380	384.500	15	15.380	230.700	10	15.380	153.800	—	—	—
Cocido	586,67	440,91	258.668	293,33	440,91	129.332	—	—	—	—	—	—
COSTES INDIRECTOS	—	—	4.646.550	—	—	2.535.309	—	—	276.161	—	—	146.980

Cuadro 13.19. Coste total según el modelo ABC

	PRODUCTO X			PRODUCTO Y			PRODUCTO CURSO X			PRODUCTO CURSO Y		
	Q	C.U.	C.T.	Q	C.U.	C.T.	Q	C.U.	C.T.	Q	C.U.	C.T.
Primera materia A	7.000	104	728.000	5.000	104	520.000	450	104	47.000	—	—	—
Pintura	1.400	225,42	315.593	800	225,42	180.340	—	—	—	160	225,42	36.067
Coste actividades	—	—	4.646.550	—	—	2.535.309	—	—	276.161	—	—	146.980
TOTAL COSTE DE FABRICACION	140	40.644	5.690.143	80	40.446	3.235.649	12		323.161	20	—	183.047

tes indirectos de cada producto, que han sido canalizados a través de las actividades.

— **Segundo**, hemos de **agregar** a estos costes **los costes directos** de las materias primas, que no pasan por las actividades. Estos cálculos los presentamos en el **Cuadro 13.19**.

Finalmente, dado que bajo la óptica del **modelo ABC** es posible la identificación de las actividades del departamento de distribución con cada uno de los productos, formamos el **coste final** de los productos vendidos; ya que todo lo producido ha sido vendido, el coste de las actividades de distribución será repercutido sobre todos ellos.

Mostramos los cálculos del coste final en el **Cuadro 13.20**, donde vemos que aparecen los costes de las actividades que tienen que ver con la distribución y el coste de producción.

Tratando de dar una breve explicación de estos cuadros, podemos decir lo siguiente:

— El **Cuadro 13.18** incluye una columna para cada producto con tres subcolumnas: una para la cantidad de generador de coste y otra para el coste unitario de cada generador que se toman del Cuadro 13.13 y del Cuadro 13.10, respectivamente; la tercera subcolumna, coste total, se calcula multiplicando los dos anteriores.

— El **Cuadro 13.19** tiene también una columna para cada producto con tres subcolumnas: una primera para las cantidades físicas consumidas de las diferentes materias primas que se daban en el enunciado, una segunda subcolumna para los costes unitarios de las materias primas determinados en el Cuadro 13.14, y una tercera subcolumna que recoge el producto de las dos anteriores subcolumnas para las dos primeras filas, y para la tercera fila esa columna recoge los valores que resultan en el Cuadro 13.18.

— El **Cuadro 13.20** tiene dos columnas, una para cada producto vendido, y en filas muestra el

Cuadro 13.20. Coste de unidades vendidas según el modelo ABC

	PRODUCTO X			PRODUCTO Y		
	Cantidades	Coste unitario	Coste total	Cantidades	Coste unitario	Coste total
Coste de fabricación	140	40.644	5.690.143	80	40.446	3.235.649
Publicidad	3	100.000	300.000	2	100.000	200.000
Ordenes de venta	25	10.000	250.000	15	10.000	150.000
COSTE FINAL de unidades vendidas	140	44.572	6.240.143	80	44.820	3.585.649

coste de producción determinado en el Cuadro 13.19 y el coste de las actividades relacionadas con las ventas.

En definitiva, podríamos presentar en un estado resumen los **inputs** y los **outputs** habidos en el período contable.

Siguiendo el modelo de costes completos tendríamos:

INPUTS		OUTPUTS	
Materias primas	1.717.000	Productos en curso X	157.273
Mano de obra directa	5.194.000	Productos en curso Y	477.117
Gastos generales de fabricación	2.521.000	Producto X vendido	6.009.904
		Producto Y vendido	2.787.706
Total inputs	9.432.000	Total outputs	9.432.000

De acuerdo con el modelo ABC, tendríamos:

INPUTS		OUTPUTS	
Materias primas	1.717.000	Productos en curso X	323.161
Costes de las actividades	8.615.000	Productos en curso Y	183.047
		Producto X vendido	6.240.143
		Producto Y vendido	3.585.649
Total inputs	10.332.000	Total outputs	10.332.000

CUESTIONES

1. *El modelo ABC y el modelo departamental anglosajón:*
- a) Están íntimamente relacionados.
- b) Presentan enfoques significativamente diferentes de entender el problema de la asignación.
- c) El modelo anglosajón sólo sirve para conseguir la mejora continuada.

2. *Dentro de las diferencias conceptuales entre los modelos ABC y departamental por procesos anglosajón se encuentran:*
- a) El primero calcula costes por actividades, el segundo no.
- b) El primero localiza en los departamentos tanto la mano de obra directa como los gastos generales de fabricación, el segundo sólo los gastos generales de fabricación.
- c) El primero no repercute los costes originados por las actividades de compras sobre las primeras materias, el segundo sí.

3. *Las diferencias entre los modelos ABC y anglosajón encuentran su justificación en:*
- a) El modelo anglosajón no pretende asignar costes a los productos.
- b) El modelo ABC, sólo pretende la consecución de la mejora continuada.
- c) El modelo anglosajón pretende observar la adición de valor de las actividades.

4. *El modelo ABC, en relación con el anglosajón:*
- a) Suprime los procesos de asignación.
- b) Determina las actividades por departamentos.
- c) Asigna directamente los costes de las actividades a los productos.

5. *La asignación de coste a los departamentos:*
- a) Sólo se realiza en el modelo anglosajón.
- b) Sólo se realiza en el modelo ABC.
- c) Tiene lugar en ambos modelos.

6. *La localización de la primera materia por departamentos:*
- a) Es propia del modelo departamental anglosajón por procesos.
- b) Es propia del modelo del ABC.
- c) Es consustancial con ambos modelos.

7. *El mapa de actividades descrito por el sistema ABC:*
- a) Tiene lugar con independencia de los departamentos.
- b) Suele realizarse en cada uno de los departamentos.
- c) Sólo se realiza en los departamentos de compras y distribución.

8. *La cesión de costes por departamentos:*
- a) No suele llevarse a efecto en ningún caso.
- b) Se realiza en el modelo ABC.
- c) Tiene lugar en el modelo anglosajón por procesos.

9. *El modelo anglosajón a diferencia del ABC:*
- a) Considera que los costes de administración deben asignarse directamente a la formación del coste del producto.
- b) Considera que los costes de distribución han de entrar a formar parte del coste final.
- c) Considera que los costes de distribución han de asignarse directamente a la formación del coste final.

10. *A diferencia del modelo ABC el modelo anglosajón:*
- a) Asigna los costes en función del volumen de unidades tratadas.
- b) Asigna algunos costes en función de los lotes tratados.
- c) Asigna los costes en función de las horas de mano de obra.

11. *El reparto de costes desde los departamentos a las actividades:*
- a) No debe realizarse nunca.
- b) Se realiza cuando el modelo anglosajón pretende formar el coste del producto.
- c) Sólo se realizan bajo la aplicación del sistema ABC.

12. *Las bases de reparto generalmente utilizadas por el modelo anglosajón:*
- a) Son las mismas que se establecen bajo un sistema ABC.
- b) Suelen referirse al volumen de primera materia consumida o a la mano de obra directa empleada en la fabricación.
- c) Suelen referirse a los cambios de ingeniería requeridos en el proceso productivo.

13. *Las bases de asignación utilizadas tradicionalmente por el modelo anglosajón:*
- a) Comportan en muchos casos un elevado grado de subjetividad.
- b) Son sumamente precisas.
- c) Son tan precisas como las utilizadas por el modelo ABC.

14. *Uno de los principales motivos por los que el sistema ABC procede del mundo anglosajón se debe a:*

a) Sus autores son norteamericanos.
b) Sus autores son ingleses.
c) La subjetividad de los repartos de costes indirectos que en él se vienen realizando.

15. *La reclasificación de las actividades propugnadas por el modelo ABC:*

a) Es idéntica a la que realiza el modelo anglosajón:
b) No tiene correspondencia en el modelo anglosajón.
c) El modelo ABC bajo la perspectiva anglosajona no reclasifica las actividades.

16. *El cálculo de unidades equivalentes:*

a) Es usualmente utilizado en el modelo anglosajón.
b) Es usualmente utilizado en el modelo ABC.
c) No es utilizado por ninguno de los dos.

17. *Los generadores de costes utilizados por el sistema ABC:*

a) Se están implantando actualmente en el modelo departamental anglosajón.
b) No tienen correspondencia en el modelo anglosajón por departamentos.
c) Sólo se utilizan por el modelo anglosajón en épocas de crisis.

18. *Dado el éxito obtenido por el modelo ABC:*

a) El modelo anglosajón ha quedado finalmente derogado por las autoridades competentes.
b) El modelo anglosajón sigue conviviendo con el ABC.
c) El modelo anglosajón no ha sido derogado, pero ya no se aplica.

19. *El coste de las actividades de distribución:*

a) Según el modelo ABC, se incorporan a los productos vendidos.
b) Según el modelo anglosajón se incorporan a la determinación del resultado.
c) El modelo anglosajón no reconoce la existencia de un departamento de distribución.

20. *Podemos terminar las cuestiones de este capítulo afirmando que:*

a) El modelo anglosajón supera con creces los procesos de asignación practicada por los ABC.
b) El modelo ABC ha perfeccionado los procesos de asignación practicados por el modelo anglosajón.
c) En cualquier caso ya no es necesario formar el coste de los productos.

PARTE CUARTA

La asignación en la Contabilidad de Costes

14 La asignación en Contabilidad de Costes. Métodos convencionales

14.1. EL CONCEPTO DE ASIGNACION

La asignación contable ha ocupado tradicionalmente un importante lugar en el contexto de la Contabilidad de Costes. En términos generales, **mediante la asignación contable se pretende** distribuir o repartir un conjunto de elementos entre uno o varios receptores o referencias.

Trasladando esta definición tan genérica al ámbito de la Contabilidad, **podemos entender la asignación contable como** el proceso mediante el que, a través de una función, se redistribuye, divide o reparte un determinado gasto, coste o ingreso entre períodos de tiempo, secciones, centros de responsabilidad, productos, márgenes, etc., en partes mutuamente excluyentes y con la finalidad de ponerlos en referencia con su objetivo u objetivos correspondientes.

Se observa en esta definición que **muchos procesos de asignación son propios de la Contabilidad General**, tal sería el caso de aquellos destinados a repartir los gastos y los ingresos entre varios ejercicios. Estos procesos de asignación se llevan a cabo mediante la **periodificación contable**.

Otros, como el reparto de costes entre centros o entre productos, se realizan en Contabilidad de Costes, y sobre ellos centraremos a partir de ahora nuestra atención.

La asignación y su aparición en los modelos

Si nos detenemos a repasar el proceso contable inherente a **cualquiera de los modelos** de formación del coste de los productos que hemos estudiado anteriormente, es fácil observar que en todos ellos tiene lugar **una gran variedad de sucesivas operaciones de asignación**; así, y recordando algunas de ellas, cabe catalogar las siguientes operaciones:

- **Asignación de los costes indirectos a las secciones o centros de actividad** a través de las correspondientes claves de reparto.
- **Asignación** de los costes **desde los centros a otros centros y a los productos**.
- **Asignación de los costes directos** a los productos.
- **Asignación de los costes finales y de los ingresos** a la formación de resultados.
- **Asignación** en el modelo ABC (Activity-Based Costing) de los **costes a las actividades**.
- **Asignación**, en ese mismo modelo, **de los costes de las actividades a los productos**.

Todas estas operaciones nos dan una idea cabal de que **la importancia de la asignación en Contabilidad de Costes** radica en el hecho de que su presencia es inevitable en la confección de prácticamente toda la información relacionada con el ámbito interno de la empresa.

También en operaciones relacionadas con la **determinación de rentabilidades y márgenes** se nos plantearán problemas a la hora de distribuir o asignar adecuadamente los costes con la consideración de variables, e incluso a veces algunos con el carácter de fijos.

Vistos los distintos ejemplos que acabamos de poner, debe resultar evidente que **la bondad de la información transmitida**, así como su utilidad para la toma de decisiones, **dependerá en gran medida de la corrección de los repartos efectuados** mediante los sucesivos procesos de asignación.

Complejidad de los procesos de asignación

Pero hemos de empezar ya a adelantar que, aun cuando **en algunos casos, la realización de estos repartos no conlleva mayores dificultades**, como puede ser el caso de la asignación de los costes directos a los productos, **no siempre sucede así**.

De esta forma, **en otros casos** los procesos de asignación **se hacen extremadamente complejos**, debiéndose entonces acudir a criterios de reparto cargados de subjetividad, o a formulaciones matemáticas más o menos complicadas que ayuden a resolver el problema de reparto que suele presentarse.

Dentro de este grupo de repartos complejos pueden considerarse, entre otros, **la asignación de los costes indirectos a los productos**, para los que, como se recordará, teníamos que acudir a una unidad de reparto o unidad de obra, para efectuarlos, y de la que en capítulos anteriores decíamos que proporcionaba repartos subjetivos en gran parte de las ocasiones.

Es precisamente por todo esto, por lo que **los procesos de asignación han de estudiarse convenientemente**, encuadrando correctamente su problemática, acotando con rigor su significación, estableciendo las reglas que, en cada caso, deben presidir su ejecución y aislando de forma explícita aquellos procesos de asignación conflictivos, para proponer finalmente soluciones concretas y apropiadas.

14.2. CRITERIOS DE ASIGNACION

Pero, en cualquier caso, para acometer la resolución de los procesos de asignación se ha de tener presente las siguientes **pautas o criterios de actuación** a las que han de quedar sometidos todos los procesos de asignación, y cuyo estricto cumplimiento permite alcanzar repartos correctos:

1. **Seleccionar el concepto concreto a distribuir** (gasto, coste, ingreso, etc.) e identificar a sus oportunos receptores (períodos de tiempo, secciones, productos, etc.).
2. **Arbitrar algún criterio o regla de reparto**, como puede ser la unidad de obra o una función matemática, mediante el que poder relacionar de manera inequívoca a uno (concepto) con los otros (receptores).
3. **Proceder a efectuar tal reparto**, pero de manera que a cada receptor le corresponda, exactamente, la parte de gasto, coste o ingreso en cuya generación ha intervenido, y de tal forma que, salvo que existiera un único receptor, ninguno reciba parte alguna de lo que le corresponda a otro.

Estos tres pasos que acabamos de exponer suponen pautas o reglas fundamentales de actuación. Pero, se ha de indicar también que **no siempre es posible el cumplimiento riguroso de las anteriores reglas de actuación**. La principal dificultad radica en la imposibilidad de encontrar en algunas situaciones bases de reparto lo suficientemente precisas como para asignar a cada receptor, de manera adecuada, la parte de gasto, coste o ingreso que realmente le corresponda, por lo que hemos de pasar a identificar aquellos procesos de asignación en los que suele aparecer esta problemática.

14.3. TIPOS DE ASIGNACION EN CONTABILIDAD DE COSTES

Dentro de la Contabilidad de Costes, todos los procesos de asignación pueden quedar encuadrados en la **tipología** que aparece esquemáticamente en el **Cuadro 14.1**.

Cuadro 14.1. Tipos de asignación

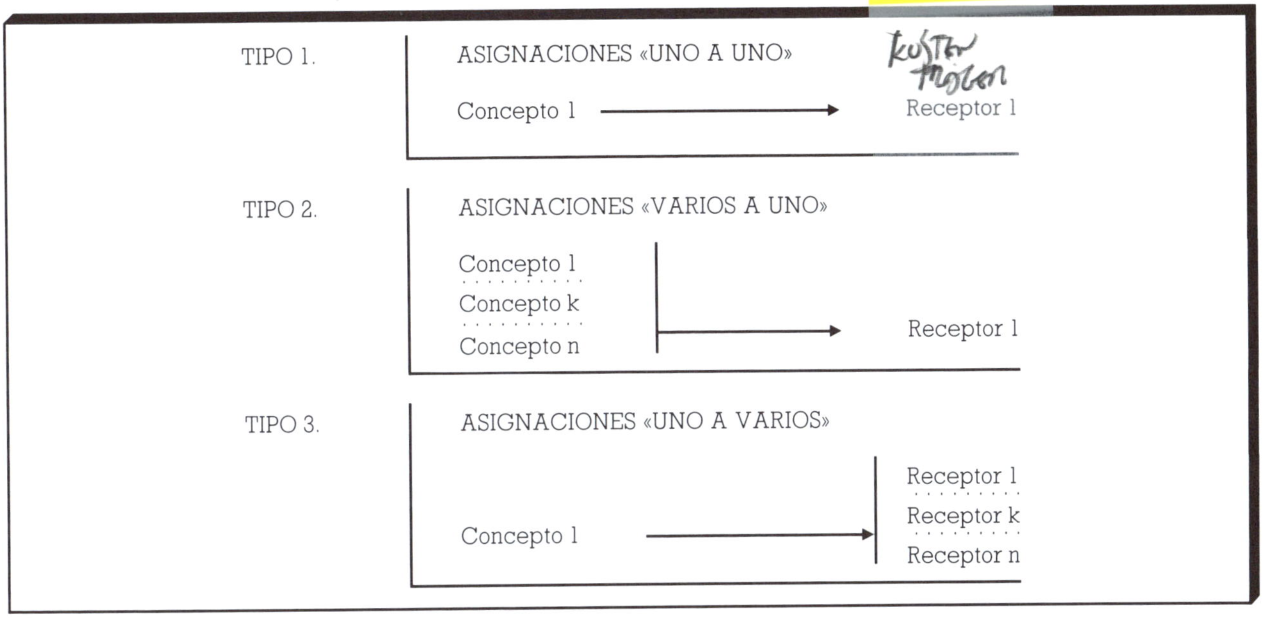

Significado de los distintos tipos

Las asignaciones encuadradas en el **tipo 1** hacen referencia a la distribución o **reparto de un solo concepto entre un solo receptor**, por lo que la identificación de uno y otro no representa dificultad alguna, dando siempre lugar a repartos correctos y objetivos.

Como **ejemplo** de esta tipología puede citarse la afectación de una sola primera materia a un único producto que la empresa fabrique.

Las asignaciones del **tipo 2** son representativas del **reparto de varios conceptos entre un único receptor**. No suponen, por tanto, nada más que **agregados del tipo anterior**, por lo que darán lugar a repartos igualmente evidentes y simples.

Como **ejemplo** podemos referirnos a la asignación de costes directos e indirectos para lograr la formación del coste del producto en aquellas empresas que sólo fabrican un único tipo de ellos.

Las asignaciones encuadradas en el **tipo 3** expresan la **distribución o reparto de uno o de varios conceptos entre varios receptores**.

El consumo de la mano de obra entre los distintos productos, el reparto de los costes de un centro auxiliar entre varios principales, la imputación de los costes de un centro principal entre distintos productos, etc., suponen **ejemplos** representativos de esta tipología.

En este tipo de reparto, la existencia de varios receptores **obliga a encontrar bases lo suficientemente sólidas** como para poder identificar, de manera precisa, la parte exacta que le corresponda a cada receptor del concepto que se pretende distribuir, por lo que, podemos adelantar que la sencillez inherente a los tipos anteriores puede empezar ahora a desaparecer.

14.4. PROCESOS ARBITRARIOS DE ASIGNACION

Acabamos de ver que los procesos de asignación encuadrados **en el tipo 3, de uno a varios**, son los que pueden dar lugar a repartos con un elevado grado de complejidad. No obstante, hay que empezar aclarando que todos los repartos pertenecientes a esta tercera tipología **no presentan siempre los mismos problemas**, siendo en ocasiones una operación sencilla.

Ya conocemos que, **por ejemplo, la asignación de los costes directos a los productos** supone procesos de asignación evidentes y simples, no obstante estar encuadrados en esta tipología de «uno a varios», y así se ponía de manifiesto al repartir, entre otros costes directos, la primera materia entre los distintos productos que la consumían. Su reparto se efectuaba de una manera simple e inequívoca.

Producción múltiple y costes comunes y conjuntos

Pero también se recordará que **esa sencillez desaparecía cuando tratábamos de repartir los costes indirectos** entre los centros o entre los productos, y esto solía suceder porque entonces **se daban dos circunstancias** que ahora vamos a matizar:

a) Por una parte, **existía más de un receptor** (sección o producto) del concepto concreto a distribuir. En el caso de la asignación de los costes indirectos a los productos, **tenía lugar la llamada producción múltiple**, es decir, la empresa obtenía más de un producto.

b) Por otra parte, **habían hecho uso común o de manera conjunta del concepto a distribuir**. Así, por **ejemplo**, mientras que cada producto consume cierta cantidad de primera materia de manera individualizada, no sucede siempre igual con los costes indirectos (con los costes de alquiler, por ejemplo) de los que se benefician de manera común todos los productos.

El problema que se presenta en estos casos es el de determinar la medida en la que cada uno de ellos se ha servido o se ha beneficiado de esos costes en el proceso de su elaboración.

En definitiva, la dificultad de identificar el concepto o los conceptos a repartir con sus receptores **suele aparecer en casos de producción múltiple**, y sólo en aquellos casos en los que **se hace uso común o conjunto** de dichos conceptos cuyos costes se pretenden repartir.

Criterios para fundamentar la arbitrariedad

Según Arthur L. Thomas, todo proceso de asignación que intente repartir costes que han sido utilizados de manera común o conjunta será siempre arbitrario. No obstante, puede decirse que **la arbitrariedad quedaría superada**, si se cumpliesen los siguientes requisitos:

1. Proporcionar información general y clara sobre cómo asignar el coste.
2. Posibilidad de defenderlo sobre todas las demás formas de poder efectuar ese reparto.
3. Ser capaz de asignar a cada receptor la parte exacta de coste que le corresponda, ni más ni menos.
4. Ser susceptible de verificación con la realidad, es decir, tiene que poder comprobarse.

Y dado que cuando se trata de reparto de costes utilizados de manera común o conjunta, **es imposible que algún proceso de asignación cumpla con los cuatro requisitos** anteriores, es por lo que Thomas afirma la arbitrariedad de estos procesos.

Puesto que hemos localizado ya la presencia de los procesos de asignación arbitrarios en el ámbito de la producción múltiple y en presencia de utilización común o conjunta del objeto a repartir, vamos a seguir profundizando sobre cada uno de estos conceptos.

14.5. CONCEPTO Y CLASES DE PRODUCCION MULTIPLE: PRODUCCION COMUN Y PRODUCCION CONJUNTA

Si a partir de unos mismos inputs, y en virtud de un mismo proceso productivo, se obtienen simultáneamente varios productos, diferentes entre sí, se entiende que estamos en presencia de un **proceso de producción múltiple**.

La obtención de estos productos **puede hacerse**

de forma voluntaria, es decir, porque la empresa así lo desea. Eso implica que en cualquier momento podría dejarse de fabricar algunos de ellos y obtenerse independientemente los demás, o incluso solamente uno. Cuando esto sucede, a ese proceso de producción múltiple se le denomina de **producción común**.

Como ejemplos de producción común pueden citarse la obtención de **mesas y sillas** a partir de un mismo tipo de madera, la fabricación de **platos y vasos** de vidrio, la producción de **tabletas de chocolate y chocolate en polvo**, etc.

En otros casos, la obtención de un producto origina la de los demás, de tal forma que ni física ni técnicamente es dable obtenerlos por separado. Si la empresa dejase de fabricar algunos de ellos de manera inmediata desaparecerían los otros. De igual forma, un aumento en la producción de cualquiera ocasionaría aumentos, proporcionales o no, en los restantes. La denominación que recibe en tal circunstancia es la de **producción conjunta**.

Como ejemplos de producción conjunta podemos citar la obtención de los productos **derivados del petróleo**, la obtención de los **productos cárnicos del cerdo**, la mayor parte de los **productos obtenidos en la industria química**, los procesos de **separación de minerales**.

Los costes ocasionados en los procesos de producción múltiple recibirán la denominación de comunes o de costes conjuntos. Los costes comunes o conjuntos se ocasionan por el conjunto de productos obtenidos.

Normalmente, **en la producción múltiple** (común o conjunta), aparte del proceso descrito, **los productos necesitan después tratamientos individualizados** hasta llegar a convertirse en productos completamente terminados; a estos procesos **se les suele denominar «autónomos»**. **Los costes aparecidos**, como consecuencia de este proceso, **reciben la denominación de autónomos**. Conviene señalar que **a la salida de los productos del proceso de tratamiento global se la denomina «punto de separación»** (Split off point).

Esquemáticamente la producción múltiple (común o conjunta) se podría representar como indica el **Cuadro 14.2**.

Cuadro 14.2

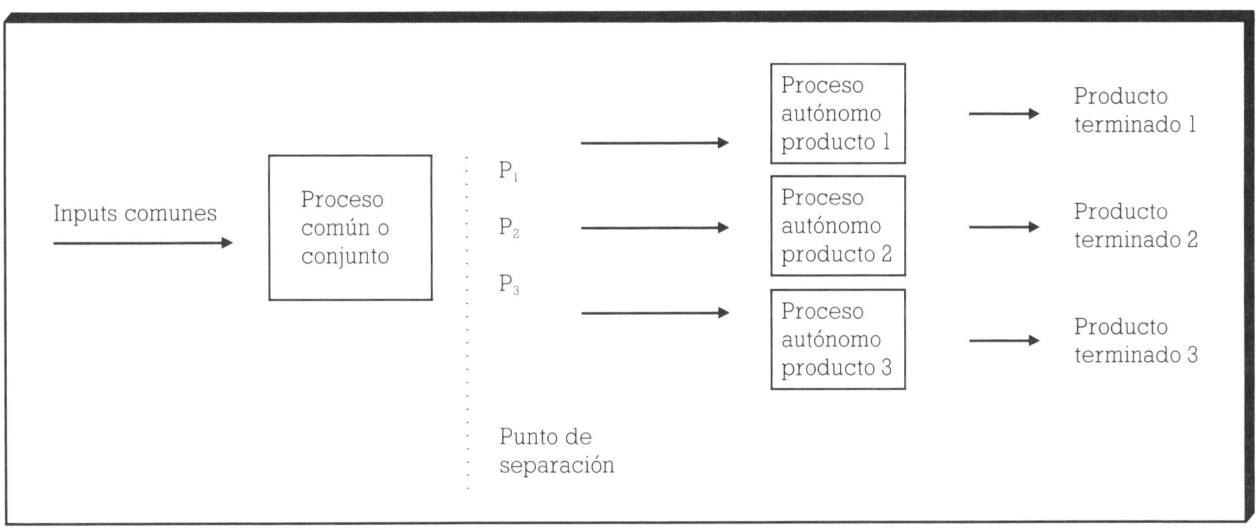

14.6. TIPOLOGIA DE PRODUCTOS

Hay que partir del hecho contrastable de que **no todos los productos obtenidos del proceso de producción múltiple tienen la misma importancia económica** para la empresa ni reciben, por lo tanto, idéntica consideración. **Por eso es usual diferenciarlos**, atendiendo a una serie de características económicas que les son propias a cada uno de ellos.

Ni en la literatura ni en la práctica contables al respecto existe unanimidad en la clasificación de los distintos tipos de productos. No obstante, **es frecuente encontrar estas clases de ellos**:

a) Productos principales o **coproductos**.
b) Productos secundarios o **subproductos**.
c) Otros productos:

- **Residuos**.
- **Imperfectos**.
- **Defectuosos**.
- **Inservibles**.

Coproductos y subproductos

Para empezar, **la distinción** entre coproductos y subproductos **comporta una importante carga de relatividad**, ya que no es posible establecer una regla general mediante la cual se pueda catalogar a un determinado producto de una forma u otra.

Existe cierto consenso general en admitir que tendrán la consideración de **subproductos** los productos con **un valor de realización sensiblemente inferior a los demás**. Siendo, por tanto, **los coproductos** aquellos cuyos **valores de ventas sean semejantes y superiores a los primeros**.

Quizás, intentando resaltar más esa diferenciación, se podría añadir que los **coproductos son el objetivo principal de la empresa**, mientras que **los subproductos** serían el **resultado secundario del proceso**.

De tal forma se manifiesta la relatividad que **lo que para una empresa pueda ser catalogado como subproducto será, para otra, un coproducto**. **Incluso para una misma empresa**, lo que bajo ciertas circunstancias pueda ser un subproducto, bajo otra serie de ellas tendrá la consideración de coproducto.

Los ejemplos de cambio al respecto son numerosos. Así, hace muchos años, la gasolina era un subproducto del petróleo para la generalidad de las refinerías, mientras que el keroseno tenía la consideración de coproducto; hoy ocurre al revés. En tiempos de guerra la glicerina toma consideración de coproducto; en circunstancias normales puede ser catalogada como un subproducto del jabón en la inmensa mayoría de las empresas.

Otros productos

1. *Residuos*

Son aquellas **partes o trozos** de material **que se desprenden en el proceso productivo**, ya sea de forma inevitable, debido al proceso técnico (serrín, en el corte de la madera), ya de forma voluntaria.

Los residuos pasan a denominarse **desechos cuando cumplen las siguientes condiciones**:

a) Tener un **valor de realización**.

b) **Poder ser utilizados**, por la propia empresa o por otras ajenas, como primera materia o materia auxiliar.

Si no se cumplen esos requisitos se denominan **desperdicios**.

Los retales de telas en la industria de la confección, útiles para servir de lazos o cinturones en ciertos vestidos, pueden ser un ejemplo claro de desecho.

También tendrían la consideración de tal algunos productos derivados del cerdo, como las tripas, que pueden ser utilizadas o vendidas para embutir.

Como ejemplo de desperdicio se podría citar la piel del melocotón en el proceso de enlatado de éste, o la ganga de la mayoría de los minerales o incluso la escoria de las centrales nucleares.

2. *Productos imperfectos*

Son **aquellos productos terminados que no se ajustan a las normas de calidad o de acabado establecidas** por la empresa para su producción, **pero susceptibles, mediante un proceso adicional, de ser subsanados, pasando de esa forma a convertirse en coproducto o subproducto**.

Tal sería el caso, en la fabricación de muebles, de puertas onduladas, que sometidas a un posterior proceso de lijado y cepillado encajan con normalidad.

3. *Productos defectuosos*

Son aquellos **productos imperfectos para los que no existe posibilidad de reconversión** en coproducto o subproducto, **pero pueden ser comercializados en su estado actual**.

La no subsanación de los defectos **no implica**,

de forma necesaria, **que técnicamente sea imposible**. En algunos casos, **puede no serle económicamente rentable** a la empresa; en otros, tienen fácil salida al mercado (prendas para campañas de rebaja) en ese estado.

Como ejemplos válidos pueden considerarse, en la industria conservera, las alcachofas troceadas, comercializadas a menor valor. O en el sector textil, las telas con deficiencias en el teñido, etc.

4. *Productos inservibles*

Son aquellos **productos defectuosos que no pueden ser ni utilizados ni vendidos**.

El jamón mal curado y estropeado o los muebles inútiles por la carcoma serían ejemplos de productos inservibles.

Se diferencian con los desechos en que son productos terminados, habiendo incorporado todos los costes necesarios para su fabricación.

Conviene dejar claro que no existe unanimidad, ni en la teoría ni en la práctica, entre las categorías de productos que acabamos de establecer. Lo cierto es que nos hemos visto obligados a adoptar unas denominaciones relativas que nos sirvieran para mostrar, a grandes rasgos, la variedad de cuestiones específicas que subyacen en la producción múltiple.

14.7. EL PROBLEMA GENERAL DE LA ASIGNACION DE COSTES Y LA PRODUCCION MULTIPLE

Al definir la **producción múltiple** se ha puesto de manifiesto la existencia de **tres procesos** diferenciados: **el común, el conjunto y el autónomo**. En cada uno de estos procesos se originan una serie de costes que hemos dado en denominar como **costes comunes, costes conjuntos y costes autónomos**.

La asignación de los costes autónomos no representa dificultad alguna, ya que los productos los originan de manera individualizada, y por tanto pueden identificarse de una manera sencilla y evidente con cada uno de ellos.

El problema se centra, como ya hemos indicado, **en** determinar la medida en la que cada producto ha consumido o necesitado **el coste correspondiente a los inputs comunes y conjuntos**.

La asignación de los costes comunes

Por una parte, la asignación de los costes comunes **en el modelo de costes completos europeo continental** la hemos venido resolviendo **utilizando**, como bases de reparto, distintas unidades de referencia a las que denominábamos, siguiendo la terminología francesa, **unidades de obra**.

Una de las principales misiones de las unidades de obra, decíamos en su momento, era la de identificar los costes habidos en los centros con cada uno de los productos en ellos tratados.

Sin embargo, era muy difícil poder relacionar con ellas, de manera objetiva, los inputs consumidos con sus receptores (productos), por lo que, **con frecuencia, se obtenían costes de producción cargados**, en mayor o menor medida, de cierta dosis **de arbitrariedad**.

Pero, en la producción común siempre **suele existir** la posibilidad de encontrar **bases de referencias comparativas**, como pueden ser los costes en los que incurrirían esos mismos productos si decidiésemos fabricarlos de manera aislada e independiente, **por lo que es posible corregir, en parte, la arbitrariedad** de los procesos de asignación efectuados para asignar los considerados costes comunes.

La significación de los costes conjuntos

En la producción conjunta se plantea un doble problema. De una parte, no existe posibilidad material de observar la parte de inputs que ha sido consumida por cada uno de los productos tratados de manera conjunta, por lo que los procesos de asignación practicados serán igualmente arbitrarios y subjetivos. Por otra parte, el problema es aún mayor por cuanto, por la propia esencia del proceso conjunto, no podemos tomar como referencia comparativa los costes que se originarían si los productos se fabricasen de manera aislada e independiente.

Para resolver el problema de la asignación de costes conjuntos, **se ha venido empleando** una serie de **procedimientos, que han ido perfeccionán-**

dose con el transcurso del tiempo, y así se ha pasado desde una primera etapa en la que los modelos o formulaciones empleados para acometer el proceso de asignación estaban cargados de subjetividad, a conseguir, **en la actualidad, modelos aceptables** que, si bien no llegan a resolver con entera satisfacción el problema de proporcionar repartos objetivos, **aportan resultados consistentes para tomar ciertas decisiones**.

14.8. LA ASIGNACION DE COSTES CONJUNTOS Y LA TOMA DE DECISIONES

Teniendo presente el carácter subjetivo y arbitrario de los procesos de asignación de costes conjuntos, hemos de pasar a continuación a observar **su posible validez para la toma de ciertas decisiones**, dado que de no ser válidos, carecería de sentido el seguir acometiéndolos. No olvidemos que la información suministrada por la Contabilidad de Costes, debe ser relevante para tomar decisiones.

Esta situación **implica que** la información suministrada **sirva de ayuda en la toma concreta de las decisiones** que en cada momento se han de acometer, aun cuando tal información no sea objetiva o verificable. Bajo esta perspectiva puede afirmarse que **la arbitrariedad** inherente a los procesos de asignación de costes conjuntos **no invalida a éstos, siempre que de los mismos pueda extraerse información que sea de utilidad** para tomar algunas decisiones.

Pero realizada esta afirmación, debe ponerse de manifiesto que **no todos los modelos** de asignación utilizados para distribuir costes conjuntos **consiguen ser relevantes**, es más, la información proporcionada por alguno de ellos comporta a veces tal carga de subjetividad, que por sí la convierten en irrelevante.

Por otra parte, es necesario también tener presente que **la relevancia informativa no tiene carácter universal**, es decir, su utilidad se pone de manifiesto para decisiones concretas, o en otros términos, que una misma información puede ser relevante para tomar un tipo de decisiones e irrelevante para tomar otras.

Estas circunstancias que acabamos de exponer, aconsejan **estudiar por separado los distintos** métodos de asignación usualmente aplicados para acometer los procesos de asignación de costes conjuntos, **para así poner de manifiesto**, en cada uno de ellos, **tanto su grado de utilidad** para la toma de decisiones, **como las decisiones que pueden tomarse** de acuerdo con los mismos.

14.9. METODOS TRADICIONALES EN LA ASIGNACION DE COSTES CONJUNTOS

Han sido **muchos los intentos** realizados a lo largo del tiempo para acometer la asignación de costes conjuntos.

En una primera aproximación, podemos empezar diferenciando entre aquellas **aportaciones** consideradas ya como **tradicionales o clásicas** de aquellas otras que, aun cuando han aparecido en el transcurso de las últimas décadas, pueden ser catalogadas como de **modernas aportaciones**.

Dentro de los numerosos métodos de asignación de costes conjuntos a los coproductos que han ido apareciendo, hemos creído conveniente hacer **una selección** para explicar aquellos que, bien por su extendido uso, bien por su relevancia, novedad u originalidad, nos han parecido más significativos, encuadrándolos, según su pertenencia, dentro de la categoría de tradicionales o de modernas aportaciones.

Vamos a empezar exponiendo ahora **los métodos tradicionales**, dedicando el siguiente capítulo a las modernas aportaciones. A los efectos de una mejor comprensión del desarrollo teórico de los distintos métodos, **vamos a estudiarlos sometiéndolos a un mismo caso práctico**, con lo que a la vez conseguiremos observar la disparidad de resultados que se producen, y que no hacen sino refrendar la tan comentada carga de subjetividad que sus respectivas puestas en práctica originan.

Enunciado de un caso práctico

El caso que proponemos hace referencia a un proceso de producción conjunta en el que se obtienen tres productos (A, B y C) de los que se conocen los siguientes **datos**:

- El coste conjunto habido en el proceso de tratamiento conjunto (C^c).
- Sus respectivos costes autónomos (C^a).
- Los ingresos obtenidos por sus ventas (I_i).
- Una unidad física de medida, homogénea para todos ellos; en este caso, representativa de sus respectivos pesos y expresada en kg, simbolizada como (P_i).

El valor de todos los conceptos anteriores aparecen expresados en el **Cuadro 14.3**.

El objetivo pretendido consiste en determinar la parte del coste conjunto, que según los distintos métodos que propondremos corresponde asignar a cada uno de los anteriores productos (C_i^c). Conocido ese dato, podemos determinar también sus respectivos costes totales (C_i^t), y los beneficios generados de manera individualizada (B_i).

Cuadro 14.3. Datos del ejercicio

DATOS \ PRODUCTOS	A	B	C	TOTAL
COSTE CONJUNTO (C^c)	?	?	?	$C^c = 500$
COSTES AUTONOMOS (C_i^a)	50	100	750	900
PESOS (kg)	6	10	9	25
INGRESOS (I_i)	500	910	1.100	2.510

14.10. ANALISIS. METODOS TRADICIONALES DE ASIGNACION

Generalmente, **los métodos tradicionales** de asignación de costes conjuntos a los coproductos, **suelen agruparse atendiendo a dos criterios**:

A) Aquellos que se fundamentan en la utilización, uso o disfrute que se presume han hecho del esfuerzo productivo conjunto. Se les conoce como métodos basados en **el beneficio** que cada uno ha recibido del tratamiento conjunto.

B) Aquellos otros que se basan en **la capacidad económica** que tienen para soportar el coste conjunto.

14.11. METODOS BASADOS EN EL BENEFICIO

Dentro de estos métodos, el más representativo es aquel que asigna el coste conjunto tomando como **referencia una unidad de medida física** (unidades producidas, peso, volumen, etc.), común para todos los productos.

Una vez elegida la unidad de medida, se procede a realizar el reparto del coste conjunto (C^c) en proporción directa al número de éstas que contenga cada producto. **El coste conjunto a asignar a cada uno de los productos** se calculará, tomando en este caso como unidad de medida física sus respectivos pesos, atendiendo a la expresión:

$$C_i^c = \frac{P_i}{\sum P_i} \cdot C^c$$

Para nuestro ejemplo, sería:

$$C_A^c = \frac{P_A}{\sum P_i} \cdot C^c = \frac{6}{25} \cdot 500 = 120 \text{ u.m.}$$

$$C_B^c = \frac{P_B}{\sum P_i} \cdot C^c = \frac{10}{25} \cdot 500 = 200 \text{ u.m.}$$

$$C_C^c = \frac{P_C}{\sum P_i} \cdot C^c = \frac{9}{25} \cdot 500 = 180 \text{ u.m.}$$

Según este procedimiento, **la empresa obtiene unos beneficios de**:

$$B_A = I_A - C_A^t = 500 - (120 + 50) = 330 \text{ u.m}$$

$$B_B = I_B - C_B^t = 910 - (200 + 100) = 610 \text{ u.m}$$

$$B_C = I_C - C_C^t = 1.100 - (180 + 750) = 170 \text{ u.m}$$

Se ha de llamar inmediatamente la atención acerca de la importante **carga de subjetividad y arbitrariedad** que conlleva la aplicación de este método, al fundamentarse en el hecho, nada cierto, de suponer que a mayor volumen o peso, por ejemplo, el producto necesite consumir un mayor coste.

Por otro lado, hemos de advertir que **este método puede carecer de validez**. Es el caso de tener que ser aplicado a productos con unidades físicas de medida heterogéneas, como sería el caso de la aparición de productos sólidos, líquidos y gaseosos derivados de un proceso de tratamiento conjunto.

Debido a su enorme carga de subjetividad y a la dificultad que conlleva su aplicación en determinadas circunstancias, como la descrita con anterioridad, **este método se encuentra actualmente en desuso**, y en cualquier caso, y excepto para cuando los productos no sean de características muy similares, no es aconsejable su aplicación.

14.12. METODOS BASADOS EN LA CAPACIDAD PARA SOPORTAR EL COSTE

Los métodos basados en la capacidad para soportar el coste **se caracterizan** por tomar como referencia para asignar el coste conjunto el valor de realización en el mercado de cada uno de los productos.

La **justificación de estos métodos** en su aplicación es muy variada:

— Unos afirman que a mayor precio de ventas, existe más capacidad para absorber mayor parte del coste conjunto.

— Otros basan su opinión en que la rentabilidad obtenida por cada producto ha de ser la misma.

— Un tercer grupo sigue el criterio para justificarlo de que si un producto se vende a un precio superior, es porque ha costado más obtenerlo.

Todos los argumentos que acabamos de exponer parecen carecer del peso suficiente como para fundamentar la toma de decisiones en los resultados que de ellos se deriven, debido al elevado grado de subjetividad que ostenta su fundamento.

Dentro de estos métodos se han de destacar **dos posibilidades**: los basados en el valor de ventas y en el valor neto de realización, que pasamos a explicar seguidamente.

14.12.1. Método del valor de ventas

El método del valor de ventas consiste en asignar el coste conjunto atendiendo a la importancia relativa del valor de las ventas de cada uno de los productos en relación con las ventas totales. **El coste conjunto** (C_i) a asignar a cada producto, se calculará mediante la siguiente **expresión**:

$$C_i^c = \frac{I_i}{\sum I_i} \cdot C^c$$

Para el ejemplo propuesto:

$$C_A^c = \frac{I_A}{\sum I_i} \cdot C^c = \frac{500}{2.510} \cdot 500 = 99{,}6 \text{ u.m.}$$

$$C_B^c = \frac{I_B}{\sum I_i} \cdot C^c = \frac{910}{2.510} \cdot 500 = 181{,}3 \text{ u.m.}$$

$$C_C^c = \frac{I_C}{\sum I_i} \cdot C^c = \frac{1.100}{2.510} \cdot 500 = 219{,}1 \text{ u.m.}$$

De esta forma, **los beneficios obtenidos** para cada producto, diferirán de los obtenidos con el método de las unidades físicas. Así:

$$B_A = I_A - C_A^t = 500 - (99{,}6 + 50) = 350{,}4 \text{ u.m}$$

$$B_B = I_B - C_B^t = 910 - (181{,}3 + 100) = 628{,}7 \text{ u.m}$$

$$B_C = I_C - C_C^t = 1.100 - (219{,}1 + 750) = 130{,}9 \text{ u.m}$$

El método, al asignar el coste conjunto en función de los ingresos, **parece considerar** de manera implícita que es **sólo el coste conjunto el que tiene capacidad para generar todos los ingresos**, negándole esa misma capacidad a los costes autónomos.

Este razonamiento equivale a pensar que los procesos de tratamientos autónomos que reciben los productos en la empresa no hacen aumentar el valor de esos productos en el mercado. **Esta hipótesis carece de cualquier significación económica**, por lo que habrá que guardar las oportunas reservas a la hora de fundamentar las decisiones en la información que proporcionan.

14.12.2. Método del valor neto de realización

El método basado en el valor neto de realización es uno de los más seguidos en los manuales al uso sobre esta materia, y de los que gozan de una mayor aplicación práctica. En este caso, se lleva a cabo la **asignación en función de los ingresos minorados en los costes autónomos**.

Para llevar a cabo el proceso de asignación del coste conjunto, **se fundamenta en los siguientes pasos**:

a) Considera como valores netos de realización (*VNR*), la diferencia entre los valores de ventas y los costes autónomos:

$$VNR_i = I_i - C_i^a$$

Para el ejemplo que estamos siguiendo:

$$VNR_A = 500 - 50 = 450 \text{ u.m.}$$

$$VNR_B = 910 - 100 = 810 \text{ u.m.}$$

$$VNR_C = 1.100 - 750 = 350 \text{ u.m.}$$

$$\sum VNR_i = 2.510 - 900 = 1.610 \text{ u.m.}$$

b) Asigna el coste conjunto (C^c) en función directa de la importancia relativa del valor neto de realización de cada producto (VNR_i) sobre el valor neto de realización total ($\Sigma\, VNR_i$):

$$C_i^c = \frac{I_i - C_i^a}{\sum I_i - \sum C_i^a} \cdot C^c = \frac{VNR_i}{\sum VNR_i} \cdot C^c$$

Para el ejemplo:

$$C_A^c = \frac{I_A - C_A^a}{\sum I_i - \sum C_i^a} \cdot C^c = \frac{VNR_A}{\sum VNR_i} \cdot C^c =$$

$$= \frac{450}{1.610} \cdot 500 = 139{,}7 \text{ u.m.}$$

$$C_B^c = \frac{I_B - C_B^a}{\sum I_i - \sum C_i^a} \cdot C^c = \frac{VNR_B}{\sum VNR_i} \cdot C^c =$$

$$= \frac{810}{1.610} \cdot 500 = 251{,}6 \text{ u.m.}$$

$$C_C^c = \frac{I_C - C_C^a}{\sum I_i - \sum C_i^a} \cdot C^c = \frac{VNR_C}{\sum VNR_i} \cdot C^c =$$

$$= \frac{350}{1.610} \cdot 500 = 108{,}7 \text{ u.m.}$$

Y sus respectivos **beneficios** serán:

$$B_A = I_A - C_A^t = 500 - (139{,}7 + 50) = 310{,}3 \text{ u.m}$$

$$B_B = I_B - C_B^t = 910 - (251{,}6 + 100) = 558{,}4 \text{ u.m}$$

$$B_C = I_C - C_C^t = 1.100 - (108{,}7 + 750) = 241{,}3 \text{ u.m}$$

Este método **parte de la siguiente hipótesis**: no existen valores de ventas conocidos para los productos en el punto de separación. Consideramos que, de existir tales precios de ventas conocidos en ese punto, el valor neto de realización debería hacerse coincidir con tales valores, con lo que el método ganaría en representatividad.

Este método no hace nada más que **igualar los ingresos** que pueden generar los procesos autónomos **con sus respectivos costes,** y si bien supone una superación del método de los valores de venta, ya que considera que el proceso autónomo genera unos ingresos equivalentes a sus costes, sigue negando la capacidad de generar beneficios a este proceso de tratamiento individualizado.

No obstante lo anterior, y teniendo presente las matizaciones realizadas, su **aplicación** puede resultar **adecuada para la valoración de activos** dada su relativamente mayor consistencia respecto a los anteriores y la sencillez de su puesta en práctica.

CUESTIONES

1. *La asignación contable:*
 a) Es una cuestión de gran importancia en Contabilidad de Costes.
 b) Es una cuestión de gran importancia en Contabilidad General.
 c) Es una cuestión que carece de importancia en el ámbito de la Contabilidad.

2. *Los procesos de asignación que se presentan en Contabilidad:*
 a) Son múltiples y variados.
 b) Son variados pero escasos.
 c) Sólo se practican dos procesos, uno en Contabilidad General y otro en Contabilidad de Costes.

3. *Con los procesos de asignación se quiere hacer referencia a:*
 a) El reparto de costes entre los productos.
 b) El reparto de costes entre centros.
 c) El reparto de ingresos entre períodos.

4. *Los procesos de asignación:*
 a) Son siempre fáciles de realizar.
 b) Son siempre muy complicados.
 c) A veces no representan excesiva complejidad.

5. *En Contabilidad, la asignación ha de entenderse como:*
 a) El cierre de la Contabilidad de Costes.
 b) La confección de los estados financieros.
 c) El reparto de gastos, costes o ingresos a una referencia.

6. *En todo proceso de asignación existe:*
 a) Un ahorro de costes.
 b) Uno o varios conceptos a distribuir.
 c) Uno o varios receptores.

7. *Para acometer cualquier proceso de asignación hay que:*
 a) Seleccionar el concepto concreto a distribuir.
 b) Clasificar todos los costes.
 c) Repartir a cada receptor la parte que le corresponda.

8. *Los repartos de uno o varios conceptos entre un solo receptor:*
 a) No plantean dificultad alguna.
 b) A veces plantean gran dificultad.
 c) Son los más difíciles de realizar.

9. *Cuando existen varios receptores en el proceso de asignación:*
 a) No deben efectuarse los repartos.
 b) Deben buscarse bases sólidas para acometerlo.
 c) Suelen aparecer dificultades para llevarlos a cabo.

10. *Un proceso de asignación debe entenderse como arbitrario, cuando:*
 a) No es susceptible de verificación.
 b) No puede ser defendido sobre todos los demás.
 c) No puede ser contabilizado.

11. *Cuando a partir de unos mismos inputs se obtienen simultáneamente varios productos:*
 a) Estamos en presencia de producción simple.
 b) Estamos en presencia de producción en serie.
 c) Estamos en presencia de producción múltiple.

12. *Cuando la obtención de diversos productos se realiza de manera voluntaria:*
 a) Se denomina producción libre.
 b) Se denomina producción conjunta.
 c) Se denomina producción común.

13. *Cuando la obtención de un producto origina necesariamente la de los demás:*
 a) Se denomina producción necesaria.
 b) Se denomina producción inseparable.
 c) Se denomina producción conjunta.

14. *El tratamiento individualizado de los productos se conoce con el nombre de:*
 a) Tratamiento autónomo.
 b) Tratamiento individual.
 c) Tratamiento simple.

15. *El punto de separación es aquél en el que:*
 a) Termina el tratamiento de los productos.

b) Termina el tratamiento individualizado de los productos.
c) Termina el tratamiento conjunto o común de los productos.

16. *Los productos obtenidos en los procesos de producción conjunto:*
a) Tienen todos la misma importancia.
b) Pueden poseer distinta significación económica.
c) Su importancia varía en función de su tamaño.

17. *Los denominados coproductos:*
a) Son el objetivo principal de la empresa.
b) Son los que tienen un valor de realización superior.
c) Suponen el objetivo secundario de la empresa.

18. *La distinción entre coproductos y subproductos:*
a) Se encuentra perfectamente establecida.
b) No existe distinción alguna entre ellos.
c) Es relativa, dependiendo de su catalogación, del tipo de empresa, del lugar y del tiempo.

19. *Los residuos, son aquellos productos que:*
a) No tienen valor de realización.
b) Cuando poseen algún valor de realización se denominan desechos.
c) Cuando pueden ser vueltos a utilizar se denominan desperdicios.

20. *Cuando los productos poseen defectos:*
a) Hay que desecharlos.
b) Pueden ser subsanados, pero su valor de realización baja sensiblemente.
c) Pueden ser subsanados y venderse como un coproducto o un subproducto.

21. *Los productos defectuosos:*
a) No son susceptibles de reconversión.
b) No tienen valor de realización.
c) Pueden ser comercializados con sus defectos.

22. *La subjetividad inherente a la asignación de costes comunes:*
a) Puede ser corregida con una función matemática adecuada.
b) Puede ser corregida, en cierta medida, utilizando bases comparativas.
c) En este tipo de asignación nunca existe subjetividad.

23. *Los modelos de asignación de costes conjuntos:*
a) Son subjetivos.
b) Sólo son subjetivos a veces.
c) Aun cuando son subjetivos, se han ido perfeccionando.

24. *La subjetividad de los modelos de asignación de los costes conjuntos:*
a) Los invalida para tomar cualquier tipo de decisión.
b) Implica que no cumplan con el requisito de relevancia informativa.
c) No obstante la subjetividad, pueden ser relevantes.

25. *Un modelo de asignación arbitrario, si es relevante:*
a) Sirve para tomar cualquier tipo de decisión.
b) Sirve para tomar decisiones específicas.
c) Proporciona información útil.

15 Métodos actuales de asignación de costes

15.1. INTRODUCCION

En el transcurso de las últimas décadas estamos asistiendo a la aparición de aproximaciones interesantes, tendentes a resolver la problemática relacionada con la asignación de costes conjuntos. Si bien es verdad que estas **modernas aportaciones están corrigiendo apreciablemente el elevado grado de subjetividad** inherente a los métodos tradicionales, no es menos cierto que no han llegado a resolver el problema de manera definitiva.

No obstante, debido a la mayor complejidad de la puesta en práctica de estas últimas aportaciones, **los métodos que hemos llamado tradicionales siguen gozando de una aceptación más generalizada en el mundo de la empresa**, aun cuando proporcionen, en la mayoría de los casos, resultados mucho menos satisfactorios que aquéllos.

15.2. RECIENTES APORTACIONES A LA ASIGNACION DE COSTES CONJUNTOS

Así pues, las propuestas consideradas como tradicionales se han visto sustancialmente enriquecidas con nuevas propuestas más rigurosas y más perfeccionadas que han ido apareciendo en los últimos tiempos, principalmente a partir de la década de los años setenta. **Las nuevas aportaciones han seguido diferentes enfoques y planteamientos** que, en lo fundamental, podemos agrupar en las siguientes corrientes:

1. **Métodos de los costes alternativos**. Esta corriente utiliza como referencia para efectuar el proceso de asignación del coste conjunto, los costes alternativos en los que la empresa incurriría si en lugar de fabricarlos ella los adquiriese en el mercado.
2. **Métodos de los coeficientes de convertibilidad de valores**. Emplean como base de referencia unos coeficientes significativos de la conversión de los valores de entrada (representados por los factores productivos), en valores de salida (representados por los productos) obtenidos en el proceso de tratamiento conjunto.
3. **Métodos basados en la teoría de juegos**. Fundamentan el proceso de asignación del coste conjunto en la teoría matemática conocida con este nombre, comparando las ganancias obtenidas de manera conjunta con las que obtendría cada producto actuando por separado.

A todos ellos nos vamos a referir a continuación, complementando su desarrollo teórico con el mismo **ejemplo práctico** ya expuesto en el tema anterior, en el que hemos procedido a introducir alguna **información adicional** más, tal como queda recogida en el **Cuadro 15.1**.

Aprovechamos el Cuadro 15.1 para dejar constancia de la notación que vamos a utilizar. Las interrogaciones que vemos en él indican que son cantidades a determinar.

Cuadro 15.1. Datos de un caso práctico

DATOS \ PRODUCTOS	A	B	C	TOTAL
COSTE CONJUNTO (C^c)	?	?	?	$C^c = 500$
COSTES AUTONOMOS (C_i^a)	50	100	750	900
COSTES DE OPORTUNIDAD (C_i^o)	400	700	1.000	2.100
PESOS (P_i)	6 kg	10 kg	9 kg	25 kg
INGRESOS (I_i)	500	910	1.100	2.510

15.3. METODO DE LOS COSTES ALTERNATIVOS

Los métodos de asignación de costes alternativos **supusieron una importante revisión** de la problemática de la asignación de costes en la producción conjunta, siendo el primer iniciador de esta corriente **Moriarity**.

Estos métodos se apoyan en la siguiente idea: los productos fabricados de manera conjunta pueden ser adquiridos en el mercado de manera aislada e independiente. Si la empresa decide fabricarlos de manera conjunta será principalmente porque espera obtenerlos a un menor coste; trata, en definitiva, de conseguir ahorros de costes en relación con su adquisición en el mercado. De todas las posibles alternativas que se le pueden presentar a la empresa de adquirirlos en el mercado toman como referencia la mejor de ellas, es decir, la que implique un menor coste.

De acuerdo con esto, **la originalidad de dichos métodos** estriba en que van a comparar costes reales (los costes originados en el proceso conjunto) con costes alternativos o de oportunidad (representados por la mejor alternativa), procediendo a asignar a cada producto los ahorros de costes resultantes de esa comparación.

Por **ejemplo**, si una empresa obtiene dos productos de manera conjunta a un coste de 100 u.m. y conoce que también puede adquirirlos en el mercado a un mejor precio de 60 u.m. y 70 u.m. cada uno, el ahorro de costes alcanzado por producirlos conjuntamente, en vez de comprarlos, será de:

Coste de mejor alternativa – coste conjunto
(130 u.m.) – (100 u.m.) = 30 u.m.

siendo las 30 u.m. el ahorro de costes resultante a repartir entre los dos productos.

Dentro de las **diferentes propuestas** que pueden incluirse dentro de esta corriente, vamos a detenernos a estudiar las realizadas por **Moriarity, Louderback y Balachandran y Ramakrisham**.

15.3.1. Método de los costes alternativos de Moriarity

Para una mejor comprensión del significado del método **vamos a desarrollar su explicación por pasos**, que presentaremos en el **Cuadro 15.2** junto con los otros métodos de costes alternativos que vamos a estudiar:

Cuadro 15.2. Aplicación de los métodos de costes alternativos

DATOS/ECUACIONES \ PRODUCTOS	A	B	C	TOTAL
COSTES CONJUNTOS C^c	—	—	—	500
COSTES AUTONOMOS C_i^a	50	100	750 *	900
COSTE TOTAL C^t	—	—	—	1.400
MENOR PRECIO DE MERCADO C_i^o	400	700	1.000	2.100
INGRESOS I_i	500	910	1.100	2.510
MODELO DE MORIARTY				
1. Coste de la mejor alternativa: $Y_i = \min (C_i^o \,;\, C^c + C_i^a)$	400	600	1.000	2.000
2. Ahorro de coste total: $H = \sum Y_i - C^t$	—	—	—	600
3. Asignación del ahorro: $H_i = Y_i \dfrac{H}{\sum Y_i}$	120	180	300	600
4. Coste total por producto: $C_i^t = Y_i - H_i$	280	420	700 *	1.400
5. Asignación del coste conjunto: $C_i^c = C_i^t - C_i^c$	230	320	(−50) *	500
MODELO DE LOUDERBACK				
1. Mejor alternativa: $Y_i = \min C_i^o$	400	700	1.000	2.100
2. Costes alternativos netos: $Y_i^N = Y_i - C_i^a$	350	600	250	1.200
3. Asignación del coste conjunto: $C_i^c = \dfrac{C^c}{Y^N} \cdot Y_i^N$	146	250	104	500
MODELO DE BALACHANDRAN Y RAMAKRISHAM				
1. Mejor alternativa: $Y_i = \min (C_i^o \,;\, C^c + C_i^a)$	400	600	1.000	2.000
2. Coste alternativo mínimo neto: $Y_i^N = Y_i - C_i^a$	350	500	250	1.100
3. Asignación del coste conjunto: $C_i^c = \dfrac{C^c}{Y^N} \cdot Y_i^N$	159	227	114	500

* $C_c^t < C_c^a \rightarrow C_c^c < 0$

1.° Determinación del coste de la mejor alternativa (Y_i)

Se trata de calcular el coste correspondiente a la mejor alternativa de obtener cada producto (Y_i), que expresado de forma matemática sería:

$$Y_i = \min[C_i^o\ ;\ C_i^a + C^c]$$

Esta expresión indica que el coste correspondiente a la mejor alternativa de obtener un producto determinado será el menor de entre el correspondiente a su mejor o menor precio de mercado (C_i^o) o aquél en el que incurriría la empresa si obtuviese el producto en cuestión de manera conjunta ($C_i^a + C^a$), pero despreciando los demás.

Desde un punto de vista teórico, y atendiendo a la anterior expresión, puede indicarse que **las posibilidades que se le brindan a la empresa para obtener un determinado producto conjunto** no se agotan con su adquisición en el mercado.

La otra alternativa que se le presenta a la empresa es la de **obtener el citado producto de manera conjunta con los demás, desechando a estos últimos en el punto de separación**. De esta forma, aunque técnica y realmente se dé producción conjunta, se realiza la **hipótesis de producción simple,** por cuanto se acude a la ficción de suponer que sólo interesa un producto, y que los demás se desprecian.

De la realización de esta hipótesis se desprende que **si nos quedamos con un solo producto** de los obtenidos en el proceso conjunto, **todo el coste conjunto se habrá de repercutir sobre él**.

Aplicando todo el anterior razonamiento sobre el producto A de nuestro ejemplo, podemos entender mejor su significación. Para la obtención del producto A, a la empresa se le presentan **dos alternativas**:

a) Comprarlo en el mercado a un coste de 400 u.m.; es decir $C_A^o = 400$ u.m.

b) Obtenerlo en el proceso de producción conjunta y **desechando los productos B y C**. En este caso, el producto A deberá cargar tanto con el coste conjunto total (500 u.m.) como con su propio coste autónomo (50 u.m.).

De esta forma, la mejor alternativa inmediata estará representada por el menor coste de entre las dos opciones que acabamos de señalar, es decir:

$$Y_A = M_{in}[400;\ (500 + 50)]$$

que es la opción de adquirirlo en el mercado al precio de 400 u.m.

Si aplicásemos el mismo criterio para el **producto B**, veríamos que en este caso interesa fabricarlo, ya que el coste correspondiente sería: $C_B^a + C^c = 600$, mientras que en el mercado cuesta 700 u.m.

Por **último**, para el producto C, siguiendo los mismos pasos, veríamos que interesa comprarlo a 1.000 u.m., puesto que el coste de fabricarlo sería 1.250 u.m., suma de los costes autónomos, 1.750 u.m., y de los costes conjuntos, 500 u.m.

La suma de los costes de los tres productos en la mejor alternativa es, por tanto, 2.000 u.m.

Sabemos, por otra parte, que el coste total de producción es:

$$C^t = (C^c + \sum C_i^a)$$

Para el ejemplo:

$$C^t = 500 + 900 = 1.400 \text{ u.m.}$$

2.° Cálculo del ahorro total de costes (H)

El ahorro total de coste conseguido (H) por el proceso de producción conjunta en relación con la mejor obtención alternativa de los productos conjuntos será:

$$H = \sum Y_i - C^t$$

En consecuencia:

$$H = 2.000 - 1.400 = 600 \text{ u.m.}$$

3.° Asignación del ahorro total de costes a los diferentes productos (H_i)

La parte del ahorro total de costes que se asigna a cada producto (H_i), se obtiene atendiendo a la importancia relativa del coste de la mejor alternativa de obtener cada producto (Y_i) en relación con el coste alternativo total (ΣY_i).

$$H_i = \frac{Y_i}{\sum Y_i} H = \frac{H}{\sum Y_i} Y_i$$

En el ejemplo, para el producto A:

$$H(A) = \frac{600}{2.000} 400 = 120 \text{ u.m.}$$

4.° Cálculo del coste total de cada producto (C_i^t)

El coste total de cada producto (C_i^t) se calcula deduciendo del coste de su mejor alternativa (Y_i), el ahorro de costes asignado. Es decir:

$$C_i^t = Y_i - H_i$$

Para el producto A de nuestro **ejemplo**:

$$C_t(A) = 400 - 120 = 280 \text{ u.m.}$$

5.° Cálculo del coste conjunto a asignar a cada producto (C_i^c)

Determinado el coste total por cada producto, y conocidos de entrada sus respectivos costes autónomos, el coste conjunto a asignar se obtiene fácilmente de las siguientes **expresiones**:

$$C_i^t = C_i^c + C_i^a \; ; \; C_i^c = C_i^t - C_i^a$$

En el ejemplo, para el producto A:

$$C_i^c = 280 - 50 = 230 \text{ u.m.}$$

En el Cuadro 15.2 pueden seguirse los pasos comentados para la totalidad del ejemplo propuesto.

De esta forma hemos despejado las incógnitas del Cuadro 15.1 por este método.

Este método, según su autor, reúne una serie de propiedades consideradas como deseables en todo proceso de asignacición de costes conjuntos. Son **las siguientes**:

1. Cada producto nunca es cargado por un coste superior al que representa la mejor alternativa de obtenerlo.
2. El proceso de asignación exige la continua comparación entre los costes del proceso conjunto y los correspondientes a la mejor alternativa de obtenerlos, lo que comporta una constante evaluación entre producir conjuntamente o adquirir los productos en el mercado.
3. Todos los productos se benefician de los ahorros de costes resultantes de producir conjuntamente. El método es, por tanto, justo.
4. Todos los productos soportan una parte del coste conjunto. Se vuelve así a poner de manifiesto su sentido de justicia.
5. Proporciona incentivos para que los responsables sigan investigando fórmulas técnicas capaces de hacer disminuir los costes autónomos y los costes de oportunidad, ya que una reducción de C_i^a o de C_i^o provoca también una disminución del coste conjunto que le pueda corresponder.

Pero estas pretendidas ventajas no siempre llegan a cumplirse. Así, bajo ciertas consideraciones, el método procede a asignar costes conjuntos negativos a algunos de los productos (tal como sucede en nuestro ejemplo para el producto *C*); pudiendo darse el caso de que el coste total de un producto sea incluso menor que su propio coste autónomo, circunstancia ésta carente de toda lógica y, por supuesto, llega a violar la cuarta propiedad antes citada, que exigía que todos los productos soportasen una parte del coste conjunto.

15.3.2 Método de los costes alternativos de Louderback

Louderback, con la finalidad de corregir algunas de las debilidades denunciadas en el anterior método, **introduce** sobre aquél **dos modificaciones**:

— Por una parte, considera que la mejor alternativa de obtener un producto sólo debe venir dada por la manera menos costosa de adquirirlo en el mercado. Es decir:

$$Y_i = \min [C_i^o]$$

— Por otra, procede a asignar el coste conjunto a cada producto en función de la importancia relativa del coste de oportunidad neto. El coste de oportunidad neto se obtiene por la diferencia entre el coste alternativo de cada producto (Y_i) y su correspondiente coste autónomo (C_i^a).

Realizadas estas consideraciones, **el método,** que se recoge también en el Cuadro 15.2, **puede ordenarse como sigue**:

a) **Primer paso**. Cálculo de la **mejor alternativa** de obtener cada producto (Y_i) mediante la **expresión**:

$$Y_i = \min C_i^o$$

En el **ejemplo**, y para el producto A:

$$Y_A = 400 \text{ u.m.}$$

Este primer paso, y los siguientes, son análogos para los productos B y C.

b) **Segundo paso. Determinación de los costes alternativos netos,** que simbolizaremos por Y_i^N, que se obtienen restando de los costes de la mejor alternativa para cada producto sus costes autónomos, según esta **fórmula**:

$$Y_i^N = Y_i - C_i^a$$

En el **ejemplo**, siguiendo con el producto A:

$$Y_A^N = 400 - 50 = 350 \text{ u.m.}$$

Siendo el sumatorio de los costes alternativos netos ($\Sigma\, Y_i^N$), según los resultados que se observan en el Cuadro 15.2:

$$\sum Y_i^N = 350 + 600 + 250 = 1.200 \text{ u.m.}$$

c) **Tercer paso. Asignación del coste conjunto a cada uno de los productos** (C_i^c). Se realiza en función de la importancia relativa del coste alternativo neto de cada uno de ellos, sobre el coste alternativo neto final. Sea:

$$C_i^c = \frac{Y_i^N}{Y^N}\, C^c = \frac{C^c}{Y^N}\, Y_i^N$$

Para el producto A del **ejemplo**:

$$C_A^c = \frac{500}{1.200} \times 350 = 146 \text{ u.m.}$$

Para **evitar la asignación de costes conjuntos negativos**, tal como sucedía en el método anterior, Louderback introduce la siguiente **restricción**: Cualquier producto cuyo coste alternativo (Y_i) sea inferior a su coste autónomo (C_i^a), será separado del proceso, no asignándosele coste conjunto alguno.

No obstante, encontraremos el **punto débil de este método** en el hecho de que puede incentivar a los responsables a aumentar sus costes autónomos, consiguiendo, de esta forma, menores penalizaciones de costes conjuntos e incumpliendo así la quinta propiedad enunciada por Moriarity.

15.3.3. Método de los costes alternativos de Balachandran y Ramakrisham

Estos dos autores sugieren un método que **pretende recoger los aspectos positivos de los dos anteriores**. A tal fin, eligen como mejor alternativa inmediata la planteada por Moriarity, y asignan el coste conjunto tal como lo realiza Louderback.

De esta forma, el desarrollo del método puede realizarse a través de los siguientes **pasos**:

a) **Primer paso. Determinación de la mejor alternativa inmediata** (Y_i).

La mejor alternativa inmediata de obtener cada producto, tal como la planteaba Moriarity, resultaba ser la derivada de la **expresión**:

$$Y_i = \min\,[C_i^o\,;\,(C^c + C_i^a)]$$

Para el **ejemplo**, y tomando en consideración el producto A:

$$Y_A = \min\,[400\,;\,(500 + 50)]\,;\; Y_A = 400 \text{ u.m.}$$

b) **Segundo paso. Cálculo de los costes alternativos netos** (Y_i).

Según veíamos ya en el método anterior, del que toma esta consideración:

$$Y_i^N = Y_i - C_i^a$$

En el ejemplo, para el producto A:

$$Y_A^N = 400 - 50 = 350 \text{ u.m.}$$

siendo la suma de los costes alternativos netos:

$$\sum Y_i^N = 350 + 500 + 250 = 1.100 \text{ u.m.}$$

c) **Tercer paso. Asignación del coste conjunto** (C_i^c).

Se calculará en función de la importancia relativa de sus respectivos costes alternativos netos sobre el coste alternativo neto total.

$$C_i^c = \frac{Y_i^N}{Y^N} \cdot C^c = \frac{C^c}{Y^N} \cdot Y_i^N$$

Para el ejemplo, producto A:

$$C_A^c = \frac{500}{1.100} \times 350 = 159 \text{ u.m.}$$

De esta manera, hemos determinado la asignación de los costes conjuntos de cada uno de los productos por los distintos métodos que se sintetizan en el Cuadro 15.2.

No obstante haber intentado depurar los métodos anteriores, Balachandran y Ramakrisham **no llegan a superar la debilidad puesta de manifiesto en Louderback**, y así, el método puede incentivar a los responsables a incrementar sus costes autónomos para reducir la penalización de costes conjuntos.

15.4. METODO DE LOS COEFICIENTES DE CONVERTIBILIDAD DE VALORES

Este método encuentra sus raíces en un trabajo pionero desarrollado por los profesores Alvarez Melcón y Sáez Torrecilla, en 1983, habiendo sido posteriormente perfeccionado por este último.

Ecuaciones fundamentales

El método parte de una reflexión general: **la empresa constituye un ámbito de transformación de valores** provocados por el proceso productivo. Así, en la unidad económica, se van incorporando al proceso productivo una serie de valores que al final del período se habrán transformado en unos bienes y servicios de apariencia diferente.

La posibilidad de hallar una **relación permanente que ligue** a los medios sacrificados o **valores de entrada**, con los productos o servicios obtenidos o **valores de salida**, constituye el núcleo central del método.

En principio, esta relación puede quedar expresada como sigue:

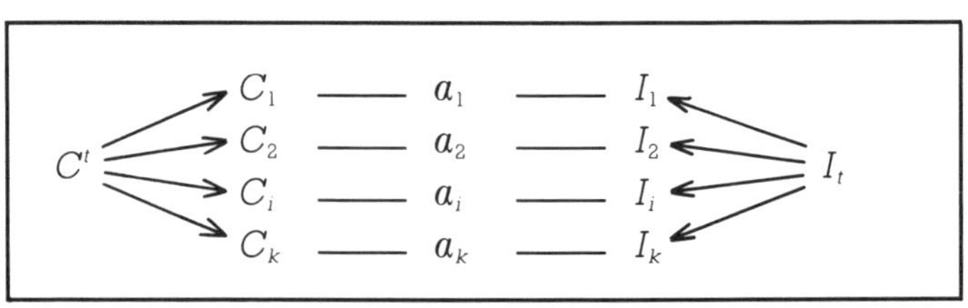

El problema que se plantea radica en **determinar el coeficiente de convertibilidad (a_i) capaz de transformar el coste** (causa) **en ingreso generado** (efecto).

Esta problemática puede ser **analíticamente** planteada mediante la siguiente **ecuación fundamental** significativa de la relación existente entre el valor de los factores consumidos (ΣC_i) y el valor de los productos obtenidos (ΣI_i):

$$a\sum C_i = \sum I_i$$

Con respecto a esta expresión, se necesita establecer, en principio, **dos consideraciones**:

1. Se supone que para cada período, **la empresa constituye un único ámbito de transformación de valores**; esto significa que todos los valores que han entrado (factores productivos), participan con el mismo éxito en el proceso productivo y, por tanto, sus respectivos **coeficientes de convertibilidad (a_i) son iguales**:

$$a_1 = a_2 = \dots = a_i = a_k = a$$

2. **El coeficiente de convertibilidad** de valores (a), **puede comportarse** de la siguiente manera:

$a > 1$: Implica la existencia de beneficios.
$a = 1$: No existen beneficios ni pérdidas.
$a < 1$: Implica la existencia de pérdidas.

Aplicación de la ecuación fundamental a la producción conjunta

Conectando la ecuación fundamenal aplicada por este método a la **problemática concreta de la producción conjunta** tendríamos:

$$a \cdot C_i^t = I_i$$

Y como:

$$C^t = C^c + \sum C_i^a$$

Dicha ecuación podría formularse de la siguiente manera:

$$a(C^c + \sum C_i^a) = \sum I_i$$

En esta expresión, en la que se considera la existencia de **un solo coeficiente de convertibilidad** de valores (a) **idéntico tanto para el proceso conjunto como para los autónomos**, se está suponiendo la **misma eficiencia económica** o capacidad de generar ingresos y beneficios a ambos procesos, con lo que se empiezan a corregir las debilidades existentes al respecto en los métodos tradicionales del valor de ventas y del valor neto de realización que, como se recordará, negaban la capacidad de generar ingresos y beneficios respectivamente, a los procesos autónomos.

Desarrollo del método

Teniendo en cuenta todas las consideraciones anteriores, este método actúa atendiendo a los siguientes pasos reflejados en el Cuadro 15.3.

a) **Primer paso: Obtención del coeficiente de convertibilidad de valores (a)**.

Despejando de la ecuación fundamental, para la producción conjunta, el coeficiente de convertibilidad de valores éste resultará ser igual a:

$$a = \frac{\sum I_i}{C^c + \sum C_i^a}$$

Para el ejemplo que venimos siguiendo:

$$a = \frac{2.510}{500 + 900} = 2{,}17 \text{ u.m.}$$

b) **Segundo paso: Determinación de los ingresos autónomos de cada uno de los productos (I_i^a)**.

Al considerar la misma capacidad de generar ingresos al coste conjunto y a los costes autónomos, puede hablarse de la **existencia de unos ingresos conjuntos y otros autónomos**, provocados por los anteriores costes:

$$I_i^t = I_i^a + I_i^c$$

de donde:

I_i^a= Valor de los ingresos generados por el proceso autónomo de un determinado producto.

I_i^c= Valor de los ingresos generados por el proceso conjunto, y correspondiente a un determinado producto.

Al contemplarse un solo ámbito de transformación de valores, en el que **el coeficiente (a) siempre toma el mismo valor, ya se aplique sobre el proceso conjunto o sobre los procesos autónomos**, y dado que tanto el valor de este coeficiente como el de los costes autónomos son conocidos, tendremos que:

$$I_i^a = a \cdot C_i^a$$

En el ejemplo, y para el producto A:

$$I_A^a = 2{,}17 \cdot 50 = 108{,}5 \text{ u.m.}$$

c) **Tercer paso: Determinación de los ingresos de los costes conjuntos de cada producto (I_i^c)**.

Llegado este momento, se conocen tanto los ingresos totales de cada producto como sus respectivos ingresos autónomos. En cualquier caso:

$$I_i^t = I_i^a + I_i^c$$

luego,

$$I_i^c = I_i^t - I_i^a$$

Para el producto A de nuestro ejemplo:

$$I_A^c = 500 - 108{,}5 = 391{,}5 \text{ u.m.}$$

d) **Cuarto paso: Cálculo del coste conjunto a asignar a cada producto (C_i^c)**.

Recordando una vez más que a adquiere siempre el mismo valor, y conocido ya I_i^c, merced a la ecuación fundamental, podemos plantear la siguiente resolución:

$$aC_i^c = I_i^c$$

de donde:

$$C_i^c = \frac{I_i^c}{a}$$

obteniéndose así el coste conjunto a asignar a cada uno de los productos.

Para el producto A, quedaría:

$$C_A^c = \frac{391,5}{2,17} = 180,5 \text{ u.m.}$$

Para evitar posibles asignaciones negativas de costes conjuntos, ya que cuando:

$$I_i^a > I_i^t \rightarrow I_i^c < 0 \rightarrow C_i^c < 0$$

el método **se somete a la restricción ya apuntada al exponer el método de Louderback**.

Los resultados, para todos los productos propuestos en el ejemplo que venimos siguiendo, se encuentran en el **Cuadro 15.3**.

Cuadro 15.3. Método de los coeficientes de convertibilidad de valores

PRODUCTOS / DATOS/ECUACIONES	A	B	C	TOTAL
DATOS				
COSTE CONJUNTO C^c	—	—	—	500
INGRESOS I_i	500	910	1.100	2.510
COSTES AUTONOMOS C_i^a	50	100	750	900
1. Coeficiente de convertibilidad: $a = \frac{\sum I_i}{(C^c + \sum C_i^a)}$	—	—	—	2,17
2. Ingresos correspondientes a los costes autónomos: $I_i^a = a \cdot C_i^a$	2,17 × 50 = = 108,5	2,17 × 100 = = 217	2,17 × 750 = = 1.627,5	1.953
3. Ingresos de los costes conjuntos de cada producto: $I_i^c = I_i - I_i^a$	391,5	693	—	1.084,5
4. Asignación de los costes conjuntos: $C_i^c = \frac{I_i^c}{a}$	180,5	319,5	0*	500

* $I_c^a > I_c \rightarrow C_c^c < 0$. Restricción: $C_c^c = 0$.

15.5. METODO BASADO EN LA TEORIA DE JUEGOS

La corriente que utiliza la teoría de juegos es admitida hoy como **uno de los más serios y logrados intentos** para resolver la problemática relacionada con la asignación de costes conjuntos.

Así, existe coincidencia generalizada en afirmar que, si bien no llega a resolver el problema en su totalidad, **proporciona repartos justos y equitativos**, conjugando esta cualidad con un **notable criterio de racionalidad**, dado que en virtud de los axiomas en los que se sustenta, **permite un abso-**

luto acuerdo entre los receptores para aceptar la parte de coste conjunto repercutida a cada uno de ellos.

Por eso, a pesar de la complejidad formal de este método, no hemos querido omitir la presentación de su desarrollo básico, que aparece recogido como anexo de este capítulo, en el que además aparece un cuadro comparativo de las soluciones dadas por los distintos métodos.

ANEXO AL CAPITULO 15

1. Planteamiento del método basado en la teoría de juegos

El fundamento de esta teoría se encuentra en la interrelación y crecimiento de las ganancias conjuntas, obtenidas por un grupo de individuos (productos) que desean actuar (jugar) juntos, comparadas con las que obtendrían con sus actuaciones individuales.

Un juego puede ser definido como el par (N, V), donde N es una serie finita de jugadores (productos) y V es una función de las subseries que se pueden desprender de N, y donde $V(S)$ es llamada función característica; siendo S el conjunto de posibles coaliciones que pueden formar los jugadores ($S \in N$).

En general, puede decirse que si S es el conjunto de uno o más productos actuando en coalición, la función característica $V(S)$ describe el beneficio conseguido por los productos (jugadores) que participan en esa coalición.

$V(S)$ representará el mejor o mayor beneficio del conjunto de jugadores que forma la coalición S; es decir:

$$V(S) = \sum_{i \in s} I_i - Y(S)$$

donde $Y(S)$ representa el menor coste de obtener los productos por la coalición S, y ΣI_i sus ingresos correspondientes.

Así, **una empresa que fabrique tres productos conjuntos** (A, B y C), tiene las siguientes **posibilidades de conseguir determinados beneficios**:

a) **Comprar cada producto independientemente** en el mercado para su posterior venta, **u obtenerlos aisladamente** en la producción conjunta desechando los otros dos, según el concepto de mejor alternativa ya conocido.

Los beneficios obtenidos los podremos representar mediante la función característica $V(S)$, de la siguiente forma:

$$V(A);\ V(B);\ V(C)$$

donde,

$$V(A) = I_A - Y(A)$$
$$V(B) = I_B - Y(B)$$
$$V(C) = I_C - Y(C)$$

b) **Conseguirlos agrupados en dos mediante el proceso conjunto y desechar el tercero**. Así, tendríamos:

$$V(A, B);\ V(A, C);\ V(B, C)$$

Para la coalición (A, B), por **ejemplo**, los beneficios obtenidos vendrían representados por:

$$V(A, B) = (I_A + I_B) - Y(A, B)$$

c) **Obtener los tres de forma conjunta**, que representaríamos mediante la función característica: $V(A, B, C)$, y cuya generación de beneficios resultaría ser:

$$V(A, B, C) = (I_A + I_B + I_C) - (C^c + C^a_A + C^a_B + C^a_C)$$

Todo lo anterior puede entenderse mejor **con un caso práctico** que con independencia del ejemplo que venimos siguiendo, vamos a desarrollar a continuación.

Supongamos una empresa que fabrica tres productos (A, B, y C), de los que se conoce la siguiente información:

Datos / Productos	I_i	C^a_i	C^c
A	140	80	
B	120	50	
C	60	20	
TOTAL	$\Sigma I_i = 320$	$\Sigma C^a_i = 150$	$C^c = 30$

Se sabe asimismo que la mejor alternativa inmediata para cada uno de ellos viene representada por su obtención en la empresa, de manera aislada.

2. Determinación de las funciones características

La función característica $V(S)$ mide el beneficio obtenido como consecuencia de la acción conjunta de obtener los distintos productos que fabrica la empresa.

En este caso:

N.° miembros coalición	S	V(S)
1	A	30 [1]
1	B	40
1	C	10
2	AB	100 [2]
2	AC	70
2	BC	80
3	ABC	140 [3]

[1] El beneficio obtenido por fabricar sólo un producto nos vendría dado por:

Para A:

$$V(A) = I_A - (C^a_A + C^c) = 140 - 80 - 30 = 30$$

Para B:

$$V(B) = I_B - (C^a_B + C^c) = 120 - 50 - 30 = 40$$

Para C:

$$V(C) = I_C - (C^a_C + C^c) = 60 - 20 - 30 = 10$$

[2] El beneficio obtenido por fabricar dos productos conjuntos resultaría ser:

Para la coalición (AB):

$$V(AB) = I_A + I_B - (C^a_A + C^a_B + C^c) = 140 + 120 - 80 - 50 - 30 = 100$$

Para la coalición (AC):

$$V(AC) = I_A + I_C - (C^a_A + C^a_C + C^c) = 140 + 60 - 80 - 20 - 30 = 70$$

Para la coalición (BC):

$$V(BC) = I_B + I_C - (C^a_B + C^a_C + C^c) = 120 + 60 - 50 - 20 - 30 = 80$$

[3] El beneficio obtenido para la coalición total:

$$V(ABC) = I_A + I_B + I_C - (C^a_A + C^a_B + C^a_C + C^c) = 140 + 120 + 60 - 80 - 50 - 20 - 30 = 140$$

3. Desarrollo del método basado en la teoría de juegos

El desarrollo del método se realiza **en base a una identidad y a tres axiomas**, de cuya aplicación resulta el beneficio a asignar a cada producto.

Identidad básica

La función característica $V(S)$ puede ser descompuesta en las contribuciones residuales $C(R)$ a los beneficios que realizan todas las subcoaliciones R pertenecientes a S, incluyendo la contribución residual de la propia coalición S.

$$V(S) = \sum_{R \subset S} C(R)$$

Es decir, siendo $V(A, B)$ el beneficio obtenido por los productos A y B, **el principio de descomposición requiere** que dicho beneficio sea igual a la contribución de los productos A y B obtenidos de forma aislada, más la contribución que la obtención conjunta de (A, B) realiza al beneficio total.

Así, por ejemplo, siendo C_R la contribución residual obtenida por la coalición R, para el caso de dos productos, sería:

$$C_A = V(A)$$
$$C_B = V(B)$$
$$C_{A,B} = V(A, B) - C_A - C_B = V(A, B) - V(A) - V(B)$$

y despejando el valor de $V(A, B)$, que es la función característica representativa del beneficio obtenido por la coalición (A, B), tendríamos:

$$V(A, B) = C(A, B) + C(A) + C(B)$$

Para el ejemplo que acabamos de poner $V(S)$ representada por la función característica $V(ABC)$, será descompuesta en las distintas contribuciones residuales correspondientes a todas las subcoaliciones formadas dentro de $V(ABC)$:

$$C_R(A) = V(A) = 30$$
$$C_R(B) = V(B) = 40$$
$$C_R(C) = V(C) = 10$$
$$C_R(AB) = V(AB) - V(A) - V(B) = = 100 - 30 - 40 = 30$$
$$C_R(AC) = V(AC) - V(A) - V(C) = = 70 - 30 - 10 = 30$$
$$C_R(BC) = V(BC) - V(B) - V(C) = = 80 - 40 - 10 = 30$$
$$C_R(ABC) = V(ABC) - V(AB) - V(AC) - V(BC) + + V(A) + V(B) + V(C) = = 140 - 100 - 70 - 80 + 30 + 40 + 10 = -30$$

La identidad formulada por **Shapley** basada en las anteriores descomposiciones requería que el beneficio total obtenido por la coalición $V(S)$ fuese igual a la suma de las distintas contribuciones residuales, así:

$$V(ABC) = C_A + C_B + C_C + C_{A,B} + C_{A,C} + C_{B,C} + C_{A,B,C}$$
$$140 = 30 + 40 + 10 + 30 + 30 + 30 + (-30) = 140$$

De acuerdo con esta identidad, conveníamos que el beneficio conjunto obtenido por la coalición de todos los productos, podría ser distribuido atendiendo a las contribuciones residuales.

Axioma I del método basado en la teoría de juegos

Este axioma I se puede presentar así: cada contribución residual al beneficio C_i será repartida por igual entre todos los productos que formen la coalición.

Siendo $W_i(R)$ la parte de contribución residual que va al producto i, se ha de cumplir que:

$$W_i(R) = \frac{1}{r}; \quad \text{para } i \in \text{R}$$
$$W_i(R) = 0; \quad \text{para } i \notin \text{R}$$

donde r es el número de miembros que forman la coalición R.

El término $\boldsymbol{W_i}$ es considerado como el **factor de ponderación** a aplicar sobre la contribución residual C_i **para determinar la parte de beneficio a asignar al producto** $\boldsymbol{i}$.

Así, **en la coalición de dos productos $\boldsymbol{A}$ y $\boldsymbol{B}$**, la distribución de la contribución residual realizada al beneficio por la coalición (A, B), deberá ser ponderada por $W_i = \frac{1}{2}$, lo que significa que cada uno de esos dos productos recibirá la mitad del beneficio residual conseguido por actuar en coalición.

Para el ejemplo que acabamos de poner, atendiendo al Axioma I, las contribuciones residuales deberán repartirse en proporciones iguales entre los miembros de la coalición. Para la coalición (AB), por ejemplo, $C(AB) = 40$, corresponderá repartir 20 como beneficio a cada uno de los productos A y B.

Axioma II del método basado en la teoría de juegos

Este axioma II se puede expresar así: El valor de la contribución residual C deberá ser asignado a todos los miembros o productos que formen la coalición R.

De esta forma, la suma de todas las ponderaciones W_i deberá ser igual a la unidad.

$$W_i(R) = 1$$

Para el caso de dos productos, lo hemos observado en el axioma anterior, la ponderación para cada uno de ellos era de $\frac{1}{2}$; luego:

$$\left. \begin{array}{l} W_A = \frac{1}{2} \\ W_B = \frac{1}{2} \end{array} \right\} \quad W_{(A)} + W_{(B)} = 1$$

En el ejemplo que estamos siguiendo ahora, para la coalición (AB) habrá que asignar un beneficio de 40, ni más ni menos, y sólo a los productos A y B.

Axioma III del método basado en la teoría de juegos

El axioma III lo podemos expresar de la siguiente forma: El beneficio total a asignar a un determinado producto i debe venir dado por la suma de todas las contribuciones residuales en las que ha participado:

$$b_i = \sum W_i(R) \cdot C(R)$$

Como se observa, **este método no asigna directamente costes conjuntos, sino beneficios**; por tanto, conocido el beneficio que le corresponde a un determinado producto, y dado que tanto los ingresos como los costes autónomos son conocidos, sin más que despejar **el coste conjunto en la ecuación**:

$$b_i = I_i - (C_i^c + C_i^a)$$

tendremos,

$$C_i^c = I_i - C_i^a - b_i$$

Para el ejemplo, dados los requerimientos anteriores, éstos sólo se podrán cumplir mediante las expresiones:

$$b_A = W_A C_R(A) + W_{AB} C_R(AB) + W_{AC} C_R(AC) + W_{ABC} C_R(ABC)$$

$$b_B = W_B C_R(B) + W_{AB} C_R(AB) + W_{BC} C_R(BC) + W_{ABC} C_R(ABC)$$

$$b_C = W_C C_R(C) + W_{AC} C_R(AC) + W_{BC} C_R(BC) + W_{ABC} C_R(ABC)$$

Sustituyendo estos valores ya calculados, tendremos:

$$b_A = 1 \times 30 + ½\,20 + ½\,30 + \frac{1}{3}(-30) = 50$$

$$b_B = 1 \times 40 + ½\,30 + ½\,30 + \frac{1}{3}(-30) = 60$$

$$b_C = 1 \times 10 + ½\,30 + ½\,30 + \frac{1}{3}(-30) = 30$$

$$b_t = 50 + 60 + 30 = \underline{140}$$

Entrando en el cálculo del coste conjunto a asignar, puesto que para uno de los productos cono-

Cuadro 15.4. Método de la teoría de juegos

DATOS/ECUACIONES \ PRODUCTOS/COALICIONES	A	B	C	AB	AC	BC	ABC	TOTAL
DATOS								
COSTE CONJUNTO C^c	—	—	—	—	—	—	—	500
COSTES AUTONOMOS C_i^a	50	100	750	150	800	850	900	—
MENOR PRECIO DE MERCADO C_i^o	400	700	1.000	1.100	1.400	1.700	2.100	—
INGRESOS I_i	500	910	1.100	1.410	1.600	2.010	2.510	—
1. Mejor alternativa $Y(S)$ $Y_i(S) = \min[C_i^o; (C^c + C_i^a)]$	400	600	1.000	650	1.300	1.350	1.400	—
2. Función característica: $V_i(S) = \sum_{i \in s} I_i - Y_i(S)$	100	310	100	760	300	660	1.110	—
3. Contribuciones residuales: $C_{R(i)}$	100	310	100	350	100	250	−100	$C(ABC) = \Sigma C_R =$ 1.110
4. Factor de ponderación: $W_i(R)$	1	1	1	½	½	½	⅓	—
5. Asignación del beneficio: $b_i = \Sigma W_i(R) \cdot C_R$	292	576	242	—	—	—	—	1.110
6. Asignación del coste conjunto: $C_i^c = I_i - C_i^a - b_i$	158	234	108	—	—	—	—	500

cemos tanto los ingresos como los costes autónomos y los beneficios:

$$C_A^c = I_A - C_A^a - b_A = 140 - 80 - 50 = 10$$
$$C_B^c = I_B - C_B^a - b_B = 120 - 50 - 60 = 10$$
$$C_C^c = I_C - C_C^a - b_C = 60 - 20 - 30 = 10$$

$$C_A^c = C_B^c = C_C^c = 10; \qquad \sum C_C^c \simeq 30$$

Además del ejemplo que acabamos de desarrollar para explicar este método, en el **Cuadro 15.4.** se encuentra solucionado **el ejercicio utilizado para explicar el resto de los métodos**.

Para finalizar, sólo se ha de puntualizar que el **método basado en la teoría de juegos cumple con las cinco propiedades enunciadas por Moriarity**, ofreciendo resultados más consistentes que los métodos tradicionales, o que aquellos otros que encuentran sus fundamentos en los costes alternativos.

La única objeción que cabe apuntar hace referencia a la conveniencia de proceder, como paso previo a su aplicación, a un **estudio coste-beneficio de la información que suministra**, dado que su puesta en práctica, es a veces compleja.

Cuadro 15.5. Contrastación de resultados

METODOS \ PRODUCTOS	A	B	C	TOTAL
M. DE MORIARITY				
COSTES CONJUNTOS C_i^c	230	320	(−50)	500
COSTE TOTAL C_i^t	280	420	700	1.400
BENEFICIO b_i	220	490	400	1.110
M. DE LOUDERBACK				
COSTES CONJUNTOS C_i^c	146	250	104	500
COSTE TOTAL C_i^t	196	350	864	1.400
BENEFICIO b_i	304	560	246	1.110
M. DE BALACHANDRAN				
COSTES CONJUNTOS C_i^c	159	227	114	500
COSTE TOTAL C_i^t	209	327	854	1.400
BENEFICIO b_i	291	583	236	1.110
M. COEFICIENTES DE CONVERTIBILIDAD				
COSTES CONJUNTOS C_i^c	180,5	319,5	0	500
COSTE TOTAL C_i^t	230,5	419,5	750	1.400
BENEFICIO b_i	270	490	350	1.110
M. DE TEORIA DE JUEGOS				
COSTES CONJUNTOS C_i^c	158	234	108	500
COSTE TOTAL C_i^t	208	334	858	1.400
BENEFICIO b_i	292	576	242	1.110

4. Comparación de resultados

Es interesante ofrecer a la vez los resultados obtenidos por los diferentes métodos de asignación que hemos explicado anteriormente. Para ello hemos elaborado el **Cuadro 15.5**.

Puede observarse la medida en la que **cada uno de ellos ofrece resultados diferentes para la asignación de los costes conjuntos** y, consecuentemente, presenta costes totales y beneficios también diferentes para cada uno de los productos.

De los resultados presentados en el Cuadro 15.5 es fácil deducir el **riesgo que entraña la toma de ciertas decisiones relacionadas con la producción conjunta**.

Ante esta situación, conviene extremar las precauciones de cara a la toma de decisiones, debiendo **limitarse éstas a** su utilización en la **valoración de activos y determinación de resultados**. Otro tipo de decisiones, tales como fabricar o comprar, o determinar rentabilidades, deben tomarse en base a información obtenida por canales diferentes.

Por último hemos de apuntar que la **aplicación concreta** de cada método deberá siempre estar **supeditada** tanto a los datos disponibles como a la sencillez o dificultad inherente a su puesta en práctica, y al beneficio informativo que pueda obtenerse con la aplicación de cada uno de ellos.

CUESTIONES

1. *Los métodos de asignación tradicionales de costes conjuntos:*
   a) Son los más subjetivos.
   b) Son los más utilizados.
   c) Son los más objetivos.

2. *Entre las modernas aportaciones a la asignación de costes conjuntos se encuentran:*
   a) La teoría de juegos.
   b) El valor neto de realización.
   c) Los coeficientes de convertibilidad de valores.

3. *El método de los costes alternativos utiliza para asignar:*
   a) Costes previstos.
   b) Costes de oportunidad.
   c) Ingresos alternativos.

4. *La mejor forma alternativa inmediata hace referencia a:*
   a) La forma menos costosa de obtener un producto.
   b) La forma menos costosa de vender un producto.
   c) La mejor forma de vender un producto.

5. *La mejor alternativa según Moriarity, hace referencia a:*
   a) La forma menos costosa de obtener un producto en el mercado.
   b) La forma menos costosa de vender un producto en el mercado.
   c) La forma menos costosa de obtener un producto, ya sea en el mercado o ya sea en la propia empresa.

6. *El ahorro de costes viene representado por:*
   a) La diferencia entre los ingresos y los costes de un producto.
   b) La diferencia entre los ingresos y el coste autónomo.
   c) La diferencia entre la mejor alternativa y los costes totales.

7. *El método de Moriarity:*
   a) Asigna directamente el coste conjunto a los productos.
   b) Asigna directamente los ahorros de costes.
   c) Asigna directamente los ingresos netos.

8. *Aplicando el método de Moriarity:*
   a) Todos los productos soportan una parte del coste conjunto.
   b) Proporciona incentivos a los responsables.
   c) Cada producto nunca es cargado por un coste mayor que el correspondiente a la mejor alternativa.

9. *La mejor alternativa, según Louderback, viene dada por:*
   a) La manera menos costosa de adquirir un producto en el mercado.

b) La manera menos costosa de obtener un producto en el interior de la empresa.
c) La manera menos costosa de adquirir un producto, ya sea en el mercado o en la propia empresa.

10. *El coste de oportunidad neto hace referencia a:*
a) La diferencia entre la mejor alternativa y el coste conjunto.
b) La diferencia entre la mejor alternativa y los costes totales.
c) La diferencia entre la mejor alternativa y los costes autónomos.

11. *El método de Louderback asigna el coste conjunto en función de:*
a) La mejor alternativa.
b) Los ahorros de costes.
c) La mejor alternativa neta.

12. *Uno de los puntos débiles del método de Louderback alude a:*
a) Incentivar a los responsables a aumentar sus costes autónomos.
b) Incentivar a los responsables a comprar los productos fuera de la empresa.
c) No tener en cuenta los costes conjuntos reales.

13. *El método de Balachandran y Ramakisham:*
a) Se basa en la teoría de los juegos.
b) No supera las debilidades del método de Louderback.
c) No es un auténtico método de asignación de costes conjuntos.

14. *El método de los coeficientes de convertibilidad de valores:*
a) Busca una relación permanente entre valores de entrada y de salida.
b) Busca coeficientes estadísticos.
c) Busca una ecuación fundamental entre ingresos y costes.

15. *Entre las consideraciones realizadas por el método de los coeficientes de convertibilidad de valores hay que tener en cuenta que:*
a) La empresa constituye un único ámbito de transformación de valores.
b) Los coeficientes de convertibilidad de valores no pueden obtenerse dentro de la empresa.
c) Los costes conjuntos no deben asignarse.

16. *Cuando el coeficiente de convertibilidad de valores es menor a la unidad:*
a) La empresa no deberá asignar costes.
b) La empresa obtendrá pérdidas.
c) La empresa deberá adquirir los productos en el mercado.

17. *El método de los coeficientes de convertibilidad de valores:*
a) Otorga mayor capacidad de generar beneficios al proceso conjunto que al autónomo.
b) No otorga ninguna capacidad de generar beneficios al proceso conjunto.
c) Otorga idéntica capacidad de generar beneficio a ambos procesos.

18. *El método de los coeficientes de convertibilidad de valores:*
a) Puede asignar mayores costes conjuntos que los realmente habidos.
b) Puede asignar costes conjuntos negativos.
c) Introduce una restricción para evitar la asignación de costes conjuntos negativos.

19. *El fundamento de la teoría de juegos se encuentra en:*
a) Los ahorros de costes conseguidos.
b) En la comparación de beneficios obtenidos conjunta y separadamente.
c) En la comparación de costes conjuntos y autónomos.

20. *El factor de ponderación,* W_i, *se utiliza para:*
a) Asignar los costes conjuntos a los productos.
b) Calcular la mejor alternativa inmediata.
c) Determinar la parte de beneficio a asignar a cada producto.

21. *El método de la teoría de juego:*
a) Cumple todas las propiedades enunciadas por Moriarity.
b) Falla al asignar costes conjuntos negativos a alguno de los productos.
c) Sólo cumple alguna de las propiedades anteriores.

22. *Para tomar decisiones basadas en los resultados obtenidos de la asignación de costes conjuntos:*
a) Sólo debemos utilizar las obtenidas de la aplicación de la teoría de juegos.
b) Sólo hemos de tomar las obtenidas de la aplicación de los costes alternativos.
c) Pueden tomarse las obtenidas por cualquier método, pero siendo conscientes de su subjetividad.

23. *Antes de aplicar un método concreto:*
a) Hemos de tener en cuenta los datos disponibles.
b) Hemos de tener en cuenta la sencillez o dificultad inherente a su puesta en práctica.
c) Hemos de realizar un previo análisis coste-beneficio de la información.

PARTE QUINTA

Estudio operativo de casos prácticos

Sección Primera

Estudio operativo de casos prácticos del modelo de costes completos desde la perspectiva europeo continental

CASO PRACTICO 1. **Estudio operativo centrado en inventarios, costes y diferencias de incorporación**

CASO PRACTICO 2. **Estudio operativo con énfasis en los centros de actividad**

CASO PRACTICO 1. Estudio operativo centrado en inventarios, costes y diferencias de incorporación

1. PRESENTACION DE LA INFORMACION PARA EL ESTUDIO OPERATIVO DEL PROCESO CONTABLE BASICO, CON ENFASIS EN LOS CAMPOS DE INVENTARIOS, COSTES Y DIFERENCIAS DE INCORPORACION

1.1. Organización técnica

INQUISA (Industrias Químicas, Sociedad Anónima), dedicada a la obtención de productos químicos, explota una fórmula de fabricación mediante la cual obtiene los productos conjuntos H_1 y H_2, de gran aceptación en el mercado.

El proceso técnico de fabricación es el siguiente:

Los productos terminados «H_1» y «H_2» resultan de la mezcla de otros dos productos semiterminados, «R» y «S»; dicha mezcla origina, al mismo tiempo, la aparición de un subproducto «h» que la empresa consigue también comercializar con éxito.

- El producto semiterminado «R» se produce en el taller 1, empleando materia prima X.
- El producto semiterminado «S» se produce en el taller 2, empleando materia prima Y.
- Finalmente, el taller 3 mezcla los productos semiterminados R y S, obteniendo los productos H_1 y H_2 y el subproducto h. El proceso de fusión tiene una duración de una hora. A los tres cuartos de hora ya se ha obtenido H_1 y un cuarto de hora después se obtiene H_2, quedando entonces el subproducto h.

1.2. Organización económico-contable

Para un mejor análisis y control de gestión, la empresa está dividida en las siguientes secciones:

1. Sección de fuerza motriz.
2. Sección de transporte.
3. Sección de administración.
4. Sección de compras.
5. Sección taller 1.
6. Sección taller 2.
7. Sección taller 3.
8. Sección de distribución.

El plan contable analítico que tiene la sociedad es el siguiente:

90. CUENTAS REFLEJAS

903. «Stock» inicial reflejo.
905. Compras reflejas.
906. Gastos y dotaciones reflejas.
907. Productos de explotación reflejos.
908. Resultados reflejos ajenos a la explotación.

92. CUENTAS EN SECCIONES

920. Sección fuerza motriz.
921. Sección transporte.
922. Sección administración.
923. Sección compras.

9240. Sección taller 1 M.O.D. a la sección.
9241. Sección taller 1. Gastos explotación indirectos a la sección.
9250. Sección taller 2. M.O.D. a la sección.
9251. Sección taller 2. Gastos explotación indirectos a la sección.
9260. Sección taller 3. M.O.D. a la sección.
9261. Sección taller 3. Gastos explotación indirectos a la sección.

927. Sección distribución.

93. CUENTAS DE COSTES

9330. Coste compra materia prima X.
9331. Coste compra materia prima Y.
9340. Costes directos sección taller 1.
9341. Costes indirectos sección taller 1.
9350. Costes directos sección taller 2.
9351. Costes indirectos sección taller 2.
9360. Costes directos sección taller 3.
9361. Costes indirectos sección taller 3.
9365. Coste de producción del producto terminado H_1.
9366. Coste de producción del producto terminado H_2.
9370. Coste final producto terminado H_1.
9371. Coste final producto terminado H_2.
9375. Coste final subproducto h.

94. CUENTAS DE INVENTARIO PERMANENTE

9410. Inventario P. producto terminado H_1.
9411. Inventario P. producto terminado H_2.
9420. Inventario P. producto semiterminado R.
9421. Inventario P. producto semiterminado S.
9430. Inventario P. subproducto h.
9450. Inventario P. materia prima X.
9451. Inventario P. materia prima Y.

947. Inventario P. material para consumo y reposición.

97. CUENTAS DE DIFERENCIA DE INCORPORACION

971. Cargas no incorporables.
972. Elementos supletorios incorporados.
977. Productos de explotación no incorporados.

98. RESULTADOS ANALITICOS

980. Resultados de explotación con criterios de Contabilidad de Costes.

9800. Resultado de explotación del producto terminado H_1.
9801. Resultado de explotación del producto terminado H_2.
9802. Resultado de explotación subproducto h.

987. Saldo de las cuentas de diferencias de incorporación.
988. Saldo sobre Pérdidas y ganancias.

1.3. Datos comunes a la Contabilidad General y la Contabilidad de Costes

La información relativa al período, facilitada por la Contabilidad General, es la siguiente:

A) *Existencias iniciales:*

— Materia prima X (50.000 kg a 102 ptas.)	5.100.000
— Materia prima Y (10.000 kg a 165 ptas.)	1.650.000
— Productos semiterminados R (6.000 kg a 980 ptas.)	5.880.000
— Productos semiterminados S (6.000 kg a 1.100 ptas.)	6.600.000
— Productos terminados H_1 (2.000 kg a 3.090 ptas.)	6.180.000
— Productos terminados H_2 (2.000 kg a 3.564,50 ptas.)	7.129.000
— Subproductos h	0
— Materiales para consumo y reposición	1.300.000
	33.839.000

B) *Compras del período:*

— Materia prima X:	
(10.000 kg a 92 ptas.)	920.000
(30.000 kg a 94 ptas.)	2.820.000
(10.000 kg a 96 ptas.)	960.000
— Materia prima Y:	
(15.000 kg a 145 ptas.)	2.175.000
(25.000 kg a 159 ptas.)	3.975.000
— Materiales para consumo y reposición	700.000
	11.550.000

C) *Cargas por naturaleza del período:*

— Gastos de personal	7.924.700
— Tributos	500.000
— Trabajos, suministros y servicios exteriores	950.000
— Transportes y fletes	800.000
— Gastos diversos	1.660.000
— Gastos financieros	295.000
— Dotaciones a amortización	685.000
— Dotaciones a provisión	170.000
	12.984.700

D) *Ventas del período:*

— 4.600 kg del producto H_1 a 3.500 ptas.	16.100.000
— 3.000 kg del producto H_2 a 3.800 ptas.	11.400.000
— Totalidad de los subproductos obtenidos	2.000.000
	29.500.000

E) *Otros ingresos por naturaleza del período:*

— Ingresos accesorios de la explotación	100.000
— Ingresos financieros	50.000
	150.000

F) *Resultados extraordinarios:*

— Pérdida por incendio en las oficinas de administración	500.000

1.4. Datos de fabricación

Los datos de fabricación y complementarios son:

a) Los consumos y fabricación del período han sido los siguientes:

— En el taller 1 se han consumido 60.000 kg de X, obteniendo 10.000 kg de R.
— En el taller 2 se han consumido 32.000 kg de Y, obteniendo 8.000 kg de S.
— En el taller 3 se han mezclado 12.000 kg de R y 10.000 kg de S, obteniéndose 5.000 kg de H_1, 3.000 kg de H_2 y el subproducto h por una cantidad no cuantificada.

b) Los inventarios funcionan, en cuanto a la valoración de las salidas, según el criterio del coste medio ponderado. Asimismo se sabe que no hay diferencias de inventario ni productos en curso de fabricación al final del período.

c) En la Contabilidad de Costes del período se han considerado las siguientes diferencias de incorporación:

— La dotación a las provisiones, por 170.000 ptas.; los ingresos accesorios, por 100.000, y los ingresos financieros, por 50.000, corresponden, todos ellos, a conceptos computados por la Contabilidad General, pero irrelevantes a efectos del proceso de los costes, y se consideran, por tanto, como no incorporables.

— El interés del capital propio y la retribución del empresario se evalúan en 320.000 ptas., importe que se ha decidido incorporar al cálculo de los costes.

d) El reparto primario y secundario de las cargas se efectúa en base a una serie de cálculos, resultantes de la aplicación de diferentes claves de reparto empleadas por el departamento de costes, y cuyo resultado final se ofrece en el anexo número 1, adjunto a este enunciado.

e) Las unidades de obra de las secciones, que sirven para la imputación de sus respectivos costes, son las siguientes:

— Sección de compras: kilogramos de materias primas compradas. (Los materiales para consumo y reposición no absorben ningún coste.)

— Sección taller 1 y 2: estas secciones fabrican un único producto, por lo que no plantean problema de imputación.

— Sección taller 3: horas de fusión efectivas, lo que equivale a decir que los costes se reparten entre H_1 y H_2 en la proporción de 3 y 5, respectivamente, ya que se supone que los subproductos tienen un coste de fabricación nulo.

— Sección distribución: 1.323.700 ptas. de los costes de esta sección son atribuibles a los subproductos; el resto se reparte en proporción a las pesetas vendidas de H_1 y H_2.

f) Los costes de R y S consumidos en el taller 3 no se pueden afectar directamente a los costes de H_1 y H_2 por no existir una ley que permita establecer una proporción fija; por lo que se reparte el coste total consumido, en proporción a los kilogramos obtenidos de H_1 y H_2.

Anexo 1 al enunciado: Cuadro de reparto (se ofrece como dato del ejemplo)

CARGAS POR NATURALEZA	TOTALES	SECCION AUXILIAR		SECCION ADMINISTRACION	SECCION COMPRAS	SECCION PRODUCCION			SECCION DISTRIBUCION	CARGAS NO INCORPORABLES
		Fuerza motriz	Transporte			Taller 1	Taller 2	Taller 3		
Gastos de personal	7.924.700	150.000	200.000	650.000	400.000	1.789.100	2.035.600	1.900.000	800.000	—
Cargas de explotación:										
Materiales para consumo y reposición	1.020.000	350.000	100.000	100.000	50.000	100.000	100.000	120.000	100.000	—
Tributos	500.000	—	60.000	120.000	—	—	—	—	320.000	—
Trabajos, suministros y servicios exteriores	950.000	70.000	90.000	80.000	90.000	200.000	200.000	170.000	50.000	—
Transportes y fletes	800.000	—	800.000	—	—	—	—	—	—	—
Gastos diversos	1.660.000	70.000	90.000	850.000	80.000	200.000	100.000	210.000	60.000	—
Gastos financieros	295.000	—	—	200.000	—	—	—	—	95.000	—
Dotaciones para amortización	685.000	40.000	30.000	20.000	30.000	150.000	250.000	150.000	15.000	—
Dotaciones para provisión	170.000	—	—	—	—	—	—	—	—	170.000
Cargas supletorias	320.000	20.000	30.000	40.000	20.000	50.000	50.000	100.000	10.000	—
Costes primarios	14.324.700	700.000	1.400.000	2.060.000	670.000	2.489.100	2.735.600	2.650.000	1.450.000	170.000
Subreparto:										
Sección fuerza motriz	—	−700.000	—	—	—	280.000	280.000	140.000	—	—
Sección transportes	—	—	−1.400.000	140.000	120.000	—	—	—	1.140.000	—
Sección administración	—	—	—	−2.200.000	110.000	658.900	662.400	660.000	108.700	—
Costes indirectos totales *(Indirectos al producto)*	14.324.700	—	—	—	900.000	3.428.000	3.678.000	3.450.000	2.698.700	170.000

g) La mano de obra directa, en los talleres de producción, es la siguiente:

— Taller 1: 3.800 horas a 260 = 988.000.
— Taller 2: 4.000 horas a 320 = 1.280.000.
— Taller 3: 4.200 horas a 270 = 1.134.000.

SE PIDE:

Realizar la totalidad de los asientos de la Contabilidad de Costes que reflejen:

a) Los costes de compra de las materias primas X e Y.
b) Los costes directos e indirectos de cada una de las secciones de producción.
c) Los costes de producción y costes finales de los productos terminados H_1, H_2 y el coste final del subproducto h.
d) Los resultados analíticos de los productos terminados H_1, H_2 y del subproducto h.

2. ACOTACIONES A LA INFORMACION Y SU ORDENACION EXTRACONTABLE

2.1. Diagrama del proceso técnico

Desde el punto de vista de la solución del supuesto **es aconsejable** siempre, después de la atenta lectura del mismo, **reconstruir el diagrama del proceso técnico seguido por la empresa**.

Porque, en definitiva, lo que va a hacer el director de costes es seguir, a través del plan contable analítico, dicho proceso técnico.

Este es el primer paso que nos ayudará a encuadrar el problema. En nuestro caso concreto, tal diagrama podría ser el siguiente:

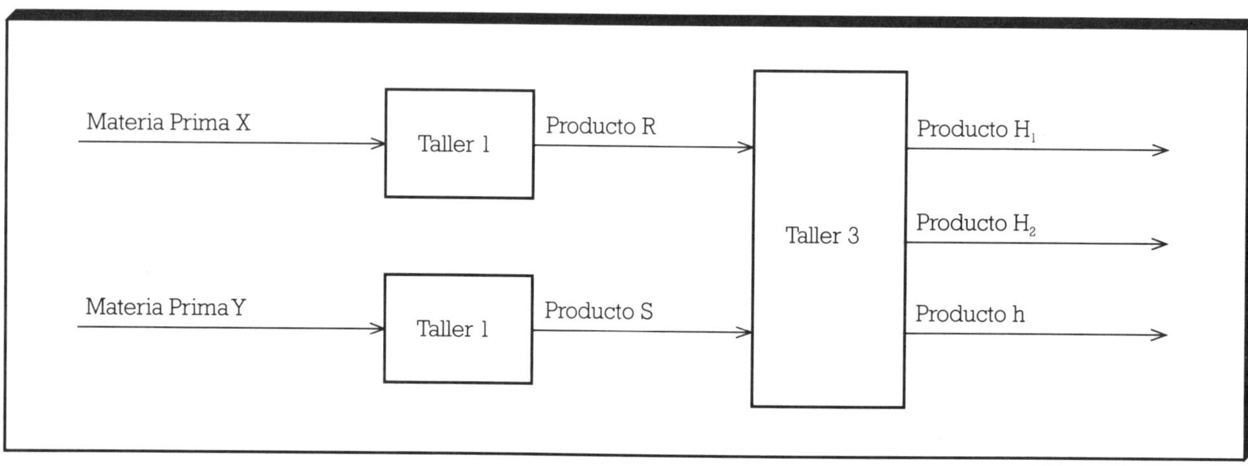

Reconstruido el diagrama del proceso técnico, nos ayudará a apreciar cuáles son los costes directos que se asignan a las secciones de producción. Como, por otra parte, tenemos también reconstruido el cuadro de reparto, **podemos observar**:

a) El taller 1, para producir el producto semiterminado R, consume materia prima X, e incurre en unas cargas indirectas a R, recogidas en la correspondiente cuenta de secciones, «Sección taller 1» (cuadro de reparto).

b) El taller 2, para producir el producto semiterminado S, consume materia prima Y, e incurre en unas cargas indirectas a S, recogidas en la correspondiente cuenta de sección, «Sección taller 2» (cuadro de reparto).

c) El taller 3, para producir H_1, H_2 y h, consume productos semiterminados R y S, e incurre en unas cargas indirectas a H_1, H_2 y h, recogidas en la correspondiente cuenta de secciones, «Sección taller 3» (cuadro de reparto).

Por tanto, mientras que en los talleres 1 y 2 se da una producción simple, en el taller 3 aparece, además de un subproducto —el h—, una producción conjunta, ya que los productos múltiples —H_1 y H_2— resultan de la misma naturaleza técnica del proceso. Esto quiere decir que respecto a la imputación de las cargas totales del taller 3, el supuesto nos tiene que dar dos tipos de información. Por una parte, necesitamos saber cuál es su unidad de obra para imputar las cargas indirectas a H_1, H_2 y h recogidas en la «Sección taller 3», y, por otro lado, necesitamos saber cómo se reparte, entre H_1, H_2 y h, las cargas directas, es decir, los consumos que el taller 3 hace de los productos semiterminados R y S.

De los distintos métodos expuestos en teoría para asignar los costes comunes directos entre los productos conjuntos y subproductos, el supuesto opta por repartir entre H_1 y H_2 el consumo de los productos semiterminados R y S, en función de los kilos obtenidos en el taller 3 de H_1 y H_2. Esto por lo que respecta a las cargas directas del taller 3.

Las cargas indirectas a H_1 y H_2 y h, recogidas en la «Sección taller 3» se asignan sólo a H_1 y H_2, en función de su unidad de obra, es decir, las horas de fusión efectivas, y nos aclara el supuesto que, según esto, las cargas indirectas se reparten entre H_1 y H_2 en la proporción de 3 a 5. Porque si la hora de fusión efectiva incurre en X cargas, las cargas correspondientes a los tres primeros cuartos de hora deben repartirse entre los dos productos, mientras que las dos partes de las cargas del último cuarto de hora corresponden sólo al producto H_2.

Respecto al subproducto h, si las cargas directas e indirectas del taller 3 se asignan, según los criterios del supuesto, sólo a los productos terminados H_1 y H_2, quiere esto decir que, en este caso, se está siguiendo el método de no asignar al subproducto ningún coste de producción común antes de la separación, pero sí los costes posteriores a la separación, cuales son los costes de distribución.

2.2. El Plan Contable Analítico

Es importante, antes de proceder a realizar ningún apunte contable en la Contabilidad de Costes, **leer detenidamente el plan de cuentas que sigue la empresa**. Porque, en definitiva, este plan contable estará preparado para obtener la información que busca tal empresa y nos mostrará el camino para conseguir ese objetivo.

Puesto que uno de los objetivos es calcular los costes directos e indirectos de cada una de las secciones de producción —taller 1, taller 2 y taller 3—, la sociedad que estamos estudiando tiene dividida cada cuenta de sección —que recoge las cargas indirectas al producto— en dos subcuentas en las que se separan, por una parte, los elementos directos a la sección y, por otra, todos los demás elementos. Con ello se logra un mayor grado de análisis de los elementos del coste del producto y nos abre el camino para poder calcular el coste directo e indirecto de los talleres.

En efecto, el coste directo de un taller estará integrado por los elementos directos al producto —consumo de materia prima, de productos semiterminados, etc.—, más los elementos directos del taller, en este caso concreto la parte de los gastos de personal que corresponde a la mano de obra directa. Mientras que el coste indirecto del taller estará integrado por aquellos elementos que, siendo indirectos al producto, lo son también a los talleres.

En definitiva, lo que persigue este plan contable analítico es no solamente distinguir los costes directos —materia prima— e indirectos —todas las demás cargas— respecto al producto, sino también dentro de los elementos indirectos al producto, distinguir aquellos que son directos a la sección —mano de obra directa, por ejemplo— y aquellos que son indirectos a la sección y al producto. Todo esto se deduce de la existencia, en el Plan Contable, de las correspondientes cuentas.

2.3. Otras consideraciones previas

a) En este supuesto no se pretende insistir en el estudio operativo del campo de las secciones, por lo que el trabajo extracontable de ordenar la información en torno al cuadro de reparto e imputación de las cargas indirectas al producto, aparece ya solucionado como un dato más del supuesto.

b) Respecto a las existencias en la empresa de almacenes:

- No existe producción en curso ni al principio ni al final del ejercicio.
- Existe almacén de materias primas, de materiales para consumo y reposición, de productos semiterminados y de productos terminados.
- Todos los subproductos que aparecen en el ejercicio se venden.
- Las entradas en los correspondientes inventarios permanentes se registran por su coste total. En el caso de existencias iniciales, este coste nos viene dado por el ejercicio anterior y en el caso de compras, será necesario calcularlo antes de pasar las compras a sus inventarios.
- Las salidas en los correspondientes inventarios permanentes se registran, como indica el supuesto, por su coste medio ponderado.
- No existen «diferencias de inventarios», es decir, existe concordancia entre el inventario contable y el inventario físico. Al no darnos el supuesto el dato sobre las existencias finales, podemos suponer que éstas son las que corresponden al inventario contable.

3. DESARROLLO OPERATIVO DEL PROCESO CONTABLE BASICO, CON ATENCION A LOS CAMPOS DE INVENTARIOS, COSTES Y DIFERENCIAS DE INCORPORACION

Para solucionar el caso vamos a seguir materialmente el esquema general del proceso contable, que ya conocemos y que el alumno debe ya memorizar.

Momentos del proceso contable	N.º de cuenta	Cuenta	Debe	Haber
1. Recibo de los «stock» existentes	9410	Inventario permanente producto terminado «H_1»	6.180.000	
	9411	Inventario permanente producto terminado «H_2»	7.129.000	
	9420	Inventario permanente producto semiterminado «R»	5.880.000	
	9421	Inventario permanente producto semiterminado «S»	6.600.000	
	9450	Inventario permanente materia prima «X»	5.100.000	
	9451	Inventario permanente materia prima «Y»	1.650.000	
	947	Inventario permanente materiales para consumo y reposición	1.300.000	
	903	a «Stock» inicial reflejo		33.839.000
		(Datos del supuesto)		
		x		
2. Recibo de las cargas con sus modalidades, pasando por las secciones	9330	Coste compra materia prima «X»	4.700.000	
	9331	Coste compra materia prima «Y»	6.150.000	
	947	Inventario permanente materiales para consumo y reposición	700.000	
a) Respecto a las compras	905	a Compras reflejas		11.550.000
		(Datos del supuesto)		
		x		
b) Respecto a las restantes cargas incorporables indirectas por el método abreviado		(Reparto primario)		
	920	Sección fuerza motriz	700.000	
	921	Sección transporte	1.400.000	
	922	Sección administración	2.060.000	
	923	Sección compras	670.000	
	9240	Sección taller 1. M.O.D. de la sección	988.000	
	9241	Sección taller 1. Gastos explotación indirectos de la sección	1.501.100	
	9250	Sección taller 2. M.O.D. de la sección	1.280.000	
	9251	Sección taller 2. Gastos explotación indirectos de la sección	1.455.600	
	9260	Sección taller 3. M.O.D. de la sección	1.134.000	
	9261	Sección taller 3. Gastos explotación indirectos de la sección	1.516.000	
	927	Sección distribución	1.450.000	
	971	Cargas no incorporables	170.000	
	906	a Gastos y dotaciones reflejas		12.984.700
	972	a Elementos supletorios incorporados		320.000
	947	a Inventario permanente materiales para consumo y reposición		1.020.000
		(Ver cuadro de reparto y datos del supuesto)		

Momentos del proceso contable	N.º de cuenta	Cuenta	Debe	Haber
		——— x ———		
		(Reparto secundario)		
	922	Sección administración	140.000	
	923	Sección compras	230.000	
	9241	Sección taller 1. Gastos explotación indirectos de la sección	938.900	
	9251	Sección taller 2. Gastos explotación indirectos de la sección	942.400	
	9261	Sección taller 3. Gastos explotación indirectos de la sección	800.000	
	927	Sección distribución	1.248.700	
	920	a Sección fuerza motriz		700.000
	921	a Sección transportes		1.400.000
	922	a Seccion administración		2.200.000
		——— x ———		
		Tanto el reparto primario como el reparto secundario podían haberse hecho en un solo asiento contable, que sería el siguiente:		
	923	Sección compras	900.000	
	9240	Sección taller 1. M.O.D. de la sección	988.000	
	9241	Sección taller 1. Gastos explotación indirectos de la sección	2.440.000	
	9250	Sección taller 2. M.O.D. de la sección	1.280.000	
	9251	Sección taller 2. Gastos explotación indirectos de la sección	2.398.000	
	9260	Sección taller 3. M.O.D. de la sección	1.134.000	
	9261	Sección taller 3. Gastos explotación indirectos de la sección	2.316.000	
	927	Sección distribución	2.698.700	
	971	Cargas no incorporables	170.000	
	906	a Gastos y dotaciones reflejas		12.984.700
	972	a Elementos supletorios incorporados		320.000
	947	a Inventario permanente materiales para consumo y reposición		1.020.000
		(Ver cuadro de reparto y datos del supuesto relativos a M.O.D. de las secciones de producción)		
		——— x ———		
3. Determinación del coste de compra	9330	Coste compra materia prima «X»	500.000	
	9331	Coste compra materia prima «Y»	400.000	
	923	a Sección compras		900.000
		(Según datos del supuesto. Recuérdese que aquí sólo cargamos a los costes de compras, los costes indirectos, procedentes de la sección, ya que los directos fueron cargados en el momento 2.*a*) anterior)		

Momentos del proceso contable	N.º de cuenta	Cuenta	Debe	Haber
		Respecto al cálculo de los costes indirectos de compras de «X» e «Y», como la unidad de obra de la sección es el kg comprado, resulta: $\frac{\text{Total coste sección compras}}{\text{Total kg materias primas compradas}} =$ $= \text{Coste unitario unidad de obra } \frac{900.000}{90.000} = 10$ Total kg comprados de X: 50.000 Total kg comprados de Y: 40.000 Costes indirectos de compras a imputar: Materia prima «X»: 50.000 × 10 = 500.000 Materia prima «Y»: 40.000 × 10 = 400.000		
		x		
4. Entrada de las compras en almacén	9450	Inventario permanente materia prima «X»	5.200.000	
	9451	Inventario permanente materia prima «Y»	6.550.000	
	9330	a Coste compra materia prima «X»		5.200.000
	9331	a Coste compra materia prima «Y»		6.550.000
		(Por cancelación de los saldos de las cuentas de costes de compras mediante traspaso a las de inventario permanente. La entrada en almacén de las compras de materiales para consumo y reposición ya fue contabilizada en el momento 2.*a*) anterior, por carecer de costes indirectos).		
		x		
5. Determinación del coste de producción	9340	Costes directos sección taller 1	7.168.000	
a) Determinación del coste de los productos semiterminados «R» (o, lo que es igual, del coste de la sección taller 1)	9341	Costes indirectos sección taller 1	2.440.000	
	9450	a Inventario permanente materia prima «X»		6.180.000
	9240	a Sección taller 1. M.O.D. de la sección		988.000
	9241	a Sección taller 1. Gastos explotación indirectos de la sección		2.440.000
		(La cuenta 9340 recibe el saldo de la cuenta 9240, que se cancela, más el importe de las materias primas «X» consumidas. La cuenta 9341 recibe el saldo de la cuenta 9241, que se cancela).		
		En cuanto a la valoración de las materias primas «X» consumidas por la sección, se aplica el criterio del coste medio ponderado, como sigue: *Existencia inicial:* 50.000 kg por 5.100.000 *Compras (incluidos los costes indirectos):* 50.000 kg por 5.200.000		

Momentos del proceso contable	N.º de cuenta	Cuenta	Debe	Haber
		Total inputs:		
		100.000 kg por 10.300.000		
		$\text{Coste medio ponderado} = \frac{10.300.000}{100.000} = 103 \text{ ptas/kg}$		
		Consumo: 60.000 kg × 103 = 6.180.000		
		——— x ———		
b) Determinación del coste de los productos semiterminados «S» (o, lo que es igual, del coste de la sección taller 2)	9350	Costes directos sección taller 2	6.528.000	
	9351	Costes indirectos sección taller 2	2.398.000	
	9451	a Inventario permanente materia prima «Y»		5.248.000
	9250	a Sección taller 2. M.O.D. de la sección		1.280.000
	9251	a Sección taller 2. Gastos explotación indirectos de la sección		2.398.000
		(La cuenta 9350 recibe el saldo de la cuenta 9250, que se cancela, más el importe de las materias primas «Y» consumidas. La cuenta 9351 recibe el saldo de la cuenta 9251, que se cancela).		
		La valoración de las materias primas «Y» consumidas, según criterio del coste medio ponderado, es como sigue:		
		Existencia inicial:		
		10.000 kg por 1.650.000		
		Compras (incluidos los costes indirectos):		
		40.000 kg por 6.550.000		
		Total inputs:		
		50.000 kg por 8.200.000		
		$\text{Coste medio ponderado} = \frac{8.200.000}{50.000} = 164 \text{ ptas/kg}$		
		Consumo: 32.000 kg × 164 = 5.248.000		
		——— x ———		
c) Entrada en almacén de los productos semiterminados «R» y «S»	9420	Inventario permanente producto semiterminado «R»	9.608.000	
	9340	a Costes directos sección taller 1		7.168.000
	9341	a Costes indirectos sección taller 1		2.440.000
		(Por cancelación de los saldos de las cuentas de costes de la sección taller 1 mediante traspaso a la de inventario permanente del producto semiterminado «R»).		

Momentos del proceso contable	N.º de cuenta	Cuenta	Debe	Haber
		——— x ———		
	9421	Inventario permanente producto semiterminado «S»	8.926.000	
	9350	a Costes directos sección taller 2		6.528.000
	9351	a Costes indirectos sección taller 2		2.398.000
		(Por cancelación de los saldos de las cuentas de costes de la sección taller 2 mediante traspaso a la de inventario permanente del producto semiterminado «S»).		
		——— x ———		
d) Determinación del coste de la sección taller 3	9360	Costes directos sección taller 3	23.840.000	
	9361	Costes indirectos sección taller 3	2.316.000	
	9420	a Inventario permanente producto semiterminado «R»		11.616.000
	9421	a Inventario permanente producto semiterminado «S»		11.090.000
	9260	a Sección taller 3. M.O.D. de la sección		1.134.000
	9261	a Sección taller 3. Gastos explotación indirectos de la sección		2.316.000
		(La cuenta 9360 recibe el saldo de la cuenta 9260, que se cancela, más los importes, consumidos de los productos semiterminados «R» y «S». La cuenta 9361 recibe el saldo de la cuenta 9261, que se cancela.		
		La valoración de los productos semiterminados «R» consumidos, al coste medio ponderado, es como sigue:		
		Existencia inicial: 6.000 kg por 5.880.000		
		Producción del período: 10.000 kg por 9.608.000		
		Total inputs: 16.000 kg por 15.488.000		
		$\text{Coste medio ponderado} = \frac{15.488.000}{16.000} = 968 \text{ ptas/kg}$		
		Consumo: 12.000 kg × 968 = 11.616.000.		
		La valoración de los productos semiterminados «S» consumidos, al coste medio ponderado, es como sigue:		
		Existencia inicial: 6.000 kg por 6.600.000		
		Producción del período: 8.000 kg por 8.926.000		

Momentos del proceso contable	N.° de cuenta	Cuenta	Debe	Haber
		Total inputs: 14.000 kg por 15.526.000 $\text{Coste medio ponderado} = \frac{15.526.000}{14.000} = 1.109 \text{ ptas/kg}$ Consumo: 10.000 kg × 1.109 = 11.090.000. ———— x ————		
e) Determinación del coste de productos terminados «H_1» y «H_2»	9365	Coste del producto terminado «H_1»	15.485.000	
	9366	Coste del producto terminado «H_2»	10.671.000	
	9360	a Costes directos sección taller 3		23.840.000
	9361	a Costes indirectos sección taller 3		2.316.000
		(Las cuentas 9360 y 9361 traspasan sus saldos quedando canceladas. — Los importes de los consumos de productos semiterminados «R» y «S» por un total de 11.616 + 11.090.000 = 22.706.000, se reparten en proporción a los kg obtenidos de «H_1» y «H_2», como sigue: Kg obtenidos de «H_1» .... 5.000 kg Kg obtenidos de «H_2» .... 3.000 kg Total .... 8.000 kg $\frac{\text{Coste consumo de «R» y «S»}}{\text{Kg obtenidos de «}H_1\text{» y «}H_2\text{»}} =$ $= \frac{22.706.000}{8.000} = 2.838,25$ Imputado a «H_1»: 5.000 × 2.838,25 = 14.191.250 Imputado a «H_2»: 3.000 × 2.838,25 = 8.514.750 22.706.000 — Los importes de los costes de M.O.D. de la sección y de los costes indirectos de la sección son los siguientes: M.O.D. sección taller .... 1.134.000 Costes indirectos sección taller 3 ...... 2.316.000 3.450.000 que se reparten en proporción de 3/5 para «H_1» y «H_2», respectivamente, es decir: $\frac{3.450.000}{8} = 431.250$ Imputado a «H_1»: 431.250 × 3 = 1.293.750 Imputado a «H_2»: 431.250 × 5 = 2.156.250		

Momentos del proceso contable	N.º de cuenta	Cuenta	Debe	Haber
		— Las sumas totales imputadas son, pues:		
		H_1 — H_2		
		Imputaciones consumos: 14.191.250 — 8.514.750		
		Imputaciones gastos: 1.293.750 — 2.156.250		
		Total 15.485.000 — 10.671.000		
		——— x ———		
6. Entrada en almacén de productos terminados	9410	Inventario permanente de producto terminado «H_1»	15.485.000	
	9411	Inventario permanente de producto terminado «H_2»	10.671.000	
	9365	a Coste del producto terminado «H_1»		15.485.000
	9366	a Coste del producto terminado «H_2»		10.671.000
		(Por cancelación de las cuentas de coste de los productos terminados «H_1» y «H_2», mediante traspaso a las de inventario permanente).		
		——— x ———		
7. Determinación del coste final		Este coste, como sabemos, normalmente juega y aparece en el momento de la determinación del precio de coste.		
		——— x ———		
8. Determinación del coste final	9370	Coste final producto terminado «H_1»	15.042.000	
	9371	Coste final producto terminado «H_2»	11.250.000	
	9375	Coste final subproducto «H_2»	1.323.700	
	9410	a Inventario permanente producto terminado «H_1»		14.237.000
	9411	a Inventario permanente producto terminado «H_2»		10.680.000
	927	a Sección distribución		2.698.700
		(La sección distribución traspasa su saldo quedando cancelada).		
		— La valoración de los productos terminados «H_1» vendidos, al coste medio ponderado, es como sigue:		
		Existencia inicial: 2.000 kg por 6.180.000		
		Producción del período: 5.000 kg por 15.485.000		
		Total inputs: 7.000 kg por 21.665.000		

Momentos del proceso contable	N.º de cuenta	Cuenta	Debe	Haber
		Coste medio ponderado = $\frac{21.665.000}{7.000}$ = 3.905 ptas/kg		
		Ventas al coste m.p.: 4.600 kg × 3.095 = 14.237.000		
		— La valoración de los productos terminados «H_2» vendidos, al coste medio ponderado, es como sigue:		
		Existencia inicial:		
		2.000 kg por 7.129.000		
		Producción del período:		
		3.000 kg por 10.671.000		
		Total inputs:		
		5.000 kg por 17.800.000		
		Coste medio ponderado = $\frac{17.800.000}{5.000}$ = 3.560 ptas/kg		
		Ventas al coste m.p.: 3.000 kg × 3.560 = 10.680.000		
		— La imputación de la sección distribución es como sigue:		
		Al subgrupo «h» 1.323.700		
		Al producto «H_1» 805.000		
		Al producto «H_2» 570.000		
		2.698.700		
		—— x ——		
9. Determinación de los resultados analíticos	9800	Resultado explotación producto terminado «H_1»	15.042.000	
Primer conjunto	9801	Resultado explotación producto terminado «H_2»	11.250.000	
a) Registro de los costes	9805	Resultado explotación subproducto «h»	1.323.700	
	9370	a Coste final producto terminado «H_1»		15.042.000
	9371	a Coste final producto terminado «H_2»		11.250.000
	9375	a Coste final subproducto «h»		1.323.700
		(Por el traspaso de los saldos de las cuentas de P. costes a las de resultados analíticos).		
		—— x ——		
b) Registro de las ventas	907	Productos explotación reflejos	29.650.000	
	9800	Resultados explotación producto terminado «H_1»		16.100.000
	9801	a Resultados explotación producto terminado «H_2»		11.400.000
	9805	a Resultados explotación subproducto «h»		2.000.000
	977	a Productos explotación no incorporables		150.000
		(Por la incorporación del grupo 7 de la Contabilidad General según datos del supuesto).		

Momentos del proceso contable	N.º de cuenta	Cuenta	Debe	Haber
		——— x ———		
		(Reagrupando los resultados anteriores).		
	9800	Resultados explotación producto terminado «H_1»	1.058.000	
	9801	Resultados explotación producto terminado «H_2»	150.000	
	9805	Resultados explotación subproducto «h»	676.300	
	980	a Resultados explotación con criterios de C.C. . .		1.884.300
		——— x ———		
Segundo conjunto		(Reagrupación de las diferencias de incorporación).		
	987	Saldo de las cuentas de diferencias de incorporación	170.000	
	971	a Cargas no incorporables		170.000
		——— x ———		
	972	Elementos supletorios incorporados	320.000	
	977	Productos de la explotación no incorporados	150.000	
	987	a Saldo de las cuentas de diferencias de incorporación		470.000
		——— x ———		
Tercer conjunto	988	Saldo sobre Pérdidas y ganancias	500.000	
	908	a Resultados reflejos ajenos a explotación		500.000
		——— x ———		
		(Reagrupando los tres conjuntos de resultados).		
	980	Resultados explotación con criterios de C.C.	1.884.300	
	987	Saldo de las cuentas de diferencias de incorporación	300.000	
	988	a Saldo sobre Pérdidas y ganancias		500.000
	98	a RESULTADOS ANALITICOS		1.684.300
10. Cierre de los libros de la Contabilidad Analítica	903	«Stock» inicial reflejo	33.839.000	
	905	Compras reflejas	11.550.000	
	906	Gastos y dotaciones reflejas	12.984.000	
	908	Resultados reflejos ajenos a la explotación	500.000	
	907	a Productos de explotación reflejos		29.650.000
	9410	a Inventario permanente producto terminado «H_1»		7.428.000
	9411	a Inventario permanente producto terminado «H_2»		7.120.000
	9420	a Inventario permanente producto semiterminado «R»		3.872.000
	9421	a Inventario permanente producto semiterminado «S»		4.436.000
	9450	a Inventario permanente materia prima «X» . . .		4.120.000
	9451	a Inventario permanente materia prima «Y» . . .		2.952.000

Momentos del proceso contable	N.° de cuenta	Cuenta	Debe	Haber
	947	a Inventario permanente materiales para consumo y reposición		980.000
	98	RESULTADOS ANALITICOS	1.684.300	
		(Con este asiento, que no es más que la contrapartida del Balance Analítico, quedan cerradas todas las cuentas que permanecían abiertas en la Contabilidad de Costes.		
		Los inventarios recogen los valores que este ejercicio pasa al siguiente).		

4. BALANCE ANALITICO

Una vez efectuados todos los asientos del período analítico, podemos montar el correspondiente balance que, para mayor facilidad, vamos a presentar bajo la forma de saldos únicamente:

TITULO DE LAS CUENTAS ABIERTAS EN ESTE MOMENTO EN LA C.A.	SALDOS	
	Deudor	Acreedor
903 «Stock» inicial reflejo		33.839.000
905 Compras reflejas		11.550.000
906 Gastos y dotaciones reflejas		12.984.700
907 Productos de explotación reflejos	29.650.000	
908 Resultados reflejos ajenos a la explotación		500.000
9410 Inventario permanente producto terminado «H_1»	7.428.000	
9411 Inventario permanente producto terminado «H_2»	7.120.000	
9420 Inventario permanente producto semiterminado «R»	3.872.000	
9421 Inventario permanente producto semiterminado «S»	4.436.000	
9450 Inventario permanente materia prima «X»	4.120.000	
9451 Inventario permanente materia prima «Y»	2.952.000	
947 Inventario permanente materiales para consumo y reposición	980.000	
98 RESULTADOS ANALITICOS		1.684.300
Total	60.588.000	60.588.000

CASO PRACTICO 2. Estudio operativo con énfasis en los centros de actividad

1. PRESENTACION DE LA INFORMACION PARA EL ESTUDIO OPERATIVO DEL PROCESO CONTABLE BASICO, CON ENFASIS EN LOS CENTROS DE ACTIVIDAD

I. ORGANIZACION TECNICO-ECONOMICA

NUMASA (Nueva Maquilera, Sociedad Anónima), es una empresa que trabaja de tal manera que sólo efectúa la transformación de sus productos, es decir, que los propios clientes suministran la materia prima, y, por otra parte, los pedidos terminados son entregados y facturados; es el llamado régimen de maquila.

Respecto a su organización económica, la empresa se ha dividido, siguiendo el organigrama técnico, en tres centros de actividad auxiliares —centro de actividad de administración, centro de actividad auxiliar «A» y centro de actividad auxiliar «B»—. En cuatro centros de actividad principales de producción —centros de actividad de producción «C», «D», «E» y «F»— y en un centro de actividad de distribución.

II. ORGANIZACION CONTABLE

La empresa tiene establecido un modelo contable que en su parte analítica está orientado a calcular el coste final por pedido, respondiendo al cuadro contable básico.

El plan de las cuentas analítico que, ya dentro de ese cuadro contable básico, sigue esta empresa, en concreto, es el siguiente:

90. CUENTAS REFLEJAS
 - 903. «Stock» inicial reflejo.
 - 905. Compras reflejas.
 - 906. Gastos y dotaciones reflejas.
 - 907. Productos de explotación reflejos.
 - 908. Resultados reflejos ajenos a la explotación.

92. CUENTAS EN SECCIONES
 - 920. Sección auxiliar de administración.
 - 921. Sección auxiliar «A».
 - 922. Sección auxiliar «B».
 - 923. Sección de producción «C».
 - 924. Sección de producción «D».
 - 925. Sección de producción «E».
 - 926. Sección de producción «F».
 - 927. Sección de distribución.

93. CUENTAS DE COSTES
 - 9301. Coste de producción pedido número 1.
 - 9302. Coste de producción pedido número 2.
 - 9303. Coste de producción pedido número 3.
 - 9304. Coste de producción pedido número 4.
 - 9371. Coste final del pedido número 1.
 - 9372. Coste final del pedido número 2.
 - 9373. Coste final del pedido número 3.

94. CUENTAS DE INVENTARIO PERMANENTE
 - 944. I. permanente de producción en curso.
 - 9455. I. permanente de materias auxiliares.

97. CUENTAS DE DIFERENCIAS DE INCORPORACION
 - 972. Elementos supletorios incorporados.

98. RESULTADOS ANALITICOS
 - 980. Resultados de explotación con criterios de Contabilidad de Costes (C.C.)
   - 9800. Resultado de explotación del pedido número 1.
   - 9801. Resultado de explotación del pedido número 2.
   - 9802. Resultado de explotación del pedido número 3.
 - 987. Saldo de las cuentas de diferencias de incorporación.
 - 988. Saldo sobre Pérdidas y ganancias.

III. DATOS COMUNES DE LA CONTABILIDAD GENERAL Y LA CONTABILIDAD ANALITICA

Los datos que constituyen la situación de partida de la Contabilidad Analítica son los siguientes:

a) Existencias iniciales

— Producción en curso, 9.800 ptas., que corresponde al pedido número 1.
— Materias auxiliares en almacén, 2.400 ptas.

b) Compras

— 3.000 ptas. de materiales auxiliares.

c) Gastos por naturaleza

— Gastos de personal	23.000
— Gastos financieros	700
— Tributos	3.000
— Servicios exteriores	4.400
— Otros gastos de gestión	1.200
— Dotación a amortizaciones	4.500

Existen unas cargas financieras del capital propio por importe de 1.440, que se decide incorporar como elemento del coste.

d) Ventas

— Pedido número 1, por 38.600 ptas.
— Pedido número 2, por 14.000 ptas.
— Pedido número 3, por 42.800 ptas.

e) Existen pérdidas ajenas a la explotación por importe de 3.000 ptas.

IV. DATOS DE FABRICACION

a) Fabricación del período

En el período que se pretende contabilizar:

— Se ha terminado el pedido número 1.
— Comenzado y terminado los pedidos números 2 y 3.
— Comenzado y no terminado el pedido número 4.

b) Cuadro de reparto

b.1. Reparto primario

Después del estudio correspondiente, las cargas por naturaleza han sido repartidas entre los centros de actividad de la siguiente forma:

— Los materiales auxiliares: 2.800 ptas. al centro de actividad «A»; 150, al «C»; 200, al «D»; 200, al «E»; 150, al «F», y 100, al centro de actividad de distribución.
— Los gastos de personal: 5.800 ptas. al centro de actividad de administración; 1.000, al «A»; 1.600, al «B»; 2.600, al «C»; 1.750, al «D»; 2.450, al «E»; 2.800, al «F», y 5.000, al centro de actividad de distribución.
— Los gastos financieros: 300 ptas., al centro de actividad de administración, y 400, al de distribución.
— Los tributos: 500, al centro de actividad de administración; 1.000, al «B», y 1.500, al centro de actividad de distribución.
— Los servicios exteriores: 500, al centro de actividad de administración; 1.600, al «A»; 750, al «C»; 750, al «D», 400, al «E», y 400, al «F».
— Los transportes y fletes: 1.000 ptas., al centro de actividad «B».
— Los gastos de gestión: 600 ptas., al centro de actividad de administración; 150, al «B»; 50, al «C»; 50, al «D»; 50, al «E»; 50, al «F», y 250, al centro de actividad de distribución.
— Los elementos supletorios —cargas financieras—: 100 ptas., al centro de actividad de administración; 100, al «A»; 50, al «B»; 300, al «C»; 200, al «D»; 250, al «E»; 300, al «F», y 140, al centro de actividad de distribución.
— Las amortizaciones: 200, al centro de actividad de administración; 100, al «A»; 200, al «B»; 1.000, al «C»; 900, al «D»; 950, al «E»; 1.000, al «F», y 150, al de distribución.

b.2. Reparto secundario o subreparto

El traspaso de las cargas de los centros de actividad auxiliares a los centros de actividad principales se ha acordado efectuarlas según el cuadro siguiente:

Centros de actividad	**Administración (%)**	**A (%)**	**B (%)**	**C (%)**	**D (%)**	**E (%)**	**F (%)**	**Distribución (%)**
Centro de actividad administración		5	10	20	10	10	20	25
Centro de actividad «A»	10		15	25	20	15	15	
Centro de actividad «B»				50	50			

c) Las unidades de obra

Las unidades de obra elegidas para medir la actividad de los centros de actividad principales son:

— La hora hombre —H.O.— para los centros de actividad «C», «E» y «F».
— La hora máquina —H.M.— para el centro de actividad «D».
—Las pesetas vendidas para el centro de distribución.

Y el número de unidades de obra correspondientes a tales centros de actividad han sido:

Centro de actividad «C», 4.000.
Centro de actividad «D», 3.000.
Centro de actividad «E», 1.500.
Centro de actividad «F», 2.400.
Centro de actividad distribución, 95.400.

d) El cuadro de imputación

Durante el período, los centros de actividad principales han concurrido a los pedidos de la siguiente manera:

— De las 4.000 unidades de obra del centro de actividad «C», 780 han sido para el pedido número 2; 2.020, para el número 3, y el resto —1.200—, para el pedido número 4.
— De las 3.000 unidades de obra del centro de actividad «D», 300 han sido para el pedido número 1; 420, para el número 2; 1.380, para el número 3, y el resto —900—, para el pedido número 4.
— De las 1.500 unidades de obra del centro de actividad «E», 390 han sido para el pedido número 1; 210, para el número 2; 700, para el número 3, y el resto —200—, para el número 4.
— De las 2.400 unidades de obra del centro de actividad «F», 770 han sido para el pedido número 1; 330, para el número 2, y 1.300, para el número 3.

SE PIDE:

1. Elaborar el cuadro de reparto de las cargas por naturaleza entre los distintos centros de actividad, teniendo presente, para el reparto secundario por imputación indirecta, el llamado método algebraico (sistema de ecuaciones).
2. Elaborar el cuadro de imputación de los costes indirectos de los centros de actividad a los costes de los correspondientes pedidos.
3. Con la información extracontable obtenida y ordenada por los cuadros anteriores, realizar la totalidad de los asientos de la Contabilidad Analítica que refleje los distintos resultados analíticos de la explotación.

2. COMENTARIOS AL PLANTEAMIENTO DEL SUPUESTO

A través de la explicación de este ejercicio **se pretende fijar la atención** en el esquema general del proceso contable analítico, **en el campo concreto de las «cuentas de secciones»**. Por ello vamos a exponer un caso en que no aparezca problemática concreta sobre materias primas ni, en general, problemática sobre inventarios, a excepción de producción en curso y materias auxiliares.

Además, el proceso técnico seguido por la empresa para la transformación de sus valores en producción se ha procurado que no ofrezca dificultades especiales en el cálculo de los correspondientes costes —subgrupo 93. Cuentas de costes—. Lo mismo podríamos decir del subgrupo 97 —cuentas de diferencias de incorporación—, ya que solamente recogemos un caso muy simple de las mismas.

En definitiva, pues, y con las anteriores salvedades, **vamos a trabajar** dentro del cuadro contable básico, **con los subgrupos**:

90. Cuentas reflejas.
92. Cuentas de secciones.
93. Cuentas de costes.
98. Cuentas de resultados analíticos.

Y dentro del subgrupo 98. Cuentas de resultados analíticos **vamos a distinguir las tres etapas que ya conocemos en la determinación de resultados**:

1. Resultados de la explotación con criterios de Contabilidad de Costes, saldo de la cuenta 980.
2. Resultados de la explotación con criterios de Contabilidad General, añadiendo, al saldo anterior, el de la cuenta 987 (saldo de las cuentas de diferencias de incorporación).
3. Resultado total de la explotación sumando, a los anteriores resultados de la actividad normal de la empresa, los saldos extraordinarios o ajenos a la explotación.

3. CONSIDERACIONES PREVIAS A LA SOLUCION

De la lectura de la información suministrada podemos sacar las siguientes consideraciones, que nos ayudarán a encuadrar el problema, cuya solución buscamos:

1. Desde el punto de vista de las condiciones generales de una explotación podemos distinguir:

a) Una producción que se desarrolla en acto continuo y los productos se venden a partir de un «stock» o almacén de productos terminados.
b) Una producción que se efectúa sobre pedidos.
c) Una producción de carácter mixto, parte se efectúa por adelantado para almacén y parte sobre pedido.

En la producción por procesos o en serie el cliente hace un pedido que ya está producido, ya está en almacén, y las relaciones entre la empresa y el cliente responderán a las condiciones generales del mercado. Mientras que **en la producción de un pedido** encargado por un cliente hay que producir este pedido expresamente para tal cliente, y las relaciones entre la empresa y este cliente responderán a unas condiciones particulares de negociación.

Además, **en la producción en serie** se buscará, en general, el coste de los productos terminados y vendidos, mientras que **en la producción por pedidos** se buscará el coste, en concreto, del pedido determinado. Pero, **en ambos casos**, el proceso contable básico del movimiento interno de valores será fundamentalmente el mismo.

2. Respecto a las existencias en almacenes:

— **No hay almacén de materias primas**, puesto que éstas no son compradas por la empresa, sino que son suministradas por los clientes que hacen el pedido a la empresa.

— **No existe almacén de productos terminados**, puesto que una vez concluido el período, automáticamente se entrega y factura al cliente.

— **Existe producción en curso al principio y al final**. Es decir, al comienzo del período se estaba trabajando un período, el número 1, que hasta ese momento había incurrido en unas cargas de 9.800 —dato del supuesto— y, al finalizar el período, se está trabajando el pedido número 4, cuyo valor o conjunto de cargas incorporables tenemos que determinar.

Esta producción en curso pasa como tal a almacén de productos en curso, aunque sobre esto no nos diga nada el supuesto, ya que, por el plan contable analítico, vemos que existe la correspondiente cuenta de «Inventario permanente de producción en curso».

— **Existe almacén de materiales auxiliares**. Nos dice el supuesto que al comienzo del ejercicio de la empresa tenía materiales auxiliares por valor de 2.400. Nos dice también que, además, ha comprado materias auxiliares por valor de 3.000. Y, finalmente, nos dice, al hablarnos del cuadro de reparto, que las materias auxiliares consumidas han sido de 3.600. Luego, al final del ejercicio, volverán a aparecer unas existencias de materias auxiliares por la diferencia, entre las existencias iniciales más las compras, con el consumo.

3. No se nos da un balance de situación. Realmente para trabajar en la Contabilidad Analítica, no lo necesitamos, ya que esta contabilidad se abre con los datos que hemos denominado situación de partida que, o bien se nos dan aisladamente, como en nuestro ejemplo, o bien a través de un balance de comprobación.

4. SOLUCION DEL SUPUESTO

4.1. Elaboración del cuadro de reparto

El cuadro siguiente nos va a dar la distribución de las cargas por naturaleza entre los distintos centros de actividad, teniendo presente, para el reparto secundario por imputación indirecta, el llamado método algebraico (sistema de ecuaciones).

a) Reparto primario

Las cargas que van a formar parte de los costes y costes finales que se pretenden calcular, unas son **directas** y otras **indirectas** a tales costes. **Seguirán este camino**:

— **Los elementos directos del coste** se llevarán directamente al correspondiente coste. (En el ejemplo que estamos solucionando no hay ningún elemento directo.)

PARTE SUPERIOR DEL CUADRO DE DISTRIBUCION

CARGAS POR NATURALEZA	TOTAL INPUTS	CENTROS DE ACTIVIDAD AUXILIARES			CENTROS DE ACTIVIDAD PRINCIPALES				CENTRO DE ACTIVIDAD DISTRIBUCION
		Administración	«A»	«B»	«C»	«D»	«E»	«F»	
Materias auxiliares	3.600	—	2.800	—	150	200	200	150	100
Gastos de personal	23.000	5.800	1.000	1.600	2.600	1.750	2.450	2.800	5.000
Gastos financieros	700	300	—	—	—	—	—	—	400
Tributos	3.000	500	—	1.000	—	—	—	—	1.500
Servicios exteriores	4.400	500	1.600	—	750	750	400	400	—
Transportes y fletes	1.000	—	—	1.000	—	—	—	—	—
Gastos de gestión	1.200	600	—	150	50	50	50	50	250
Amortizaciones	4.500	200	100	200	1.000	900	950	1.000	150
Cargas supletorias	1.440	100	100	50	300	200	250	300	140
Totales reparto primario	**42.840**	**8.000**	**5.600**	**4.000**	**4.850**	**3.850**	**4.300**	**4.700**	**7.540**

— **Los elementos indirectos del coste** van a ser, primero, llevados a los centros de actividad y, posteriormente, a través de la unidad de obra, imputados a los correspondientes costes de los pedidos.

b) Reparto secundario (o segunda parte del cuadro de reparto)

Una vez que tenemos calculados los costes primarios en que han incurrido los centros de actividad, **necesitamos calcular el total de los costes indirectos de los centros de actividad principales**, puesto que es este total el que se va a repartir entre los diversos productos, a través de las unidades de obra de esos centros de actividad principales.

El total de costes indirectos en que han incurrido los centros de actividad principales será igual a los **costes indirectos provenientes del reparto primario más los costes** que los centros de actividad auxiliares manden a los centros de actividad principales, a través **del llamado reparto secundario**.

El reparto secundario consiste en encaminar el total de los costes de los centros de actividad auxiliares a los centros de actividad principales. Por ello, el **orden normalmente seguido** es éste:

— En primer lugar, conocer el total de los costes indirectos de cada centro de actividad auxiliar. Además, conocer el número de unidades de obra que produce cada centro de actividad auxiliar.

— Con estos datos podemos conocer cuál es el coste unitario de la unidad de obra de cada centro de actividad auxiliar, y, por otra parte, si conocemos el número de unidades de obra que cada centro de actividad auxiliar entrega a cada centro de actividad principal, conocemos el importe de las cargas que cada centro de actividad auxiliar manda a cada centro de actividad principal.

Es decir, el importe que cada centro de actividad auxiliar entrega a cada centro de actividad principal será igual al resultado de multiplicar el número de unidades de obra que cada centro de actividad principal consume de cada centro de actividad auxiliar por el coste unitario de la unidad de obra de cada centro de actividad auxiliar.

Este es el camino que en la realidad hay que seguir. Pero **en el supuesto que estamos analizando se nos ha facilitado los cálculos**, ya que se nos dice que, en este caso concreto, el traspaso de las cargas de los centros de actividad auxiliares a los centros de actividad principales se ha acordado ejecutarlos sobre la base numérica de unos porcentajes que nos dan como dato.

Por tanto, **el reparto secundario**, es decir, la segunda parte del cuadro de reparto, siguiendo las indicaciones de los apartados IV.*b*) y IV.*c*) del supuesto, **sería**:

CARGAS POR NATURALEZA	**TOTAL**	**CENTROS DE ACTIVIDAD AUXILIARES**			**CENTROS DE ACTIVIDAD PRINCIPALES**				**CENTRO DE ACTIVIDAD DISTRIBUCION**
		Administración	**«A»**	**«B»**	**«C»**	**«D»**	**«E»**	**«F»**	
Totales reparto primario . . .	**42.840**	**8.000**	**5.600**	**4.000**	**4.850**	**3.850**	**4.300**	**4.700**	**7.540**
Centro de actividad administración		−8.603	430	860	1.721	860	860	1.721	2.151
Centro de actividad «A» (1) . .		603	−6.030	905	1.508	1.206	904	904	
		0	**0**	**5.765**	**8.079**	**5.916**	**6.064**	**7.325**	**9.691**
Centro de actividad «B»				−5.765	2.882	2.883			
Totales reparto secundario .	**42.840**	**0**	**0**	**0**	**10.961**	**8.799**	**6.064**	**7.325**	**9.691**
Unidad de obra					H.O.	H.M.	H.O.	H.O.	Ptas. de venta
Número de unidades de obra de cada centro de actividad.					4.000	3.000	1.500	2.400	95.400
Coste unitario de la unidad de obra					2,74	2,933	4,042	3,052	0,10158

(1) Prestaciones recíprocas.

En **la primera fila** de esta segunda parte del cuadro de reparto aparecen recogidos los costes indirectos que cada centro de actividad ha recibido en el reparto primario. Hemos reproducido, pues, esta fila para ver mejor el empalme con la primera parte del cuadro. Lo que realmente pretende esta segunda parte del cuadro es trasladar el total de las cargas recibidas en los centros de actividad auxiliares a los centros de actividad principales.

Pero al hallar el total de las cargas recibidas por cada centro de actividad auxiliar, nos encontramos con que **el centro de actividad auxiliar de administración** recibe parte del total de las cargas del centro de actividad auxiliar «A». En concreto, el centro de actividad de administración recibe el 10 % del total de las cargas del centro de actividad auxiliar «A». Llamando *y* al total de las cargas recibidas por el centro de actividad auxiliar «A», la parte que el centro de actividad «A» manda al centro de actividad administración será igual a 0,10 de *y*, es decir, 0,10 *y*. Por tanto, el total de las cargas en que incurre el centro de actividad administración es de 8.000, recibidas en el reparto primario, más 0,10 del total de «A». Es decir, 8.000 + 0,10 *y*.

Por otra parte, **el centro de actividad auxiliar «A»** recibe, a su vez, parte del total de las cargas en que ha incurrido el centro de actividad auxiliar administración. En concreto, el centro de actividad auxiliar «A» recibe el 5 % del total de las cargas del centro de actividad auxiliar administración. Llamando *x* al total de las cargas recibidas por el centro de actividad administración, la parte que el centro de actividad administración manda al centro de actividad «A» será igual a 0,05 de *x*, es decir, 0,05 *x*. Por tanto, el total de las cargas en que incurre el centro de actividad «A» es de 5.600, recibidas del reparto, más 0,05 del total del centro de actividad administración. Es decir, 5.600 + 0,05 *x*.

En definitiva, pues, **estamos ante el caso de «prestaciones recíprocas entre centros de actividad auxiliares»**. Problema que hay que solucionar previamente al reparto del total de las cargas de los centros de actividad auxiliares entre los centros de actividad principales, para poder conocer el total de cada centro de actividad auxiliar.

Para solucionar este problema por el método algebraico, se procede así:

1. Establecimiento de las prestaciones recíprocas:

Sea *x* el total del centro de actividades administración.

Sea *y* el total del centro de actividad «A».

El total de las cargas de administración, $x = 8.000$ que recibió del reparto primario + 0,10 *y*, que recibe del centro de actividad «A».

El total de las cargas de «A», $y = 5.600$ que recibió del reparto primario + 0,05 *x*, que recibe del centro de actividad administración.

Por tanto, **tenemos un sistema de dos ecuaciones con dos incógnitas**:

$$x = 8.000 + 0{,}10\,y \qquad\qquad 10\,x = 80.000 + y$$
$$y = 5.600 + 0{,}05 \qquad\qquad -0{,}5\,x = \ \ 5.600 - y$$
$$\overline{\qquad 9{,}95\,x = 85.600 \qquad}$$

de donde:

$$x = \frac{85.600}{9{,}95}$$

$$y = 5.600 + 430{,}15$$

$x = 8.603{,}02$, el total de cargas que recibe y tiene que repartir.

$y = 6.030{,}15$, el total de cargas que recibe y tiene que repartir.

Una vez que conocemos ya el total de las cargas en que ha incurrido cada uno de los centros de actividad auxiliares que tenían prestaciones recíprocas, **se traspasa ahora el total de los costes indirectos de los centros de actividad auxiliares a los centros de actividad principales**, de acuerdo con la base numérica que nos da el supuesto. A esta finalidad responden la segunda y tercera fila de esta segunda parte del cuadro de reparto.

Pero además de estos dos centros de actividad auxiliares, «administración» y «A», tenemos **el centro de actividad auxiliar «B», que no presenta el problema de interrelaciones con otro centro de actividad auxiliar**, por lo que, una vez obtenido el total de las cargas en que ha incurrido —4.000 del reparto primario, 860 que le manda el centro de actividad «administración» y 905 el centro de actividad «A»— este total aparece repartido en la fila 5.ª, según la base numérica que nos da el supuesto. En esta fila aparece cómo del total del centro de actividad «B», 5.765, se traspasa 2.882 a «C», 50 %, y 2.883 a «D», 50 %.

Con estas operaciones **hemos logrado el objetivo principal de esta segunda parte del cuadro de reparto**, obtener el total de las cargas en que han incurrido los centros de actividad principales, tanto por el reparto primario como por el secundario. Y así, en la fila correspondiente a «totales reparto secundario», nos encontramos con que el centro de actividad «C» ha incurrido en 10.961; la «D», en 8.799; la «E», en 6.064; la «F», en 7.325, y el centro de actividad de distribución, en 9.691.

Si conocemos ya el total de las cargas en que ha incurrido cada centro de actividad principal y, por otra parte, conocemos —como dato del supuesto— el número de unidades de obra que produce cada centro de actividad principal, **podremos saber el coste unitario de la unidad de obra de cada centro de actividad**. Por ejemplo, las cargas totales del centro de actividad «C» han sido 10.961, y como esta sección ha producido 4.000

horas-hombre, el coste unitario de cada hora-hombre será igual a 2,74, es decir, 10.961: 4.000. Esta información suele añadirse como complemento a la segunda parte del cuadro de reparto. Después de lo visto, el cuadro de reparto completo responde a la forma siguiente:

CARGAS POR NATURALEZA	TOTAL INPUTS	CENTROS DE ACTIVIDAD AUXILIARES			CENTROS DE ACTIVIDAD PRINCIPALES				CENTRO DE ACTIVIDAD DISTRIBUCION
		Adminis-tración	«A»	«B»	«C»	«D»	«E»	«F»	
Materias auxiliares	3.600	—	2.800	—	150	200	200	150	100
Gastos de personal	23.000	5.800	1.000	1.600	2.600	1.750	2.450	2.800	5.000
Gastos financieros	700	300	—	—	—	—	—	—	400
Tributos	3.000	500	—	1.000	—	—	—	—	1.500
Servicios exteriores	4.400	500	1.600	—	750	750	400	400	—
Transportes y fletes	1.000	—	—	1.000	—	—	—	—	—
Gastos	1.200	600	—	150	50	50	50	50	250
Amortizaciones	4.500	200	100	200	1.000	900	950	1.000	150
Cargas supletorias	1.440	100	100	50	300	200	250	300	140
Totales reparto primario	**42.840**	**8.000**	**5.600**	**4.000**	**4.850**	**3.850**	**4.300**	**4.700**	**7.540**
Centro de actividad administración		−8.630	430	860	1.721	860	860	1.721	2.151
Centro de actividad «A» (1)		603	−6.030	905	1.508	1.206	904	904	
		0	**0**	**5.765**	**8.079**	**5.916**	**6.064**	**7.325**	**9.691**
Centro de actividad «B»				−5.765	2.882	2.883			
Totales reparto secundario	**42.840**	**0**	**0**	**0**	**10.961**	**8.799**	**6.064**	**7.325**	**9.691**
Unidad de obra					H.O.	H.M.	H.O.	H.O.	Ptas. de venta
Número de unidades de obra de cada centro de actividad					4.000	3.000	1.500	2.400	95.400
Coste unitario de la unidad de obra					2,74	2,933	4,042	3,052	0,10158

(1) Prestaciones recíprocas entre el centro de actividad administración y el centro de actividad «A».

4.2. Elaboración del cuadro de imputación de los costes indirectos de los centros de actividad principales a los costes de los correspondientes pedidos

El cuadro de imputación persigue fundamentalmente, como ya sabemos, traspasar el total de los costes indirectos recogidos en los centros de actividad principales a los productos cuyo coste se pretende analizar. En este supuesto se trata de traspasar los costes de los centros de actividad principales a los pedidos correspondientes. **Para ello disponemos de la información siguiente**:

Por una parte, la obtenida en el cuadro de reparto, por el que conocemos:

a) el total de los costes indirectos de cada centro de actividad principal;
b) el número de unidades de obra que ha producido cada centro de actividad principal;
c) el coste unitario de la unidad de obra de cada centro de actividad principal.

Por otra parte, sabemos, como dato que nos da el supuesto, el número de **unidades de obra** que consume cada uno de los pedidos.

Toda esta información es la que aparece recogida y ordenada en el llamado cuadro de imputación, que suele responder a la presentación siguiente:

CENTROS DE ACTIVIDAD	«C»	«D»	«E»	«F»	DISTRIBUCION
Unidades de obra	**H.O.**	**H.M.**	**H.O.**	**H.O.**	**Pesetas vendidas**
Pedido número 1	—	300	390	770	38.600
Pedido número 2	780	420	210	330	14.000
Pedido número 3	2.020	1.380	700	1.300	42.800
Pedido número 4	1.200	900	200	—	—
Total unidades obra	**4.000**	**3.000**	**1.500**	**2.400**	**95.400**

Esta información que nos da el supuesto, unida a la información que ya tenemos por el cuadro de reparto, nos permite confeccionar el cuadro de imputación, expresado en valores, es decir, multiplicando el número de unidades de obra, que cada centro de actividad cede a cada pedido, por su coste unitario.

Por ejemplo, el centro de actividad principal «C» al pedido número 2 ha enviado 780 unidades de obra, que multiplicadas por su coste unitario, 2,74 —dato obtenido en cuadro de reparto—, nos da un total de 2.138, aproximadamente. Al pedido número 3 ha enviado 2.020 unidades de obra, que multiplicadas por 2,74 nos da 5.535 ptas., valor que el centro de actividad «C» traspasa al pedido número 3, etc.

NUMERO DE LOS PEDIDOS	EN CURSO AL PRINCIPIO	CENTROS DE ACTIVIDAD				COSTE DE PRODUCCION	CENTRO DE ACTIVIDAD DE DISTRIBUCION	COSTE FINAL	EN CURSO AL FINAL
		«C»	«D»	«E»	«F»				
Número 1	9.800	—	880	1.576	2.350	14.606	3.921	18.527	—
Número 2	—	1.238	1.231	849	1.007	5.225	1.422	6.647	—
Número 3	—	5.535	4.048	2.830	3.968	16.381	4.348	20.729	—
Número 4	—	3.288	2.640	809	—	—	—	—	6.737
	9.800	**10.961**	**8.799**	**6.064**	**7.325**	**36.212**	**9.691**	**45.903**	**6.737**

5. PROCESO CONTABLE DE CONTABILIDAD DE COSTES

Con la información extracontable obtenida se realizará la totalidad de los asientos de la Contabilidad de Costes que refleje los distintos resultados analíticos de la explotación. El esquema general del proceso contable, que ya conocemos, puede ajustarse a la información suministrada a través del siguiente desarrollo:

Momentos del proceso contable	N.º de cuenta	Cuenta	Debe	Haber
1. Recibo de los «stock»	944	I.P. producción en curso	9.800	
existentes	9455	I.P. materias auxiliares	2.400	
	903	a «Stock» inicial reflejo		12.200
		(Datos del supuesto)		
2. Recibo de las cargas con	9455	I.P. materias auxiliares		
sus modalidades, pasando	905	a Compras reflejas	3.000	
por los centros de		(Datos del supuesto)		3.000
actividad				
a) Respecto de las compras		(Reparto primario)		
b) Respecto a las restantes	920			
cargas incorporables	921			
indirectas	922	Sección auxiliar de administración	8.000	
	923	Sección auxiliar «A»	5.600	
	924	Sección auxiliar «B»	4.000	
	925	Sección auxiliar «C»	4.850	
	926	Sección auxiliar «D»	3.850	
	927	Sección auxiliar «E»	4.300	
	9455	Sección auxiliar «F»	4.700	
	906	Sección de distribución	7.540	
	971	a I.P. materias auxiliares		3.600
		a Gastos y dotaciones reflejas		37.800
		a Elementos supletorios incorporados		1.440
		(Ver cuadro de reparto)		
	920	Sección auxiliar de administración	603	
	921	Sección auxiliar «A»	430	
	922	Sección auxiliar «B»	1.765	
	923	Sección de producción «C»	6.111	
	924	Sección de producción «D»	4.949	
	925	Sección de producción «E»	1.764	
	926	Sección de producción «F»	2.625	
	927	Sección de distribución	2.151	
	920	a Sección auxiliar de administración		8.603
		a Sección auxiliar «A»		6.030
		a Sección auxiliar «B»		5.765
		(Ver cuadro de reparto)		
		Tanto el reparto primario como el reparto secundario podían haberse hecho en un solo asiento contable, que sería el siguiente:		
	923	Sección de producción «C»	10.961	
	924	Sección de producción «D»	8.799	
	925	Sección de producción «E»	6.064	
	926	Sección de producción «F»	7.325	
	927	Sección de distribución	9.691	

Momentos del proceso contable	N.º de cuenta	Cuenta	Debe	Haber
	9455	a I.P. materias auxiliares		3.600
	906	a Gastos y dotaciones reflejas		37.800
	971	a Elementos supletorios incorporados		1.440
3. Determinación del coste de compras 4. Entrada de las compras en almacén		No procede asiento, puesto que en este ejemplo sólo hay compras de materias auxiliares y han pasado directamente a inventario, porque su precio de compra se identifica con su coste de compra. No hay elementos indirectos de compras que estarían recogidos en la correspondiente sección de compras, que no existe.		
5. Determinación del coste de producción	9301	Coste de producción. Pedido número 1	14.606	
	9302	Coste de producción. Pedido número 2	5.225	
	9303	Coste de producción. Pedido número 3	16.381	
	9304	Coste de producción. Pedido número 4 (en curso)	6.737	
	944	a I.P. de productos en curso		9.800
	923	a Sección de producción «C»		10.961
	924	a Sección de producción «D»		8.799
	925	a Sección de producción «E»		6.064
	926	a Sección de producción «F»		7.325
		(Ver cuadro de reparto)		
6. Entrada en almacén de productos	944	I.P. de productos en curso	6.737	
	9304	a Coste de producción pedido número 4		6.737
7. Determinación del coste de distribución		Este coste, como sabemos, normalmente juega y aparece en el momento de la determinación del coste final.		
8. Determinación del coste final	9371	Coste final pedido número 1	18.527	
	9372	Coste final pedido número 2	6.647	
	9373	Coste final pedido número 3	20.729	
	9301	a Coste de producción. Pedido número 1		14.606
	9302	a Coste de producción. Pedido número 2		5.225
	9303	a Coste de producción. Pedido número 3		16.381
	927	a Sección de distribución		9.691
		(Ver cuadro de imputación)		
9. Determinación de los resultados analíticos				
Primer conjunto				
a) Registro de los costes	9800	Resultados de explotación. Pedido número 1	18.527	
	9801	Resultados de explotación. Pedido número 2	6.647	
	9802	Resultados de explotación. Pedido número 3	20.729	
	9371	a Coste final. Pedido número 1		18.527
	9372	a Coste final. Pedido número 2		6.647
	9373	a Coste final. Pedido número 3		20.729

Momentos del proceso contable	N.º de cuenta	Cuenta	Debe	Haber
b) Registro de las ventas	907	Productos de explotación reflejos	95.400	
	9800	a Resultados de explotación. Pedido número 1		38.600
	9801	a Resultados de explotación. Pedido número 2		14.000
	9802	a Resultados de explotación. Pedido número 3		42.800
		El resultado, con criterios de C.C., es pues:		
		Pedido número 1 = 38.600 − 18.527		
		Pedido número 2 = 14.000 − 6.647		
		Pedido número 3 = 42.800 − 20.729		
		(Reagrupando los resultados anteriores)		
	9800	Resultados de explotación. Pedido número 1	20.073	
	9801	Resultados de explotación. Pedido número 2	7.353	
	9802	Resultados de explotación. Pedido número 3	22.071	
	980	a Resultados de explotación con criterios de Contabilidad de Costes		49.497
		(Reagrupación de diferencias de incorporación)		
Segundo conjunto	971	Elementos supletorios incorporados	1.440	
	987	a Saldos de las cuentas de diferencias de incorporación		1.440
Tercer conjunto	988	Saldo sobre Pérdidas y ganancias	3.000	
	908	a Resultados reflejos ajenos a la explotación		3.000
		(Datos del supuesto)		
		(Reagrupando los tres conjuntos de resultados)		
	980	Resultados de explotación con criterios de Contabilidad de costes	49.497	
	987	Saldo de las cuentas de diferencias de incorporación	1.440	
	988	a Saldo por Pérdidas y ganancias		3.000
	98	a RESULTADOS ANALITICOS		47.937
10. Cierre de los libros de la Contabilidad Analítica	903	«Stock» inicial reflejo	12.200	
	905	Compras reflejas	3.000	
	906	Gastos y dotaciones reflejas	37.800	
	908	Resultados reflejos ajenos a la explotación	3.000	
	98	RESULTADOS ANALITICOS	47.937	
	907	a Productos de explotación reflejos		95.400
	944	a I.P. de productos en curso		6.737
	9455	a I.P. de materias auxiliares		1.800
		(Con este asiento hemos anulado las cuentas que al final del ejercicio todavía estaban abiertas)		

6. BALANCE ANALITICO

Una vez efectuados todos los asientos del período analítico, podemos montar el correspondiente balance, que para mayor facilidad vamos a presentar bajo la forma de saldos únicamente. En él aparecen los tres tipos de cuentas: Cuentas reflejas, Cuentas de Inventario permanente y Cuentas de Resultado.

TITULO DE LAS CUENTAS ABIERTAS EN ESTE MOMENTO	SALDOS	
	Deudor	Acreedor
903. «Stock» inicial reflejo		12.200
905. Compras reflejas		3.000
906. Gastos y dotaciones reflejas		37.800
907. Productos de explotación reflejos	95.400	
908. Resultados reflejos anejos a la explotación		3.000
944. I.P. de productos en curso	6.737	
9455. I.P. de materias auxiliares	1.800	
98. RESULTADOS ANALITICOS		47.937
	103.937	103.937

Como sabemos, este balance analítico es la contrapartida de la cuenta de Pérdidas y ganancias, de la Contabilidad general siguiente. Eso va a significar que existe un control de valores a través de las Cuentas reflejas.

D — 129. Pérdidas y ganancias — H

D		H	
«Stock» inicial de producción en curso	9.800	«Stock» final de producción en curso	6.737
«Stock» inicial de materias auxiliares	2.400	«Stock» final de materias auxiliares	1.800
Compras	3.000	Ventas	95.400
Gastos por naturaleza	37.800		
Gastos extraordinarios	3.000		
BENEFICIOS	47.937		
	103.937		103.937

Sección Segunda

Estudio operativo de casos prácticos del modelo de costes completos en la versión anglosajona

CASO PRACTICO 3. Estudio operativo del proceso contable

Enunciado

I. Organización técnico-económica

GUDISA tiene por objeto la obtención y venta del producto G_2. La actividad es realizada en dos departamentos, Departamento $G_{1\text{-}2}$ y Departamento $G_{2\text{-}2}$, que trabajan en paralelo. Cada uno de ellos obtiene una parte del producto, denominadas $G_{1\text{-}2}$ y $G_{2\text{-}2}$, que después el cliente ensambla sin dificultad valiéndose de un libro de instrucciones.

II. Los conceptos de gastos e ingresos, así como las existencias iniciales y finales correspondientes al período de referencia, tienen los siguientes valores:

Existencias de materias primas	24.000.000	Existencias de materias primas	29.000.000
Compras de materias primas	43.000.000	Existencias de productos terminados $G_{2\text{-}2}$	(1)
Gastos de personal	43.250.000	Existencias de productos en curso en departamento $G_{1\text{-}2}$	(1)
Gastos financieros	9.000.000	Existencias de productos en curso en departamento $G_{2\text{-}2}$	(1)
Tributos	5.000.000	Ventas de productos terminados G_2	200.000.000
Servicios exteriores	28.500.000	Ingresos accesorios de explotación	1.400.000
Transportes y fletes	11.000.000		
Gastos diversos de gestión	6.000.000		
Dotación a amortización	26.200.000		

(1) Las cantidades correspondientes se determinan en la solución.

III. Costes del período incorporables al producto:

	Departamento $G_{1\text{-}2}$	Departamento $G_{2\text{-}2}$	Total
Materias primas	8.000.000	30.000.000	38.000.000
Mano de obra directa	12.000.000	17.250.000	29.250.000
Gastos generales de fabricación:			
• Mano de obra indirecta	2.000.000	4.000.000	6.000.000
• Servicios exteriores	14.000.000	8.500.000	22.500.000
• Dotaciones a amortización	8.000.000	11.200.000	19.200.000
TOTAL	24.000.000	23.700.000	47.700.000

IV. Costes del período no incorporables al producto, computables como gastos generales:

Gastos generales / Cargas por naturaleza	De administración	De financiación	De distribución	Total
Gastos de personal	4.100.000	—	3.900.000	8.000.000
Gastos financieros	—	9.000.000	—	9.000.000
Tributos	2.000.000	—	3.000.000	5.000.000
Servicios exteriores	900.000	—	5.100.000	6.000.000
Transportes y fletes	—	—	11.000.000	11.000.000
Gastos diversos de gestión	6.000.000	—	—	6.000.000
Dotación a amortización	3.000.000	—	4.000.000	7.000.000
TOTAL	16.000.000	9.000.000	27.000.000	52.000.000

V. Producción del período

Se pusieron en proceso 25.000 unidades en cada uno de los departamentos.

En el departamento $G_{1\text{-}2}$ se terminaron 20.000 unidades y quedaron en curso de fabricación 5.000 unidades que tenían incorporada la totalidad de las materias primas y un 80 % de mano de obra directa y de gastos generales de fabricación.

En el departamento $G_{2\text{-}2}$ se acabaron 21.000 unidades y quedaron en curso de fabricación 4.000 unidades con la totalidad de materias primas incorporadas y con un 60 % de los costes de conversión.

VI. Ventas del período

Se vendieron 20.000 unidades del producto G_2, con sus componentes $G_{1\text{-}2}$ y $G_{2\text{-}2}$, a 10.000 ptas. por unidad de G_2.

SE PIDE:

1. Elaboración de los cuadros necesarios para calcular analíticamente el valor de la producción obtenida en cada departamento.
2. Diario y Mayor del proceso de Contabilidad Analítica de explotación por el método monista y siguiendo el modelo anglosajón.
3. Completar la cuenta de explotación, valorando las existencias de acuerdo con los costes calculados.

Solución

1. ELABORACION DE LOS CUADROS NECESARIOS PARA CALCULAR ANALITICAMENTE EL VALOR DE LA PRODUCCION

1.1. Cuadro-síntesis del departamento G_{1-2}

Conceptos diversos \ Elementos del coste		Materia prima		Costes de conversión		Total
Costes del período		8.000.000		36.000.000		44.000.000
Unidades físicas:						
■ Terminadas	20.000	100	20.000	100	20.000	
■ En curso (al final)	5.000	100	5.000	80	4.000	
Trabajadas	25.000					
Unidades equivalentes		25.000		24.000		
Coste medio unitario		320		1.500		1.820
Valor de la producción:						
■ Terminada		(20.000 × 320) = 6.400.000		(20.000 × 1.500) = 30.000.000		36.400.000
■ En curso (al final)		(5.000 × 320) = 1.600.000		(4.000 × 1.500) = 6.000.000		7.600.000
TOTAL		8.000.000		36.000.000		44.000.000

1.2. Cuadro-síntesis del departamento G_{2-2}

Elementos del coste / Conceptos diversos	Materia prima		Costes de conversión		Total
Costes del período	30.000.000		40.950.000		70.950.000
Unidades físicas:					
■ Terminadas 21.000	100	21.000	100	21.000	
■ En curso (al final) 4.000	100	4.000	60	2.400	
Trabajadas 25.000					
Unidades equivalentes	25.000		23.400		
Coste medio unitario	1.200		1.750		1.950
Valor de la producción:					
■ Terminada	(21.000 × 1.200) = 25.200.000		(21.000 × 1.750) = 36.750.000		61.950.000
■ En curso (al final)	(4.000 × 1.200) = 4.800.000		(2.400 × 1.750) = 4.200.000		9.000.000
TOTAL	30.000.000		40.950.000		70.950.000

2. PROCESO DE CONTABILIDAD DE COSTES

Clasificación de las cargas por naturaleza (en miles)

	Mano de obra directa	Mano de obra indirecta	Servicio de fábrica	Amortización industrial	Costes generales de administración	Costes generales de financiación	Costes generales de distribución	Total
Gastos de personal	29.250	6.000			4.100		3.900	43.250
Gastos financieros						9.000		9.000
Tributos					2.000		3.000	5.000
Servicios exteriores			22.500		900		5.100	28.500
Transportes y fletes							11.000	11.000
Gastos diversos					6.000			6.000
Dotación a amortización				19.200	3.000		4.000	26.200
TOTAL	29.250	6.000	22.500	19.200	16.000	9.000	27.000	128.950

1 ———————————		
Inventario permanente de materias primas	67.000.000	
a Existencias de materias primas		24.000.000
a Compras de materias primas		43.000.000
• De acuerdo con el funcionamiento de las cuentas de inventario permanente		
2 ———————————		
Coste del departamento G_{1-2}	8.000.000	
Coste del departamento G_{2-2}	30.000.000	
a Inventario permanente de materias primas		38.000.000
• Por la incorporación a los departamentos de la materia prima		
3 ———————————		
Mano de obra directa	29.250.000	
Mano de obra indirecta	6.000.000	
Servicio de fábrica	22.500.000	
Amortización industrial	19.200.000	
Costes generales de administración	16.000.000	
Costes generales de financiación	9.000.000	
Costes generales de distribución	27.000.000	
a Gastos de personal		43 250.000
a Gastos financieros		9.000.000
a Tributos		5.000.000
a Servicios exteriores		28.500.000
a Transportes y fletes		11.000.000
a Gastos diversos de gestión		6.000.000
a Dotaciones a amortización		26.200.000
• De acuerdo con el cuadro de clasificación de los costes por naturaleza		
4 ———————————		
Servicio de fábrica	6.000.000	
a Mano de obra indirecta		6.000.000
• Cabría prescindir de las cuentas de mano de obra indirecta, servicio de fábrica y amortización industrial, empleando desde un primer momento la cuenta de gastos generales de fabricación		
5 ———————————		
Gastos generales de fabricación	47.700.000	
a Servicio de fábrica		28.500.000
a Amortización industrial		19.200.000
• Para reagrupar esos elementos del coste		
6 ———————————		
Costes de conversión	76.950.000	
a Gastos generales de fabricación		47.700.000
a Mano de obra directa		29.250.000
• Reclasificación de ambos costes en costes de conversión		

7 ————————————————		
Costes del departamento G_{1-2}	36.000.000	
Costes del departamento G_{2-2}	40.950.000	
a Costes de conversión		76.950.000
• Por la incorporación a los departamentos del coste de conversión		
8 ————————————————		
Inventario permanente de productos terminados G_{1-2}	36.400.000	
Inventario permanente de productos en curso en el departamento G_{1-2} .	7.600.000	
a Coste del departamento G_{1-2}		44.000.000
• De conformidad con el cuadro-síntesis del departamento G_{1-2}		
9 ————————————————		
Inventario permanente de productos terminados G_{2-2}	61.950.000	
Inventario permanente de productos en curso en el departamento G_{2-2} .	9.000.000	
a Coste del departamento G_{2-2}		70.950.000
• De conformidad con el cuadro-síntesis del departamento G_{2-2}		
10 ————————————————		
Coste industrial de las ventas	95.400.000	
a Inversión permanente de productos terminados G_{1-2} .... (20.000 × 1.820)		36.400.000
a Inversión permanente de productos terminados G_{2-2} .... (20.000 × 2.950)		59.000.000
• Por los costes de fabricación de los productos vendidos		
11 ————————————————		
Ventas de productos terminados G_2	200.000.000	
a Beneficio bruto en ventas		200.000.000
• Por las ventas del período		
12 ————————————————		
Beneficio bruto en ventas	95.400.000	
a Coste industrial de las cuentas		95.400.000
• Por los costes de fabricación de los productos vendidos.		
13 ————————————————		
Beneficio bruto en ventas	104.600.000	
Ingresos accesorios de la explotación	1.400.000	
a Beneficio neto del período		106.000.000
• Por los elementos positivos del beneficio neto del período		
14 ————————————————		
Beneficio neto del período	52.000.000	
a Costes generales de administración		16.000.000
a Costes generales de financiación		9.000.000
a Costes generales de distribución		27.000.000
• Por los elementos negativos del beneficio neto del período		

Mayor del proceso de Contabilidad Analítica

Existencias de materias primas

	(24.000.000)	24.000.000	(1)

Compras de materias primas

	(43.000.000)	43.000.000	(1)

Gastos de personal

	(43.250.000)	43.250.000	(3)

Gastos financieros

	(9.000.000)	9.000.000	(3)

Tributos

	(5.000.000)	5.000.000	(3)

Servicios exteriores

	(28.500.000)	28.500.000	(3)

Transportes y fletes

	(11.000.000)	11.000.000	(3)

Gastos diversos de gestión

	(6.000.000)	6.000.000	(3)

Dotación amortización

	(26.000.000)	26.000.000	(3)

Ventas de productos terminados G_2

(12)	200.000.000	(200.000.000)	

Ingresos accesorios de la explotación

(14)	1.400.000	(1.400.000)	

Inventario permanente de materias primas

(1)	67.000.000	38.000.000	(2)
	29.000.000		

Mano de obra directa

(3)	29.250.000	29.250.000	(6)
	29.250.000	29.250.000	

Mano de obra indirecta

(3)	6.000.000	6.000.000	(4)
	6.000.000	6.000.000	

Servicio de fábrica

(3)	22.500.000	28.500.000	(5)
(4)	6.000.000		
	28.500.000	28.500.000	

Amortización industrial

(3)	19.200.000	19.200.000	(5)
	19.200.000	19.200.000	

Gastos generales de fabricación

(5)	47.700.000	47.700.000	(6)
	47.700.000	47.700.000	

Costes generales de distribución

(3)	27.000.000	27.000.000	(15)
	27.000.000	27.000.000	

Costes generales de administración

(3)	16.000.000	16.000.000	(15)
	16.000.000	16.000.000	

Costes generales de financiación

(3)	9.000.000	9.000.000	(15)
	9.000.000	9.000.000	

Costes de conversión

(6)	29.250.000	76.950.000	(8)
(6)	47.700.000		

Costes del departamento G_{1-2}

(2)	8.000.000	44.000.000	(9)
(8)	36.000.000		
	44.000.000	44.000.000	

Inventario permanente de productos terminados G_{1-2}

(9)	36.400.000	36.400.000	(11)
	36.400.000	36.400.000	

Inventario permanente de productos en curso de departamento G_{1-2}

(9)	7.600.000		
	7.600.000		

Costes del departamento G_{2-2}

(2)	30.000.000	70.950.000	(10)
(8)	40.950.000		
	70.950.000	70.950.000	

I.P. productos terminados G_{2-2}

(10)	61.950.000	59.000.000	(11)
	2.950.000		

I.P. productos en curso del departamento G_{2-2}

(10)	9.000.000		
	8.800.000		

Coste industrial de las ventas

(11)	95.400.000	95.400.000	(13)
	95.400.000	95.400.000	

Beneficio bruto en ventas

(13)	95.400.000	200.000.000	(12)
(14)	104.600.000		
	200.000.000	200.000.000	

Beneficio neto del período

(15)	52.000.000	106.000.000	(14)
	54.000.000		

CASO PRACTICO 4. Estudio operativo de las unidades perdidas

Enunciado

1. ORGANIZACION TECNICO-ECONOMICA

SALCARSA elabora y vende conjuntos prefabricados para la construcción de viviendas. En su catálogo figuran de momento solamente dos tipos de productos, aunque para el futuro inmediato se ofrecerán a los clientes nuevas series de prefabricados e incluso se abrirá la posibilidad de que se realicen trabajos por encargo. Los productos que ahora se obtienen se denominan $PREF_1$ y $PREF_2$.

El proceso de fabricación propiamente dicho está organizado contando con tres departamentos. El primero de ellos es el departamento de elementos básicos, de donde salen unos elementos en bruto que después experimentan una serie de adaptaciones y modificaciones en alguno de los otros dos departamentos, que se denominan departamento de $PREF_1$ y departamento de $PREF_2$. El departamento de $PREF_1$ no incorpora más materiales que los recibidos del departamento de elementos básicos; se trabaja sobre ellos para ajustarlos técnicamente y para conseguir ciertos efectos puramente ornamentales. El departamento de $PREF_2$ está totalmente mecanizado, y funciona automáticamente incorporando unos materiales especiales pero sin aumentar el número de unidades.

2. UNIDADES PERDIDAS

Dada la naturaleza del proceso, se producen normalmente deterioros. A este respecto se dispone de especificaciones técnicas que definen los márgenes de admisibilidad, que se muestran en el siguiente cuadro, junto con la indicación del momento en que se producen los desperfectos que por la naturaleza del producto los convierten en inservibles:

Departamento	Límite máximo admisible	Momento en que se produce el deterioro
• De elementos básicos	15 % de las unidades equivalentes de costes de conversión	A lo largo del proceso
• $PREF_1$	20 % de las unidades equivalentes de costes de conversión	Hasta que se han incorporado 5/12 de los costes de conversión
• $PREF_2$	6 % de las unidades físicas empezadas	A lo largo del proceso

3. COSTES DEL PERIODO

Durante el primer trimestre de 199X, los costes asignables a los diferentes departamentos han sido los siguientes:

	Departamento de elementos básicos	Departamento de $PREF_1$	Departamento de $PREF_2$
Materias primas	169.050.000	—	228.000.000
Mano de obra directa	50.850.000	45.000.000	—
Gastos generales de fabricación	122.400.000	43.125.000	255.000.000

4. PRODUCCION DEL PERIODO

Al comienzo del trimestre no existían productos en curso de fabricación.

En el **departamento de elementos básicos** se empezaron 77.000 unidades de producto. De ellas se acabaron correctamente 66.000, se perdieron 8.000 y estaban en curso al final 3.000. El grado de adelanto medio de los productos en curso era del 100 % en cuanto a materias primas y el 60 % en cuanto a costes de conversión.

En el **departamento de PREF$_1$** se recibieron 43.200 unidades del departamento de elementos básicos. De ellas se terminaron correctamente 33.500, se perdieron 7.200 cuando tenían incorporadas las siguientes proporciones de elementos del coste: 5/12 de los costes de conversión, y se hallaban en curso de fabricación al final 2.500 unidades con 2/5 de los costes de conversión.

En el **departamento de PREF$_2$** se recibieron 22.800 unidades del departamento de elementos básicos. De ellas se ultimaron correctamente 16.200, se perdieron 5.600 al principio del proceso cuando ya tenían incorporada toda la materia prima específica del departamento y quedaron en curso de fabricación al final 1.000 unidades con todas las materias primas y 4/5 de los costes de conversión.

SE PIDE:

Preparar los cuadro-síntesis de los costes de los distintos departamentos, atendiendo en cada uno de ellos a las siguiente indicaciones:

a) Para el departamento de elementos básicos no es necesario determinar el coste de las unidades perdidas en su conjunto, ni, por lo tanto, el coste adicional por unidades perdidas.
b) Para el departamento de PREF$_1$ se presentará en cualquier caso el coste adicional unitario por unidades perdidas.
c) Para el departamento de PREF$_2$, también se operará como para el departamento de PREF$_1$, en cualquier caso.

Además se ha adoptado por la empresa SALCARSA el criterio de que los costes globales de las unidades perdidas se asignen a la producción obtenida en función del número de unidades equivalentes que correspondan.

Solución

NOTA INTRODUCTORIA

El tratamiento adecuado de las unidades perdidas ha sido una preocupación tradicional de la Contabilidad de Costes anglosajona. Todo un casuismo de poca entidad conceptual se fue introduciendo poco a poco en los manuales, hasta que recientemente las cosas están poniéndose en su sitio. El tratamiento de las unidades perdidas se conecta ahora con el problema más general de la asignación de costes en la producción múltiple dentro de unos esquemas de Contabilidad de Costes que pretenden no solamente el objetivo de determinación adecuada de costes de productos y de resultados, sino también la planificación y control de la actividad productiva.

Sin pretender entrar a fondo en lo que acabamos de insinuar solamente, pensemos, por ejemplo, en que **las unidades dañadas**, incluyendo entre ellas las desaparecidas, de alguna forma, han de analizarse adecuadamente antes de darlas un tratamiento contable correcto. Pueden ser unidades dañadas que no tienen valor alguno en el mercado y que incluso requieren pagar ciertas cantidades para ser eliminadas, pueden ser unidades que han experimentado un daño no subsanable, pero con un precio en el mercado, pueden ser unidades con un daño subsanable pero que a la vez, en esas condiciones, tienen un precio en el mercado.

En todos estos casos de unidades dañadas existe una cuestión previa y básica, que es **la determinación del límite de tolerancia**. Se considera que los procesos productivos llevan aparejada, en la mayor parte de los casos, la existencia de unidades dañadas; eso es lo normal. Va unida al llenado de botellas que algunas de ellas se rompan, va unido al tratamiento de líquidos que una parte se evapore, va unida a la fabricación de cerámica que algunas piezas se deterioren. Las empresas han de contar con estas unidades dañadas o perdidas dentro de ciertos límites, determinados teóricamente; se entiende así que el quebranto económico que representa esta producción dañada o perdida ha de soportarse por las unidades correctamente fabricadas, siempre —insistimos— que se mueva dentro del margen de tolerancia. Si se sobrepasa ese margen, el exceso constituye algo anormal técnicamente que no debe incidir en el coste de las unidades correctas; el quebranto económico del caso ha de considerarse como un siniestro excepcional.

Cuadro-síntesis de los costes del departamento de elementos básicos

Elementos del coste / Conceptos diversos		Materias primas		Costes de conversión		Total
Costes computables:						
■ Costes del período		169.050.000		172.890.000		341.940.000
Unidades físicas:						
Trabajadas	77.000					
Empezadas y acabadas	66.000	100	66.000	100	66.000	
Perdidas	(8.000)					
En curso (al final)	3.000	100	3.000	60	1.800	
Unidades equivalentes		69.000		67.800		
Coste medio unitario		2.450		2.550		5.000
Valor de la producción:						
■ Terminada		(66.000 × 2.450) = 161.700.000		(66.000 × 2.550) = 168.300.000		330.000.000
■ En curso (al final)		(3.000 × 2.450) = 7.350.000		(1.800 × 2.550) = 4.590.000		11.940.000
TOTAL		169.050.000		172.890.000		341.940.000

Cuadro-síntesis de los costes del departamento $PREF_1$

Conceptos diversos / Elementos del coste		Costes de conversión		Departamento de elementos básicos		Total
Costes computables:						
■ Costes del período		88.125.000		216.000.000		304.125.000
Unidades físicas:						
Trabajadas	43.200					
Empezadas y acabadas	33.500	1	33.500	1	33.500	
Pérdidas	7.200	5/2	3.000	1	7.200	
En curso (al final)	2.500	2/5	1.000	1	2.500	
Unidades equivalentes		37.500		43.200		
Coste medio unitario		2.350		5.000		7.350
Determinación del coste adicional por unidades perdidas:						
1. Coste global de las unidades perdidas		7.050.000		36.000.000		43.050.000
2. Unidades a soportarlo		34.500		36.000		
3. Coste (unitario) adicional por unidades perdidas		204,345		1.000		1.204,345
Coste unitario incrementado		2.554,345		6.000		8.554,345
Valor de la producción:						
■ Terminada		(33.500 × 2.554,345) = 85.571.000		(33.500 × 6.000) = 201.000.000		286.571.000
■ En curso (al final)		(1.000 × 2.554,345) = 2.554.000		(2.500 × 6.000) = 15.000.000		17.554.000
TOTAL		88.125.000		216.000.000		304.125.000

Cuadro-síntesis de los costes del departamento $PREF_2$

Conceptos diversos / Elementos del coste	Materias primas		Costes de conversión		Total	Departamento de elementos básicos		Total
Costes computables:								
■ Costes del período	228.000.000		255.000.000		483.000.000	114.000.000		597.000.000
Unidades físicas:								
Trabajadas 22.800								
Empezadas y acabadas 16.200	1	16.200	1	16.200		1	16.200	
Pérdidas 5.600	1	5.600	0	0		1	5.600	
En curso (al final) 1.000	1	1.000	4/5	800		1	1.000	
Unidades equivalentes	22.800		17.000		—	22.800		
Coste unitario sin incrementar	10.000		15.000		25.000	5.000		30.000
Determinación del coste y pérdidas por unidades perdidas:								
1. Valor de las unidades perdidas	(5.600 × 10.000) = 56.000.000					(5.600 × 5.000) = 28.000.000		84.000.000
2. Coste de las unidades perdidas	(1.032 × 10.000) = 10.320.000					(1.032 × 5.000) = 5.160.000		15.480.000
3. Pérdidas por unidades perdidas que exceden del límite admisible	(4.568 × 10.000) = 45.680.000					(4.568 × 5.000) = 22.840.000		68.520.000
4. Unidades a soportar el coste	17.200					17.200		
5. Coste adicional por unidades perdidas	600		—		600	300		900
Coste unitario incrementado	10.600		15.000		25.600	5.300		30.900
Valor de la producción e importe de las pérdidas:								
■ Producción terminada	(16.200 × 10.600) = 171.720.000		(16.200 × 15.000) = 243.000.000		414.720.000	(16.200 × 5.300) = 85.860.000		500.580.000
■ Producción en curso final	(1.000 × 10.600) = 10.600.000		(800 × 15.000) = 12.000.000		22.600.000	(1.000 × 5.300) = 5.300.000		27.900.000
■ Pérdidas (por exceder del límite admisible)	45.680.000		—		45.680.000	22.840.000		68.520.000
TOTAL	228.000.000		255.000.000		483.000.000	114.000.000		597.000.000

CASO PRACTICO 5. Estudio operativo de los métodos aplicables a la producción en curso inicial

Enunciado

1. INFORMACION TECNICO-ECONOMICA

DISA es una empresa que se dedica a la elaboración y venta de un detergente aplicado en óptica. El proceso productivo realiza la función de fabricación empezando en el departameno de granel, que consigue un tipo básico de detergente en bruto que es tratado posteriormente en los demás departamentos.

2. INFORMACION SOBRE LA PRODUCCION EN CURSO AL COMIENZO DEL PERIODO

El proceso exige que los preparados químicos reposen un cierto tiempo, por lo que normalmente hay existencias de productos en curso de elaboración. Al iniciarse el primer mes de 199X, las existencias de productos en curso en el departamento de granel eran de 750 l, que de acuerdo con la Contabilidad de Costes correspondiente al último mes del año anterior estaban valorados en 10.600.850 ptas. y tenían el siguiente grado de adelanto: el 100 % en cuanto a materias primas, el 60 % en cuanto a la mano de obra directa y el 40 % en cuanto a gastos generales de fabricación. Los costes en que se incurrió para lograr este grado de adelanto fueron: 6.060.000 ptas. de materias primas y 4.710.000 ptas. de costes de conversión.

3. LOS COSTES DEL PERIODO

Durante el primer mes de 199X, los costes del departamento de granel ascendieron a: 34.650.000 ptas. en materias primas y 46.564.000 ptas. de costes de conversión.

4. LA PRODUCCION DEL PERIODO

En el mes de enero se trabajaron las unidades en curso al principio, y además 3.850 unidades que se iniciaron a lo largo del mismo. Al final de enero estaban en proceso de elaboración 600 unidades con los siguientes elementos del coste incorporados: la totalidad de las materias primas, el 55 % de costes de conversión.

5. ALTERNATIVAS EN LA DETERMINACION DE LOS COSTES COMO CONSECUENCIA DE LAS EXISTENCIAS INICIALES DE PRODUCTOS EN CURSO DE ELABORACION

En los años anteriores a 199X no se produjo ningún cambio en las personas que dirigían el departamento de granel en la empresa DISA. Por ello, para determinar los costes de cualquier mes se consideraba que la producción en curso al principio se había realizado durante el mismo, de acuerdo con lo que en Contabilidad de Costes se denomina método del coste medio.

Sin embargo, precisamente a comienzos de 199X se ha sustituido en DISA el equipo responsable del departamento de granel. Esto justifica que haya un interés en separar claramente la gestión correspondiente al mes de enero de la gestión realizada en meses anteriores. Por lo mismo resulta aconsejable el abandono del coste medio a que antes se ha aludido, sustituyéndolo por el llamado método FIFO para el tratamiento de las existencias iniciales de productos en curso de elaboración. Según este método habría que admitir que el esfuerzo productivo del mes de enero se ha aplicado, en primer lugar, a terminar lo que estaba empezando, sin que se mezcle el coste y los logros del esfuerzo productivo con los del inmediato anterior.

SE PIDE:

Preparar un cuadro-síntesis de los costes del mes de enero de 199X según:

a) El método del coste medio.
b) El método FIFO.

acompañando a los cálculos de breves explicaciones al respecto.

Solución

EXPLICACIONES RELACIONADAS CON EL METODO FIFO

Los cálculos de las magnitudes que interesa conocer aparecen en el **Cuadro-síntesis del método FIFO**. En él aparecen unos números entre paréntesis a los que se refieren las siguientes **explicaciones**:

(1) Obsérvese que entre los costes computables no se incluyen los correspondientes a la producción en curso al principio del mes de enero.
(2) También merece atención la línea en que figuran las unidades correspondientes a las existencias iniciales. Siendo congruentes con lo dicho a propósito de los costes computables, solamente se han de tomar en consideración las unidades equivalentes conseguidas con el esfuerzo productivo del mes de enero. Es decir, las que correspondan a la terminación de las unidades que estaban en proceso.
(3) El coste medio unitario corresponderá, cuando se determina como en el cuadro, sola y exclusivamente al

período que se analiza, en nuestro caso el mes de enero. Se ha obtenido dividiendo los costes privativos del mes de enero entre las unidades equivalentes conseguidas en el mes de enero.

(4) Dentro de la producción de enero se ha incluido una línea ocupada por el «Coste de la terminación de las existencias iniciales de productos en curso», cuya razón de ser se encuentra en cuanto venimos diciendo, ya que se limita a expresar el importe del esfuerzo productivo del mes de enero aplicado a la terminación de esos productos en curso que figuraban en existencias al principio.

(5) Conviene fijarse, por otra parte, en que la línea en que acabamos de detenernos figura, en primer lugar, dentro del apartado del cuadro previsto para hallar el valor de la producción, lo mismo que ocurría en el apartado del cuadro destinado al cálculo de las unidades equivalentes, donde se comenzaba por operar en el renglón de las existencias iniciales. Esta cuestión de orden no tendría la mayor trascendencia si no estuviera vinculada estrechamente a la denominación del método que estamos siguiendo, el método FIFO. Como sabemos, este método supone que las primeras unidades que se terminan son las primeras que entraron en proceso, es de-

Cuadro-síntesis de los costes del departamento de granel: Método FIFO

Conceptos diversos / Elementos del coste		Materias primas		Mano de obra directa		Total
Costes computables (1):						
■ Costes del período		34.650.000		46.560.000		81.210.000
Unidades físicas:						
Trabajadas	4.600					
Existencias iniciales (2) (5)	750	0	0	0.4	300	
Empezadas y acabadas	3.250	1	3.250	1	3.250	
Existencias finales	600	1	600	0.55	330	
Unidades equivalentes		3.850		3.880		
Coste medio unitario (3)		9.000		12.000		21.000
Valor de la producción de enero:						
■ Coste de la terminación de las existencias iniciales de productos en curso (4), (5)		—		(300 × 12.000) = 3.600.000		3.600.000
■ Producción empezada y terminada		(3.250 × 9.000) = 29.250.000		(3.250 × 12.000) = 39.000.000		68.250.000
■ Producción en curso (al final)		(600 × 9.000) = 5.400.000		(330 × 12.000) = 3.960.000		9.360.000
TOTAL		34.650.000		46.560.000		81.210.000
Coste de las existencias iniciales de productos en curso, incorporado durante el mes anterior (6)		6.060.000		4.710.000		10.770.000
Valor al final de enero de las existencias iniciales de productos en curso (7)		6.060.000		8.310.000		14.370.000

cir, se admite que se acabaron antes las unidades que se empezaron a trabajar durante el período anterior, que las que se iniciaron en el período actual.

(6) Los datos sobre el coste de las existencias iniciales de productos en curso, incorporado durante el mes anterior, se facilitan directamente en el enunciado.

(7) En esta fila se muestra el valor de las existencias iniciales de productos en curso, una vez que éstos han sido terminados. Es la suma de la fila de coste de terminación de las existencias iniciales de productos en curso, que mide el coste del esfuerzo productivo realizado este período para acabar la producción en curso inicial, más la fila de coste de las existencias iniciales de productos en curso (a que acabamos de hacer referencia), que mide el coste del esfuerzo productivo aplicado a las mismas unidades físicas durante el período anterior.

EXPLICACIONES RELACIONADAS CON EL METODO DEL COSTE MEDIO

En el **Cuadro-síntesis de los costes del departamento de granel: Método del coste medio,** podemos ver unos números entre paréntesis, que son llamadas que conectan con las siguientes **explicaciones:**

(1) Para calcular el coste medio unitario del período se van a computar los costes de las existencias iniciales en curso de transformación junto con todos los costes en que realmente se ha incurrido durante el período (costes del período propiamente dichos). Unos y otros se incluyen, pues, entre los costes computables al calcular el coste medio unitario.

(2) Consecuentes con lo que se acaba de decir, entre las unidades equivalentes computables para hallar el coste medio unitario por el método del coste medio, se incluyen las que se habían obtenido con el esfuerzo productivo del mes anterior. Por eso aparecen las 750 unidades de existencias iniciales de productos en curso de elaboración en las mismas condiciones —en el mismo renglón— que las empezadas y acabadas a lo largo del mes de enero de 198X. Es decir, se las considera como si se hubieran trabajado íntegramente durante dicho mes.

(3) El coste medio unitario surge así en una mezcla del esfuerzo productivo del período anterior, que viene dado en la producción en curso al comienzo, con el esfuerzo productivo de este período que se habrá encaminado hacia alguna de estas tres tareas: terminar la producción iniciada anteriormente, empezar y acabar un conjunto de unidades y, por último, a dejar una producción en curso al final con un cierto grado de adelanto.

Si nos fijamos en la columna de dentro del cuadro (lo mismo podríamos haber elegido la columna de las materias primas) y recapitulamos sobre los cálculos que en ella aparecen, quizá logremos captar mejor el significado del método al que estamos prestando atención. Podemos comprobar que el coste medio descansa en una fracción, cuyo numerador y denominador son los siguientes:

Numerador =

Costes de las existencias iniciales de productos en curso	4.710.000
Más los costes en que se ha incurrido en el período	46.560.000
Total numerador	51.527.000

Denominador:

1. Unidades equivalentes conseguidas por el esfuerzo productivo del mes anterior, y dadas por el grado de adelanto de las existencias de productos en curso iniciales: (= 60 % s/750)	450
2. Unidades equivalentes conseguidas por el esfuerzo productivo del mes de enero aplicado a las existencias iniciales de productos en curso, y dadas por el grado de adelanto necesario para terminarlas: (= 40 % s/750)	300

(O lo que, en definitiva, sería lo mismo, tal y como aparece en el cuadro:

100 % s/750 = 750

ya que en el cuadro se computan conjuntamente las unidades equivalentes logradas con el esfuerzo productivo del período anterior y con el esfuerzo del actual).

3. Unidades equivalentes correspondientes a las unidades empezadas y terminadas: (= 100 % s/3.250)	3.250
4. Unidades equivalentes relativas a las existencias de productos en curso de elaboración final: (= 55 % s/600)	330
Total denominador	4.330

$$\text{Coste medio unitario} = \frac{51.527.000}{4.330} = 11.900$$

Cuadro-síntesis de los costes del departamento de granel: Método del coste medio

Conceptos diversos / Elementos del coste			Materias primas		Costes de conversión		Total
Costes computables:							
■ Costes de las existencias iniciales de productos en curso (1)			6.060.000		4.710.000		10.770
■ Costes del período			34.650.000		46.560.000		81.210
Total			40.710.000		51.527.000		92.237
Unidades físicas:							
Trabajadas		4.600					
Terminadas							
De las existencias iniciales	750 (2)						
De las empezadas	3.250	4.000	1	4.000	1	4.000	
En curso (al final)		600	1	600	0,55	330	
Unidades equivalentes			4.600		4.330		
Coste medio unitario (3)			8.850		11.900		20.750
Valor de la producción:							
■ Terminada			(4.000 × 8.850) = 35.400.000		(4.000 × 11.900) = 47.600.000		83.000
■ En curso (al final)			(600 × 8.850) = 5.310.000		(330 × 11.900) = 3.927.000		9.237
TOTAL			40.710.000		51.527.000		

Soluciones a las cuestiones

NUMERO PREGUNTA	CAPITULO 1	CAPITULO 2	CAPITULO 3	CAPITULO 4	CAPITULO 5
1	B	B	B, C	B	B
2	A	A, B, C	B	A	A, B
3	C	A, B	C	A, B, C	A
4	C	B	A	B	A, B
5	C	A, B	B	C	C
6	A	C	C	C	C
7	A, C	B	B, C	A	A
8	A	B	A	A	B, C
9	C	B	B	C	C
10	C	A	A	C	B
11	C	C	B	C	A
12	A	A	C	B	C
13	A	C	C	A, B, C	A, C
14	B	A	A	C	B
15	B	B	B, C	C	C
16	A, C	B	A, C	C	C
17	A	C	B	B	A, B
18	C	B	A, B	A	A, B, C
19	A	A, B, C	A, B	A	B
20	A	A, B	C	A	B, C
21	C	A, C	A, C		
22	C	A	B		
23	B	B			
24	A, B	C			
25	C	A			

NUMERO PREGUNTA	CAPITULO 6	CAPITULO 7	CAPITULO 8	CAPITULO 9	CAPITULO 10
1	A, B	A, B, C	C	A, C	C
2	B	B	A	B	C
3	C	C	C	A, C	A, B
4	C	C	A	B	C
5	B	C	A, C	A, B, C	A, B
6	C	A, B	B	C	A
7	B, C	A, B	C	C	C
8	A	C	C	A, B	A
9	B	A, C	A	C	C
10	A, B	B	C	B, C	A
11	A	C	C	C	A
12	C	C	A	B, C	C
13	B	A, B	A	A, B	B
14	A	C	A	C	B
15	B, C	C	A	B	A
16	A	A	A	B, C	A
17	B	A	B	C	A
18	A, B, C	C	C	B, C	A, B
19	C	A	C	A, B	A
20	C	C	A	C	B
21					A
22					
23					
24					
25					

NUMERO PREGUNTA	CAPITULO 11	CAPITULO 12	CAPITULO 13	CAPITULO 14	CAPITULO 15
1	A, B	C	B	A, B	A, B
2	A	A	A	A	A, C
3	B	A	B	A, B, C	B
4	C	B, C	B, C	C	A
5	C	C	C	C	C
6	B, C	B, C	A	B, C	C
7	B	A	B	A, C	B
8	A	A, B	C	A	B, C
9	A	B	C	B, C	A
10	A, B	B	A, C	A, B	C
11	C	B	C	C	C
12	B	C	B	C	A
13	A, B	A	A	C	B
14	A	A	A, C	A	A, C
15	A, B, C	C	B	C	A
16	C	A	A	B	B
17	C	B	B	A, B	C
18	A	B	B	C	C
19	B	B	A, B	B	B
20	B	B	B	B	C
21				A, C	A
22				B	C
23				A, C	A, B, C
24				C	
25				B, C	

Indice analítico